体育学术研究文丛

足球训练
基本理念与基本方法概论

刘夫力 著

北京体育大学出版社

策划编辑：赵海宁
责任编辑：赵海宁
责任校对：韩培付
版式设计：杨　俊

图书在版编目（CIP）数据

足球训练基本理念与基本方法概论 / 刘夫力著. --
北京 : 北京体育大学出版社, 2024.1
　ISBN 978-7-5644-3918-7

　Ⅰ.①足… Ⅱ.①刘… Ⅲ.①足球运动—运动训练—
研究 Ⅳ.①G843.2

中国国家版本馆CIP数据核字(2023)第207516号

足球训练基本理念与基本方法概论
ZUQIU XUNLIAN JIBEN LINIAN YU JIBEN FANGFA GAILUN

刘夫力　著

出版发行：北京体育大学出版社
地　　址：北京市海淀区农大南路1号院2号楼2层办公B-212
邮　　编：100084
网　　址：http://cbs.bsu.edu.cn
发行部：010-62989320
邮购部：北京体育大学出版社读者服务部 010-62989432
印　　刷：三河市龙大印装有限公司
开　　本：710 mm × 1000 mm　　1/16
成品尺寸：170 mm × 240 mm
印　　张：24.75
字　　数：362千字
版　　次：2024 年 1 月第 1 版
印　　次：2024 年 1 月第 1 次印刷
定　　价：116.00元

自　序

　　一部专著应当有一篇自序，因为自己最了解自己做了什么、想了什么和写了什么。

　　完成这部专著用了将近一年的时间，其中部分观点及其文字阐述是即兴而成，但更多是把长期形成的观点及文字整合在一起。

　　如果说这部专著具有学术价值的话，主要归于两点：其一，是本人从事足球行业三十五年从未间断过努力，是在不断地学习、阅读、实践及反思的过程中，总结和归纳了足球训练方面的所见所闻、所思所想及所学所用；其二，是本人八年多教练员讲师的经历，通过中国足协的平台接触了很多中外有建树的足球人士，也与很多专家有过深度的交流和合作。在长期积累的基础上与专家探讨问题可以产生灵感和创新思维，这是个人闭门学习无法达到的境地。

　　概括自己一直以来对足球探索的执着：热爱足球和对求索足球新知的渴望是我不断前行的动力；几十年始终有一方足球实践的平台和新的机遇是我的造化；聆听一位又一位国际足坛名宿和讲师的授课是我的幸运；乐于提囊云游采集足球素材和技术信息是我的宿命。

　　在这样的过程中，我积累了近百本厚厚的足球笔记，电脑里输入的有关的足球文字有了数百万字之多。当一个人专注于足球训练无数细节的记录，沉浸于大小赛事及其典型场景的分析，对足球训练的认识必然会由现象深入本质，会对足球训练的概念和规律、各种观念和思潮、理念与方法的先进和落后等，做出自己独立的分析和判断。

完成这部专著应当是冥冥之中的事情。从1985年9月到基层体育运动技术学校当足球教练开始，每每买来足球图书阅读，我都要认真地在上边勾勾画画和圈圈注注，借阅的图书则总是把自己认为重要的观点和方法抄录下来。不仅如此，但凡有业务学习和观摩训练的机会，我总是着了迷似的不肯错过。近些年，在通过各种平台接受了国际足联和欧美很多足球专家的培训之后，随着信息量的不断增加和资料整合，逐渐形成了对足球训练完整构成的理性认识，也促成我产生强烈的撰写足球训练专著的冲动。虽然对自己的认知水平始终在自信和怀疑之间波动，但写书的冲动一直没有减弱。

　　从中国足协教练员讲师队伍退下来之后，我写书的冲动又一次出现了高潮。就是借助这次冲动的力量，我熬过了一年的艰难和困苦，差不多是一鼓作气地完成了这部专著的写作，值此出版之际，出现了以往从来没有的忐忑。这种忐忑的心态是复杂的，其中有对作品的满足和期许，也有遗憾和恐慌，但最渴求的是大家的认可和共鸣。我自评是一个求真务实的人，用千字文章概要地写出自己足球探索的真实过往，是希望您更专注地阅读我的专著。

刘夫力

2019年2月15日

前　言

　　我国对足球训练的探索是在艰难中前行，几十年一直没有走上健康发展的轨道。足球训练学研究不仅要有直观判断和综合归纳，更要有复杂和抽象的哲学性思考。我们对足球训练的基本概念、基本理念和基本方法等问题，没能形成正确的认识和理解，造成了足球训练的方向错误和发展曲折。我国足球专家在探索中找到的答案是："我国足球落后的主要训练学原因是训练理念落后""足球青少年阶段的训练质量决定职业阶段的竞技能力，中国足球与世界的差距是落后训练理念与先进理念抗争的结果""足球训练理念先进或落后反映的是对训练本质和规律认识的深入或肤浅，决定着教练员的素养及训练内容和方法选择与运用的合理性，最后决定训练的质量"。中国足球落后是不争的事实，从几十年发展及更长久历史的考察，我国的仁人志士一直在探索足球振兴之路。一个国家的足球竞技水平会受到大众普及、文化传承、职业化程度和大赛经验等诸多因素的影响，但决定性因素是训练理念的先进与落后。足球训练要保证思路和方向的正确，需要运用哲学思维把握其根本性的认识问题，我国尤其需要在足球训练基本理念与基本方法的认识上有所突破。

　　本书是一部有关足球训练学的专业学术论著，完成创作经过了长期训练实践和理论研究的准备，是在长时间的素材积累、框架设计和写作构思的基础上，进行了大量宏观与微观问题和观点的论证。研究过程综合采用了文献研究、逻辑推导、社会调查、专家调查和训练实验等科研方法。著者基本阅读和参考了国内出版的所有有关足球训练的书籍和论著，近十年对几十位国内足球

1

职业队和国家队教练做了访谈和调查，先后参加了国际国内举办的二十多位欧美专家主讲的足球培训课程，其中包括中国足协组织的A级和职业级教练员培训；著者还反复参与了幼儿、青少年及职业队等各级球队的训练设计和实验检验。所以专著的信息渠道和资料来源是多元而丰富的，对资料也做了取舍和融合处理；著述的观点一方面是来源于数据分析和逻辑推导，另一方面是基于训练实践检验的反馈。本著的内容架构经过了严格的论证，文字写作完全是著者的再创作。著者希望完成一部有专业深度和文化厚度的足球训练学专著，但在写作过程中确实感到了认知不足和实践经验缺乏。特别是处在足球观念和信息来源多元而丰富的今天，足球思潮后浪推前浪而且一浪高过一浪，所以专著的出版是抛砖引玉，希望有更多有识之士参与足球训练理论探讨互动，促成我们的足球理论融入更多优秀思想的精华和形成中国智慧，以达到中国足球理论思维的突破及实现足球训练理论与世界先进理念的全面接轨。

本著的内容结构设计完全是著者个人的原创，对于国际通用的一些基本概念和方法的解读也都是个人观点的诠释。例如：把"足球本质"作为独立一章进行专题论述是以往论著没有的，而且足球本质定义的逻辑推导方法是独特的。再如："足球训练基本概念"一章是著者首次把诸多概念罗列成序，以及对一系列概念及其要义和内涵做深入的解读，其中足球训练要素、足球基本功和比赛四个时段等，虽然是国际上通用的概念，但只有本著进行了概念化阐述。在写作方法方面，著者力求文字简练和通俗易懂。专著的目录细分为三级，目录的篇幅相对较长且标题较多，书页内尽可能500字左右有一个小标题或形成自然段落，读者既可以通篇阅读，也可以根据个人需要有选择地阅读。本著有一定的理论性和专业性，阅读需要具备足球专业基础和专业学习经历，希望能够为体育专业的足球研究生、获得A级和职业级教练员资格的教练员、足球教练员讲师、高校足球专业师资及足球行业管理者等提供阅读参考，当然，也希望得到更多普通足球爱好者的阅读和喜爱。

本著名为"足球训练基本理念与基本方法概论"。所谓"概论"就是文字内容整体上以基本观点阐述和简要论述为主，省略了深入、详细的论证过程。所谓"足球训练"指的是专门论述足球训练问题，是围绕足球训练所要解决的一系列理念与方法问题。所谓"基本理念"就是足球训练核心层面及靠近核心层面的理念，是在众多训练理念中选择重要的条目而逐一讨论。所谓"基本方法"是对足球训练整体思维架构问题的阐述，是关于完善训练构思的方法问题，不只是具体的训练方法操作问题。专著整体分成"足球训练基本理念"和"足球训练基本方法"两篇内容，每篇又各自包括八章的内容。基本理念是从不同视角或层面解读和揭示足球训练规律，侧重解决不同的训练认识问题；基本方法则是从多个角度全面、立体地透视足球训练过程的原理，侧重解决训练方法的选择与运用的问题。基本理念与基本方法并不是截然分割的关系，两者是相互包含和渗透的关系，有的章节归属可前可后，例如"足球训练取材"也可以归在基本理念之内。本著还有配套的《足球启蒙训练》《足球初级训练》《足球中级训练》《足球高级训练》《职业足球训练》《足球体能训练》等训练方法系列图书。作为高校足球学院学生的专业学习教材，也希望得到广大青少年俱乐部教练的认可，院校与俱乐部培养足球人才的目标和侧重点虽然不同，但足球训练的本质及基本理念与基本方法是相同的。

著者　刘夫力

2019年2月8日

目录
Contents

1

上篇

足球训练基本理念

第一章
足球本质

　　足球本质的认识问题是足球训练的根本问题，是足球训练理论体系构建的逻辑起点。足球训练的基本概念、基本理念与基本方法等一系列问题的探讨，都源于对足球本质的认识和推导。一般理论上探讨的"足球是什么"的问题，指的就是"足球本质是什么"。

　　提出足球本质的问题，很多人会不以为意，甚至认为是故弄玄虚。事实上，我国足球出现的很多错误和偏差，例如：校园里大行其道的"足球操""足球舞""足球保龄"，青少年训练过于偏重单纯的技术练习，职业队准备期训练连续半个月每天"万米跑"等，根本原因就是对足球本质缺乏认识。以上几个典型的案例，折射出我们的足球训练长期缺乏正确理念的支撑，从基层业余队到职业队，背离足球本质的做法已经司空见惯和习以为常。我们必须承认这是"整体性的道路迷失"，这种迷失目前有局部的纠正，但更大范围的基层足球仍在继续。

　　如果不能形成统一的对足球本质的正确认识，以及建立科学和符合发展需要的足球训练理念，我国的足球发展仍然会出现偏差和曲折，势必会继续落后。本著命题为"足球训练基本理念与基本方法概论"，其基本理念的探讨是以对足球本质及一系列基本概念的认识为基础，而整个理论体系构建的逻辑起点是对足球本质的科学定义。

第一节　足球本质探索综述

足球本质探索综述是通过阐述历史上有代表性的对足球本质的探索，了解人们对足球本质认识由低级到高级的发展过程，是为足球本质及其他一系列问题的探讨做铺垫。综述包括欧美各国足球本质探索概述、我国足球本质探索概述及著者的足球本质探索，是从不同角度和侧面考察足球本质，主要是借助对典型历史事件及人们对足球本质认识的变化来阐述问题。每个标题所述的观点可能不够全面和客观，但大家可以从不同的视角看到人们对足球本质探索的执着及所做出的努力，这些是我们进行足球本质探索的重要支撑。

一、欧美各国足球本质探索概述

欧洲是现代足球的发源地，欧美国家长期以来始终是足球运动盛行，并且足球文化底蕴深厚。了解欧美各国有关足球本质的探索与认识发展，是我们足球训练理论研究打开眼界及形成正确认知的重要前提。这一综述包括三个议题，即从典型案例透视欧洲国家的探索、欧美国家有关足球本质的阐述及足球本质探索的殊途同归。

（一）从典型案例透视欧洲国家的探索

欧洲国家的足球发展并不是直线上升的，也出现过对足球本质认识含混的时期。在20世纪60年代及此前的相当长时间，欧洲很多国家的足球训练与实战对抗[1]是脱节的，单纯的技术练习占据着过大的比重[2]。20世纪70年代末期，联邦德国一位足球专家曾经来中国讲学，他的大强度体能训练完全脱离足球的间歇训练方法，在今天看来其理论和方法示范是完全错误的。1985年全攻全守打法的创造者米歇尔斯，通过对荷兰青少年训练的考察得出结论，就是多数教

---

[1]　实战对抗，是一种意思宽泛的足球专业术语，指比赛中那些激烈对抗的场面，但很多时候是指训练中的实战练习像真实比赛那样的对抗程度，本著的多数情况是后者。

[2]　比尔·莫瑞.世界足球史话[M].郑世涛，译.北京：光明日报出版社，1998：33.

练员的训练是把重点放在了与实战对抗脱节的技术练习上。米歇尔斯的改革方案是把青少年训练变成小型比赛主导的形式，让队员在实战中观察进攻目标的同时练习技术，由此确立了以比赛实战为核心的训练理念[1]。从20世纪50年代至80年代，英国、德国等国家有过长期的"直接打法"与"控制球打法"的争论。以英国为例，从1950年至1958年几次参加世界杯，每每看到巴西队以卓越的技术表现成为大赛的主角，他们备受刺痛的同时也深受启发，经过之后二十年的争论及拉锯博弈，到20世纪80年代中后期才形成"控制球打法"的基本理念[2]。到今天原来采用长传进攻的英国、德国、比利时和瑞典等欧洲国家，自上而下再难看到"直接打法"的比赛了。以上事例说明，对于足球本质及其规律的认识是渐进的过程，而且足球是不断发展变化的，对于足球本质、足球理念的探索是永恒的课题。

（二）欧美国家有关足球本质的阐述

进入20世纪70年代以后，欧美国家的足球发展走上了快速的轨道。他们对足球本质的认识有很多共识性的精妙概括，例如："学习踢球好比学习汽车驾驶，必须在真实的道路上完成""足球采用过多非实战性的技术练习，就好比在陆地上学习游泳""比赛是训练的最好导师，也是训练最基本的形式""足球训练必须在符合比赛需要的前提下进行其内容与方法的设计"[3]等。他们还总结出符合足球规律的比赛原则、训练取材、训练要素、基本功构成等训练方法学的原理与要点。这些充分反映出他们已经清楚地认识到足球本质是什么，他们是在遵循着足球规律进行训练。国际大赛的表现和成绩可以证明：只有拥有先进的足球理念才可能走向辉煌的成功。欧美国家虽然拥有先进的理念与方法，但查阅他们以往出版的众多足球专著和教材，并没有关于足球本质定义的内容，这在理论构

---

[1]　范林根.足球训练[M].杨一民，李飞宇，李连胜，译.北京：人民体育出版社，2002：1.

[2]　塞门·克里夫德.巴西式足球训练法——著名巴西足球运动员独特技巧的培养[M].马冰，刘浩，唐峰，译.北京：人民体育出版社，2001：2.

[3]　卡尔·海因茨·黑德尔戈特.新足球学[M].蔡俊五，译.北京：人民体育出版社，1988：12.

建的逻辑上是有缺陷的。在此一筹莫展之际，荷兰足协在1995年推出的《足球训练》的教材中，以"足球是什么"为标题，全面、深刻、详细地阐释了足球本质是什么的问题，中国足协于2002年翻译出版了这部教材。

（三）足球本质探索的殊途同归

根据对历史资料的研究，欧美各国近50年的足球发展基本没有偏离足球本质，也始终都在探索着建立各自的足球理念。很多欧美国家虽然没有做出足球本质的具体阐述，而且南美国家的足球理论远不如欧洲完善，但他们朴素的足球哲学与先进足球理念是相一致的，诸如"在对抗中熟悉球性和练习技术""在比赛中认识真正的足球"[1]"要让队员在技术练习中看到比赛场景"[2]"与更多的训练相比，比赛是最好的训练方式"[3]等，这些提法都是直接与足球本质相对接的。所以无论是欧洲的德国、法国、西班牙、意大利、英国、荷兰，还是南美洲的巴西、阿根廷、乌拉圭、哥伦比亚，或是亚洲的日本、韩国、伊朗、沙特等国家，他们的足球之所以能够保持着健康的发展态势，之所以能够长期处于世界或亚洲的一流地位，肯定都是以先进的足球理念做支撑的。足球发展会受到一个国家的足球领导力、经济实力、传统根基、大众普及等因素的制约，但最根本的决定性因素一定是足球基本理念的正确。

二、我国足球本质探索概述

足球本质探索的目的是改变我们对足球的认知，回顾我们自己对足球本质的认识发展及其曲折过程，有利于引发大家的思考及建立正确的基本认识和观念，这对于我们进行足球训练基本理念与基本方法的探索是重要的。这一综述包括三个议题，即我国足球本质探索的历史回顾、我国足球本质探索的曲折前

[1] 维尔·库柏.攻击型足球训练——足球基本技术训练指南[M].赵振平，译.北京：人民体育出版社，1988：6.

[2] 卡尔·海因茨·黑德尔戈特.新足球学[M].蔡俊五，译.北京：人民体育出版社，1988：18.

[3] 应虹霞.日本足球的明治维新[M].杭州：浙江古籍出版社，2012：125.

行及我国对足球本质认识的转折。

（一）我国足球本质探索的历史回顾

我国在历史上长期是亚洲的一流足球强队，这一点从新中国成立前参加诸多国际比赛的战绩可鉴。进入20世纪80年代，我国足球队也仍然保持着亚洲强队的实力。20世纪90年代我国足球堕入了亚洲二流球队的行列，其原因虽然是多方面的，但根本原因是足球理念落后，是对足球本质的认识出现了偏差。我国足球在20世纪50年代有过快速发展的时期，但客观地讲，当时的发展是现象性的，不是理念先进而带来的质的飞跃[1]。那时我国采用苏联和匈牙利的方法体系，从历史留下的文字资料[2]对比可知，我们当时学到的不是先进的理念与方法，却把相对落后的方法体系当作经典沿用了几十年。借鉴欧美国家足球发展的历史经验，我国出现足球认识上的偏差也属于正常现象，但不正常的是纠正错误的时间跨度过长，理念落后却仍然自以为是和故步自封，结果造成了长期的落后和积重难返。

我国足球发展的曲折还有一个各行各业共同的社会历史因素影响，由于国际政治与国家根本利益的纠葛，新中国成立之后足球长期与世界大家庭相隔离，加上"文化大革命"时期的社会动荡，足球发展一直处于内外交困之中。而国际足坛刚好从20世纪50年代进入了发展的大时代，这几十年的足球思潮一浪高过一浪，足球训练理念在不断更新，这也进一步拉大了我们与欧美先进足球理念的距离。

（二）我国足球本质探索的曲折前行

从20世纪80年代中期开始，我国翻译出版欧洲国家的足球图书渐渐增多，也不断有国外的足球专家来华做培训，很多专家都提到了足球理念的重要性。但我们当时处于足球认识的肤浅阶段，阅读图书和参加培训更专注于训练方法的总结，不重视对先进理念的理解和诠释，结果学习和掌握的是训练表层的简

---

[1] 马克坚. 夹心饼干——对足球训练的探索与思考[M]. 天津：天津人民出版社，1998：64.

[2] 据笔者考证，我国改革开放以前的足球训练教材主要是翻译的苏联的，有多种版本，也有很多翻译的内部文献资料。

单操作，而对足球本质及其原理却缺乏认识。1994年中国足球职业化改革之后，欧美外教纷纷来华执教职业俱乐部球队，外教们更直观地展现了他们的训练理念与方法。但由于我们思维高度和认知能力的局限，当时众口一词地认为外教并无高明之处，仅仅是方法多一点而已。这种狭隘和肤浅造成了我们认识与先进足球理念之间的鸿沟，而认识的浅薄又加重了盲目自信和自以为是，误认为自己已经掌握了足球训练的规律与原理。结果出现技不如人，我们就简单地归结为技术训练不足，体能出问题就单纯地从体能训练上找出路，所谓头痛医头，脚痛医脚。历史上出现过国家队训练"ABC"、大赛准备会集体唱国歌这类或过或不及的做法；还有过国家队只打"防守反击"、职业队提出"抢逼围"这些简单粗糙和缺乏逻辑的战术打法设计。虽然有的战术打法取得了短时的成效，但实际上与先进足球理念是格格不入的。那一时期我们对足球训练的认识水平整体性偏低，没有形成对足球本质及其规律的正确理解，所以训练理念和战术打法落后是那个时代的必然。进入21世纪，我们开始接受国外先进的足球理念，渐渐认识到客观存在的差距和不足，也意识到构建足球理论体系的重要及其任重道远。

（三）我国对足球本质认识的转折

1999年10月开始，荷兰足协讲师团来华连续举办足球教练员讲师培训，这是我国足球界全面、完整地接受和领悟现代足球先进理念的契机。培训以"足球是什么"为题深入浅出地解释了足球本质的问题，而且对现代足球理念做了全面、透彻的阐述和分析，同时以训练示范演绎了他们的理念及若干个训练主题。荷兰足球理念及其认知高度是世界公认的，荷兰讲师团汇集了当时荷兰顶级的精英讲师，他们的理论课讲授"逻辑严谨、层次清晰"，训练课演绎"方法独到、过程精彩"。这次讲师培训得到了一致的好评，更重要的是大家心悦诚服地达成了对荷兰足球理念的一致认可。培训聚集了当时国内足球界的精英，在我国足球界影响巨大，也大大加快了我们足球认知上的觉醒。培训被认为具有里程碑式的意义。其重大意义在于：培训使我们意识到以往对足球认识的错误和偏差，认识到长期以来训练中存在的问题和不足，也看到了未来足球发展的方向及学习先进足球理念的重要性，这是我国对足球本质认识的重要转折。但遗憾的是直到今天这些先进的思想、理念与方法并没有得到大范围的普及，我们更多的基层教练员和中小学体育教师，甚至高校专业足球教师的思想与方法仍处于落后状态。

三、著者的足球本质探索

本著主要是从著者本人的认知角度阐述和分析问题，著者本人对足球训练理论问题的探索过程，基本也是个人认识提高、观点形成及专著构思的过程，相信著者的足球训练理论探索具有一定的代表性。而且从个人角度追溯和分析历史，是感性和直观认识历史的方法，著者阐述个人的探索过程是希望唤起大家更多共同的记忆，能够达成更多的共识并对整个专著起到一定的支撑作用。这一综述包括三个议题，即足球本质探索的懵懂时期、理论思维形成与足球本质初探及足球本质探索与本著构思形成。

（一）足球本质探索的懵懂时期

著者自1981年考入沈阳体育学院开始系统学习足球训练理论知识，其间多次到辽宁省体育运动技术学院的"南湖大院"看匈牙利专家拉斯洛的训练，也赶上电视开始转播各类大型国际足球赛事。"南湖大院"是诞生过"十连冠"辽宁队的地方，当时一般认为"南湖大院"的足球训练是至高无上的。但我实际看到的却是我国教练的训练与拉斯洛的训练存在明显的差距。著者1985年毕业后在基层体校担任少儿足球教练，那时候国内的足球图书屈指可数且内容雷同。20世纪80年代中后期，国外的足球图书和专业信息开始传入我国，令我印象较深的图书包括联邦德国海因茨所著的《新足球学》、荷兰库柏所著的《攻击型足球训练——足球基本技术训练指南》、英国休斯所著的《足球战术与配合》、法国戈海洛所著的《现代足球的技术、配合与训练》等，这些足球强国的图书与我们以往的图书截然不同。1987年《体育参考报》以连载形式系统报道了克鲁伊夫在巴萨的训练理念，另外还有一套风行一时的联邦德国《青少年足球训练法》的录像。此间做专职足球教练的5年，著者还目睹了国内足球训练颇有成就的典型案例，就是大连王长泰教练在与著者同期、同步带队的条件下，取得了队员培养和比赛战绩的巨大成功[1]。通过图书阅读、带队训练、比赛观察及成功案例考察，著者确认足球训练依照我们原有的知识体系和经验是远远不够的，但当时认为足球训练主要是方法问题，主要精力也用在了训练方法的总结与方法体系的构建方面，思考还没有达到学习和借鉴国外训练理念的高度。

（二）理论思维形成与足球本质初探

著者20世纪90年代先后攻读硕士研究生、博士研究生及在广州体育学院担任足球教师，此间更广泛地阅读了足球图书和科研期刊，也参与了很多足球训练实践和理论研究工作。其中很重要的是我学习了体育科研方法，形成了对足球训练进行科学探索的技能。这期间翻译出版的欧美足球图书种类繁多，相应地也促成了著者图书阅读、理论研究与训练实践并行的立体探索。此阶段的前期，图书阅读是著者获取足球知识和形成思想观念的主要依托，其中代表性的图书包括荷兰考沃尔所著的《未来球星之路——青少年现代足球训练与技术图解》，英国休斯所著的《足球获胜公式》《足球战术与技巧》，亚洲足联编著的《亚洲足球教练员培训教程》（三册），英国埃佛雷德所著的《科化足球训练法》（两册）等。虽然一些图书翻译得不够细致，阅读理解大费周折，但这些阅读打破了著者以往的训练认知和思维方式，也强烈地感受到，中国足球必须突破原有的理论思维而建立先进的训练理念。1997年借助中国足协甲A队春训调研的机会，著者设计了一份专家调查问卷，其中内容之一是对足球本质的专题调查，但当时国内专家普遍认为这一问题的研究意义不大，反馈意见严重打击了著者继续研究的积极性，对要不要研究足球本质也曾一度陷入迷茫。

---

[1] 王长泰从1985年组建大连少年女足队，这批队员先后8人入选国家队，球队取得国内联赛冠军，由这批队员组建的国家队在很多国际比赛上取得优异成绩。

（三）足球本质探索与本著构思形成

著者从哲学书籍的阅读中得到启示，就是任何科学的理论体系构建都要首先建立正确的基本概念，而建立概念一定要经过对事物本质的探究。由此在确立了足球本质研究之必要性的同时，著者也清楚地意识到足球理论探索是一项艰辛和持久的事业。足球本质的探索并不是空洞的理论推导，必须以训练实践和科学实验为基础，必须经过大量的调查及理论与实践的对接。当然，理论探索的捷径还是阅读最新的前沿成果和接触最顶级的理论大家。著者在训练经验总结和以往阅读的基础上，初步构建了一套自己的训练理念与方法体系，并以创办业余青少年俱乐部和参与职业队训练作为实践的平台，以求在学习与实践并行的总结中不断丰富和完善理论构思。从2000年开始，著者高度密集地参加了二十多位欧美专家和国际足联讲师的培训，其中包括中国足协举办的A级教练员培训、职业教练员培训、各级教练员讲师培训、校园足球讲师培训及荷兰讲师团的教练员讲师培训等。2009年著者加入了中国足协教练员讲师团队，就是在那时候构思了本部专著的写作架构。

完成一部有较高学术价值专著的构思与写作，不仅需要获取前沿足球信息和学习国外先进经验，也要对诸多理论命题及不同观点做整合处理，还要把自己设计的理念和方法与训练实践相对接，每一个环节的工作都是极其复杂和艰苦的过程。例如：对我国足球训练历史反思的调查，著者接触了20世纪60—90年代的数十位国家队队员，也包括辽宁队"十连冠"时期的十几位队员及当时的很多一线著名教练。再如：从2008年开始，著者坚持每周三次到基层中小学做青少年足球培训，以此验证自己的训练理念与方法。所以，理论探索要达到相对理想的高度一定不是简单的事情，必须打破重规累矩及形成令人信服的具有创新意义的独到见解。著者对于足球本质的探究还是得到很多学者的声援，特别是荷兰足协编著的《足球训练》教材，谷明昌教练的《足球是什么》专著，曲晓光教授编著的《现代足球训练理念诠释与应用》教材，他们有关"足球是什么"和"真正足球"问题的阐述和专题研究，是本著足球本质问题立论

的最好铺垫。当然，本著对足球本质问题的探讨，仅是"足球训练基本理念与基本方法概论"的内容之一。

第二节　足球本质的定义

认识事物的本质是任何事物理论探索所必行的第一步，对足球训练基本理念与基本方法的探讨同样首先要认识足球本质。我们对足球本质的认识，无论是历史上还是现实中都存在一定的问题和偏差，而且现实的训练工作中大量地存在与足球本质相背离的做法。如果不能正确定义足球本质及取得统一的认识，我国足球发展会继续走弯路和遭受挫折。这一节是采用逻辑推导的方法给足球本质重新下定义，再阐述足球本质与训练实践相对接的意义及其对接方法，并全面分析足球本质与足球特征的关系，说明足球本质探索既是一个阶段性的课题又是一个永恒的命题。

一、足球本质定义的逻辑推导

定义事物本质的基本方法就是逻辑推导和科学抽象，要准确无误地给足球本质下定义必须采用这样的方法。但与此同时我们还可以学习和借鉴其他行之有效的方法，学习足球发达国家先进的理论和经验，及借用他们已有的有关足球本质的研究成果和阐述。这里足球本质定义的逻辑推导是综合地运用已有的研究成果，逻辑推导分为四步，即确定判别足球本质的基本标准、按照标准筛选属于足球本质的阐述、足球本质阐述的分类和重组及根据专家调查给足球本质下定义。

（一）定义足球本质的引论

在我国开展足球本质问题探讨是尤其重要的，这是因为我国的足球训练实践长期处在偏离足球本质的状态。任何事物的本质仅仅根据现象做简单判断都容易出现错误和偏差，对事物本质的探究一定要经过严格的逻辑推导和科学抽象的过程[1]。国际国内以往很多相关的研究和阐述，是我们探索足球本质的重要线索和依据。国外具有代表性的阐述是荷兰足协编著的《足球训练》教材中"足球是什么"的内容[2]。对欧美国家的足球本质阐述我们必须抱以虚心的态度，因为欧美一直处于足球技术和理论创新的绝对领先位置。国内很多教材也都阐述了足球本质的问题，其中谷明昌教练在《足球是什么》的专著里以大量的数据和逻辑推导表明了其阐述的科学性。但是任何事物本质的定义都需要反复做推断，需要根据不同时期事物发展变化的情况而重新考证。

（二）足球本质定义的逻辑推导

虽然任何事物的定义都必须经过严密的逻辑推导和科学抽象，但人们对各种事物定义的认知高度和研究程度是有不同的，所以探讨一个事物定义又有着各自不同的逻辑起点和步骤流程。本著对足球本质定义的逻辑推导，是以一般事物共有的本质属性及其特征为逻辑起点，将足球本质定义的逻辑推导分为四个步骤（见图1-1）。

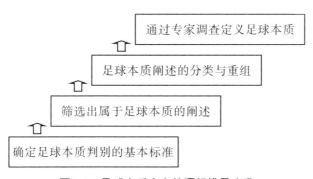

图1-1 足球本质定义的逻辑推导步骤

其一，确定足球本质判别的基本标准。作为事物本身或本来的形体，指事物本身所固有的根本的属性的本质包含三层含义：是事物中常在的不变的形

---

[1] 刘大椿.科学技术哲学导论[M].北京：中国人民大学出版社，2005：159.

[2] 范林根.足球训练[M].杨一民，李飞宇，李连胜，译.北京：人民体育出版社，2002：1-4.

体；是事物的根本或固有的性质；是某事物区别于他事物的基本特质[1]。其根本点是事物的内部联系，由事物的内部矛盾所构成。其具体表现是一个事物的本质不是只有一个，同一类事物的不同主体的本质可能是不同的，本质会随着各种内外条件的变化而变化[2]。以上有关本质的阐述适用于所有事物的本质，所以，可以作为足球本质逻辑推导的原点，这也同时规定了足球本质判别的基本标准及其所具有的差异性和可变性。

其二，按照标准筛选属于足球本质的阐述。就是对国内外所有以往和最新有关足球本质的阐述，都按照足球本质的基本标准做判别，选出属于足球本质的阐述。其中本质属性与本质特征有着逻辑层次差异，在很多阐述中是被混淆的，这需要按照每一条标准做综合考证，如此舍弃不属于足球本质的阐述。足球是一个直观动态、反反复复呈现的外在事物，既有纵向上的发展变化，即技战术水平的不断提高、社会影响越来越大及经济功能和教育功能日益增强等，也有横向上的相互联系，即世界各国足球发展的信息、经验的相互渗透及比赛和技术的相互交流等，其中包括对足球本质和训练理念探索的进展情况。这一筛选过程其实是在运用唯物辩证的观点与方法，透过复杂的现象看本质。

其三，足球本质阐述的分类和重组。就是把所有属于足球本质的阐述及有关的概括和隐喻等做分类罗列，再把文字或意思重复的阐述进行取舍和重组处理，如此提取精练的足球本质阐述，例如：把"足球是一种比赛"和"足球是一种游戏"组合成"足球是一种比赛或游戏"，把"足球是一种以脚支配球为主的体育项目""足球是两队围绕球进行攻守争夺的双方同场对抗竞技的比赛""足球是以将球攻入对方球门为目的的游戏"合并成"足球是一种以脚支配球为主，两队围绕球进行攻守争夺，以将球攻入对方球门为目的的双方同场对抗竞技的比赛或游戏"，把"足球是一个产业项目"和"足球是一种社会文化"组合成"足球既是一项产业又是一种文化"等。

---

[1]　谷明昌.足球是什么[M].北京：北京体育大学出版社，2012：22-23.

[2]　邬焜.自然辩证法新教程[M].西安：西安交通大学出版社，2009：79.

其四，根据专家调查定义足球本质。为了保证足球本质定义的科学性和严谨性，最后通过专家调查的方法给足球本质下完整的定义如下：足球是一种比赛或游戏，是以脚支配球为主，两队围绕球进行攻守争夺，以将球攻入对方球门为目的的双方同场对抗竞技的比赛或游戏，它既是一项产业又是一种文化。这里需要提示一点，足球本质定义里的一部分文字直接来源于国内出版的教材，带有一定的中国特色，例如："以脚支配球为主""双方同场对抗竞技"等文字内容，这些是对国外所定义"足球是一种比赛或游戏"的补充。做此补充是针对我国足球训练实践严重背离足球本质的现状，以利于大家重新认识足球本质。这些补充的文字阐述无论从哪一个标准考察都属于足球本质的范畴，是我国现阶段足球本质阐述应当包含的内容。

二、足球本质与训练实践的对接

对足球本质的认识最重要的是达到认识与实践的统一，即运用对足球本质的认识形成正确的理论并指导足球训练实践。这里首先要明确什么是训练学意义的足球本质，其次简要介绍足球本质与训练实践对接的基本方法，其中包括适用于业余足球训练的简单对接和带有专业训练性质的系统对接，最后简要介绍足球训练理论与方法的系统构成。

（一）训练学意义的足球本质定义

本著是以足球训练为中心展开一系列问题的探讨，足球本质定义也仅限于足球训练学的范畴。"它既是一项产业又是一种文化"显然没有训练学意义，所以训练学意义的足球本质定义是：足球是一种比赛或游戏，是以脚支配球为主，两队围绕球进行攻守争夺，以将球攻入对方球门为目的的双方同场对抗竞技的比赛或游戏。可见训练学意义上的足球本质，描述的就是足球训练这一事物常在不变的形体和区别于其他事物的基本特质，是足球训练理论体系构建必须澄清的问题。此时我们可以试想，如果足球训练与这种形体和特质不相符，则势必偏离或背离足球的本质，训练必然会走向失败，所以这是组织训练工作必须解决的根本性的认识问题。但即便是认识和了解了足球本质，也仅仅是一个正确的开始，因为足球训练是一个复杂、艰辛和带有规律性的过程，我们必须按照训练规律及科学的训练原理与方法来驾驭训练。因此足球本质定义要与训练实践相对接，还需要探索科学的训练原理与方法。

（二）足球本质与训练实践的简单对接

事实上，训练实践与足球本质有很多简单和直接的对接方法，比如："足球是一种比赛或游戏"是一个世界性的共识，也是足球本质对接训练实践的首要问题。其实只要把握住这种"比赛或游戏"的构成要素及其组织方法，那么无论是俱乐部训练还是开展校园足球活动，具体对接就是把比赛或游戏放到首要和核心的位置，而不是把"足球舞""单纯的技术练习"等作为主要内容。欧美国家足球训练以比赛实战为核心的理念，就是把更多足球实践与比赛或游戏对接。我们的训练实践与足球本质相脱离的问题，关键在于对"足球是一种比赛或游戏"这一本质的认识存在不足，例如：我们会以追求组织有序或由易到难为理由，而背离"以脚支配球为主"的本质。例如：我们校园足球广泛开展的"足球操"。再如：教练员培训示范采用用手传球的练习等。其实，足球之所以深受广大群众的喜爱，其原因之一是足球活动易于开展、门槛低和娱乐性强，即便是没有足球基础的三岁孩子，只要对其做简单的引导，就可以直接体验真正的足球。所谓组织有序和由易到难是一种错误的观念，实际上，比赛或游戏过程是一种有章法的动态有序状态，而用手代替用脚的由易到难则是牵强附会。在长期的足球训练过程中，偶尔有一次用手完成的练习是无可厚非的，但是作为一个经常性的活动和教练员培训的示范，这种做法就是对足球本质的背离，是落后和必须否定的做法。

（三）足球本质与系统训练的对接

组织一项长期系统的足球训练工作，其足球本质与训练实践的对接一定是复杂的，远不像大众普及性足球活动那么简单。系统的训练需要对足球训练规律及其原理与方法有很好的把握，这种训练实践与足球本质的关联显然不是直接的，需要在了解足球本质及项目特征的基础上，学习和掌握诸多基本概念，需要形成先进的训练理念和掌握科学的训练方法，这些也都是本著后续要探讨的问题。足球本质与系统训练的对接，其训练理论与训练方法体系也是更加复杂和细化的，比如按照队员成长阶段来划分，可以把训练分为启蒙阶段训练、初级阶段训练、中级阶段训练、高级阶段训练、职业阶段训练等；按照比赛基本要素构成来划分，可以把训练分为技术训练、体能训练、战术训练、心理训练和比赛训练等不同的体系。而且以上每一个细分的阶段或要素又都有其自身的规律、特点和方法构成，所以足球训练的理论与方法是一个庞大和复杂的系统构成。图1-2是摘要归纳的本著所要探讨的足球训练理论与方法体系的内容构成。

足球本质与系统训练的对接是足球本质探讨的目的，两者的对接主要是依靠教练员的操控，所以其实质是解决广大教练员的认识和训练操控的问题。中国足协组织系统的教练员培训及教育部组织的各种足球教师培训，都是为了解决这一问题。在此简要概括做好系统训练与足球本质对接的要点如下：其一，组织人力深入研究足球本质及一系列训练理念与方法问题，建立科学的足球训练理论与方法体系。其二，建立足球教练员业绩评估与评价的方法体系，制定针对广大教练员和足球教师的业绩奖励和优惠政策，使教练员的业绩与其晋级、工资、评先、奖金等挂钩，调动教练员参加培训和学习的主动性和积极性。其三，做好整体的足球发展战略的设计和舆论宣传，按照先进的理念和方法建立教练员培训与考核的制度体系，使广大教练员端正态度和统一认识。

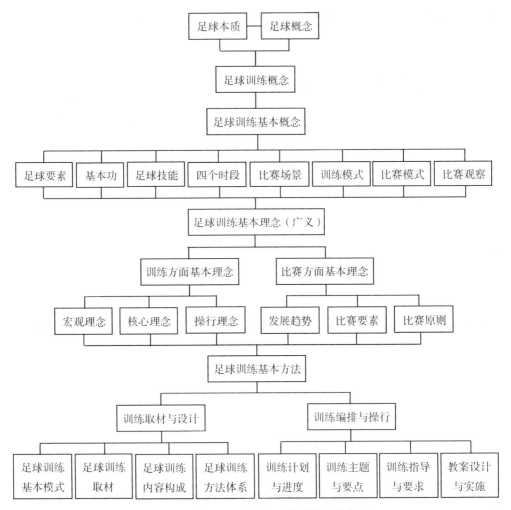

图1-2　足球训练理论与方法体系的内容构成

三、足球本质与足球特征的关系

足球本质与足球特征的关系的问题一直没有被明确地加以阐述，始终被人忽视和混淆，事实上两者之间存在着微妙的关系。在严格的理论意义上，我们应当对它们加以区分和界定，这样既利于形成对足球本质的清晰认识，也利于指导实践。在此我们把足球本质与足球特征存在的混淆及两者之间的关系进行分析和说明。

（一）足球本质与足球特征的混淆

足球本质的定义是一个容易被泛化或扩大化的"形体"，国际国内很多著述都存在这种被扩大的倾向，其中最主要的问题就是足球本质与足球特征界限含混。国外和国内的很多教材或专著在阐述足球本质的时候，同时把足球特征也连带在一起，例如：荷兰足协的《足球训练》教材第一章"足球是什么"的文字阐述之中，在首先肯定"足球是一种比赛"之后，更多阐释的是"自由成分""复杂性""流动性""攻守争夺与对抗""足球基本功"等问题[1]。荷兰人的这些观点阐述无疑是正确的，也使足球是怎么一回事得以更宏观地呈现。把足球特征作为对足球本质的解释，这是无可厚非的，但作为足球理论探讨，两者还是不同层次的问题。为了更加清晰、准确地认识足球本质是什么，这里把足球本质与足球特征加以界定和区分。本质是事物本身或本来的形体，是事物本身所固有的根本属性。对足球本质的认识，我们采用了严格的逻辑推导和科学抽象，推导过程虽然复杂，但足球本质本身一定是清晰和简单的。特征是客体特性的抽象结果，是用来描述本质或概念的[2]。足球特征是足球本质的外在表现，外在现象上的东西往往是复杂的、含混的，而足球训练过程则更为复杂和难以把握。

（二）足球本质与足球特征的关系

足球本质与足球特征的关系即是本质与现象的关系，它们是核心与外围、内在与外表、实质与表象等多重关系的综合。足球本质对足球特征起决定作用，没有足球的本质属性就不可能有足球特征的展现；足球特征是足球本质的外在显现，有了足球本质才有丰富多彩的足球特征表现。另外需要说明的是，

[1] 范林根.足球训练[M].杨一民，李飞宇，李连胜，译.北京：人民体育出版社，2002：1-3.
[2] 邬焜.自然辩证法新教程[M].西安：西安交通大学出版社，2009：98.

本著把足球本质与足球特征加以区分，也是为了理论体系的逻辑层次更加清晰。对足球本质问题的专题探讨，目的是要纠正我们对足球本质认识的偏差，为建立科学的足球训练理论体系提供支撑。但并不是否定其他著述有关足球特征的阐述，本著在后续章节也要对足球的基本特征做系统的归类和阐述。很多国外翻译过来的图书和我们自己出版的著作，都没有把足球本质与足球特征做严格的区分，而且把足球特征用于对足球本质的解释，这并不存在认识错误的问题，只是各自足球理论系统构建的思路存在不同。但是我们应当有自信，只要是符合逻辑和科学的理论推导和阐述，并不一定要按照国外或前人的思路和标准。

（三）足球本质探索的阶段性和永恒性

现代足球一百五十多年的发展历史已经给我们以启示，人们对足球本质的认识会存在历史局限性，而且随着社会发展、战术打法不断进步和竞赛规则逐步完善等，大家对足球本质一定会不断产生新的认识和理解。本著对足球本质所下的定义不是一成不变的，只是阶段性地解答了足球本质的问题，更不代表永远具有正确性和科学性。本著所定义的足球本质虽然经过严密的逻辑构思和设计，但最多是在一定时间和范围具有认识上的引领作用，而对于足球本质的探索是永恒的课题。本著把足球本质探讨作为全著之开篇和理论体系构建的逻辑起点，是希望大家在认识足球本质的同时，重视足球本质探讨的意义和建立一种正确的足球发展观。当然，足球本质问题的阐述和解释还需要更加通俗易懂，比如，荷兰人所说的"学习踢球好比学习汽车驾驶，必须在真实的道路上完成"，更利于让人深入浅出地了解什么是足球本质。还有对足球本质的认识并不一定要通过文字阅读和语言表述，一个教练员拥有正确的足球观及先进的训练理念和方法，那么训练过程就是最好的"足球是什么"的教育。成功的足球教育途径有很多，关键是基本理念与方法不能偏离足球本质。所以目前在中国需要加强对足球本质问题的研究和宣传普及，以纠正前期出现的偏差。

第二章
足球概念与足球训练

构建科学的足球训练理论体系首先要建立正确的足球概念。足球本质的探讨是为了更好地了解足球，同时也是建立正确足球概念所必需的。从训练学意义上讲，只有形成了正确的足球概念，才能依据概念做出各种判断及推导出足球训练的一系列下位概念，进而形成正确的基本理念和科学的训练方法体系，如此才能更好地驾驭训练过程。足球训练是一门科学，我国的足球训练理论还远不够系统和完善，例如：我国至今没有形成自己的足球训练理念与方法体系，对很多训练问题的认识是处在低水平的泛化阶段。再如：我们一直没有拿出具有可操作性的青少年训练大纲，训练实践始终没有科学理论的支撑等。从社会学意义上讲，足球兼而具有健身功能、娱乐功能、经济功能、文化功能等，在国际上，足球水平象征着一个国家的综合国力和荣誉。所以足球教练是备受关注的职业，各级各类足球训练已经形成各自的职业标准。当然，足球训练是一项专业性和技术性极强的工作，作为教练员需要积极面对足球训练的理论问题，其中，首先要了解足球训练过程的基本特征及其规律。本章分别以"足球概念及其基本特征"和"足球训练与足球训练规律"为两个节标题，概括性地探讨足球训练的一些基本问题。

第一节　足球概念及其基本特征

在明确了足球本质问题的基础上再探讨足球概念及其基本特征的问题，是

希望大家能够建立一个全新的认知，并意识到我们以往对足球概念认识所存在的不足。以下足球概念及其基本特征的探讨是为了明确足球概念的理论核心地位及其支点作用，要通过足球比赛与足球游戏的界定及其相互关系探讨，反思我们以往对足球游戏认识上的偏差；关于足球基本特征的问题，包括从足球的整体描述到足球特征阐述，是从反映足球本质和反映队员比赛表现两个方面，分别阐述足球十个具体的基本特征。

一、足球概念

足球训练理论体系构建必须首先建立正确和清晰的足球概念，足球概念是我们形成足球训练基本理念和基本方法的必要前提。以下足球概念的专题阐述包括三个方面，即足球概念及其与足球本质的关系、关于足球概念的解读及从足球概念到足球理论体系构建。以上三个方面问题的分析，可以使我们更加清晰地认识到足球概念是整个足球理论建设的核心，也是其他各个层次概念、理念与方法形成的源头。

（一）足球概念及其与足球本质的关系

本著在前文已经经过逻辑推导对足球本质下了定义，其实前文所定义的足球本质已经做了文句修饰和训练学范畴的限定，按照由本质转化成概念的一般推导逻辑，前文的足球本质阐述基本等同于足球概念的阐述，这里可以从训练学意义上确定足球概念如下：足球是一种比赛或游戏，是以脚支配球为主，两队围绕球进行攻守争夺，以将球攻入对方球门为目的的双方同场对抗竞技的比赛或游戏。足球概念与足球本质是同质和共生共存的关系，两者都在表述足球是什么，只是足球概念侧重于表述对足球本体的主观看法，足球本质侧重于表述足球区别于其他事物的客观属性。为了更简化和清楚地说明足球概念与足球本质的关系，可以借助哲学中有关概念与本质关系的阐述。概念是反映事物本质属性的思维形式，是人们把所感知的事物的本质抽象出来加以概括。本质是事物本来的形体和本身所固有的根本属性，是某事物区别于他事物的基本特质。概念并不等同于本质，概念要对事物诸多本质属性加以逻辑重组和必要的修饰，但建立一个事物的概念必须经过对事物本质的认知过程[1]。可见，认识足球本质的意义之一是建立足球概念及判断概念正确与否，一旦形成了正确的概念也就认识了足球的本质，也就清楚了足球训练理论体系的逻辑起点，所以建立足球概念是足球训练理论体系构建的第一步。

（二）关于足球概念的解读

本著确定的足球概念并没有完全按照国外"足球是什么"的阐述，从概念内容可以看到，在遵循足球本质判别基本标准的前提下，概念阐述更符合我们认识足球及纠正以往错误做法的需要。诸如"以脚支配球为主""双方同场对抗竞技""两队围绕球进行攻守争夺""以将球攻入对方球门为目的"等，都是既符合逻辑推导又可以满足我们更新认识需要的本质特征（见图2-1）。概念内容阐述既是科学和合理的，利于我们改变以往偏离足球本质的认识和所作所为，也是出于认识上"拨乱反正"的考虑。我国从事足球领导和训练工作的同仁，往往容易从现象中认识和了解足球，也就容易陷入经验的重复。本著重新思考和认识足球概念的问题，是希望对足球训练起到导向和引领的作用。一方面，在大众性的足球普及工作中，避免出现低级错误和不应有的偏差；另一方面，在足球训练理论体系构建和系统训练中，更方便地与下位概念及训练实践相对接。"科学概念的内容即是人们对于特定事物本质的认识，概念是逻辑思维最基本的单元和形式""科学理论的完整体系是由概念及与这些概念相应的判断，以及用逻辑推导得到的结论组成的"[2]。换言之，科学地阐述一个事物的概念就等于道出了事物的本质，概念是科学理论体系构建的起点，任何科学理论都是通过概念而推导和演绎出来的。以上的哲学原理说明，建立足球概念是足球训练理论体系构建的起点，足球理论体系中相应的下位概念、理念与方法，都需要由足球概念做推导和演绎。

---

[1] 邬焜.自然辩证法新教程[M].西安：西安交通大学出版社，2009：77.

[2] 刘大椿.科学技术哲学导论[M].北京：中国人民大学出版社，2005:181.

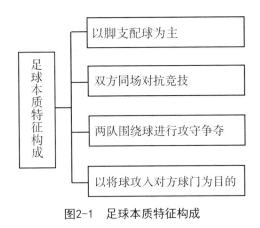

图2-1　足球本质特征构成

（三）从足球概念到足球理论体系构建

建立正确的足球概念是足球理论体系构建的基础和前提，但从科学概念到训练理论体系的构建，肯定要经过对诸多问题的判断和逻辑推导而形成一系列重要的认识，例如：关于足球基本特征的认识，一定是基于对足球概念中本质属性的认识和把握，抓住了"以脚支配球为主、同场对抗竞技和团队协同作战"的几个要点，才能推导和演绎出其他的基本特征及把诸多特征罗列成序。再如：对于"足球训练要素"这一概念的把握，六个基本要素：核心要素——球、目标要素——球门、团队要素——队友、对抗要素——对手、空间要素——场区和限制要素——规则，每一个要素都一定是在足球概念的辐射范围，受到足球概念的制约并与足球基本特征相一致。理论体系再往下的训练内容与训练方法，都离不开"足球训练要素"概念的限定与制约，同时还要兼顾"足球基本功""足球技能""足球训练模式"等概念及其再下位的概念，而这些概念一定都是源于足球概念的逻辑推导。在足球训练完整的概念与方法体系中，每一个具体概念与方法对于训练都非常重要。再以"足球训练要素"为例，如果不清楚训练要素的概念或训练中缺少应有的要素，那么训练就容易脱离"比赛场景"，而无法做到以比赛实战为核心。以上是以"足球基本特征"和"足球训练要素"为例，说明它们是由足球概念推导而来，也说明足球训练过程所有的概念与方法都源于对足球概念的推导，进而才能形成科学的足球训练理论与方法体系。显然本著基本概念、基本理念与基本方法的系统构成，都是由足球概念推导和演绎而来。

二、足球概念中的"比赛或游戏"

足球概念中"比赛或游戏"的问题往往在足球图书阅读中容易被忽略，尤其容易对什么是足球游戏产生错误的理解，如果把所有带有游戏性质的活动都归为足球游戏，由此也就容易造成足球训练偏离足球本质。以下围绕两个问题进行阐述：其一是足球比赛与足球游戏的界定；其二是训练中的比赛游戏和练习游戏。通过问题的阐述大家可以进一步建立正确的足球概念。

（一）足球比赛与足球游戏的界定

"足球是一种比赛或游戏"中的"比赛"和"游戏"，英语分别是"match"和"game"，其中的"match"是比赛和竞技的意思，"game"是游戏和比赛的意思[1]。在欧洲人看来两者是外在形式和构成要素完全相同的两种叫法，都是有球、有同伴、有对手、有球门、有场地空间和规则限制等要素的相同形式。那么为什么会有比赛和游戏两种叫法呢？这里就有一个如何界定的问题。其实界定的根据就是看踢球活动出于何种目的。足球比赛是以获胜和夺得锦标为目的的，是要通过比赛获得荣誉和利益，目的就是胜利；足球游戏是以锻炼身体和休闲娱乐为目的的，没有锦标意识也无关乎利益得失，活动就是为了出汗和快乐。例如：8个同事下班后为了放松身心和锻炼身体打一场四对四的小型比赛，这样的比赛就叫游戏；如果8个同事同样是采用四对四的形式，但比分落后一方承担8人的晚餐费用，这样就有了利益竞争，这样的游戏就是比赛。比赛和游戏虽然有相同的形式和要素，也可以说比赛即游戏，游戏即比赛，究竟是比赛还是游戏，还要视活动的目的而定。我们一般所说的大众

---

[1]　霍恩比.牛津高阶英汉双解词典[M].李北达，译.北京：商务印书馆，1997.

足球和校园足球普及提倡的是足球游戏，业余爱好者喜欢这种既快乐又有一定对抗性和竞争性的游戏。

（二）训练中的比赛游戏和练习游戏

前文之所以专门对足球概念中的"比赛"和"游戏"加以界定和说明，是因为我们训练实践中对足球游戏的理解存在错误和偏差，需要纠正。我们一直都认为，足球训练中所采用的"运球接力""蚂蚁搬家""打扫战场"等都是足球游戏，甚至很多不结合球的练习游戏也统统归为足球游戏。著者并不是反对足球训练采用各种生动有趣的练习游戏，而是希望对两种不同的游戏有一个性质界定和严格区分，否则就容易喧宾夺主，以致训练偏离足球本质。我们可以把训练中的游戏分为比赛游戏和练习游戏，把拥有四个以上足球要素，诸如以脚支配球为主、有同伴和对手、同场对抗及以攻入球门得分的游戏，称为比赛游戏；把那些完成技术练习或不结合球的形式，称为练习游戏。同时也要清楚，无论是以业余队员还是职业队员为训练对象，比赛游戏一定要作为核心和主导的游戏形式，而练习游戏则是辅助和边缘的游戏形式，尤其是青少年足球训练更应当如此。

比赛游戏更带有趣味性，是业余爱好者非常喜欢的娱乐方式。少儿足球只有以比赛游戏形式为主导，以多种多样的比赛游戏贯穿始终，才更利于吸引孩子的兴趣和推动普及。当然，为了发现和培养有天赋的足球人才，也需要从少儿阶段组织一定数量的正式比赛。但我们一定要明白，很多欧美足球训练教材都强调少儿训练要以比赛和游戏为核心和主要形式，他们所说的游戏一般是比赛游戏。从另一个角度讲，足球之所以是世界第一运动，不是因为练习游戏的魅力，而是因为比赛游戏的魅力。所以我们需要清楚：如果队员喜欢练习游戏，那么一定会更喜欢比赛游戏；如果练习游戏是快乐的，那么比赛游戏一定是更加快乐的；如果练习游戏容易组织，那么比赛游戏会更容易组织；如果练习游戏是一种训练，那么比赛游戏才是真正的训练[1]。

---

[1] 国际足联.国际足联草根足球培训手册[M].北京：人民体育出版社，2010：45.

三、足球的基本特征

足球的基本特征是足球本质的反映或表现，如果以外观感知为依据去描述足球特征，就容易出现偏差，我们以往的足球特征阐述就存在问题和错误。考察和探讨足球基本特征的问题必须从足球本质出发，以下从反映足球本质和足球比赛中带有足球本质特征表现的两个方面，分别阐述足球的基本特征问题。

（一）从足球整体描述到足球特征阐述

足球比赛或游戏是两个队在一个长方形场地上进行的，双方各自防守己方球门，通过各种技术和战术的运用展开攻守对抗。一方得球进攻时，即以将球攻入对方球门为目标；丢球防守时，以防守本方球门为目的。比赛双方围绕争夺控球权，在规则允许的范围内，进行面对面的攻守拼争，比赛以最后攻入对方球门次数多少判定胜负或平局。比赛或游戏中不允许场上队员用手或手臂触及球，只有守门员可以在本方罚球区内用手和手臂接挡球，一般五人制以上规模的比赛双方各设一个守门员。十一人制比赛是足球运动的代表形式和最高层次，一般所说的职业足球和最具观赏性的比赛都是十一人制的形式。但开展十一人制比赛容易受到场地、人数和比赛能力等诸多条件的限制，往往普及的难度较大，现实中业余爱好者更多是采用"小型足球"的形式。足球作为大众休闲娱乐的方式，是一项极富乐趣、门槛很低且易于开展的体育项目，深受广大青少年的喜爱；但作为高水平的足球比赛，则是一项难度很大、对抗性极强的竞技体育项目。从训练学角度认识足球，不仅要了解足球的外在表现，还需要进一步深入认识带有规律性的基本特征。在荷兰足协《足球训练》教材的开篇"足球是什么"专题中，概括地对足球的"自由成分""复杂性""流动性""攻守争夺与对抗""足球基本功"等特征做了阐述和分析，这些是荷兰人长期实践经验的概括和总结，也表明了他们基本的足球观。对于这些特征概括我们需要加以深入领悟，根据他们的概括及结合我们的演绎，以下从指导训练实践的需要细致阐述足球的基本特征。足球概念里阐述的是足球本质特征，

也属于足球特征的内容，在下文的足球特征阐述中，也包含足球概念里的文字内容，这是足球特征系统阐述的需要。

（二）训练学意义上的足球基本特征

足球运动的特征有很多，这里我们从训练学意义上把其基本特征分为两个方面：其一是反映足球项目本质与要素的基本特征，就是主要由核心要素——球、目标要素——球门、团队要素——队友、对抗要素——对手、空间要素——场区和限制要素——规则等表现出来的基本特征；其二是反映队员比赛过程表现的基本特征，就是主要由队员的技术技能、战术配合和素质体能等方面表现出来的基本特征。本著把足球基本特征分为两类共十项，整体构成如图2-2所示。

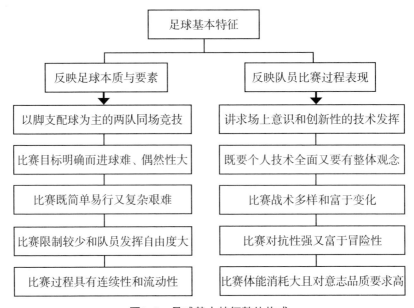

图2-2　足球基本特征整体构成

1．反映足球项目本质与要素的基本特征

（1）以脚支配球为主的两队同场竞技。足球比赛及其训练过程，队员主要是用脚完成运控盘带、传接控制、突破射门及防守抢断等技术性活动内容，此外

的头部、胸部、大腿等身体部位接触球相对较少。而且比赛进行中的进攻队员和防守队员是处在同一块场地上，争取主动的方法就是掌握控球权，在对方控球时就要抢夺控球权。比赛中需要与同队队员之间相互呼应、配合而形成团队，与对方队员之间的相互争夺、拼抢而形成团队对抗竞技，这些最基本的足球特征共同构成比赛的激烈争夺，也就表现出足球项目的与众不同。所以这一特征是足球最基本和典型的特征，其中包括了足球的核心要素——球、团队要素——队友和对抗要素——对手，也正是以脚支配球为主的原因才把这项运动冠名以足球[1]。

（2）比赛目标明确而进球得分难、偶然性大。比赛双方明确的目标是各自进攻对方球门和防守己方球门，就是争取进攻多进球和防守少失球，本方控球或对方控球及球在不同的地点，每一个队员各自都有明确的职责和分工[2]。比赛双方各有一个经过专门训练的守门员，可以手脚并用地高接低挡，而且比赛中的防守一方会采取密集、紧逼、协防等积极的防守措施，所以进攻得分的难度比较大，比赛进球被称为"世界性难题"。高水平的两个实力相当的球队，一场比赛一个队进三个球一般就是大比分。相对于比赛进攻难度较大，防守则相对容易，即便是实力较弱的球队，也有可能通过加强防守而有效地阻止对方的进攻，比赛也很容易出现得势不得分和以弱胜强的情况，所以足球比赛出现黑马和爆冷的情况较多。

（3）比赛既简单易行又复杂艰难。足球比赛规则条目较少而且简单易懂，参与比赛活动的门槛也较低，而且易于组织，比如：在幼儿园举办一个小朋友的球类比赛活动，只有足球是可行的。作为业余爱好者参与球类比赛活动，足球也相比其他球类项目更容易融入。足球又是一种复杂的比赛，十一人制比赛的场地空间大、人数多，其特征是随时随地都存在无限多的可能性和变化，22名队员会有不同的选择和行动方式，控球队员要随机做出判断和选择[3]。比赛中对手的干扰和阻挠又体现其艰难的一面，需要在瞬间做出决断，

[1]　全国体育院校教材委员会.现代足球[M].北京：人民体育出版社，2000：3.

[2]　谷明昌.足球是什么[M].北京：北京体育大学出版社，2012：67.

[3]　范林根.足球训练[M].杨一民，李飞宇，李连胜，译.北京：人民体育出版社，2002：1.

很多时候还需要用高难度技术动作准确无误地完成任务，所以踢足球要达到较高的境界难度又相对较高，需要队员付出更多的辛苦和努力。所以足球既有大众普及的简易性，又有高水平训练和比赛的复杂性和艰难性[1]。

（4）比赛限制较少和队员发挥自由度大。足球比赛规则对队员的限制相对较少，比赛过程中除了场上队员不允许用手和越位之外，其他规则限制屈指可数，而且队员还有一定的"技术犯规"的利用空间。队员场上发挥的自由度大，主要是由于比赛的场地空间和队员行动选择的自由度都非常大，这种场地的广阔和行动的自由给队员提供了极大想象空间和创造性发挥的可能，每一个队员的场上移动、奔跑及技术运用都有无限多的机会和变数。而且足球比赛是团队形式的整体作战与发挥，进攻和防守都给那些聪明的队员以更大的施展空间，任何角色的队员都有很大的提升可能。所以足球训练一定要启发队员的想象力和鼓励自由发挥，尽可能地减少不必要的限制和约束。

（5）比赛过程具有连续性和流动性。连续性是指比赛间断较少，特别是规则对守门员用手接回传球的限制和对拖延比赛时间的惩罚，使得一场比赛的大部分时间是处于连续不断的比赛争夺状态。即便出现比赛成死球，队员一般也都会马上积极地恢复比赛，这样对场上队员体能和守门员用脚传接球能力都提出更高的要求。流动性是指比赛进行中球和队员的不停运动。一旦进入比赛状态，球自始至终都是不停地处于滚动或飞行的状态，而场上队员也都要随时随地根据球的移动和变化而不断地移动位置，比如：做出保护性的接应移动或攻击性的摆脱和前插快跑等。概括这一特征就是高水平比赛中的球和人始终都处于流动的状态，所以高质量的训练要求球必须处在快速的流动和变化状态，要求队员移动的方向、速度和节奏也相应地处于不停的变化中[2]。

2．反映队员比赛过程表现的基本特征

（1）讲求场上意识和创造性的技术发挥。要想让队员在比赛中充分发挥

[1] 全国体育院校教材委员会.现代足球[M].北京：人民体育出版社，2000：4.
[2] 范林根.足球训练[M].杨一民、李飞宇、李连胜，译.北京：人民体育出版社，2002：1.

技术，就要讲求比赛场景不断变化条件下的场上意识培养。具体的比赛场景是场上思维和行动决策的依据和支点，队员场上意识及其决策和行动能力的培养，一定要在比赛实战和对抗的条件下，在各种进攻、防守及攻守转换的比赛场景变化中，不断让队员感悟及强化和发展。比赛需要队员具备技术的即兴发挥能力，要求队员提前识破对手意图而随机完成进攻或防守的行动，也就是即兴地做出合理的技术或战术行动的选择。但是只有即兴能力还不够，足球队员还需要有丰富的想象力，能够根据整体进攻或防守及场上变化的需要，创造性地运用技术，例如：巧妙的助攻传球、突然的突破射门、及时的长传转移等，决定比赛胜负的往往是即兴的具有创造性的技术发挥[1]。

（2）既要个人技术全面又要有整体战术观念。足球场上队员除了手和手臂之外，各个肢体部位都需要在比赛中完成一定的技术动作，这决定了足球技术种类和具体内容的多样，其中脚上的技术动作最多。而且比赛是在复杂和对抗条件下进行的，来球和出球需要在快速和随机情况下完成技术动作，在有防守的情况下需要迎球拿到第一点或前点，这些都要求队员根据比赛场景随机运用技术，要求队员在具备基本的位置技术和个人技术特点的同时，掌握全面的技术技能。但是足球是团队合作的集体项目，队员必须有团队协同作战的整体观念，个人技术运用是为了完成整体战术服务的，技术运用必须按照整体的部署和符合整体的需要，一个队员如果缺乏团队观念和整体攻守意识，则很难得到健康和快速的发展。

（3）比赛战术多样和富于变化。足球比赛的战术具有多样性，而且也是复杂和变化无穷的，这是由比赛场地大、人数多及队员发挥空间大的特点决定的。球队整体的进攻和防守都有多种不同的战术打法，各个局部场区也都有不同的战术安排，而且战术打法有越来越细化的趋势，例如：单就防守的压迫方式就可以分为高位压迫、中场高位压迫、中场低位压迫和深度压迫。具体到每一个队员，根据队员不同位置及其技术特点的不同，对其部署的战术任务会有很多的不同。

---

[1]　刘夫力. 小型足球运动手册[M]. 北京：北京体育大学出版社，2004：3.

足球比赛的战术是极其富于变化的，仅从比赛阵型来看，无论是进攻阵型还是防守阵型，一个优秀的球队在一场比赛中会有4~5种基本的阵型变化，而且是反反复复进行的。教练员一般要设计和训练几套不同的战术方案，具体比赛中根据不同对手和不同比赛情况，其战术打法变化更加灵活和变幻莫测。

（4）比赛的对抗性强又富于冒险性。足球比赛是同场竞技的对抗性项目，高水平职业队员都经过了长期的实战对抗磨炼。比赛中两队队员之间时时处处会有脚对脚的抢球与控球、身体对身体的冲抢和护球；有大量二对一、三对一追抢和夹围等对抗条件下的技术运用；还有足球场地空间大，队员常常是在高速奔跑中完成攻守争夺，有时候必须敢于运用铲球、争顶、倒钩、鱼跃头顶等高难度的技术。这样高水平比赛不仅要在高强度对抗中完成各种技术运用，而且每一个队员在重要的比赛时刻都要敢于在冒险中完成对抗争夺，也就是说足球比赛的对抗性和风险性要高于其他任何球类项目。现在足球比赛的对抗性还在不断增强，队员进攻的控球、突破、传接球等技术运用的空间越来越小，时间越来越短，难度越来越大，这给进攻队员带来更大的难度，同时对防守队员的防守能力和素质也提出更高的要求。

（5）比赛的体能消耗大且对意志品质要求高。足球比赛的时间长、场地大，加上现今比赛的争夺日趋激烈，对抗性越来越强，要求队员达到的跑动距离、冲刺次数都在增加。一场高水平的足球比赛队员一般跑动距离达到12 000米以上，其中包括70次以上的冲刺快跑，而且要在高度集中注意力的情况下完成大量的对抗争夺、弹跳用力和急停急起等，所以一场足球比赛队员的体能消耗是巨大的，要求队员必须具备良好的体能。足球队员仅有体能是不够的，因为在比赛的最后阶段或加时赛里，队员体能基本是消耗殆尽的，而此时正是决定比赛胜负的关键时刻，这种情况对队员的争抢用力、注意力及技术发挥要求更高。往往对队员能力发挥起决定作用的是意志品质，这种良好意志品质的形成需要培养和激发，更需要平时的磨炼[1]。

---

[1]　全国体育院校教材委员会. 现代足球[M]. 北京：人民体育出版社，2000：4.

第二节　足球训练与足球训练规律

　　足球训练与足球训练规律都是足球概念的下位概念，两个概念的解读及其内涵的阐释是足球理论体系构建的重要内容，也是向本著主题"足球训练基本理念与基本方法"部分的重要过渡。本节包括两个主题，即足球训练及其与比赛的统一关系和足球训练规律及其三个层次。很多观点虽然早已在业界达成共识，但其中的一些具体观点并没有作为理论命题或研究内容正式提出来，比如足球训练与比赛的统一关系问题就是如此。以下要明确阐述足球训练与比赛的统一关系，并要以此作为后续一系列问题探讨的依托。

一、足球训练及其与比赛的统一关系

　　在确立了足球概念之后，足球训练的概念也就迎刃而解了，这里要重点探讨及要取得突破的是"足球训练及其与比赛的统一关系"的问题，明确这种统一关系也就把传统意义上足球训练的内涵扩大了。虽然国内外专家都一致认为足球训练与比赛就是一体的关系，但到目前为止这一观点并没有得到明确的统一。以下阐述明确了足球训练与比赛的统一关系，也是后续很多问题探讨的理论依据和支撑。

（一）足球训练的概念

　　足球训练是两个各自独立概念叠加在一起构成的复合概念。显然这个复合概念是由足球和训练两个概念构成，前文已经专门阐述了足球概念的问题，而训练的概念在我国体育院校统编的《运动训练学》教材中有明确阐述：训练是指为了取得、提高比赛成绩或保持在比赛中取得好成绩，教练员专门组织的、有计划地促进队员能力提高而实施一系列影响的过程[1]。足球训练是针对足球这个单一的体育项目而言，引用前文的足球概念和套用《运动训练学》教材训

---

　　[1]　全国体育院校教材委员会.运动训练学[M].北京：人民体育出版社，2000：6.

练概念的表述，再按照逻辑学复合概念构成的原理与方法，可以把足球训练的概念做如下阐述：足球训练是一个足球队为了取得优异的比赛成绩，而由教练员专门组织和实施的，对球队全体队员施加足球教育和各种影响因素的过程。足球训练理论体系的构建需要先剖析这一复合概念，两个概念之间有一定的限定关系，"训练"是一个相对宽泛的概念，所以"足球"实际上限定了"训练"的特定内涵，足球训练学的研究范畴，限于探索足球训练所特有的规律、原理与方法等问题。

（二）足球训练与比赛的统一关系

前文确立足球训练概念，其一是为了更准确地圈定本著足球训练问题研究的范畴和具体内容，其二是为了弄清足球训练过程还受制于哪些客观规律与学科原理。足球训练的概念要保证以下几个条件：第一，符合足球项目本质属性；第二，禁得起逻辑推导的检验；第三，具有先进性和前沿性。足球训练不可以受制于传统和落后的认识与思维，而是要融入先进的理念与方法。其中重要的一点是足球训练与比赛的统一，就是要把比赛当作训练的延续和训练的组成部分，训练要以比赛为核心和归着点，系统的足球训练包括训练和比赛两个部分。目前，国际上无论是职业队训练还是青少年训练，其训练模式已经趋于一致，就是采用周末联赛的模式，每周的训练是围绕周末的比赛进行计划和实施。一年或更长周期的训练，要围绕周期内重要比赛的分布进行设计和规划。我国的各级足球训练不仅要采用这种训练和比赛模式，而且我们必须理解这种模式的原理与机制。包括本著后文足球训练基本理念的探讨，也是要把训练与比赛统一起来，把基本理念分为训练和比赛两个方面。随着社会进步和足球运动的快速发展，世界各国都会越来越重视对足球训练规律的探索，足球训练的理念与方法会不断更新和升级换代，我们必须加强足球训练的基础理论研究，只有对足球训练的认识达到了与国际的接轨，我国的训练才能达到先进的水平。而那些治标不治本、本末倒置的做法，只能留下更多的历史遗憾。

（三）足球训练概念、理念与方法的统一范畴

足球训练学作为一种理论，一定包含很多概念、理念、方法及其相互关系的问题，本著所涉及的问题是足球训练基本概念、基本理念与基本方法的范畴。前文引用过两句哲学有关概念的阐述，即"科学概念的内容即是人们对于特定事物本质的认识，概念是逻辑思维最基本的单元和形式"和"科学理论的完整体系是由概念及与这些概念相应的判断，以及用逻辑推导得到的结论组成的"[1]，其实"科学概念"可以作为足球的"逻辑思维最基本的单位和形式"和"科学理论体系推导的原点"，也可以作为其下位所有足球训练的概念、理念和方法的"逻辑思维最基本的单位和形式"和"科学理论体系推导的原点"。也就是说，有关足球训练任何局部或枝节的理论问题，其理论体系构建都是以其局部或具体的科学概念为起点的，都是通过科学概念而推导和演绎出来的。所以说，足球和足球训练的概念及其下位的足球训练基本概念、基本理念、基本方法的逻辑起点，都是基于共同的哲学原理，都是源于足球概念的推导。所以，本著的足球训练理论体系构建一定是源于统一足球概念的范畴，任何有悖于本著足球概念的理论和方法都排除在探讨之外。

（四）足球训练理论体系架构的内在关系

本著一系列问题探讨的目的是构建足球训练理论体系的基本架构，使大家对足球训练的整体构成有一个了解，以利于形成对足球训练的正确认识和建立科学的训练理论。图2-3是足球训练理论体系架构及其内在关系示意图，基本概念、基本理念和基本方法都是理论体系的基础和组成部分，是构成完整的足球训练理论体系的三个重要支柱，共同支撑足球训练的实践。但是整体与局部及局部与局部之间并不是对称和均衡的关系，而是通过一个单向的作用达成一种循环式的平衡。足球训练与其基本概念是明显的主体与分支的衍生关系，基本概念是足球训练理论体系的基础和重要支撑；基本理念虽然也是理论体系主

[1] 刘大椿.科学技术哲学导论[M].北京：中国人民大学出版社，2005：158.

体的分支，但基本理念需要依托于基本概念的支撑和间接作用，进而构成理论体系的基础和组成部分；基本方法同样是足球训练理论体系的基础和支撑，但还要依托于基本概念和基本理念共同的支撑和间接作用。基本概念是足球训练理论的认识基础，是对诸多训练问题本质的认识，是驾驭足球训练过程与保证方向正确的前提；基本理念是以对基本概念的认知为基础，从不同视角或层面去解读和揭示足球训练与比赛的规律和原理，侧重解决足球训练的认识与实际操作相衔接的问题；基本方法要以基本概念与基本理念为基础，是训练过程如何设计、操作和把控的方法学问题，是足球训练理论转化为科学实践的应用部分，是整个理论体系构建的归着点。足球训练的基本概念、基本理念和基本方法，都是做好足球训练工作的基本理论问题，一个教练员把控训练过程和提高业务素质三者缺一不可。

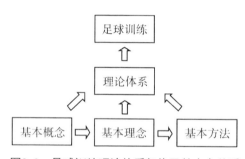

图2-3 足球训练理论体系架构及其内在关系

二、足球训练规律及其层次

足球训练过程中存在着诸多制约和影响其功效的客观规律，这些规律都是我们组织训练工作必须遵循的。作为足球训练基本理念与基本方法的探讨，了解足球训练规律有哪些及其各自的作用程度和深度，了解足球训练规律的层次关系，可以帮助我们提高认识。以下探讨两个问题，即足球训练规律探索的重要性和足球训练规律的三个层次。

（一）足球训练规律探索的重要性

足球训练的概念澄清了足球训练的目标指向，也规定了足球训练理论所要研究问题的范畴。足球训练的科学理论一定是由科学概念推导和演绎出来的，只有从足球训练的概念出发，探索足球训练的规律及构建其科学理论体系，才能真正有效地控制和驾驭其训练过程。为什么要探索足球训练的规律？其中的原因和重要性我们可以从规律的特性中找到答案。规律是指事物之间内在的、稳定的必然联系。这种联系不断重复出现，在一定条件下对事物发展发挥作用，并决定事物必然向着某种趋向发展。规律的主要特性有：第一，具有不以人们的意志为转移的客观性，但人们可以通过实践认识和利用规律；第二，具有重复性，就是人们可以多次反复进行探索，从而把握其内在联系；第三，具有稳定性，就是规律是相对稳定的，不会因为环境条件的变化而轻易改变[1]。可见，规律是事物本身所固有的，深藏于现象背后并决定或支配现象的方面。规律可以反复发挥作用，只要具备必要的条件，合乎规律的现象就必然重复出现。由此可以断定，足球训练规律决定着足球训练发展的必然趋向，是我们做好训练工作必须认识和把握的重要理论问题。

（二）足球训练规律的三个层次

我们从哲学关于概念与规律的关系中了解到，任何事物的规律都是由其科学概念而推导和演绎出来的，而且事物的发展又必然受其自身规律的制约。足球训练的规律，同样也需要由足球训练概念做推导和演绎。足球训练是一个复合概念，其中包含着诸多的本质属性，每一个属性有着概念范畴不同的规定性，所以也必然会受到很多规律的多重制约。足球训练受到哪些规律的制约？这是我们理论体系构建和训练实践都需要清楚的问题，科学理论体系构建必须经过对足球训练规律的探索过程。欧美国家之所以足球事业发达、理念先进、方法科学，就是因为他们经过了长期、艰难的探索，找到了足球训练规律及各

---

[1] 刘大椿.科学技术哲学导论[M].北京：中国人民大学出版社，2005：160-161.

种符合足球规律的训练原理与方法。本著所进行的足球训练基本理念与基本方法探讨，是以对诸多足球训练规律的探索为基础和前提的，是希望通过学习、借鉴国外先进的理念与方法，同时总结我们自己的理论研究与实践经验，建立可以支撑我国足球发展和具有中国特色的足球训练理论体系。对足球训练规律问题的探讨，是为了形成整体的对足球训练规律的认识，足球训练三个层次规律的循环作用关系见图2-4。

图2-4　足球训练三个层次规律的循环作用关系

第一，宏观层面上位于足球训练规律的基本规律。在浩大的宇宙运行中，足球训练只是体育运动训练的一个项目。在遵循基本的事物运动规律的同时，足球训练过程还需要更直接地遵循如下规律：人体成长发育规律、竞技运动规律、运动技能形成规律等。足球训练过程同时受到很多宏观层面事物发展规律的制约，这是我们需要了解和认识的问题。以上几个基本规律对足球训练有着直接和密切的指导作用，这些虽然不是本著探讨的问题，但是每一个从事足球训练的工作者，都需要通过学习和阅读而了解其中的知识要点，否则一旦违背这些规律就必然会受到惩罚。

第二，中观层面并行于足球训练规律的基本规律。足球训练过程有很多足球项目自身的规律需要我们探索，例如：现代足球发展趋势、足球比赛阵型与战术打法、足球比赛攻守原则等。此外还有很多需要同步认识的规律，例如：教育教学规律、心理成长发育规律、人体运动能量供应规律、运动训练原则等。足球训练应当遵循哪些规律？很多教练员把视野限定在足球训练的狭小范围，往往忽视对训练之外规律的认识。我们应当意识到，足球训练与对队员的教育和身心发展是同步的，一个教练员不了解和遵循足球训练之外的这些规律，队员的全面发展会受到制约，足球的发展也会受到影响。所以教练员必须增加知识储备和扩大阅读范围，了解和把握这些中观层面的足球训练基本规律。

第三，微观层面足球训练过程中的规律性原理。这些规律性原理包括本著的所有大大小小问题的探讨，例如：基本概念的足球训练要素、基本功构成、足球技能、比赛模式等，基本方法的足球训练基本模式、足球训练取材、足球训练指导方法等。不仅仅是足球训练的基本概念、基本理念和基本方法，还有很多更具体的理念、原则、要点与方法等，也都必须探索其原理中的规律性。所谓"细节决定成败"，就是每一个训练细节的操作，同样都需要探究其过程的规律和原理。足球强国之所以实力雄厚，之所以能培养出众多顶级的足球明星，是因为他们不仅抓住了足球训练的本质和正确的方向，还因为他们重视方方面面的细节，一切都遵循规律和按照科学的程序与方法。我国足球训练水平整体偏低，一方面是因为忽视对足球运动本质及其规律的探索，也一直没有整体性地回归正确的轨道；另一方面，直到今天很多足球从业者仍然缺乏对足球职业的敬畏，而把足球训练视为轻而易举的职业。其实无论是做足球职业教练和理论研究，还是做业余的校园足球、少儿训练、大众普及和文化宣传等工作，都需要探寻其规律而不可以等闲视之。这些微观层面规律性问题的把握，我们必须更多地借鉴足球发达国家的经验，也需要广大足球从业人员树立起正确的职业观念。

第三章
足球训练基本概念

在各种国际足球技术培训中有很多被高频率使用的概念，诸如：足球训练要素、足球基本功、足球技能、比赛四个时段、比赛场景、训练模式、比赛模式等。这些概念的由来是多元的，但有着广泛的共识性和通用性，很多已经成为国际统一的概念性术语。实际上这些概念是人们在长期训练实践中总结出来的，其中高度凝结着人们的成功经验与智慧。关于概念及概念对于科学理论体系构建的意义，前文已经做了阐述。足球训练基本概念显然是足球及足球训练概念的下位概念，是关于足球训练的基本认识问题，是足球训练基本理念与基本方法问题探讨的认识基础。一个国家足球的健康发展，一定要经过艰苦的实践和理论探索过程，进而形成对一系列基本概念的正确认识，总结出具有规律性的足球训练基本理念和基本方法，如此才能少走弯路和更加高效。本章探讨的基本概念都是足球训练核心层面的重要概念，也都与后续的基本理念与基本方法问题相关联。一个足球教练员要掌握先进的训练理念和科学的训练方法，最基本的认识基础就是对一系列基本概念的认识，我国目前对这些基本概念认识的推广工作做得不够，以下分八节介绍八个基本概念。

第一节　足球训练要素

足球训练要素是做好训练工作必须清楚的问题，对训练要素含糊不清就很难形成有效的训练及达到训练的目标。这一概念的核心词是"训练"，"要素"是训练的要素，就是进行足球训练所必须有的因素。我们以往对足球训练要素的理解存在偏差，以下通过概念解读及对每一个要素含义的解释来澄清足球训练要素的问题。

一、足球训练要素的概念

（一）足球训练要素概念及其要义

足球训练要素是指组织足球训练过程中教练员必须考虑的最基本的构成元素，是队员在比赛中每时每刻都要同时思考和关注的因素。普遍认为足球训练有六个要素，包括核心要素——球、目标要素——球门、团队要素——队友、对抗要素——对手、空间要素——场区、限制要素——规则（见图3-1），任何教练员的训练设计都要根据训练主题和目标的需要而仔细权衡六个要素的安排[1]。

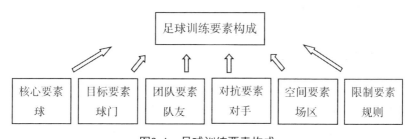

图3-1　足球训练要素构成

（二）足球训练要素概念的解读

足球训练要素其实是足球本质要素，是足球本质在训练和比赛中的具体体现，有时也称作足球比赛要素。从教练员方面讲，足球训练要素主要是指教练员在组织训练过程中必须考虑的因素；从队员方面讲，是每一个场上队员在训练和比赛过程中每时每刻都要同时关注的因素。比赛中一个优秀的场上队员一定是在兼顾和权衡六个要素的同时，再做出合理的决策和行动。训练六个要素

[1] 范林根.足球训练[M].杨一民，李飞宇，李连胜，译.北京：人民体育出版社，2002：1.

的提法是从足球训练的实际需要出发，是培养队员场上智力和能力的需要，可以做到更有效地促进队员成长和提高训练效率。再具体讲其主要依据，就是队员在比赛场上眼睛不断观察、头脑积极思考，以及身体的位置移动、技术动作的变化和调整，始终都离不开对以上六个要素的观察判断而做出决策。这六个要素是影响队员场上洞察意识和决策行动能力的最基本的因素。训练中只有更合理地设计和安排六个要素的内容，才可能使训练更加科学[1]。在欧美国家很早就有各种不同的提法，如足球训练五要素、足球训练八要素等，但其要义并无不同，最后六个要素的提法是荷兰讲师团1999年来华培训时提出并在我国确定下来。从对参加D级教练员培训学员的调查情况来看，我国基层教练员普遍不明白什么是足球训练要素，即便个别学员知道六个要素是什么，但对训练要素概念的理解和贯彻还是存在很大的偏差。

二、足球训练要素的含义

（一）核心要素——球

任何训练和比赛都是围绕球来进行的，球是训练的核心和首要的要素。球是比赛双方队员在场上进攻和防守一切行动的动态参照体，比赛中的球是流动的，处在不停地滚动、飞行、连续折回的变化中，其运行的速度、高度、旋转等处在无法预知的状态。只要是处在比赛中，场上队员就必须时时刻刻观察球所处的位置、球的运行方向和落点，甚至要预判球的下一步及再下一步的发展。所以核心要素——球是场上所有队员关注的焦点[2]。

（二）目标要素——球门

足球比赛的任何进攻行动都是为了有效地向对方球门推进及完成射门，防守则反之，训练中如果没有球门，整体上看就脱离了真实的比赛场景。比赛过

---

[1] 曲晓光. 现代足球训练理念诠释与应用[M]. 广州：华南理工大学出版社，2009：10.

[2] 谷明昌. 足球是什么[M]. 北京：北京体育大学出版社，2012：38-39.

程要求进攻方的每一个队员都要不停地协同移动和变化，目的就是创造向对方球门推进的机会，所以球门作为训练的目标要素是必不可少的。当然，有时候训练出于某种特殊的目的，可以设置两个或更多的球门，有时候突破训练可以把目标定为一条线，或者传接球训练设定没有标识的目标。

（三）团队要素——队友

足球是由多名同队队员共同参与比赛进攻和防守的团队协同作战项目，比赛中无论是进攻还是防守都需要同队队友之间的相互支援和配合，整体实力一定是融合着队友之间的相互支持、鼓励与默契。而团队力量的形成一定要经过平日艰苦的训练过程，这就需要训练中把同队队员之间的配合作为训练要素，即足球训练必须考虑的队友因素。

（四）对抗要素——对手

足球比赛是两队同处于一块比赛场地、围绕对球的争夺展开攻守对抗，而且与对手之间有着激烈的脚对脚、身体对身体及在高速运动中的拼抢。比赛中队员的任何决策与行动都根据对对手意图和行为的判断而随机应变，适应比赛对抗及其场上的千变万化，是队员必备的能力，所以，训练中合理安排和设置对手是使队员适应比赛实战不可缺少的因素。

（五）空间要素——场区

足球比赛都是在一定的场地空间进行的，而且规则又赋予不同的场地区间以一定的意义或功用。特别是随着足球运动的发展及具体比赛战术的需要，不同的场区又都有着战术打法和技术运用方面的不同要求。场地区域概念越来越重要，不同区域和时间的技术处理及战术选择是不同的。训练中不同形式的场区设计可以帮助队员的技战术发挥，促进队员某种意识或技能的改进，所以训练中场地区间的设计是必要的因素。

（六）限制要素——规则

足球比赛是在统一规则的严格限制之下进行的，教练员需要在统一规则的基础上，根据训练的需要制定临时的规则，使队员按照一定的意图和指向完成训练任务。训练中的规则制定和特殊限制是激励和强化队员的有效手段，训练中教练员往往利用特殊规则的限制，比鼓励、要求和命令更为有效，例如：一脚射门、两脚传球、三点包抄、五脚长传等特殊规则的限定，可以有效地强化队员某种意识或技能的提高[1]。

第二节　足球基本功

我们以往对足球基本功的理解存在很大的误区，认为在没有对抗条件下的各种技术练习就是基本功训练，技术熟练就是基本功好。这种认识在我国目前的基层训练中仍然广泛地存在，这是我国一直以来足球落后的一个症结。基本功训练需要在有六个足球训练要素的比赛场景之下，而且还要正确理解足球基本功的概念和内涵。

一、足球基本功的概念

（一）足球基本功概念及其要义

足球基本功是指队员在比赛实战中需要具备和通过比赛所表现出来的决定队员实力的各种个人能力。荷兰人认为这种队员能力构成的基本功包括三个方面，即技术技能、洞察意识和沟通智商。一个队员的成长必须打下全面扎实的基本功基础，教练员从队员参加训练开始就要重视三个方面基本功的同步培养与发展[2]。

---

[1]　范林根.足球训练[M].杨一民，李飞宇，李连胜，译.北京：人民体育出版社，2002：2.
[2]　范林根.足球训练[M].杨一民，李飞宇，李连胜，译.北京：人民体育出版社，2002：3.

44

（二）足球基本功概念的解读

队员的基本功从外表简单地看，是队员完成技术技能的动作规格与质量，传统观念一般也如此认为。但从比赛实战中看，队员的基本功并不仅仅是外在技术技能的问题，而是在技术技能背后包含着队员对场上情况的观察、思考与判断，并且时刻渗透着同队队员之间及队员与外部之间的沟通与交流。基于足球比赛具有复杂性和整体性的特点，荷兰足协在1995年推出的《足球训练》教材中把足球基本功构成分为三个方面，本著重新命名为技术技能、洞察意识和沟通智商。这一提法打破了传统的观念，也颠覆了我们以往对足球基本功的认知。三个方面的基本功都是队员比赛实战中完成动作技能的决定性因素，是另外把队员场上的洞察意识和沟通智商列入其中。这样的基本功概念是把眼睛观察、头脑思考和语言交流方面的因素都纳入基本功范畴，虽然感觉上很不符合传统的习惯和认知，但三项内容都需要长期培养和磨炼，都是比赛需要具备的功底。当我们看到我国队员比赛场上基本功匮乏，当我们打破原有的思维局限，就会感到荷兰足球基本功的观点是更客观的。欧洲国家普遍笃信哲学和讲究逻辑，我们也需要重新认识足球基本功的问题。

二、三项基本功及其相互关系

（一）技术技能

技术技能是把技术与技能合二为一的统称。足球技术是指训练和比赛所需要的对球进行控制的操作方法，一般指在没有防守干扰的非对抗条件下完成的操作。足球技能是指在比赛实战中有防守干扰及对抗条件下随机而有效地完成技术动作操作的能力，包含比赛中完成技术动作的协调性、速度、力量及结合球的奔跑停转能力，还包含在比赛应急之时的随机应变能力。技能与比赛实战过程是不可割裂的，是融合着体能、战术意识的技术运用。一般所说的技巧是比赛中队员所表现出来的带有个人特点和风格的技能，所以技术不等于技能，

技能是比赛实战中所表现出来的技术，是融合着各种身体素质和即兴发挥的技术运用能力。

（二）洞察意识

洞察意识一般是指队员在比赛实战中对同伴、对手及整个比赛局势的观察深度和判断能力，特别是对比赛某些瞬间机会和潜在危机的洞察及快速做出技术应对的反应能力，也就是通常所说的足球意识。这种能力有一部分是队员的本能和天赋，但很大程度上取决于训练和比赛实战过程的磨炼。洞察意识是高水平足球竞技所必备的，必须从少儿阶段培养。

（三）沟通智商

沟通智商一般是指用术语、手势、暗号等对队友做提示、提醒和命令的沟通及通过这种沟通形成团队协同作战的能力，也包括队员比赛中与教练员、对手、场外观众及所有相关人员的交流能力。一个人对比赛的洞察能力是有限的，同伴之间有效的呼应和沟通可以提高队员的判断能力，更可以促成球队整体的呼应和联动，是更高层次的个人能力，是比赛中相互沟通、鼓励及形成场上良性互动和振奋士气的需要。这一能力的培养也需要从小开始，要让队员养成相互呼应、提示的习惯及具有与对手、观众良性沟通的大视野。

三项基本功是各自独立和各有其要义的基本功要素（见图3-2），但从基本功表现的角度看，技术技能是队员比赛实战中基本功具体和形象的表现方面，洞察意识和沟通智商则是队员基本功综合和抽象表现的方面。其中的综合和抽象表现方面融合着队员的场上观察、交流、思考与判断等，最后是通过快速决策以技术技能形式表现出来。所以足球基本功具体和形象的表现方面与综合和抽象的表现方面是统一的过程，也就是说后两个方面的表现最后统一于技术技能表现之上。在青少年训练的前期，洞察意识和沟通智商的因素还很难显现出优势来，队员个人和球队整体的实力表现及比赛胜负往往决定于技术技能因素。但随着队员训练水平和比赛能力的提高，他们的实力会更多通过洞察意识和沟通智商表现出来，而且比赛水平越高，洞察意识和沟通智商对比赛的决定作用越明显。

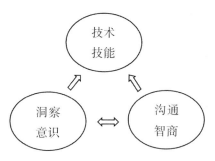

图3-2 足球基本功构成及其相互关系

所以，足球的基本功训练需要把握一些原则和要点：首先，三个方面能力一定要同步和均衡地发展，三者齐头并进才能打下坚实的个人能力基础，三个方面能力共同构成队员全面的足球基本功。其次，技术技能是队员基础性的个人能力，需要反复和长时间的磨炼，但技术技能培养一定要避免简单、孤立、机械的技术动作重复，要与比赛实战相结合，要融入和渗透洞察意识和沟通智商的能力培养。再次，在队员成长的过程中，前期的很长时间往往技术技能训练更容易显现效果，好像技术技能训练更加重要，但随着队员综合能力的提高，比赛对队员的洞察意识和沟通智商的要求会越来越高，而且两者对球队实力和比赛胜负的影响也越来越大。三个方面基本功的训练，技术技能培养需要单纯的技术动作练习过程，同时也要经过大量的比赛实战强化；而洞察意识和沟通智商能力的培养则更多依赖于教练员适时的引导与强化，以及队员个人在比赛实战过程中的感悟和实战经验的积累。

第三节 足球技能

足球技能是我们近些年才统一认识和普及的一个概念或术语，国外的足球技能并没有特别的含义，因为欧美国家一般认为技术即比赛实战中的技能。"足球技能"一词在我国被列为足球专业术语，是因为我们把技术当作完成技术动作的规格和标准问题，技术训练更多的是没有比赛对抗条件下的纯技术练习，这实际上是错误的做法，强调足球技能的概念就是要纠正现实中存在的错误认识。

一、足球技能的概念

（一）足球技能概念及其要义

足球技能是指在比赛实战中有防守干扰及对抗条件下随机而有效地运用技术动作的能力，技能达到一定熟练程度即为个性化的技巧。在这里我们把足球技术称为在没有防守干扰的非对抗情况下合理完成处理球的动作操作[1]。两者有着完全相同的动作结构和顺序，不同在于足球技能有着比赛环境的外部条件。相对于足球技术而言，足球技能是队员真正需要具备的基本功，但掌握足球技能需要技术练习的过程，所以很多培训和教材都把两者统称为技术技能。

（二）足球技能概念的解读

足球技能是在各种不同的比赛场景和不同对抗程度下完成的技术，所以相应的技能训练也更为复杂，需要设计各种不同的比赛场景和防守队员数量，技能训练也被称为技能转化训练。足球技能是一个重要的足球训练学方面的基本概念，关于技术与技能，在英文中有两个词为"technology"和"skill"，但欧美国家一般认为，足球的技术就是比赛实战中的技能。我国的足球训练长期以来形成一种错误倾向，就是把纯技术练习等同于比赛中所需要具备的技能，认为技术达到熟练程度就自然会实战运用了，结果，大量的基本功训练都是脱离比赛场景的纯技术练习，这样也就造成了我国足球队员后天"营养不良"。针对我国青少年普遍存在比赛技能不足的现状，国际足联讲师郭家明先生在中国足协任技术主任期间，在广大讲师中一直特别强调足球技能的概念，这一思

---

[1] 卡尔·海因茨·黑德尔戈特. 新足球学[M]. 蔡俊五，译.北京：人民体育出版社，1988：18.

路也得到我国广大足球同行的认同。所以足球技术与足球技能的特殊区分，是中国足球行业的一种特殊现象，这是一个必要的举措，利于纠正以往我们对足球本质及足球技术训练理解的错误。

二、技术向技能转化的训练

（一）技能训练是足球训练的重要环节

足球技术与技能一般都是专指队员有球的情况，两者对球操作的动作构成和方法是一致的，所以从技术动作上看两者是完全统一的关系，通常也把两者统称为技术技能。但如前文概念所述，两者完成动作的外在环境和条件不同，其作用和意义也就完全不同，所以必须对两者加以区分。由于我国长期缺乏对足球训练基本理念的探索和正确认知，一直没有明白技能训练的重要性，没有认识到技能训练是足球训练必不可少的环节，而是一直把足球技术训练等同于技能训练。由于认识长期处于足球技术与足球技能相混淆的状态，所以青少年训练一直以来缺乏从技术向技能转化的环节。而恰恰技能才是决定队员个人及球队整体实力的关键因素，由此造成的结果就是青少年队员普遍存在比赛实战能力的不足。

（二）技能转化训练的依据与流程

1.技能与技术训练的依据与要点

根据对足球发达国家青少年及职业队训练的考察，足球技术与技能训练都是遵循着一定规律和程序的，这些可以作为我们组织技能训练的原理和依据。一般在技能训练之前，要进行必要的技术准备练习，技术准备练习的针对性很强，一定是主题部分所要完成的重点技术内容，但技术准备练习的时间并不长，技术标准远没有我们国内要求那么高。少儿阶段的技能训练时间明显多于技术训练，比例最少也要一半对一半，而且纯技术练习多用游戏方法。欧洲国家职业队热身练习之后更多是直接进入技能训练，可见队员训练水平越高则技能训练的比例也就越大。由于训练过程一般是先做技术准备练习，之后再过渡到技能训练，所以通常技能训练又被称作技能转化训练。技能转化训练需要具体把握几个要点：第一，技能转化训练无须在完全掌握技术动作之后，可以在技术学习过程中，也可以先进行技能训练；第二，技能转化训练同样可以达到练习技术和改进技术的目的；第三，技能转化训练具有对抗性和趣味性，利于调动队员的积极性；第四，技能转化训练是队员提高比赛实战能力不可忽视的环节。

2.技能转化训练的流程

技能转化训练无论是技术准备练习还是技能训练，对队员一定要有一个整体上的状态要求。第一，要激发起队员强烈的求知和上进的欲望；第二，技术与技能练习都要有大量的技术动作重复；第三，让队员按照比赛实战的要求完成技术动作；第四，在贴近真正比赛的场景完成技术动作；第五，在比赛实战中练习和提高足球技能。技能转化训练的基本流程并不是一成不变的，根据训练不同对象、不同时期、不同目的的需要，技能转化训练的形式与方法差别巨大，例如：对于第一次参加训练的小学生，技能训练比例要相对缩小，技能转化练习可能是非对抗的，也可能是以多打少降低对抗难度的形式。再如：职业队的技能转化训练可能直接采用比赛场景训练。又如：在国家队教练员的眼中，国内的顶级联赛就是国家队队员的技能训练。广义的足球技能包含了比赛场上个人战术及团队战术的因素，也可以说技能是融技术、战术、体能及心理因素于一体的，所以很多时候技能训练的寓意是宽泛的，而且技能训练的形式和方法是灵活的，很多时候小组战术训练、局部战术训练也都被当作技能训练的内容。一般在保证队员具备良好训练状态的前提下，一个完整技能转化训练的五步流程见图3-3。

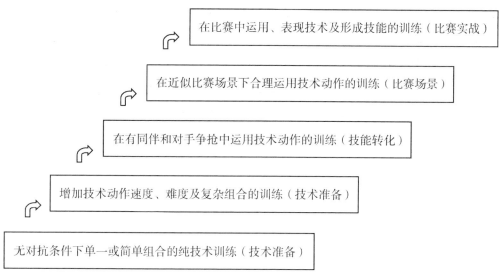

图3-3 足球技术向技能转化训练的五步流程

第四节 比赛四个时段

比赛四个时段是荷兰人发明的一种观察和分析比赛的模式。把比赛按照四个时段划分非常利于找到比赛中的问题和要点，所以也成为一个国际上普遍认可的重要概念。四个时段其实就是认识和分析比赛的一种方法，目前，已经被各级足球组织机构、球队及教练员个人用于比赛技术统计，国际足联及五大联赛的技术统计都在利用这种观察模式。

一、比赛四个时段的概念

（一）比赛四个时段概念及其要义

比赛四个时段是指根据观察和分析比赛的需要而把比赛过程所做的人为细分，即分为由守转攻（瞬间）、组织进攻（过程）、由攻转守（瞬间）和组织防守（过程）四个时段[1]。在比赛不同的四个时段里（见图3-4），球队的战术布置及对队员的行动和技术要求是不同的，根据比赛场景的不同，每一个队员都有不同分工和配合行动，也就是每一个时段都需要有特定的战术打法的设计，而在当今足球比赛攻守转换快速的条件下，要求队员必须高度集中注意力和不停地变换思维，如此才能适应高水平比赛的要求。

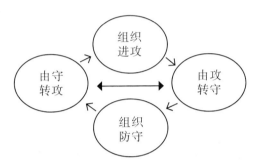

图3-4　比赛过程四个时段相互转换关系

（二）比赛四个时段概念的解读

比赛四个时段是把原本比赛进攻与防守两个过程做人为的细分，是根据观察比赛的需要把具有不同含义和特征的比赛过程加以段落区分，这样使整个比赛更加条块清晰。比赛表现能够最直接、最综合地反映队员个人能力状况，比赛观察是发现问题最简便、有效的方法，但准确地发现比赛中的问题往往是教练员难以做到的。把比赛分为四个时段利于教练员观察、分析及明确比赛的问题，利于有针对性地设计和组织训练，也利于队员形成对比赛过程的认识和理解。四个时段划分是一种观察和分析比赛的模式，能够帮助教练员更好地驾驭训练和比赛过程，可以帮助队员建立各种不同局面下的行动目标和准则。教练员要真正驾驭和控制训练过程，必须准确地把握队员的现实情况及存在问题，还要能够正确地分析问题的原因所在，而这一切都必须来自细致的比赛观察，还需要截取各种典型的比赛片段。四个时段划分有助于教练员准确、有效地观

---

[1]　范林根.足球训练[M].杨一民，李飞宇，李连胜，译.北京：人民体育出版社，2002：24-28.

察比赛，有助于有针对性地制定训练的目标和规划，教练员临场训练也要通过四个时段的观察来做判断和指导。少儿阶段的各种小型比赛，同样可以按照四个时段模式来观察和分析比赛，这也是教练员成长的重要阶梯。

二、比赛四个时段划分的意义

（一）由守转攻与由攻转守两个瞬间

足球比赛的任何一方实际上只有进攻和防守两个过程，也就是说，两个队始终处在进攻与防守两种状态的交替变化之中。把由守转攻和由攻转守两个瞬间时段细分出来，是因为对这两个比赛瞬间的观察和分析，对于训练和比赛都特别重要。比赛四个时段的解读被列为各级教练员培训的课程内容，这种"四段模式"除了利于观察和分析比赛之外，主要是由守转攻和由攻转守两个时间点具有突出的战术意义，比赛中两个瞬间的把控往往是改变比赛局势和决定胜负的关键。随着足球技战术水平的提高和攻守转换速度的加快，由守转攻和由攻转守两个瞬间被称为创造战机的"时间窗"，其中包藏着很多可以利用的玄机。因为一方由守转攻之时对方防守阵型一般处于拉开和前压状态，防守漏洞相对比较大；而由攻转守的时刻也同样是对方进攻的有利时机，也是本方防守要解决的关键问题。所以，这两个时刻是球队防守需要关注和进攻需要加强的时刻。

（二）比赛四个时段划分的意义

第一，按照"四段模式"分析比赛可以使复杂的比赛场面简单化，使得对比赛的观察更有层次，利于更清晰、准确地发现问题，这是比赛观察细化的要求。第二，"四段模式"可以套用到训练过程的指导中，使训练更有针对性，利于队员领会、理解教练员的意图和解决训练的问题。第三，"四段模式"利于帮助队员认清不同的比赛局势，以利于在各种比赛情况下都能够遵循攻守原则和个人行为准则，有目的地采取合理的行动。第四，"四段模式"除了利于观察对手及指导本队的比赛和训练，还利于比赛的量化分析，球队的战术设计及其人力部署与变化等常常玄机在此。

第五节　比赛场景

比赛场景是足球训练过程中使用的概念或术语，是教练员在训练中设置特定的近似比赛的场面。让队员更多地处于所设定的比赛场景中进行训练，目的是让队员在训练中始终联想比赛场景，以利于更好地提高对比赛的适应能力。无论是技术训练、战术训练还是体能训练，教练员都要尽可能地设计近似比赛实战的环境条件，所以比赛场景不一定是真正的比赛场景，对于这个概念及其训练运用我们需要做专门的探讨。

一、比赛场景的概念

（一）比赛场景概念及其要义

比赛场景一般是指根据训练需要专门从比赛中截取的队员都知道的某一典型的比赛场面，再把这一场面通过教练员的设计移植到训练过程并使之在训练中反复出现。一般截取的典型比赛场面是教练员想通过训练解决的比赛问题，也就是把这一比赛问题作为训练主题，让队员在训练中反复应对和适应，进而达到解决问题和提高队员能力的目的。合理地设计比赛场景，利于激发和调动队员的积极性，也使训练更有针对性和目的性。

（二）比赛场景概念的解读

德国著名教练勒夫在考察切尔西、阿森纳和曼联等俱乐部球队训练时得出结论：欧洲所有顶级俱乐部都高度重视比赛场景训练，就是反复有针对性地进行某一比赛场景下的训练[1]。比赛场景的概念主要是出于训练的需要，是要

---

[1] 克里斯托夫·鲍森魏因.勒夫：美学家，战略家，世界冠军[M]. 王凤波，译.北京：北京出版社，2016：100.

通过训练解决比赛中某种场景下的进攻或防守的问题。一般所说的从比赛中提取素材就是截取某一比赛场景，比赛中每一个片段、每一个瞬间都可以成为一个比赛场景，但更多的比赛场景是不重要或无关乎训练的。所以比赛场景的选取，首先要看比赛中存在的典型问题，这些问题可以是针对个人技术技能的，可以是进攻战术打法的，可以是防守阵型排列的，也可以是体能的等，当然主要是比赛细节问题。比赛场景是国际足球培训高频率使用的概念，截取和设计比赛场景是为了使训练更有针对性。典型比赛场景的选取有很大的主观因素，可以说教练员的观察能力、业务素养和判断决策能力是训练取材的关键。选取及设计比赛场景一定要从球队训练的实际需要出发，这是给教练员提出的基本要求。

二、几种典型比赛场景介绍

典型比赛场景主要是根据组织训练的需要，从比赛中截取重要的具有代表性的比赛场景片段。典型比赛场景应当包含一些要素，一般是重要的场景片段，大家关注的焦点，对比赛结果有影响或反复出现的问题，球队需要解决的问题等。那么如何判断、选择和截取训练所需要的典型比赛场景呢？我们需要学习欧洲国家观察和分析比赛的方法，例如：采用比赛四个时段划分，"6W+1H"比赛观察模式，射门与被射的形成等，把比赛过程做细分和突出重点，也就是说，比赛观察与比赛场景截取是有据可循和有法可依的。以下介绍几种典型的比赛场景及其截取方法。

（一）比赛射门与被射的场景

比赛中每一次本队完成射门与被对方射门都是值得截取和分析的重要训练素材，特别是进球和被进球的场景更是训练的重要依据。比赛中形成射门的情形很多，如远距离射门、近距离射门、运球射门、接球射门、用脚射门、头顶射门、个人突破射门、配合射门、反击进攻射门、渗透进攻射门等，以上每一种射门还可以细分，所以比赛射门场景可截取的素材很多，但每一个比赛场景

都与队员所处的状态、成长阶段、技术能力等不同因素相关联，教练员截取素材肯定要有相应的针对性和目的性。

（二）由守转攻与由攻转守的场景

比赛中由守转攻和由攻转守的两个瞬间，是根据比赛观察和组织训练的需要而对攻守转换所做的细分，是因为每个队在这两个瞬间都需要做严密的部署和强化训练。实际上，比赛双方一个队由守转攻即是另一个队由攻转守，有时候从由守转攻到由攻转守的时间短暂，所以曾经把这两个时段统一称为"攻守转换瞬间"。这两个瞬间会有很多可以截取的比赛场景，例如：由守转攻的第一点进攻与由攻转守的第一点封堵；由守转攻时目标人的跑位与由攻转守时的防守漏洞；由守转攻时的进攻线路与由攻转守时的防守协同行动；由守转攻时的推进方式与由攻转守时的防守移动线路等。

（三）组织进攻与组织防守的场景

比赛中的由守转攻或由攻转守都只是短暂的瞬间，之后更长的时间是处在组织进攻与组织防守的过程中。在这样的两队攻守拉锯过程中有很多可以截取的典型比赛场景，例如：组织进攻核心队员的技术特点与防守后腰的弱点和不足；进攻锋线队员的跑动方法与防守后卫队员的缺点；进攻前卫队员的接应前插习惯与防守保护换位的不足；进攻后卫队员的前压助攻与防守过程前卫队员的补位等。

（四）各种定位球及其他典型比赛场景

各种定位球进攻已经成为现代足球比赛进球得分的重要手段，所以无论定位球进攻或防守都会得到每个队的高度重视。定位球进攻与防守包括任意球进攻、任意球防守、角球进攻、角球防守、罚球点球进攻与罚球点球防守几种，是一种特殊的比赛场景，但都需要作为训练素材截取及利用。其他需要截取的比赛攻守场景还有很多，例如：各个场区进攻阵型的排列及其左右拉开距离与前后站位间距的保持；各个场区防守阵型的排列及其左右收缩距离与前后站位的方式方法；决定比赛胜负的重要进攻或防守的比赛场景；重要队员进攻或防守行动的典型比赛场景等[1]。

第六节　训练模式

训练模式是训练实践及在各种国际国内足球培训中都大量使用的术语，很多国际培训都把某些训练模式拿出来做专题讲授，这些情况要求我们必须准确地把握这一基本概念。训练模式可以理解为一个或一套得到成功印证的训练方法，但真正理解训练模式的概念还是需要结合典型训练模式来进行分析和说明。

一、训练模式的概念

（一）训练模式概念及其要义

训练模式是指广大教练员已经习惯使用和易于运用在足球训练过程的，被普遍认可并经过训练实践证明是成功和有效的训练方式方法。训练模式是一种训练方法，但意思又不完全相同，其关键点是训练模式具有众所周知的公众认可性。足球训练模式是国际交流与培训中经常使用的重要基本概念，作为足球从业者都需要探索自己的训练模式。

（二）训练模式概念的解读

训练模式并不像足球训练要素、足球基本功那样有很多专门的诠释，但在很多欧美国家的足球图书中都有提到，来华讲学的德国、荷兰、阿根廷及巴西的专家都有提到这个概念。国内的很多专家和教练员也多使用这一词语，而且很多运动训练学和足球专业教材也都有训练模式概念的阐述。足球训练模式是一个很宽泛的概念，可以用于概括一个国家足球训练的整体构成，例如：德

---

[1]　各种比赛场景及具体细分的内容源于国际足联历届世界杯比赛技术统计报告的技术统计指标。

国队备战2006年世界杯的训练被称为"克林斯曼模式"，荷兰青少年训练提倡的"小型比赛模式"等。还有可以用于概括教练员个人的某种训练方式，例如：穆里尼奥借用英文字母形状训练传接球的方式被称为"穆里尼奥模式"，瓜迪奥拉的一套快速短传训练方法体系被称为"瓜迪奥拉模式"等。还有以某种图形命名的训练模式，例如："三角形训练模式""方形训练模式""Y式传接球训练模式"等。以某种特定方式的训练模式，例如："半场攻守训练模式""两边设墙训练模式""大强度间歇训练模式"等。此外还有为了帮助队员理解教练员意图的训练模式，例如："冻结模式""提问模式""放慢模式"等。足球训练模式非常之多，科学和高效的训练一定要采用各种不同的训练模式，以激发队员的积极性。但是训练模式多样并不代表训练水平高，各种训练模式的采用一定要建立在先进训练理念的基础上，否则训练又容易陷入有名无实和华而不实中。

二、几个典型训练模式介绍

（一）小型比赛训练模式

小型比赛训练模式是指荷兰青少年足球训练以小型比赛为核心和主导的训练方式，是把十一人制比赛做减少人数、缩小场地及简化规则的处理，训练过程要加入足球训练的六个要素[1]。小型比赛训练模式并不否定基本技术训练和各种专门的身体素质训练，而是一种训练思维的改变，哪怕纯技术练习也要结合比赛需要和按照比赛的要求，技术练习要尽快过渡到与比赛实战相结合，就是采用小型比赛的方法，比赛中在观察进攻目标、观察队友与对手的同时完成技术，所谓"技能转化训练"和"比赛场景训练"多数是采用小型比赛训练模式。切记，我们以往所说的"先学会走再学习跑"训练思路并不适合足球训练，先进的足球训练理念认为"在比赛中可以学习、复习和提高技术"。

---

[1] 刘夫力.小型足球运动手册[M].北京：北京体育大学出版社，2004：1.

（二）比赛导入训练模式

比赛导入训练模式是指在训练的主题部分，首先按照预先的设计进行一段短时间的比赛训练，从比赛中发现典型的问题和不足，进而引导队员认识自己的不足，再进入基本的技术准备训练。比赛导入训练模式源于教育理论"情景导入模式"，这样可以激发队员的训练积极性和潜能，利于更好地达到训练目的。比赛导入训练模式，是荷兰讲师团在1999年来华培训时所做的一种训练方法示范，当时给大家极大的触动，普遍认为值得提倡和效仿。但在德国、英国、西班牙等国家这种训练模式并不多见，也就是这一模式在国际上并不流行，大家仍然习惯采用传统的"递进模式"。这种比赛导入训练模式在我国也没有得到普及，但有一种错误认识，就是认为只有在训练达到一定水平时才可以使用，这完全是唯心的和需要纠正的，所有训练水平的球队，包括第一次参加训练的少儿都可以采用这种比赛导入训练模式。与传统的"递进模式"不同，完整比赛导入训练模式的主题部分分为五段，即比赛演练、技术准备、技能转化、比赛场景、比赛实战。比赛导入训练模式的构思过程与真实训练过程的内容顺序是相反的，被称为"降阶式"或"倒推式"的训练设计，是从比赛实战中提取素材，之后按照解决问题的需要设计比赛实战训练内容，再设计比赛场景训练内容和技能转化训练内容，最后设计技术准备部分的训练内容，而实际的训练过程则是按照比赛演练—技术准备—技能转化—比赛场景—比赛实战的顺序设计训练课教案（见图3-5）。

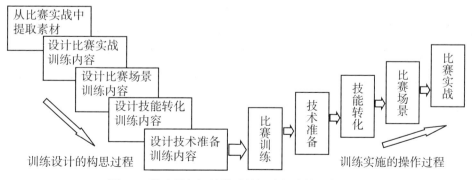

图3-5　比赛导入训练模式的设计与实操过程流程

（三）比赛中指导训练模式

比赛中指导训练模式是指在与比赛完全相同的环境条件下，让两个队进入比赛对抗状态，在比赛中发现所要纠正的典型问题时叫停比赛，指出问题和纠正错误。比赛中指导训练模式需要在经过一段时间的训练及有一定的训练积累之后采用，一般在正式比赛之前的训练中采用较多，这种训练模式要与"冻结模式""提问模式""放慢模式"等相结合使用。

（四）循环训练模式

循环训练模式是指借用运动训练学循环练习法的原理，把训练分成几个内容和分设几个训练的站点，队员依次或依次分组轮换在每一个站点做练习，以达到训练目的。循环训练模式在德国、西班牙、葡萄牙、荷兰、巴西等国被用于少儿训练，是深受孩子喜爱的训练模式，已经成为足球发达国家普遍认可和行之有效的训练模式。其实道理很简单，孩子喜欢新奇刺激，不断变换练习内容易于激发孩子训练的积极性，如果把各个站点的训练内容做好快与慢、大强度与小强度、难与易的搭配，那么训练就更容易达到高效。其实不仅少儿训练，职业队训练也在大量使用这种循环训练模式。

第七节　比赛模式

比赛模式是国际上被普遍和大量使用的一个术语，一些图书也有专门提及，但一直没有人对什么是比赛模式做出准确的解释。一个足球术语被普遍认可，一定有其存在的合理性及其内在含义，根据认识比赛及比赛指导训练的客观需要，以下专门对比赛模式这一概念做出解读，也通过各种典型比赛模式的介绍帮助大家理解比赛模式的概念。

一、比赛模式的概念

（一）比赛模式概念及其要义

比赛模式是指教练员根据自己对比赛的理解，设计并让队员在比赛中贯彻执行的整体攻守打法及具体战术和技术行动的原则，是队员在各种比赛场景下按照统一要求做出应对的方式方法。比赛模式是每一个教练员都需要思考和设计的基本比赛构思，比赛模式设计的合理性、可行性及水平，取决于教练员的专业知识、训练经验和职业素养等多方面的综合能力。

（二）比赛模式概念的解读

比赛模式简单说就是让队员怎样去比赛，包括全队整体的比赛战术打法设计及其临场应对方法，也包括队员个人在各种不同比赛场景下的应对方法。比赛模式包含了比赛最顶层的比赛战略，又包括每个队员所有的战术行为和技术处理的方法。所以比赛模式是一个既宏观、复杂的大概念，又包罗比赛场上所有的具体、简单的技术操作。比赛模式的建立需要教练员以长期训练经验的积累为基础，要大量和深入地考察高水平的足球比赛，了解各种比赛战术打法的成因及其各自优势、特点与不足，而后在权衡自己所带球队的档次和队员实力的基础上，再按照个人喜好和追求而构建比赛模式。一个比赛模式的确定与众多的因素有关，例如：教练员的球员成长经历，教练员所受的教育和文化程度，教练员所在国家或地区的足球战术打法与风格，教练员接受培训及其引领者的认知高度，教练员的足球智力及其创造能力等。比赛模式与比赛模式之间差异甚大，即便都是世界高水平的球队，其比赛模式也会迥然不同，比如：德国队与西班牙队的比赛模式不同，意大利队与巴西队的比赛模式不同，巴塞罗那队与皇家马德里队的比赛模式不同等。每一个教练员的比赛模式都是独特的，都需要以大量的训练实践与理性思考为前提，每一个教练员对比赛都有各自的认识和理解，所以足球比赛模式一定有着很多个性化的成分。

二、几种典型比赛模式介绍

（一）顶级比赛模式

顶级比赛模式是指一个教练员经过先进足球思想、文化及理念的熏陶和教育，达到极高的执教境界和水准，也经过对现代最高水平足球比赛的综合考察，进而形成对最高水平球队所设计和实施的比赛方式方法。一个顶级比赛模式的形成是有条件的，作为设计顶级比赛模式的教练员，自己必须有高水平的训练和比赛的经历，经过专门的教练员资质学习，有长期的执教实践及取得很高的成就，而且手里还要有一支具备参加顶级比赛能力或潜质的球队；此外，教练员的卓越领导才能、人格魅力和优良外部条件等也都是不可缺少的因素，这样才有可能完成顶级比赛模式的设计和实施。当然，每一个教练员都可以根据自己的理想比赛模式去设计他的顶级比赛模式，顶级比赛模式的战术打法和风格特点也会有巨大的差异，但是一个顶级比赛模式的形成必须经过教练员不断地执教实践，以及不断地从小的成功走向大的成功，只有成为一个顶级的教练员之后才有可能拥有一批具备顶级实力的优秀队员。一个国家的足球要走向强大，需要建立这种顶级教练员的培养体制与机制，需要营造教练员成长的环境和融入世界足坛的大平台，这样才可能有机会进行顶级比赛模式的设计与实施，否则一切都是空谈。

（二）国家队比赛模式

国家队比赛模式是指一个国家队教练员根据长期实践、学习和经验总结，融合本国民族气质和传统战术打法而进行的训练与比赛的系统设计，进而针对国内最优秀队员组合而贯彻实施的比赛方式方法。一个国家队的比赛模式会受到多种因素的影响和制约，但其中的主导因素是教练员，最重要的决定性因素是队员的构成及球队的整体实力，国家队比赛模式也一定会受到地缘、国家与民族气质等因素的影响，所以作为国家队教练员的比赛模式设计要权衡各种因素的利弊关系，因势利导地促成最优化的国家队比赛模式。国家队比赛模式设计关系到国家队的竞技实力、战术打法与比赛风格等问题，也应当是本国职业联赛的榜样，也对各级青少年国家队的建设、俱乐部的青少年训练起到引领和导向的作用。所以一个国家队的比赛模式应当是先进足球理念的代表，应当以国家队能够最大限度地发挥整体实力为前提。显然不同国家的比赛模式有着水平与风格的差异，当然，德国和西班牙的国家队肯定是顶级的比赛模式，是更值得我们学习和研究的比赛模式。

（三）职业俱乐部队比赛模式

职业俱乐部队比赛模式是指一个俱乐部的当值主教练根据自己形成的训练和比赛理念与认知，结合本俱乐部所在地的民风民情、人的性格特点及俱乐部传统打法与风格等所设计的最能发挥本队队员能力和整体实力的比赛方式方法。足球运动社会影响巨大，同时有着巨大的社会效益和经济效益，职业足球俱乐部的比赛受到地方和国家的重视，高水平俱乐部比赛已经达到和超越世界顶级水平，很多顶级水平的教练员都专职执教俱乐部球队。所以职业俱乐部球队的比赛模式设计，往往凝聚着更多的智慧和更高层次的足球思维，其比赛也更加赏心悦目，所创造的社会价值和经济价值也更高。

可见，足球比赛模式是每一个足球教练员都需要不断思考和探索的比赛方法设计，教练员只有不断钻研和加深对比赛的认识和理解，才能逐渐形成更加高深的足球素养，也才能使训练工作更加高效和符合比赛实战需要。任何成长阶段的足球队都有着特殊的适合自己的比赛模式，所以无论是高水平的专职教练员还是业余教练员，都需要坚持不懈地探索科学和合理的足球比赛模式，进而建立相对完善的个性化比赛模式并以此指导足球训练。

第八节　比赛观察

比赛观察是一个很宽泛的概念，教练员、队员及观众都有比赛观察的问题，这里所说的比赛观察是那种专门组织和带有明确目的性的观察。比赛观察主要是"知己知彼"里的"知彼",是通过比赛观察了解对手。当然,比赛观察还有其他的寓意,这里通过比赛观察概念及其解读和比赛观察内容与方法的介绍,全面了解比赛观察的问题。

一、比赛观察的概念

(一)比赛观察概念及其要义

比赛观察是指出于了解和准确把握对手和本队队员情况或考察比赛的需要,组织人力及采用一定的方法和手段对比赛过程及队员表现所做的系统考察、技术统计及量化分析的全过程。比赛观察一般主要是出于了解队员和考察比赛的需要,而比赛与训练又是紧密相连和统一的关系。比赛是训练的一部分,训练是围绕比赛需要所展开的,所以有时候训练过程的观察也非常重要,有时候又被称为"训练与比赛观察"。

(二)比赛观察概念的解读

无论是教练员还是科研人员的比赛观察,都是为了做到知己知彼和做好备战的需要,不同于业余爱好者出于休闲娱乐而欣赏比赛,也不同于队员场上的观察与阅读比赛。比赛观察一般是一种专门组织的对比赛所做的综合考察,还包括比赛之后的录像观察、统计记录和综合分析,一般要用数据结合文字分析的形式撰写比赛分析报告。国际足联和欧足联都高度重视大型比赛的考察工作,每逢大型比赛都要委派大批专家做比赛观察及研究工作,所以比赛观察已经成为一个重要的基本概念。比赛观察是探索足球发展趋势和比赛攻守规律的重要途径与方法,大型比赛的观察还要组织人力、设计方案、采用高科技手段及撰写技术报告等,很多大型比赛还出版技术调研报告或专著。比赛观察是教练员的一门功课,是了解对手和有针对性地备战的需要,而且比赛观察是教练员执教最灵动、最生动的教材,是获得训练灵感、获取训练素材、完善比赛模式及提高专业素养的需要。欧洲人按照他们的逻辑概括了比赛观察对于教练员的意义：第一，做好训练工作的关键是观察比赛和准确抓住比赛中的问题，训练的第一步是观察比赛；第二，比赛观察是发现问题及评估队员的最好方法，比赛能够最直接、最综合地反映队员的能力；第三，比赛观察是最好的了解对手和本队不足与问题的途径，是下一步训练目标、内容制定及训练方法选择的依据；第四，训练和小型比赛观察也是教练员观察能力培养的重要内容，是提高比赛观察能力的重要阶梯。

二、比赛观察的内容与方法

（一）比赛观察的内容

比赛观察一般是出于了解比赛对手与己方队员情况的需要，还有就是国际足球组织或国家足协出于技术考察的需要。无论出于何种目的，比赛观察都是以单场比赛为单位的。每一场比赛的观察，首先要了解双方球队的基本情况，基本情况包括比赛阵型、换人、阵型特点及变化、球队实力与发挥、战术变化等，在此基本情况观察的基础上再观察比赛的其他主要和焦点内容。比赛观察的主要内容一般如下。其一，射门和被射门：包括形成射门或形成威胁的过程，特别是进球过程的观察与记录；被射门或险球的形成，特别是被进球的过程观察与记录。其二，定位球攻守：包括定位球进攻情况与定位球防守情况的观察与记录。其三，重点队员：包括组织者、得分手、防守核心等2~4名队员表现情况的观察与记录。其四，重要比赛场景和重要胜负因素：包括5~8个比赛片段或过程的观察与记录。其五，对方最主要的优势或弱点：主要是对某个局部或个人的观察与记录，特别是进攻得分手段及防守弱点的情况[1]。

（二）比赛观察的方法

比赛观察所设定的双方基本情况及主要观察内容，实际上也是比赛观察的

---

[1] 比赛观察内容来自2012年亚洲U16少年锦标赛中国足协调研组的技术统计指标。

方法问题。而把以上主要内容再做细分及通过设计统计表格做技术统计，同样是比赛观察的方法问题。比赛观察采用"四段模式"和"6W+1H"模式、制作比赛技术分析软件，以及各种比赛技术统计表格的制作及其统计操作等，都是为了更有效、准确、客观地做好比赛观察，其中的技术手段也好，数学手段和科技手段也好，都是为了满足比赛观察所需要的方法问题。每一种比赛观察方法都有其各自的优势，又都存在自身的不足，比赛观察不可能是单一地采用一种方法，肯定是各种方法并行和交叉地使用，例如：每一个观察内容都可以采用"四段模式"，都需要技术统计和比赛分析软件的支持。再如：技术统计和比赛分析软件的设计，都需要确定主要观察内容的架构，都需要把过程划分为四个时段等。比赛观察最终采用何种方法还是需要根据观察的具体目的与任务，而且比赛观察需要依靠经验与科技手段的结合。

荷兰的"6W+1H"比赛观察模式是一种高效和实用的观察方法，是借鉴西方历史学研究必备的"5W+1H"几个要素，即何时（when）、何地（where）、发生了什么（what）、何人（who）、为何发生（why）和怎样发生（how）[1]。荷兰人把历史学的研究方法用于足球比赛观察即重新构成"6W+1H"模式，并转而把6个W打头和1个H打头的英文疑问词各自代表一定的意思（见图3-6）。7个疑问词恰好各自可以代表重要的比赛信息，"6W+1H"模式等于把每一个比赛观察内容都做了细分，例如：把四个时段的每一个时段细分成"6+1"种情况，这样每一个时段的比赛信息都可以清晰呈现于笔端，同时可以找到各种问题的根源和解决方法。这种"6W+1H"模式显然可以与四个时段观察、比赛主要问题观察及技术统计表格等并行使用，根据不同比赛观察的需要，"6W+1H"模式既可以作为母项观察内容，也可以作为子项观察内容，例如："四段模式"与"6W+1H"模式可以互为子母关系。显然，"6W+1H"模式的比赛观察可以简洁、贴切地记录比赛场景，可以更直观、形象和具体地反映比赛过程，是对比赛问题进行分析和形成对比赛整体认

---

[1] 王笛.用微观史学方法展现"袍哥"[N].南方都市报，2018-12-25（6）.

识的重要方法[1]。

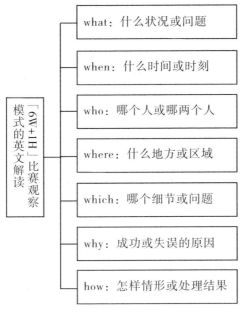

图3-6 "6W+1H" 比赛观察模式的英文解读

---

[1] 谷明昌. 现代足球理念[M]. 北京：北京体育大学出版社，2005：27-28.

第四章
足球训练基本理念

　　足球理念是一个非常宽泛的概念，从整个国家足球战略到一项技术的训练方法，都存在理念的问题。通常所说的足球理念一般是指足球训练理念，前文探讨的足球本质、足球概念、足球训练基本概念，以及后文要探讨的现代足球发展趋势、比赛阵型与战术打法、比赛基本要素、比赛攻守原则等问题，还有"足球训练基本方法"部分每一个问题的阐述，都属于足球训练理念的研究范畴。有专家对我国足球总结如下："我国足球落后的主要训练学原因是训练理念落后"[1]；"足球青少年阶段的训练质量决定职业阶段的竞技能力，中国足球与世界的差距是落后训练理念与先进理念抗争的结果"[2]。这两句话道出了我国足球落后的根源是训练理念落后。关于足球训练理念的重要性也早有专家做了如下概括："足球训练理念的先进或落后反映的是对训练本质和规律认识的深入或肤浅，决定着教练员的素养及训练内容和方法选择与运用的合理性，最后决定着训练的质量。"[3]足球训练基本理念顾名思义就是足球训练根本和核心的理念，广义上包括训练与比赛两个方面的内容，狭义的足球训练基本理念是单指足球训练方面的基本理念。本章以整体的足球训练理念探讨为铺垫，之后主要探讨狭义的足球训练基本理念问题，目的是形成对足球训练过程控制

　　[1]　谷明昌.现代足球理念[M].北京：北京体育大学出版社，2005：4.

　　[2]　王民享，吴金贵.现代欧美足球训练理念与方法[M].北京：北京体育大学出版社，2006：65.

　　[3]　谷明昌.足球是什么[M].北京：北京体育大学出版社，2012：1.

的认识基础及明确其基本准则。

第一节　足球训练理念及其基本特征

　　足球训练理念及其基本特征的问题是更宏观的探讨，是足球训练基本理念问题研究的重要铺垫。足球训练理念是一个内涵丰富和外延广阔的概念，其中的足球训练基本理念是本章探讨的核心问题，足球训练理念及其基本特征的探讨是希望从原点和更大的视野，找到足球训练基本理念的定位及其重要性。所以以下有关理念、足球理念、足球训练理念及足球训练理念特征等一系列问题的探讨是本章核心问题论述的必要前提。

一、足球训练理念的概念及其分类

　　足球训练理念的概念及其分类的问题是足球训练基本理念探讨的重要铺垫，可以使我们更清晰和准确地定位足球训练基本理念的问题。问题探讨包括三个部分，即足球训练理念的概念、足球训练理念与概念的关系及足球训练理念的分类，希望通过以上问题的探讨能够为足球训练基本理念研究打开通道。

（一）足球训练理念的概念

　　"理念"一词是目前世界各国各行各业都在使用的热词，而足球又始终是社会的热点，所以足球训练理念问题自然备受关注。"理念"一词有着不同的解释，本著所说的理念就是哲学（思维）。哲学是关于思维方法的学科，我们必须承认哲学对于足球训练的指导意义。按照逻辑推导，足球训练哲学是关于足球训练一系列基本问题的科学认识方法的学问，是把问题按照其本质和规律所做的概括性的阐述[1]。若把理念等同于哲学（思维），那么足球训练理念就

---

　　[1]　刘夫力. 中国足球的突破口——理论思维的突破与理论系统构建[J].广州体育学院学报，2012（1）：63-66.

是足球训练哲学。由此可以对足球训练理念的概念阐述如下：足球训练理念是指足球训练主体在长期的训练实践和理性思考的基础上，形成对足球训练诸多本质属性和规律的正确认识，进而确立的相对稳定的有关足球训练方面的原理和准则。一个国家也好，一个个体的教练员也好，足球训练理念是否具有先进性和科学性，决定训练水平所能够达到的高度，所以训练理念问题的探讨是足球理论研究的必然选项。

目前，国际上对足球训练理念的认识已经趋于同步，我们能够理解并在训练中把握先进理念，也就保证了发展方向的正确；反之，如果我们对训练理念的认识有偏差，就会出现训练思路错误及训练投入的事倍功半[1]。

（二）足球训练理念与概念的关系

足球训练理念与足球训练概念是互为前提，你中有我、我中有你的辩证关系，见图4-1，两者都是足球训练实践所要面对的基本理论问题。第一，足球训练实践需要理论体系的支撑，理论研究的逻辑起点是足球及足球训练概念的研究，而概念探讨的目的是形成科学的理念，两个问题的探索有很多的交集，两者均是足球训练理论体系构建的基本前提。第二，足球训练理念是足球训练首先要面对的问题，训练理念包含训练概念的内容，是先有训练理念的构思，而后才有对训练概念的探索，训练概念是训练理念研究的内容。第三，训练概念是形成训练理念的前提，没有建立正确的训练概念也就无法形成科学的训练理念，一系列训练概念的探索是认识足球训练本质的基本理论问题，是包括训练理念在内的其他一系列理论问题探索的基础。第四，足球训练的概念一般不能直接指导足球训练实践，训练理念则是直接指导足球训练实践的基本准则，理念既要依据概念而确立，同时也必须按照训练实践的需要而确立，并且理念的意义更侧重于指导足球训练实践。第五，两者来源于足球训练实践又回归和统一于实践过程。认识来源于实践是哲学常识，但两者回归和统一于实践过程的问题还需要进一步说明，

[1] 2006 FIFA World Cup Germany. Report and Statistics[R]. FIFA，2006：47.

这是指基本概念融合于基本理念之中，间接作用于实践，最终与基本理念一起回归实践，而且概念正确与否也需要实践的检验。理念指导实践，是概念的延伸，两者不可分割，必然完全统一于足球训练过程。

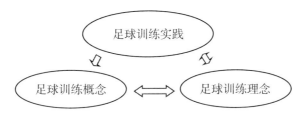

图4-1 足球训练理念、训练概念及其与训练实践的关系

（三）足球训练理念的分类

足球训练理念是一个包罗万象的宽泛概念，从训练的宏观设计到具体方法的实施，有关训练方方面面、大大小小的问题都属于足球训练理念研究的范畴。国家层面的足球训练理念需要更加宏观和寓意丰富，训练方法层面的理念则需要具体和富于灵性，不同层面训练理念的阐述也会有繁简之分。为了更清晰地了解足球训练理念及其研究范畴，依据逻辑学分类的原理与方法，也根据足球训练实践的需要，可以把足球训练理念大体分类如图4-2所示。从图中可以看到足球训练基本理念在整个足球理念体系中所处的位置，同时可见足球理念是一个庞大的理论体系，需要不同层级、不同类型的足球从业人员的共同探索。足球训练基本理念包括训练和比赛两个方面，其中比赛方面的基本理念将在后续的章节中探讨，本章只探讨训练方面的基本理念，即本章的研究把内容限定在狭义足球训练基本理念的范畴。狭义足球训练基本理念的研究是单就训练的方面而言，是要从指导足球训练的实际需要出发，把训练方面的基本理念分成不同的层面，再通过科学论证确立各个层面基本理念的概念及其理念阐述，如此也就从不同角度和层面都建立了有效控制足球训练的基本准则。

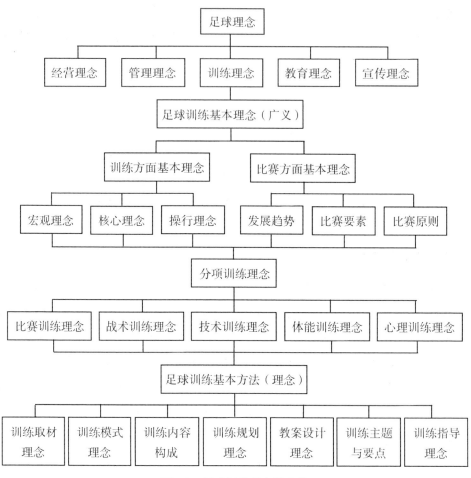

图4-2 足球训练理念的分类

二、足球训练理念的基本特征

足球训练理念的基本特征是我们对足球训练理念的重要描述，也是深入理解足球训练基本理念的一把钥匙。借此足球训练理念基本特征的主题，共探讨三个问题，包括"理念"一词的解读、"理念"一词被用于足球训练及足球训练理念的基本特征，其实下文所阐述的足球训练理念基本特征也是所有足球理念共有的基本特征。

（一）"理念"一词的解读

本著前半部分的主要议题是探讨足球训练基本理念，作为一种学术研究，从逻辑上需要对"理念"一词做一个专门的讨论。深入了解"理念"一词的由来和深意，利于我们理解足球训练理念及足球训练理念的特征。"理念"是出自旧哲学的名词。柏拉图的哲学中的"观念"通常被译为"理念"；康德、黑格尔等的哲学中的"观念"是指理性领域内的概念，有时也译作"理念"。《辞海》对"观念"一词的解释有两条，其一是"看法、思想。思维活动的结果"；其二是"观念（希腊文idea）。通常指思想，有时亦指表象或客观事物在人脑里留下的概括的形象"[1]。由以上两种解释不难发现，概念是对对象的抽象和概括，而理念是人们的思想活动和看法。理念即看法、思想或思维活动的成果。旧哲学流派中具有代表性的对理念含义的概括，康德在《纯粹理性批判》中指出，观念亦称"纯粹理性的概念"，指从知性产生而超越经验可能性之概念。此之观念多被译为"理念"。柏拉图的"理念论"认为：事物不过是理念的不完善的"摹本"或"影子"；所谓理念事实上是把人从个别事物中抽象而得的普遍概念加以绝对化，并把它说成是事物的原型；这种永恒不变的理念的总和构成理念世界[2]。综合各种观点做一概括：理念就是理性化的想法，理性化的思维活动模式或者说理性化的看法和见解，它是客观事实的本质性反映，是事物本质的外在表征。本著前文足球训练理念、概念的确定，也是把以上对理念的认识和解读作为重要的依据之一。

（二）"理念"一词被用于足球训练

20世纪90年代中后期的欧美足球图书和足球专家，开始大量用到"philosophy"即"理念"这一词语。"理念"一词由此被足球界引用并迅速得到普遍认可，而且越来越多地在学术界和专业培训教材中使用，这种不可逆转的事实已经肯定足球训练理念这一概念的重要意义。系统探讨足球训练理念也越来

---

[1]　辞海编辑委员会.辞海[M].上海：上海辞书出版社，1989.

[2]　辞海编辑委员会.辞海[M].上海：上海辞书出版社，1989.

被重视，我国要探寻足球发展之路就必须学习、消化、理解和解读现代先进的足球理念。足球训练理念探索的目的，是要对各种足球现象及其本质用简便而有效的认识方法来加以把握，再把一系列复杂问题简约地加以阐述。欧洲是现代文明发源地之一，这得益于中世纪以来欧洲出现了大量思想启蒙的哲学家，所以欧洲被誉为哲学家的家园。因为欧洲人有着哲学思维的传统，欧洲又是现代足球的诞生地，他们兼而拥有哲学和足球的底蕴，所以欧洲有产生先进足球理念的土壤，也始终占据着足球理论思维的制高点[1]。本著前文已经对足球训练理念做了专门的解读，也说明了足球训练基本理念是本著的主要内容之一。关于足球理念特征的问题，其实包括足球理念、足球训练理念、足球训练基本理念、足球比赛基本理念等，所有的足球训练理念都具有共同的基本特征，这是我们做足球训练理念研究所需要注意的问题。

（三）足球训练理念的基本特征

足球训练理念已经成为有关足球训练的重要理论问题，我们除了了解足球训练理念的实质和重要性之外，还要了解其基本特征，如此才能更好地把握足球训练理念。如前所述，足球训练理念是经过了大量实践和对训练规律的探索过程，一种理念一旦形成就必然带有客观性和稳定性的一面，但这些并不能构成足球训练理念的基本特征。那么究竟哪些可以被称为足球训练理念的基本特征呢？依据"理念"一词的由来、足球训练理念的概念及足球训练理念与概念的关系，也根据对国内包括哲学家和社会学家在内的专家调查，可以概括足球训练理念的基本特征，见图4-3。

第一，足球训练理念的主观性。这是指每一个足球训练主体所确立的训练理念都有主观意向的成分，带有一定的情感愿望和理想追求。训练理念有其客观性的一面，同时又有很大比例的主观成分，训练理念可以侧重遵循某一个或两个规律，也可以侧重体现某一个或两个内涵，不同主体都有其各自训练理念

---

[1] 刘夫力. 中国足球的突破口——理论思维的突破与理论体系的构建[J]. 广州体育学院学报，2012（1）：63-66.

的主观成分。

第二，足球训练理念的多样性。足球训练主体具有多样性，而且不同的国家、地区、俱乐部及学校，足球训练都会有各自不同的训练理念。不同领导层级和类型的足球训练主体，由于有着不同的管辖范围、训练目标、主观设想、足球传统等，训练理念必然会有差异，进而体现出足球训练理念的多样性。而且每一个足球训练的主体处在不同的发展时期，都需要确立不同的训练理念。

第三，足球训练理念的排他性。足球训练理念虽然是经过长期实践探索而形成对足球训练规律的正确认知，但是由于足球训练理念具有主观性和多样性，也就是说，足球训练理念并不完全受制于足球训练客观规律，而是很大程度上取决于训练主体的主观意志，而且一旦形成融入某种情感愿望和理想追求的理念，那么就会对其他理念产生排斥和抵制，所以足球训练理念往往具有排他性。

第四，足球训练理念的实践性。足球训练理念与足球训练实践是直接相连接的，更侧重于对具体工作实际的指导。无论是宏观层面或微观层面的理念，还是基础层面或操作层面的理念，都具有实践性和应用性。而足球训练概念和规律是相对抽象的，是对足球训练某些必然性的一种概括，也相对脱离于具体实践[1]。

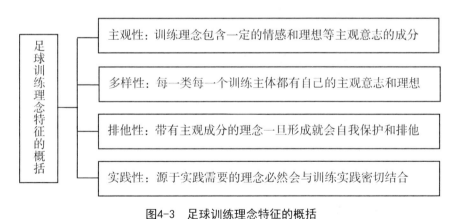

图4-3 足球训练理念特征的概括

---

[1] 资料来源：国家体育总局体育社会科学研究项目——我国校园足球理论体系构建的研究。

几个特性之间是相互关联和统一的关系，其中多样性和排他性源于主观性。各个足球训练主体不可能拘泥于某一种发展模式和理念，因为每一个主体都有自己不同的传统和现实，训练理念首先要考虑客观条件，但最后还是要按照主观愿望而设定，如此决定了足球训练理念的多样性和排他性。但归根结底一切都要从实际出发，确立训练理念不能陷入教条。理念问题研究的目的是达到对足球训练实践过程的认知和把握，不能陷入脱离实际而空谈理念的误区。

第二节　足球训练基本理念

足球训练基本理念同样是包罗万象的，所以问题的探讨需要整体性地对足球训练基本理念做概要的论述，要明确各个层面基本理念之间的相互关系。概要论述是以确立足球训练基本理念的概念为基础，再分析几个不同层面基本理念之间的关系问题。本节的重点是对三个层面基本理念进行全面的阐述和分析，是按照宏观层面基本理念、核心层面基本理念和操行层面基本理念的顺序，分别对三个方面的基本理念进行概念阐述、概念解读及其与训练实践对接情况的分析，这些是我们做好足球训练工作的重要认识基础。

一、足球训练基本理念总论

足球训练基本理念总论是整体性的概要论述，包括足球训练基本理念的概念及其各种关系的探讨。在确立概念及明确其重要性的前提下，主要就足球训练的宏观理念、核心理念和操行理念的相互关联和制约关系进行分析，使大家能够了解三个不同层面基本理念对于足球训练的意义和作用。

（一）足球训练基本理念的概念

依据前文一系列概念的阐述及其推导，在此可以对足球训练基本理念的概念做如下阐述：足球训练基本理念是指足球训练主体在众多足球训练理念中选择并确定的最基本和处于领导地位的训练理念，是对整个足球训练具有方向引领和决定性作用的理念，是相对恒久的足球训练基本原理和准则。前文已经讨论了训练学意义的足球训练与足球比赛的统一关系。足球训练基本理念问题的探讨，也要首先明确其训练理念与比赛理念的统一，也就是足球训练基本理念包括足球训练和足球比赛两个方面的基本理念。本章所探讨的足球训练基本理念是狭义的单指足球训练方面的基本理念。一个足球训练主体确定基本的训练理念需要长期的实践总结和科学探索，而经过探索所确立的基本理念一定具有稳定性和某一阶段的唯一性。足球训练基本理念是把握足球训练发展方向的基本准则，所以任何主体要对其足球训练做到有效控制都必须确立稳定的基本理念。我国足球事业的发展，一直缺乏思想建设和理论研究，没有形成稳定和适合我国国情的足球理念，在思想上和理念上存在严重的偏差，发展思路始终左右摇摆，造成现实的足球训练始终处于低水平状态[1]。

（二）足球训练基本理念的各种关系

现代先进足球理念认为，足球训练与足球比赛是统一的整体，比赛是训练的延续和训练的组成部分，训练要以比赛为核心和归着点，系统的足球训练包括训练和比赛两个部分。足球训练基本理念同样包含着训练和比赛两个方面，两者也是你中有我、我中有你，相互渗透、相互联系、相互补充的一体关系。训练方面的基本理念，是侧重于从训练学角度阐述足球训练的基本理念问题，是把比赛当作训练的一部分，是就训练和比赛全部而言的，所以其辐射范围包括了比赛过程。但从系统训练包括训练与比赛的二元构成上讲，足球比赛方面的基本理念是具有独立意义的足球训练基本理念，既支撑着足球训练基本理念整体构成的完整性，也是需要专门探讨的足球训练基本理念问题。

足球训练基本理念属于足球训练理念的范畴，一定是基于足球本质、足球概念及足球训练概念的推导，一定要符合足球训练的一系列基本规律，进而才能形成科学的足球训练基本理念。足球训练基本理念是庞大的足球理念体系中训练问题的首要理念，有其复杂的构成，这是我们需要探寻的重要内容。足球

---

　[1]　谷明昌.现代足球理念[M].北京：北京体育大学出版社，2005：5.

训练基本理念同样是多元的、相对宽泛和具有实践应用性的，本著把基本理念分为训练和比赛的两个方面，比赛方面的基本理念将在后续章节另外做专题阐述，并分别以"现代足球发展趋势""比赛阵型与战术打法""比赛基本要素""比赛攻守原则"等为主题。本章狭义的足球训练基本理念探讨包括三个层面，即足球训练宏观理念、足球训练核心理念和足球训练操行理念（见图4-4）。

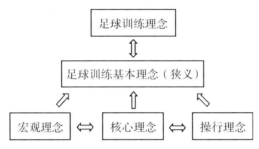

图4-4　狭义足球训练基本理念的各种关系

二、足球训练宏观理念

足球训练宏观理念显然是更宏观、更宽泛和更长久的基本理念，是与社会发展、教育发展和人的成长相关联，具有广泛指导意义的基本理念。以下从概念及其理念阐述、足球训练宏观理念解读及我国足球训练宏观理念的偏差三个方面加以阐述和说明。

（一）概念及其理念阐述

足球训练宏观理念是指带有全局性和长期性的足球训练基本理念，是有一定辐射范围且需要经过长期和大范围的实践考证和科研探索，从而确立的全面推进足球训练的航标和必须遵循的基本准则。作为一个具有一定辐射范围的足球训练主体，不管是一个国家、一个地区还是一个系统的足球领导机构，都需要建立足球训练宏观理念。宏观理念要把足球训练与对人的教育及与人的发展相统一，要与国家或地方的社会经济发展及人文环境相适应，需要考察国际先进足球理念及探明其思想精髓，需要遵循各种与足球训练相关的基本规律等。针对我国目前足球训练工作开展的基础和整体情况，本著经过专家调查对我国足球训练宏观理念做如下阐述：足球训练是学员、队员成长与发展的一种需要，要把足球训练作为一种教育形式和素质教育的手段，与全面发展的教育及人文教育相统一；足球训练还要与学校教育、职业教育及家庭教育相配合和互动，与队员的德育和智育发展达成同步；要利用足球项目的特点及其特有的教育元素，促进每一个队员身心的全面和均衡发展，促进队员健康体魄和良好品质的养成；提倡在大面积群众普及和更多青少年接受训练的基础上，发现和选拔有足球天赋的人才，要在训练过程中并行并重地促进人的协作意识、团队精神和足球特长的全面发展。

（二）足球训练宏观理念解读

足球训练宏观理念要统筹考虑足球训练的各方面影响因素，是一种面向全社会且影响广泛的理念，其重要功能之一是传播足球文化与引导舆论导向。所以，宏观理念的贯彻需要宣传和培训活动的切实跟进，其影响和辐射范围要波及社会的各个层面和角落，当然，重点是深入影响到从少儿启蒙到职业阶段的各级训练，其中更重要的是把理念的精神贯彻到训练过程及其每一个训练环节。很显然，足球的社会地位决定足球训练的影响面广大，宏观理念又属于一种全局性的整体训练构思，其理念的文字阐述必然要涵盖各方面的影响因素，这是由足球训练宏观理念寓意宽泛的特点决定的。所以，作为一个拥有较大辐射范围的足球训练主体，一定要形成统一的足球训练宏观理念并阐明其理念要义，而且文字阐述需要拥有可变性和不断优化的空间。

足球训练宏观理念是在一定区域范围全面指导足球训练实践的基本准则，更是引导足球训练基本走势的思想基础和风向标。以往全局性的足球训练设计会出现"指导思想"或"基本思路"的提法，这些与"基本理念"的意思是趋同的，有时候是相互包含或上位与下位的关系，现在更提倡用"基本理念"代替"指导思想"或"基本思路"的提法。作为足球训练的基本准则，不管是

使用以往"指导思想"或"基本思路"的提法，还是使用现在提倡的"基本理念"的提法都是无可厚非的，但使用"基本理念"的提法是世界各国普遍采用的，代表着一种国际整体的大趋势。理解以上足球训练宏观理念的阐述要把握四个要点：其一，足球训练从属于全面发展的教育；其二，足球训练作为一种教育形式是辅助于智育和德育的教育；其三，青少年足球普及是足球训练的重要任务；其四，足球特长和专业人才培养是足球训练的核心和重点。此外，还需要考察国外足球训练理念设计的原理，要统筹和契合好各种宏观要素与微观要素的关系。足球训练宏观理念有着宽泛内涵和丰富寓意，是足球发展战略设计和可持续发展的方向指引，无论国家或地方，还是具体城市或俱乐部，包括参与足球训练的每一个工作人员及受训队员和家长，都需要认同训练主体所确立的足球训练宏观层面的基本理念。

（三）我国足球训练宏观理念的偏差

"理念"一词在我国虽然很热，但国民对"理念"一词的认识和理解远不如西方发达国家深刻，在足球行业更是如此。我国的足球训练实践为什么会出现缺乏理念支撑的窘况？一方面是中国足协及各级足球领导机构的认识高度不够，相应的思想建设和理论研究跟进不足，足球理念的宣传与推广工作也远远不够到位。另一方面是广大基层足球从业者的思想观念和意识问题，普遍存在两种错误认识：其一，认为理念是"高大上"而无关乎实际的宣传；其二，认为理念是浅显而无须认真理会的说教。我国自上而下各级足球训练缺乏先进理念指导，其根源是对理念问题认识不够及认识与实践相脱节。现实的足球训练实践者或者没有认识到训练理念的重要，或者根本没有思考训练理念的问题，这样足球训练始终缺乏正确的方向引导和基本要点的把控，如此不仅造成了我国足球人才培养的失败，也造成了训练过程对队员教育的缺失，导致经过足球训练的孩子反而染上了很多不良的习惯。

由于我国的足球训练缺乏理念探讨和教育滋润，训练出现了与国际先进训练理念的严重偏离，而且我们的足球训练和比赛总会出现大量离经叛道的现象，例如：我们的青少年比赛和校园足球比赛屡屡发生斗殴事件，比赛过程不尊重裁判、对手及队友已经成为一种不正常的"常态"。再如：比赛礼仪环节的本来目的是教育队员学会参加礼仪活动、学会礼节和礼貌、学会交际和尊重，但我们的比赛礼仪环节多数是走过场，特别是基层队员表现更为随意，甚至当作儿戏。教练员方面则是不作为。对队员种种偏离道德规范的举止言行，我们的教练员和体育教师或者视而不见、熟视无睹，或者得过且过、息事宁人。这种现实中队员的"越轨"和教练员的"淡漠"，是现阶段中国足坛的特有现象，这完全与世界各国共同倡导的足球教育理念相背离。就像教育需要一个"润物细无声"的过程，足球理念的贯彻一定是无数细致工作的累积。现在世界各国都在构建自己的足球发展战略，都在实施足球训练与教育同步的基本理念，把我们现实中的诸多现象与足球训练宏观理念相对照，不难看到我们训练中存在的漏洞和危机。本著研究确立我国足球训练宏观层面的基本理念，是我们以往理论研究的空缺，也是未来足球训练和队员成长的迫切需要，但是往往一种理念的文字阐述容易确立，困难的是把先进理念贯彻到足球训练和比赛的过程及每一个环节，这是我国足球发展需要解决的问题。

　　关于足球理念的探讨，我们还可以把视线放长一些、视野放宽一些。我国在20世纪中后期"业余体校"训练体制的年代，曾经以"三集中"的早期专业化方式培养足球人才，而事实上是付出了多数队员偏废文化学习的代价，其结果是人才培养没有达到预期的效果，更造成了我国后来足球从业人员综合素质和发展后劲的不足。当时的举措是出于快速培养人才的良好愿望，却在长远发展战略的大格局思维上出现了差错，这也正是我国足球训练宏观理念设计上的失误。所以足球训练宏观理念的确立还需要总结历史的经验，需要放开视野地学习和汲取更多的国外先进经验。我国以往推动足球发展始终都缺乏对基本理念问题的深度思考，没有处理好足球训练与全面发展教育的关系、与智育和德育的关系，而只是单纯地强调足球普及和人才培养的问题，这些都是认知高度不够和视野狭窄造成的。确立宏观理念是足球训练的基本方针，还需要大张旗鼓地宣传和使之深入人心，更重要的是让每一个足球训练实践者坚定地贯彻和执行。我们的宏观理念需要有高调的定位和可行性，理念可以是一种口号和宣传，更应当是一种观念的定格，而最难能可贵的是我们贯彻步骤的跟进和工作的落实，一个国家或地方的足球"人才金字塔"构建的成功，一定与足球训练宏观理念的探索有着高度的相关性，宏观理念的贯彻需要扎扎实实的过程而切忌纸上谈兵。

三、足球训练核心理念

足球训练核心理念是足球训练所要遵循的最具实质性的基本准则，核心理念反映的是足球本质及足球训练过程的基本规律，是足球训练不可偏离的基本方向。以下从概念及其理念阐述、足球训练核心理念解读及我国足球训练核心理念的偏差三个方面加以阐述和分析。

（一）概念及其理念阐述

足球训练核心理念是在整个足球训练过程中具有统治性和主导作用的基本理念，是反映足球本质属性和体现足球训练要素，以及训练自始至终都要遵循的根本性的准则。核心理念是保证足球训练不偏离方向的坐标和准绳，是判断足球训练是否符合足球本质属性和规律的试金石，是决定其他一切训练理念与原则的根本理念，理念的精神实质是反映足球本质属性和体现足球训练要素。探讨足球训练核心理念的问题，既要学习和借鉴足球发达国家的经验与成果，也要依托我们自己对足球本质、足球训练规律及一系列重要基本概念的探索。本著经过专家调查对足球训练核心理念阐述如下：任何足球训练都要把反映足球本质属性和体现足球训练要素放在首位，所有有关训练的规划和组织实施都必须以足球比赛和游戏作为核心和主要内容。足球训练核心理念的重要性是显而易见的，我们必须全面、深刻地加以理解。从训练学意义上概括其实质，就是欧美国家提倡的足球训练以比赛实战为核心，也就是足球训练自始至终都要以比赛实战和赢得比赛胜利为核心和归着点，这是一切训练活动最重要的目标和最根本的理念。整个训练过程从少儿启蒙到职业队训练，所有训练实践活动只有始终与足球本质属性相对接，才能保证其基本方向的正确。

（二）足球训练核心理念解读

遵循足球训练核心理念要把握一个基本要点，就是一切足球训练活动都不能偏离"比赛或游戏"这一反映足球本质属性的形式。足球训练核心理念会有各种不同的阐述方法，例如：以比赛实战为核心、把比赛作为训练的导师及一切训练活动都要围绕比赛的中心等，这些阐述的实质和内涵是相同的，凡是取得成功和得到普遍认可的阐述反映的一定是足球本质和规律。足球训练所具有的体育属性和教育属性都从属于比赛或游戏，包括足球训练具有丰富的趣味性和诸多功能，都源于比赛或游戏。很多体育项目虽然也具有比赛或游戏的属性，但是足球的这一属性有其独特性，这种独特性源于足球是一种"以脚支配球为主，两队围绕球进行攻守争夺，以将球攻入对方球门为目的的双方同场对抗竞技的比赛或游戏"。足球训练必须体现其本质属性和特征，在外在形式上一定要以比赛或游戏来展现其基本特征和要素。可见遵循足球训练核心理念的实质，最终还是回归和落脚于足球项目的本质属性。关于足球是"比赛或游戏"的本质属性及训练核心理念的解读，我们还可以从更大的范围和更多的角度去认识，比如：足球之所以能够成为"世界第一运动"，之所以成为一种流行的世界文化，之所以成为很多国家国民经济的支柱，都源于足球项目所特有的"比赛或游戏"的本质属性。当然，重要的是这一本质属性符合人们的文化生活需要，也符合青少年健康成长和受教育的需要。

（三）我国足球训练核心理念的偏差

我国对足球训练核心理念的认识一直存在明显的偏差，在认识方面和实践领域都存在着很多与先进理念的背离，例如：在认识上长期存在技术训练需要"先学会走再学习跑""熟能生巧，巧能生变"等观念。再如：在训练实践中存在过分强调基本技术练习而忽视比赛实战，而且往往把技术练习与比赛实战割裂开来。又如：校园足球大力倡导的"足球操""足球舞"和"球性练

习"，都缺少了六个足球训练要素中的五个要素。这些都严重脱离了足球"比赛或游戏"的本质，是与先进训练理念相背离的做法。不能否认这些练习可以达到锻炼身体的目的，也有可能采用"球性练习"的方法取得一些成绩，但我们需要放开眼界通观世界，而不能坐井观天，我们要振兴足球必须洞察国际前沿的足球发展走势，要考察足球发达国家在遵循着怎样的核心理念。本著探讨足球训练核心理念是综合考察了欧美各国的思想成果，经过了向国内专家的调查，所做的有关足球训练核心理念的阐述具有科学依据，达成了与国际先进足球理念的统一。

我国以往足球训练出现过整体性的道路迷失及诸多不合理的做法，主要是对足球训练核心理念的认识出现了偏差和错位，就是没有强调足球训练要回归足球本质和体现足球训练要素。如果说我国足球落后的原因是训练理念落后，那么对核心理念认识的偏差才是问题的根源所在。为了今后更好地认识和把握足球训练的核心理念，我们需要对这一问题做深刻的反思。从大的背景看，新中国足球的起点是处在与世界足球相隔离的状态，当时所能够学习到的理论与方法都相对落后，而且我们的理论探索和训练实践都走入了很深的误区，长期处于一种非科学的理论思维状态，形成了一种整体性的对足球训练核心问题的认识错误。到今天足球改革二十几年，我们并没有完成对核心理念认识偏差的纠正，很多职业队和大城市青少年训练虽然有表面上的改观，但我们对足球训练的理论思维仍然存在不足，特别是更大范围的基础训练仍然处于愚昧的状态，这种窘况可以从几个方面分析。

第一，中国传统文化与西方文化相融合的各种阻碍。由于中国文化博大精深，包括语言、思维方式、体育模式、学习习惯等都自成体系，造成了我们认识和理解先进足球理念的困难和信息转换的周折。第二，足球领导者思想观念落后、认知水平不高和管理能力不足。往往领导者的水平和眼界是决定足球训练发展规模和高度的重要因素。第三，足球体制僵化造成人力、物力和财力资源的浪费。足球训练的管理主要是这三方面资源的利用，现行体制造成能够担起训练任务的人才无事可做，没有教练员潜质的人则滥竽充数，而在财力利用方面却存在巨大的浪费，最典型的是校园足球的投入与收效的明显反差。第四，足球从业人员队伍的素质不高及对足球训练的敬畏和敬业精神不够。这之中包括足球理论研究者的思维和领悟能力不足、结合实践不够，使得整个足球界对足球训练在认识上放不开视野，在操作上处于低水平重复的状态，尤其足球从业者对足球训练的敬畏不够、敬业精神不足。

四、足球训练操行理念

足球训练操行理念是具体的训练过程中所要遵循的基本准则，是直接指导教练员训练言行举止和有关训练操行方法方面的基本理念。以下也是从概念及其理念阐述、足球训练操行理念解读及我国足球训练操行理念的偏差三个方面加以阐述和说明。

（一）概念及其理念阐述

足球训练操行理念是指足球训练设计及其训练各个环节操作要遵循的基本理念，是广大教练员从长期工作实践中总结和提炼出来的纲领性训练要点，是达到理想训练效果所必须遵循的各项基本准则。作为教练员，不管是基层业余队或青少年梯队训练，还是高层次的职业队或国家队训练，都需要注意加强对操行层面训练理念的认知。我们都知道足球训练是一个长期、复杂和内容繁多的工作，在整体发展上需要按照宏观理念来把控，在实质性推进上需要遵循核心理念的指引，而在训练过程及训练细节的控制上也必须遵循一定的基本准则，这就是足球训练的操行理念。每一个有经验的教练员都会在长期实践中总结和形成个性化的操行理念，但往往个人认知存在局限性和片面性。本著是通过专家调查对诸多个性化的操行理念做筛选和合并处理，把分散的个人感性认识上升为科学的理性认识，从而形成对足球训练操行理念的阐述：教练员的训练方案设计及每一步具体的训练实际操作都必须遵循足球规律和一定的科学原理，其中有四条需要始终注意把握的基本准则，即以保证快乐为前提，以游戏方法为主导，以培养兴趣为基点，以比赛取胜为目的。以上四条基本准则在足球训练实践中是统一和并行的关系，每一条准则的贯彻和执行，并不是孤立地体现在实际训练中，而是要把四条准则同步体现在训练过程及每一个训练环节（见图4-5）。在实际训练过程中会因为环境、对象和客观条件等不同，而侧重体现一条或两条准则及淡化一条或两条准则，但长期的实践过程必须四者兼顾。足球训练操行理念的原理和寓意似乎容易理解，但真正在训练实践中贯彻往往是知易行难。

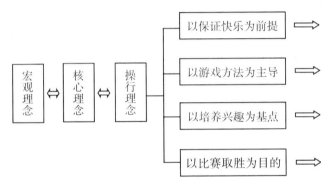

图4-5　足球训练操行理念及其各种关系

（二）足球训练操行理念解读

　　足球训练操行理念是指导训练过程设计及具体训练操作的基本准则，是足球训练宏观理念的具体化，是执行和落实核心理念的保证，其中最重要的是要在实际训练中体现出来。足球训练的对象是由队员个体组成的球队，所以操行理念的贯彻要让队员了解理念的精神，让大家感受到教练员的愿望和追求。要把操行理念贯彻到训练过程及作用于每一个队员，需要队员理解足球训练的宏观理念和核心理念，操行理念的落实需要通过具体和细致的训练设计与实施操作，是要通过无数的细节对队员及球队施加影响。足球训练操行理念的每一条准则都有其各自的寓意，作为教练员需要领会和理解其寓意并注意在训练中贯彻。

　　第一，以保证快乐为前提：让参加足球训练的队员每一次都享受足球的快乐，能够在绿茵场上尽情地奔跑和挥洒汗水，组织和开展足球训练要让队员尽可能没有任何压力和约束，充分地感受到足球的乐趣，特别是启蒙阶段更要让每一个队员放开玩耍。

第二，以游戏方法为主导：利用队员普遍喜欢做游戏的好奇心理，更多地采用各种有球、有对手、有同伴和有球门的游戏方法，使游戏成为队员主要的练习形式，而且游戏方法要丰富多彩和不断变化，避免采用刻板和单调的技术重复练习。

第三，以培养兴趣为基点：让队员不断地享受足球的快乐和游戏的乐趣，通过这种快乐的累积吸引队员，并把培养兴趣作为重要的目标，使队员形成对足球的认知和情感寄托，成为日常习惯和生活方式，引导和促进队员形成对足球的强烈爱好。

第四，以比赛取胜为目的：足球最大的乐趣还是比赛进球和比赛获胜，足球毕竟是一个竞技性的集体项目，任何级别和阶段的足球训练都要围绕游戏和比赛的核心，一定要多安排有挑战性和趣味性的游戏和比赛，要培养队员的团队精神和责任感，并以取得比赛胜利为目的和荣誉。训练核心和归着点一定是有挑战性和趣味性的比赛。

（三）我国足球训练操行理念的偏差

目前我国足球教练员培养和队伍建设处于初级阶段，基层教练普遍缺乏基本素养和专业培训经历，甚至很多教练员没有接受过任何的培训。再加上受传统训练思想的影响，造成了基层训练普遍性地与先进训练理念相背离。例如：在训练过程中队员会感到枯燥无味，这违背了以保证快乐为前提的准则。再如：教练员总是喜欢让队员按照一定的规矩或固有的程式练习，这违背了以游戏方法为主导的准则。又如：队员参加多次训练却始终没有体验比赛的机会，这违背了以比赛取胜为目的的准则。现实中还有很多教练员存在严重的理念偏差，比如：基层训练仍然存在对队员肆意责骂、惩罚，甚至还有随意踢打的情况。这些教练员也可能取得过一些成绩，外观看好像对训练也很投入和负责，但实际上完全背离了足球训练的操行理念。类似以上的训练，队员不可能充分释放天性和发挥潜能，也不可能得到充分发展，而是必然在很大程度上受到约束和压抑，如此也就使队员发展受到很大的限制，必然严重影响队员的全面发展和健康成长。

足球训练操行理念是适用于各级各类球队训练的基本准则，这里可以笼统地以欧美国家少儿训练为例做一个对比，说明我们训练操行方面存在的问题和偏差。现在欧美国家及我们邻国日本和韩国的少儿训练，一堂训练课一定是全程充满快乐气氛，训练自始至终都是采用各种游戏方法，也一定不缺少对抗性的比赛实战练习。在训练过程中每一个孩子都会得到教练员的表扬和激励，每一个队员都会有均等的上场比赛机会及体验比赛的快乐，教练员会尽可能与每一个队员击掌庆祝等，而教练员的这些行为和安排都是在贯彻足球训练的操行理念。欧美各国的青少年训练就像工厂加工产品的生产线一样，重视和讲求训练方案的设计及方案改进和不断精益求精，以上的表扬和激励、机会均等、击掌庆祝等方式方法都属于训练操作的规范条例，每个教练员的头脑中必须建立正确的概念和理念，他们必须按照先进理念完成训练操作。当然，以上的训练操行不仅适合青少年训练，也同样适用于职业队及其他任何级别球队的训练。足球训练操行理念虽然道理并不高深，但实际建立一种理念还是需要复杂的思维过程，操行理念要真正深入理解、合理把握及在训练实践中有效贯彻，确实是知易行难，也就是达到观念与行动的一致并非轻而易举。

现实的差距显然与我们教练员的专业素养不够有关，教练员普遍缺乏职业精神和探索精神，也就对先进训练理念缺乏深入的了解，比如：对以培养兴趣为基点这一理念的理解，大家都知道兴趣对队员成长的重要性，但现实中我们普遍认为孩子喜欢足球是自然的天性，并不把队员对足球的情感视为一个复杂的心理问题。实际上，队员对足球的兴趣是不断波动的，教练员需要观察及更多地与队员交流和互动，要给予队员充分的关心、引导和鼓励，并在关键时候给予队员肯定和帮助。教练员与每一个队员都成为知心朋友，是使队员对足球长久保持兴趣的重要环节。各种培训是提高教练员业务素养的重要条件，培训不仅可以系统和高效地传递足球专业信息和技能，而且也提供大家相互学习和交流的平台，可以更加快捷地提高教练员的业务能力。当然，教练员的修养还是要从平日训练和学习中一点一滴地积累，教练员只有保持积极上进和锐意进取的精神，才可能达到很高的职业境界。

第五章
现代足球发展趋势

现代足球发展趋势是一个重要的理论探索性课题，可以帮助我们认识现代足球发展过程及其规律，也是足球训练基本理念的重要内容。发展趋势研究是借助对史实的调查来探寻足球发展的原理，进而使我们更好地认识现实的训练和比赛。前文有关足球本质及其特征、足球一系列基本概念、足球训练诸多基本理念等的探讨，是我们研究发展趋势及形成理性认识的重要前提。足球发展问题的研究，主要以比赛阵型与战术打法的演变为线索，其中的关键是找到足球发展的动力及其机制。足球比赛的目的是赢取胜利，比赛取胜的条件是多进球和少失球。人们在长期的比赛实践中发现，围绕比赛取胜的攻守争夺有一个攻守平衡的规律，追求攻守平衡和不断打破平衡就是现代足球发展的根本动力。本章发展趋势的探讨，是围绕比赛争胜的核心目的，从比赛阵型和战术打法两个视角揭示足球发展及其机制。现代足球从诞生初期的章法简单和技术粗糙，到今天比赛的复杂有序和技术细腻，其发展过程从攻守不平衡到攻守人数平衡，从攻守人数平衡到攻守力量平衡，再到今天流动性的动态攻守平衡，基本都是遵循着攻守平衡的规律。本章以"现代足球发展趋势"为题，希望帮助大家打开认识足球发展及瞭望其未来的一扇窗户。

第一节　比赛攻守平衡的演变

现代足球的发展始终围绕比赛攻守平衡的问题，足球运动从诞生至今一直伴随着比赛攻守平衡的变化。原始足球比赛的攻守人数配置是完全不平衡的，是在长期的发展和演变过程中才逐渐形成比赛的攻守平衡，中间还经历了一个从攻守人数平衡向攻守力量平衡转变的过程。比赛攻守平衡的演变分为三个主题，分别是比赛攻守人数平衡的形成、比赛向攻守力量平衡的转变和全攻全守战术打法及其条件，三个主题也是比赛攻守平衡的三个发展阶段，到今天足球比赛体现的是全面的攻守平衡。

一、比赛攻守人数平衡的形成

比赛攻守人数平衡的形成经过了相当长的发展过程，现代足球开始阶段比赛阵型的变化一直是防守人数在增加。全面了解足球比赛的历史发展过程，对于帮助我们理解足球训练和比赛原理是非常重要的。关于比赛攻守人数平衡的形成，以下分三个问题进行分析和说明，即现代足球诞生初期的基本状况、攻守人数由不平衡到趋于平衡及攻守人数平衡的WM阵型。

（一）现代足球诞生初期的基本状况

1863年现代足球从英式橄榄球脱胎而出，所以足球运动必然带有橄榄球的基因。其中最集中的体现是用脚踢球和有越位的限制，用脚盘带、踢球和接控等成为足球运动最典型的本质特征，越位的规则限制则始终是足球比赛的一大特色[1]。足球运动诞生初期以球为中心的追逐很像橄榄球，当时的以球为中心是简单和低层次的，就是所有场上队员都以飞来飞去的足球为追逐目标。原始规则的"越位"对进攻队员领先于球有严格的限制，使得盘带技术盛行，但那时候队员的运带球、突破、传接球等技术是粗糙的，战术配合概念是淡薄的，队员的速度、体格和脚力显然更加重要[2]。比赛基本没有阵型的概念，出现九锋一卫制的"19"阵型，是出于一种简单的战术需要。所谓九锋一卫制即九个

---

[1] 比尔·莫瑞.世界足球史话[M].郑世涛，译.北京：光明日报出版社，1998：13.
[2] 乔纳森·威尔逊.倒转金字塔——足球战术史[M].迪生，徐天辰，译.武汉：湖北科学技术出版社，2016：19.

前锋在前边进攻和一个后卫在后边镇守[1]。可想而知，九个前锋的进攻肯定是简单而缺乏章法的，而且显而易见攻守力量搭配是严重失衡的，只留下一个防守队员在后边镇守，也是一种简单的拖后保护，是作为一个屏障防止对方直接威胁球门。根据很多历史资料的记载，当时的比赛争夺异常激烈，比赛受伤是家常便饭。也有资料可鉴，现代足球诞生之后，迅速得到欧洲列国及社会各界的充分认可，特别受到大学校园、军队官兵和广大青少年的喜爱，当时高校之间、乡村之间、俱乐部之间、国家之间的比赛争夺，始终是异常激烈和万众瞩目的，而这一切源于足球有其与众不同的魅力[2]。

（二）攻守人数由不平衡到趋于平衡

现代足球从1863年诞生到1884年前后，在二十几年的发展过程中，足球比赛基本是处于技术粗糙和战术简单的时期。但在这个长期的过程中，技术还是取得了长足的进步，传球的准确性、运带球和突破能力及比赛速度等都大大提高，也开始讲究攻守战术打法及队员之间的相互配合，其中进攻与防守的人数是逐渐由不平衡到趋于平衡。基本情况是比赛从最原始的九锋一卫制"19"阵型，渐而变成八锋二卫制的"28"阵型、七锋三卫制的"127"阵型。1872年的苏格兰队是引领阵型和打法变革的重要角色，苏格兰人创造了六锋四卫制的"226"阵型和提倡协作配合的传接球打法，1872年11月30日苏格兰队主场对英格兰队0：0战平是典型战例，当时苏格兰队和英格兰队分别是"226"和"127"阵型，见图5-1[3]。

[1] 诺贝特·魏斯.金球[M].方厚生，译.上海：文汇出版社，2004：10.

[2] 乔纳森·威尔逊.倒转金字塔——足球战术史[M].迪生，徐天辰，译.武汉：湖北科学技术出版社，2016：21.

[3] 乔纳森·威尔逊.倒转金字塔——足球战术史[M].迪生，徐天辰，译.武汉：湖北科学技术出版社，2016：23.

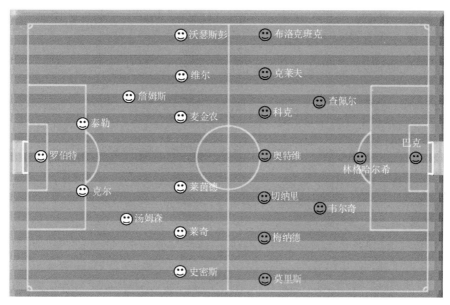

图5-1　1872年11月30日苏格兰队0∶0战平英格兰队比赛阵型

　　1883年在英格兰剑桥大学诞生了攻守人数基本趋于平衡的"235"阵型，该阵型当时被称为"金字塔阵型"，实际上按照现在阵型由后向前的排序被称为"漏斗阵型"更贴切，该阵型以1878年3月30日阿克顿威尔士杯决赛雷克瑟姆队1∶0胜德鲁伊人队的比赛最为典型，当时雷克瑟姆队和德鲁伊人队分别是"235"和"226"阵型（见图5-2），这种"235"阵型在足坛流行将近40年[1]。这一时期的阵型演变是防守人数逐渐增加，以致比赛进攻和防守人数趋于平衡。这是因为要达到多进球和少失球的取胜目的，就必须攻守兼顾，进攻人数多可能可以多进球，但防守人数少势必会造成失球的增多，这样就要求球队必须做防守人数和力量的调整。其道理并不复杂，如果一方进攻时投入更多的队员参与，一旦球被对方截获，就会在由攻转守时出现更大的防守真空，此时本方球门就会受到更大的威胁，加上各队的传球准确性、运控突破能力、射门能力都在提高，各

---

[1]　乔纳森·威尔逊. 倒转金字塔——足球战术史[M]. 迪生，徐天辰，译. 武汉：湖北科学技术出版社，2016：27.

队进攻能力的提高也要求必须加强防守。这样随着防守力量的不断增加，就出现了足球比赛攻守人数逐渐趋于平衡的趋势。这种攻守人数配置逐渐趋于平衡的变化，是攻守争夺使然，也是比赛取胜的必然要求[1]。

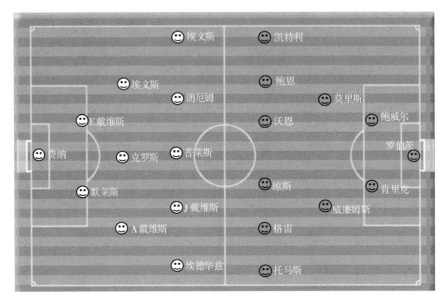

图5-2　1878年3月30日雷克瑟姆队1：0战胜德鲁伊人队比赛阵型

（三）攻守人数平衡的WM阵型

足球比赛攻守人数的完全平衡出现在1930年，是英国阿森纳俱乐部的查普曼创造了"3223"的WM阵型。查普曼是根据1925年足球规则修改了对越位人数的限制，就是进攻队员不得先于球越过防守方倒数第二个队员，这对进攻方是减少了限制和增加了机会，但出现人数平衡的根本原因还是比赛攻守争夺矛盾的存在[2]。查普曼发明的WM阵型是真正攻守人数的平衡，进攻方利用场地宽度及按照位置职责左右拉开发动进攻，防守时则收缩保证防线的密集。每个队员基本在相对固定的区域完成攻守职责，一般情况下不"越界"参与比赛活

---

[1]　卡尔·海因茨·黑德尔戈特.新足球学[M].蔡俊五，译北京：人民体育出版社，1988：29.

[2]　卡尔·海因茨·黑德尔戈特.新足球学[M].蔡俊五，译北京：人民体育出版社，1988：7.

动，队员是按照条块划分在自己的区域各尽其责[1]。这种WM阵型分为后卫、前卫、内锋和前锋四条线，进攻时中锋在中路活动及发动进攻，两个边锋在两个边路进攻及传中，防守时三个后卫防守对方三个前锋，两个前卫防守对方两个内锋，可见WM阵型是一种攻守人数完全对等、追求攻守平衡和队员分工明确的阵型打法。进攻和防守都较之以前更有层次和章法，也取得很好的比赛效果，所以WM阵型及其打法的出现，推动了足球技战术水平的提高，很多球队都纷纷效仿，之后二十几年一直在世界各国历久不衰[2]。采用WM阵型最具有代表性的是1930年4月26日在伦敦温布利球场足总杯决赛阿森纳队2：0胜哈德斯菲尔德城队的比赛，两个队分别采用"3223"和"235"阵型（见图5-3）[3]。

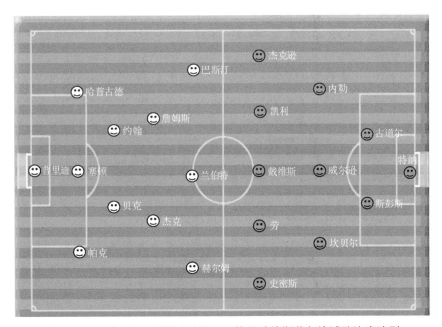

图5-3　1930年4月26日阿森纳队2：0战胜哈德斯菲尔德城队比赛阵型

---

[1]　体坛传媒.世界杯冠军志之英格兰[M].成都：西南财经大学出版社，2014：44.

[2]　体育院、系教材委员会《足球》教材编写组.足球[M].北京：人民体育出版社，1983：233.

[3]　乔纳森·威尔逊.倒转金字塔——足球战术史[M].迪生，徐天辰，译.武汉：湖北科学技术出版社，2016：60.

WM阵型的出现及其战术打法的成功，不能简单地归结为战术理念先进及阵型设计和队员分工的细致。这一阵型及其战术打法的形成之所以能够大大推动足球运动的发展，首要因素是查普曼拥有一种非同一般的奇妙设计和构思，但更重要的是查普曼既是一个梦想家又是一个伟大的实践者，查普曼的具体做法也可以为现在的教练员提供借鉴。比如：查普曼制定WM阵型采用的是以防守反击为主的打法；查普曼细心观察、物色和培养核心队员詹姆斯作为防守反击战术的组织者；查普曼的周末例会并不是自己一言堂，而是让队员充分讨论和参与意见等。查普曼的成功是依靠这些细致工作的累积，也是在经过大量的质疑之后才取得"查普曼等式"的成功[1]。

二、比赛向攻守力量平衡的转变

比赛向攻守力量平衡的转变也是一个复杂的过程，其中的关键点是打破比赛攻守人数的平衡，而追求攻守力量的平衡。在攻守人员配置的反复较量中，发生的几件典型事件是比赛向攻守力量平衡转变的重要节点。以下分三个问题进行分析和说明，即四前锋阵型打破WM阵型的平衡、"424"阵型回归人数平衡及从攻守人数平衡到攻守力量平衡。

（一）四前锋阵型打破WM阵型的平衡

WM阵型的出现改变了人员分工不细和比赛缺乏章法的局面，促进了足球技战术水平的提高。但WM阵型打法比较刻板和教条，限制了队员的潜能，特别是限制了队员之间位置的相互变化。由于WM阵型打法的进攻方式简单和变化不多，特别是随着队员素质和防守能力的提高，W的进攻很容易被M的防守所限制，由此WM阵型由于缺乏攻击力而令人一筹莫展[2]。事实上，比赛规则

---

[1] 乔纳森·威尔逊. 倒转金字塔——足球战术史[M]. 迪生，徐天辰，译.武汉：湖北科学技术出版社，2016：62.

[2] 亨特·戴维斯. 足球史[M]. 李军花，江治刚，王艳艳，等译.太原：希望出版社，东方出版中心，2005：236.

没有对队员活动范围有任何限制，没有条文规定不允许队员之间的位置交叉和轮转，而比赛中队员常常会有即兴的位置交叉、轮转及后场队员助攻等"越界"行为，这种行为往往更具有攻击性和观赏性，如此引发了改革者的想象和创新的构思。

　　20世纪50年代匈牙利人首创四前锋阵型挑战WM阵型，四前锋阵型是把MW阵型的一个内锋前移至锋线位置。这种四前锋阵型的打法要求前移的内锋采取主动的"越界"换位行动，与中锋和留任的内锋之间在对方罚球区附近采用积极的横向拉扯和交叉换位，创造纵向突破和前插的空当，这种门前灵活的换位、插跑、突破及墙式配合，使得罚球区附近只有一个中卫配置的WM阵型难以招架，WM阵型也就此宣告破产。创造四前锋阵型的匈牙利队在当时称雄一时，1953年和1954年匈牙利队分别以6：3和7：1战胜英格兰队，成为进攻型战术打法的典型代表，图5-4是1953年11月25日伦敦温布利球场匈牙利队6：3战胜英格兰队的比赛阵型，两队分别采用"3214"和"3223"阵型[1]。

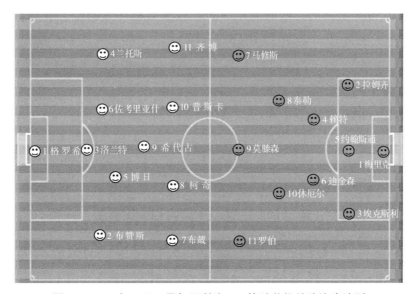

图5-4　1953年11月25日匈牙利队6：3战胜英格兰队比赛阵型

---

　　[1]　乔纳森·威尔逊. 倒转金字塔——足球战术史[M]. 迪生，徐天辰，译.武汉：湖北科学技术出版社，2016：103.

匈牙利四前锋打法的成功促使各国纷纷仿效，成为当时国际上的主流打法，也由此四前锋阵型打法被称为足球运动发展史上的第一次变革。WM阵型打法也由此开始逐渐消失，比赛阵型又呈现攻强守弱的攻守人数不平衡局面[1]。需要说明：足球历史上任何一次变革或技术进步都不是简单和偶然的阵型或战术打法的创新，一定会同时诞生一个伟大的教练和一批伟大的队员。匈牙利队20世纪50年代四前锋阵型所表现出的精湛技术、流畅配合、犀利进攻及令人耳目一新的整体打法，正是因为有一位了不起的掌门人塞贝什做主教练撑起了这支伟大的匈牙利队，塞贝什从师于英格兰的著名现代足球思想家吉米霍根，从吉米霍根那里学到了先进的足球理念与方法，同时也正是依托于普斯卡什、柯奇士、希代古提、齐博尔等一批超级巨星，由他们共同创下了匈牙利队31场国际比赛不败的纪录[2]。

（二）"424"阵型回归人数平衡

20世纪50年代后期，巴西队在四前锋打法的基础上创造了"424"阵型，就是把两个前卫后撤一个加入后卫线，以四个后卫应对对方四个前锋的进攻。"424"阵型是一个阵型变动较大的革新，是把原来WM阵型的一个前卫撤回担任中卫，把四前锋阵型剩下的一个内锋改为前卫，而革新后的"424"阵型也就没有了内锋的角色。可见"424"阵型保持了四前锋阵型的优点，又弥补了WM阵型三后卫防守不足的缺陷，使攻守人数重新回归平衡，人们把"424"阵型的技术革新称为足球运动发展史上的第二次变革。"424"阵型较之WM阵型加强了锋线的攻击力，又较之四前锋阵型加强了后卫线的防守力量，两个前卫既是进攻的中场组织者，又是防守的阻截者，承担前锋与后卫之间的连接和纽带角色[3]。"424"阵型可谓攻守兼顾，减少了WM和四前锋阵型

---

[1] 体育院、系教材委员会《足球》教材编写组.足球[M].北京：人民体育出版社，1983：233.

[2] 乔纳森·威尔逊.倒转金字塔——足球战术史[M].迪生，徐天辰，译.武汉：湖北科学技术出版社，2016：37.

[3] 比尔·莫瑞.世界足球史话[M].郑世涛，译.北京：光明日报出版社，1998：114.

的内锋层次，使得前锋和后卫之间的联系更加紧密，前后之间和左右之间的交叉换位和穿插跑位更加便捷。但由于足球比赛场地广阔，加上当时前锋和后卫分工明确，基本是前锋不参与防守，防守队员不参与进攻，"424"配置两个前卫难以承担中场进攻组织与防守阻截的双重任务，这给后续的足球改革留下了较大的空间。创造"424"阵型的巴西队在1958年瑞典世界杯获得冠军[1]。

（三）从攻守人数平衡到攻守力量平衡

20世纪30年代WM阵型的出现使攻守人数达到平衡的同时，还有一个重要贡献就是使比赛有了全新和细化的位置概念，但到了50年代，WM阵型打法出现了防守制约进攻的攻弱守强态势。此时出现的四前锋阵型打法，是通过加强进攻打破了WM阵型的人数平衡，反而形成攻强守弱的局面[2]。很快面对四前锋阵型的攻强守弱，巴西队1958年又发明了"424"阵型回归人数的平衡。这些改变都是在攻守矛盾斗争中所发生的足球技术革新。由于"424"阵型的中场力量薄弱，到了20世纪60年代就出现了加强中场防守争夺的新态势，在阵型上的反映就是中场人数增多，就是出现了"433"和"442"阵型，是由"424"阵型的前锋回撤一个或两个队员。这是因为大家通过比赛观察发现，无论是进攻还是防守都必须争取中场的主动，中场占据了优势也就取得了比赛的优势，而中场的活动空间巨大，仅依靠两个人或三个人难以控制广阔的中场空间。

由于20世纪50年代进攻打法占据上风，进攻的个人技术和前场配合强于防守，成为比赛的主导。到60年代各个国家的球队开始通过加强防守而遏制进攻，相应地出现了被称为"链式防守""混凝土防守"等密集防守加拖后保护的防守打法，由此促成了比赛进攻与防守矛盾更加激烈。1966年英格兰队在第

---

[1]　乔纳森·威尔逊. 倒转金字塔——足球战术史[M]. 迪生，徐天辰，译. 武汉：湖北科学技术出版社，2016：131.

[2]　维尔·库柏. 攻击型足球训练——足球基本技术训练指南[M]. 赵振平，译. 北京：人民体育出版社，1988：1.

8届世界杯上采用了"442"阵型，在1966年7月30日伦敦温布利球场的冠亚军决赛中英格兰队以4：2战胜联邦德国队，是以加强和稳固防守的战术打法取得了当届的世界杯冠军，两队分别采用"442"和"424"阵型（见图5-5）[1]。

1970年在墨西哥第9届世界杯上，巴西队又以崇尚进攻的战术打法第三次获得世界杯冠军，巴西队不仅比赛过程精彩，而且进球数达到平均每场3个，也由此又一次颠覆了稳固防守的战术打法[2]。

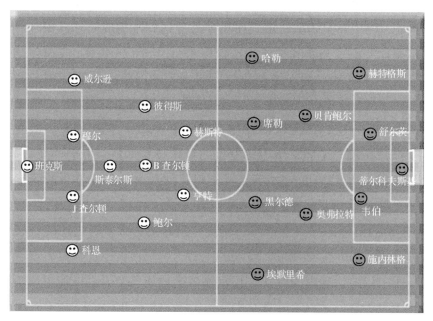

图5-5　1966年7月30日英格兰队4：2战胜联邦德国队比赛阵型

多进球与少失球的比赛目的是推动比赛发展的根本动力，足球比赛追求阵型的攻守力量平衡，以及进攻与防守技战术取得发展，都源于比赛双方攻守矛盾的对立与统一。比赛的一方无论是进攻还是防守占有优势，另一方必然要想办法改变这种态势，以争取己方占优，在比赛攻守过程中争取主动是取胜的必

[1]　乔纳森·威尔逊.倒转金字塔——足球战术史[M].迪生，徐天辰，译.武汉：湖北科学技术出版社，2016：153.

[2]　何志林.现代足球[M].北京：人民体育出版社，2000：160.

然选择，这就是足球比赛取胜必须遵循的基本规律。足球比赛不断追求攻守平衡的过程中，也在不断地打破所建立的平衡，由此促进足球运动的不断发展。无论是采用"433"阵型还是"442"阵型，到了20世纪60年代，队员比赛场上的分工都更加细致和明确。中场的前卫分为侧重防守和侧重进攻两种，每一种又有更细致的责任分工；后卫不仅要承担各自区域的防守任务，还要频繁地换位及参与中场的攻守及前场的进攻；前锋在完成进攻任务之外，也要参与中场及更大范围的防守。这种位置界线的打破，意味着足球比赛的攻守平衡已经由人数平衡向力量平衡转变[1]。

三、全攻全守战术打法及其条件

全攻全守战术打法的出现是现代足球发展的新纪元，这一打法完全颠覆了人们对足球比赛原有的认识，比赛所呈现的是动态和快速流动性的平衡。以下分两个问题进行分析和说明，其一是全攻全守战术打法的出现，其二是全攻全守战术打法的条件。希望通过阐述和分析能够帮助大家重新认识全攻全守战术打法。

（一）全攻全守战术打法的出现

1974年在联邦德国举办的第10届世界杯足球比赛中，荷兰队在主教练米歇尔斯的带领下创造了震惊世界足坛的全攻全守战术打法，这一战术打法总结了足球历史沧桑变化的规律，深入研究了20世纪50年代至70年代初二十几年阵型发展的原理，创造性地使全攻全守理念与大赛实践达成了统一[2]。全攻全守战术打法是在对比赛攻守博弈机理做深刻分析之后，进一步确认一支强队必须既要具备强大的攻击力，还要拥有抵御任何进攻的防守实力，任何单纯地强调进攻或防守都是片面的，攻守平衡是任何足球强队的必备条件。这种攻守平衡已

[1]　体育院、系教材委员会《足球》教材编写组.足球[M].北京：人民体育出版社，1983：233.

[2]　诺贝特·魏斯.金球[M].方厚生，译.上海：文汇出版社，2004：10.

经不是简单的阵型上的人数平衡，而是比赛中进攻与防守力量的平衡，这就是所谓全攻全守战术打法。全攻全守战术打法是指在足球比赛过程中全队每一个场上队员都要兼顾进攻与防守的双重任务，按照部署整体统一地参与进攻和防守行动，每个队员都担当各自的攻守职责，进而形成全队进攻和全队防守的动态攻守力量平衡。

20世纪80年代很多队采用了"442"阵型。全攻全守打法在阵型的人数比例上并不平衡，但阵型只是比赛场上队员的位置排列顺序和责任分工形式，而实际比赛过程中根据球队处于进攻或防守，以及进攻或防守时球所处的区域和比赛情形等各种不同情况，比赛阵型会随机呈现多种不同的变化[1]。全攻全守战术打法追求的是比赛攻守力量的流动性平衡，不仅要全队参与进攻与防守，而且要形成强大的攻击力和抵御强大进攻的防守能力。其战术内容必须更加丰富和多样、打法设计更加复杂和多变，所以比赛采用全攻全守战术打法的球队需要具备一些基本条件。全攻全守打法在20世纪70年代是以荷兰队"433"阵型为代表，最典型的阵型是1973年5月30日欧冠决赛阿贾克斯队以1：0战胜尤文图斯队的比赛，两队都是采用"433"阵型，但阵型的排列却很不相同，见图5-6[2]。

[1] 卡尔·海因茨·黑德尔戈特. 新足球学[M]. 蔡俊五，译.北京：人民体育出版社，1988：28.

[2] 乔纳森·威尔逊·黑德尔戈特.倒转金字塔——足球战术史[M]. 迪生，徐天辰，译.武汉：湖北科学技术出版社，2016：222.

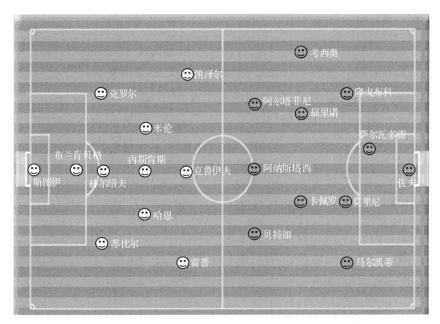

图5-6　1973年5月30日阿贾克斯队1∶0战胜尤文图斯队比赛阵型

（二）全攻全守战术打法的条件

1．球队每一个队员必须具备全面的技术技能

不同于以往队员过于偏重位置技术和技术能力单一的情况，每个场上队员在具备位置技术特长的基础上，必须掌握全面的个人技术及其他位置技术。队员要承担进攻与防守两方面的职能，能够根据比赛需要和战术变化的要求，随时随地可以参与任何角色的进攻或防守任务，而且可以迅速完成攻守角色的转变，无论移动到哪个位置都可以胜任那个位置的职能。以防守队员为例，要在具备防守位置技术和突出的防守能力的同时，也要具备进攻的传接球、突破、传中、射门等技术技能。

2．球队要有多种战术打法变化及丰富的战术内容

首先要能够演绎两种以上的基本比赛阵型，阵型和战术打法可以随时做调

103

整和变化。能够根据比赛对手不同的实力、特点和局势等采用合理的战术，做出侧重进攻或防守、开放或保守的战术部署，但一定是以攻守平衡和攻守兼备为前提。无论采用何种战术打法，战术内容一定都是丰富多样和机动灵活的，比赛场上随时随处可出现队员之间的位置交叉、轮转及大范围的灵活换位。每一个位置的进攻或防守都是变化无穷的，比如：进攻的右边路传中，可能是右边锋、右边后卫、中卫、中锋及左边后卫等场上的任何队员，而且传中的脚法、地点、时机等都包含不同的战术内容。

3. 队员必须具备良好的身体素质和体能

队员全面的技术技能和比赛丰富多样的战术，还有比赛速度和节奏的加快及争夺的激烈，都对队员的身体素质和体能提出更高的要求。从体能消耗的角度讲，比赛要求队员跑动更长的距离和完成更多的冲刺快跑，要完成更多次的争抢和身体对抗，这是足球运动发展给身体素质和体能训练带来的新课题。一场比赛队员12 000米的跑动距离，70次甚至更多的冲刺快跑次数，已经成为高水平足球比赛的常态数据。所以，为了适应比赛的激烈竞争，高水平的职业队必须高度重视队员的体能训练，体能教练也都是经过专业培训和拥有专门职业资质的专职人员。

4. 队员必须拥有良好的心理素质及强烈的责任心和顽强的意志品质

足球比赛争夺达到至高境界，往往比赛取胜的制约因素超出技战术和体能的范畴，队员的责任心和意志品质更加重要。队员具备良好的心理素质是比赛正常发挥的保障，但常常由于比赛激烈和体能消耗过大，队员注意力和战斗意志下降，此时考验的就是队员的责任心和意志品质[1]。在一场比赛的决胜阶段，往往责任心和意志品质能够发挥重要的作用，而这些心理品质主要依赖于平日的训练培养和比赛磨炼，见图5-7[2]。

———————————

[1] 全国体育学院教材委员会.足球[M].北京：人民体育出版社，1994：142-145.

[2] 曾民，译.欧足联2009年欧洲冠军联赛技术报告[J].足球训练（内部刊物），2010（1）：6.

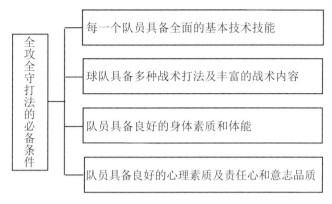

图5-7　球队采用全攻全守战术打法的必备条件

第二节　现代足球发展趋势

　　现代足球发展趋势探讨是从宏观和微观的不同层面来审视足球运动的发展，宏观方面侧重从整体的战略视角考察足球发展问题，微观方面侧重从具体的技术表现考察足球发展问题，如此可以更全面和客观地诠释现代足球发展趋势的问题。以下的两个主题，其一是现代足球整体发展趋势，是综合历史发展与现实发展，并侧重展现当今足球发展的整体特点；其二是现代足球技术发展趋势，是以对现实高水平比赛的考察为依托，侧重阐述比赛技术表现方面的特点，希望通过阐述和分析帮助大家认识现代足球发展趋势的问题。

一、现代足球整体发展趋势

　　现代足球整体发展趋势探讨是从全攻全守战术打法出现及其发展的大背景下，考察足球比赛整体的发展及其表现出来的特点，是我们了解足球发展问题的一个重要视角。以下是从全攻全守战术打法的发展和现代足球整体发展的主要特点来分析和说明问题。

（一）全攻全守战术打法的发展

全攻全守战术打法在1974年横空出世，至今已经有四十几年的发展历史。虽然在战术打法上没有产生革命性的变化，但比赛阵型一直在不断革新，比赛速度和节奏在不断加快，队员的职责分工越来越细致，比赛的激烈程度和技术含量已经今非昔比。探讨现代足球发展趋势要研究欧美专家对足球发展的判断，要通过理解国际足联和欧洲足联多年对世界杯及各项大型赛事的研究报告，进而形成我们自己对足球发展问题的认识。在各类大赛群雄逐鹿的攻守较量中，出现过多种战术打法的成功演绎，例如：1982年世界杯意大利队采用保守的防守反击打法取得了冠军；2010年世界杯西班牙队采用全场压迫式打法获得了成功；2014年世界杯德国队采用大开大合的"4231"阵型取得冠军；2018年世界杯法国队又一次采用相对保守的防守反击战术获得冠军等。还有巴塞罗那俱乐部球队在2011年鼎盛时期采用被称为"tiki-taka"的打法达到了世界的巅峰。以上各种战术打法都曾经在一定时间范围内引领了世界足球的风潮，但普遍认为，足球战术打法的变化主要体现在速度、节奏和细节方面。

全攻全守战术打法的阵型种类越来越多样和富于变化，目前流行的阵型主要包括"4231""433""343""442""4141""352"等几种，比赛阵型都只是一种场上位置的排列或是一种战术架构，任何一支球队在实际的比赛过程中都会有规律地呈现多种阵型的变化[1]。比赛中的队员分工更加细化和具体，例如：单前锋和一个前腰的布阵，使队员的职责和职能更加细化，同时对他们与球队的配合也提出更高的要求[2]；多后腰如两个或三个后腰的布阵，显然对后腰队员的攻守兼顾提出更高的要求，后腰队员之间既要有细致的分工又要有密切的协作；守门员的职责和活动范围明显扩大，防守时需要起到中卫的作用，进攻时要承担接应任务和起到支点的作用；后场防守队员的中卫需要更多地担任进攻的组织者，边后卫则必须承担一线进攻的任务，边路的突破和传

---

[1] 张扬，等译. 2010年南非世界杯技术报告[J]. 足球训练（内部刊物），2010（2）：2-3.

[2] 曾民，译. 欧足联2009年欧洲冠军联赛技术报告[J]. 足球训练（内部刊物），2010（1）：4-5.

中已经成为其基本职能。

（二）现代足球整体发展的主要特点

通过以上对全攻全守战术打法发展的分析，可以对当今的足球比赛有一个整体性的认知。但任何事物发展的研究都需要由点到面，如此才能深刻认识和把握其发展规律。现代足球的整体发展只有通过对其现实状况及其特点的分析，才能把握其规律及未来趋向，这样也可以帮助我们更好地设计足球训练和比赛的整体架构。作为现代足球整体发展主要特点的阐述还需要分四个方面展开，图5-8简单概括了现代足球整体发展特点。

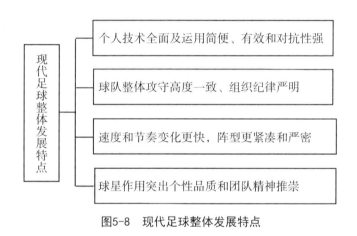

图5-8 现代足球整体发展特点

（1）队员在具备全面技术和良好体能的同时，技术运用更趋于简便明快和实用有效，动作速度明显加快，竞争性和对抗性明显增强。队员具备全面技术和良好体能是足球运动发展的基本要求，技术运用简便明快、实用有效和动作速度加快是一种发展趋势，也是我们需要认识和理解的足球技术发展的特点，更是我们在训练和比赛中需要解决的问题，竞争性和对抗性的明显增强，都是从技术运用角度谈足球的整体发展趋势问题，也是我们在足球训练中需要解决的问题[1]。

---

[1] 张扬，译.2010年南非世界杯技术报告[J].足球训练（内部刊物），2010（2）：1.

（2）越来越强调整体打法，所有队员都要始终作为整体的一员随时参与进攻和防守，并且全队达到高度思想统一和步调一致。整体打法是现代足球发展的重要趋势之一，强调整体打法要把足球比赛中的整体性放到第一位，任何个人都必须服从整体打法和整体利益的需要。在具体的行动上队员个人不仅必须随时参与进攻和防守，也必须跟上整体攻守转换的需要，整体性的具体表现就是全队思想高度统一，行动步调高度一致[1]。

（3）攻守转换节奏明显加快，攻中有守、守中有攻的整体协同能力明显提高，比赛阵型更加紧凑和多变。攻守节奏是指进攻与防守的速度加快和紧凑性加强；攻守转换节奏加快是指双方争夺激烈造成攻守转换的频率加快、次数增多[2]。阵型更加紧凑和多变是指三条线之间的距离缩短并呈现多种有规则的阵型变化，特别是双方实力相当和争夺激烈的某些比赛或比赛时段，比赛攻守阵型前后高度紧凑和密集，拖在最后与顶在最前边的队员之间相距不过30米。

（4）球星对于球队的实力和比赛胜负起着至关重要的作用，突出的技术特点、优良的个性品质和团队至上的精神是球星的必备条件[3]。一支球队每个队员的实力无疑是重要的，是构成整体实力的基础，但球队必须有整体攻守的组织者和具备良好门前感觉的得分手，就是球星，球星往往是球队的灵魂和支柱。而作为球星除了需要具备卓越的技术和体能之外，更重要的是要有良好的修养和道德，要把球队整体的利益放在第一位，特别是在比赛的关键时刻能够站出来承担并顶得住任何压力[4]。

[1] 张扬，译.2010年南非世界杯技术报告[J].足球训练（内部刊物），2010（2）：9.

[2] 张扬，译.2010年南非世界杯技术报告[J].足球训练（内部刊物），2010（2）：5.

[3] 张扬，译.2010年南非世界杯技术报告[J].足球训练（内部刊物），2010（2）：10.

[4] 李晓光，译.欧洲冠军联赛2006—2007赛季技术报告[J].足球训练（内部刊物），2008（1）：12.

二、现代足球技术发展趋势

现代足球技术发展趋势主要是依据对现实中高水平比赛的观察，从比赛中提炼能够代表现代足球发展方向的技术表现内容，再总结和归纳成足球技术发展趋势。以下分现代足球技术发展的基本态势和现代足球技术发展趋势的特点两个问题来分析和说明。

（一）现代足球技术发展的基本态势

这里所说的技术是指队员在比赛条件下所完成的各种有球技术动作。技术运用是队员足球比赛最直观的表现形式，也是足球技术训练截取素材的主要渠道。我们探讨现代足球技术发展的趋势，一定要考察世界最顶级球队在最高水平比赛中的技术表现，这些技术表现就代表队员个人技术运用的未来趋向，当然，作为技术发展趋势的考察还需要提炼和归纳其中的特点。前文所述侧重在现代足球发展趋势的整体层面，球队整体的精彩表现是以基本技术做支撑的，足球技术的发展是现代足球整体发展的基础，反过来足球整体发展又给技术发展提供依据和提出要求，两者互为前提、相辅相成、相互促进。

本著专门探讨足球训练基本理念与基本方法的问题，足球技术训练的探讨是其重要的内容，而认清现代足球技术发展趋势及其特点，也就明确了技术训练的基本方向，这是确立训练目标及高效完成训练任务的必要条件。现代足球在技术方面表现出很多鲜明的特点，如比赛争夺异常激烈、对抗性越来越强、比赛的速度和节奏加快、技术施展的空间越来越小等，也有人用"全面、快速、简练、实用、即兴"做了简要概括。现今高水平的足球比赛所表现出来的这些技术特点更加明显和突出，所以，要成为一名职业足球队员必须具备相应的技术能力。足球的技术发展表面上表现在有球的进攻技术方面，其实防守技术的发展是同步的，这种强对抗和高速度下的防守移动和防守抢断同样要受到高度重视。

（二）现代足球技术发展趋势的特点

（1）必须具备在快速移动中和狭小的空间里完成对球处理的能力。就是由于比赛攻守速度加快及防守阵型越来越紧凑，特别是在有球和靠近球门区域的防守人数更加密集，队员一旦拿到球就会处于防守压迫和逼抢之下，脚下的移动和节奏必须加快，而在相对狭小的空间接球、运控和处理球，已经成为一种常态和队员必须具备的能力。

（2）精准的脚法及在合理的节奏下的传递、倒脚、渗透传球或传中及完成射门。由于比赛速度和节奏的加快、防守的压迫和逼抢更加紧凑，更多时候很难从容控球和传球，所以要求传球、控球技术的合理、精准与快捷，为了避免遭到对方防守的侵袭，合理的快节奏传递和倒脚大大地增加，而渗透性传球和完成射门则需要具备更强的把握时机的能力[1]。

（3）通过一两次触球有效完成对球的处理，并要求加快速度和节奏[2]。比赛中队员接球一般是以主动的迎护球和提前观察为前提的，为了躲避防守凶狠的逼抢，队员必须简化对球的控制和处理方法，所以相应地通过一次或两次触球完成对球的处理大大增多，如此也就使比赛更加紧凑，比赛的速度和节奏都进一步加快。

（4）完成有效射门的难度大，得分手要具备天赋和快速完成射门的能力[3]。一方面是说由于比赛防守方队员的个人能力越发强大，门前的防守也越来越密集和有层次，进攻方一旦推进到有效射门的区域，往往完成射门的空间和时间都非常有限。另一方面是说一个队拥有具备天赋的得分手显得更加重要，这种天赋很大程度上是一种后天难以获得的门前感觉，就是那种在空间狭小和有前后抢堵条件下完成射门的能力。

（5）随机应变、灵活快速的即兴发挥成为必须具备的能力[4]。在以往防

[1] 曾民, 译. 欧洲冠军联赛2008—2009赛季技术报告[J]. 足球训练（内部刊物），2010（1）：4.

[2] 曾民, 译. 2009年南非国际足联联合会杯技术报告[J]. 足球训练（内部刊物），2009（2）：5.

[3] 张扬, 译. 2010年南非世界杯技术报告[J]. 足球训练（内部刊物），2010（2）：10.

[4] 张扬, 译. 2010年南非世界杯技术报告[J]. 足球训练（内部刊物），2010（2）：8.

守相对松散的年代，比赛中队员完成技术动作或战术配合往往可以按照一定的事先设定，但现今由于防守能力的提高和防守的紧密，虽然一个队的比赛阵型和队员之间的接应和配合有一定的章法和套路，但所有的比赛场景都是无法预知和瞬息万变的，队员一定要具备快速灵活和随机应变的即兴完成技术动作的能力，而这种能力需要反反复复地在实战中磨炼和提高。

（6）在压力下集中注意力和合理运用技术及抓住场上机会。现在足球比赛的压力是多方面的，已经远远超出其他任何比赛项目，包括正常比赛竞争的压力、场地环境和观众的压力、经济利益的压力、政治和荣誉的压力、对手实力的压力等，一场足球比赛承受巨大的压力已经成为一种常态。有很多有潜质的年轻队员由于无法承受压力而不能获得成功，就是在多重的压力之下，往往难以正常发挥自己的技术和能力，主要是不能专注于比赛过程本身，容易因为情绪失控、过度紧张而技术发挥失常和体能降低。现代足球技术发展特点的归纳见图5-9。

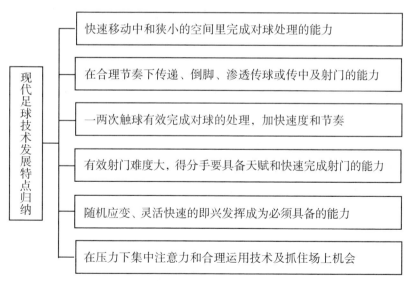

图5-9 现代足球技术发展特点归纳

第六章
比赛阵型与战术打法

比赛阵型与战术打法是足球比赛战略层面的两个概念，两者之间有着不可分割的密切关系。一方面现代足球战术打法的不断发展始终都是围绕比赛阵型展开，比赛阵型设计就好像打仗的排兵布阵，战术打法的布置离不开比赛阵型的骨架支撑；另一方面比赛阵型其本身是战术打法的内容，是整个比赛战术打法的组成部分，战术打法的精彩展现一定包含对比赛阵型的精妙设计。前文"现代足球发展趋势"的研究是以比赛阵型和战术打法的演变为主线的，但其目的是揭示现代足球发展的规律及其机理。而比赛阵型和战术打法是足球训练学要探讨的重要内容，都是专门的比赛战略和足球训练基本理念研究的课题。由于比赛阵型与战术打法有着高度的关联，所以本著才把两者合为一章，并分为两个独立的部分阐述问题。作为一种理论探讨，比赛阵型是比赛整体架构的问题，侧重于阐述场上队员的排序、分工及不同区域与局势下的位置变化等，是解决战略性的排兵布阵问题；战术打法是比赛方案如何落实的问题，一般是在确定比赛阵型和具体职责分工的基础上，侧重于解决既定比赛战略如何贯彻及具体战术的制定与实施的方法问题。

第一节　比赛阵型

比赛阵型是一个始终备受关注的足球战术方面的重要概念，无论是历史发展还是现实比赛运用都有无数的探讨热点。比赛阵型的演变历史已经在"现代足球发展趋势"一章有很多的阐述，这里的探讨侧重在基本概念与比赛运用方面。问题探讨分为三个主题，即比赛阵型概念及其辩证认识、比赛阵型设计的原则与要点及常用比赛阵型及其各种变化。

一、比赛阵型概念及其辩证认识

比赛阵型概念及其辩证认识是比赛阵型的实质与认识方法问题，是我们对比赛阵型形成正确认识的基本路径。以下探讨分两个问题进行分析和说明，即比赛阵型概念及其解读和比赛阵型的辩证认识。

（一）比赛阵型概念及其解读

很多国内外足球图书都有比赛阵型问题的探讨，关于比赛阵型概念的阐述各有不同，本著在综合分析各种阐述的基础上，主要借鉴全国体育院校通用教材所做的有关阐述，确定比赛阵型的概念如下：比赛阵型是指一个球队在比赛场上队员基本位置的排列，是球队整体攻守力量搭配和队员职责分工的形式[1]。一支球队无论参加何种比赛，都要根据本队与对手的情况而精心设计比赛阵型，阵型设计包含着各种不同类型队员的合理组合与搭配的问题，是队员个体技术和特长发挥及球队整体形成合力的保证。比赛阵型是足球训练理念探讨的一个重要内容，一个教练员只有形成对比赛阵型的正确认识，才能更有效地驾驭训练过程和指导比赛。比赛阵型的设计与运用越来越受到重视，足球比赛选择和采用一种战术打法及实施各种战术变化，都必须以阵型设计为依据和前提。也就是说比赛阵型就好比是树的根和主干，所有的战术变化就如同枝叶，都是由根和主干而衍生的[2]。

比赛阵型与战术打法之间有着高度密切的关联，比赛的所有战术变化都离不开比赛阵型的根本。但是比赛阵型与球队的技术风格并无直接的关联，完

---

[1] 何志林. 现代足球[M]. 北京：人民体育出版社，2000：156.

[2] 廷斯·邦斯博，比厄·佩特森. 足球比赛体系与战术打法[M]. 王跃新，吕志刚，译. 北京：人民体育出版社，2002：13.

全不同技术风格的球队可能采用相同的阵型，或者技术风格相同的球队会各自
采用不同的阵型[1]。比如：2014年巴西第20届世界杯多数球队采用"4231"阵
型，但技术风格却差异极大。再如：2018年俄罗斯第21届世界杯的法国队和
乌拉圭队，两个队虽然技术风格有很大的相似性但分别采用了"4231"阵型
和"442"阵型。从另一个角度说，参加世界顶级比赛的球队一定是拥有顶级
的比赛阵型设计，但阵型本身并无好坏之分，阵型必须适合球队的实际情况，
还要能够根据比赛需要而随机调整。一般一个球队必须能够熟练驾驭两种以上
的比赛阵型并可以灵活变换。比赛阵型是为战术打法服务的，高水平的整体战
术配合一定有比赛阵型的支撑，战术打法的变化也必然伴随着阵型的调整和变
化。所以比赛阵型要根据战术打法的需要而选择和设定，合理的阵型设计更利
于战术打法的执行与落实。

（二）比赛阵型的辩证认识

关于比赛阵型重要性的问题是有过争议的，曾经有人认为比赛阵型无关紧
要，球队能否取胜主要取决于队员的实力。现任德国队主教练勒夫认为：比赛
阵型是任何球队都必不可少的战术组成，但比赛中需要队员按照要求创造性地
运用，否则阵型讨论容易成为没有意义的纸上谈兵[2]。现在认为比赛阵型不重
要的说法已经销声匿迹了，而实际上纸上谈兵也是比赛战术实施的重要一步。
客观地说，比赛阵型只是一个比赛战略框架的整体设计，并不能保证实现比赛
的预定目标，更无助于应对比赛过程中发生的意外情况[3]。足球比赛的场景及
其更多的技战术变化是随机和无法预知的，都是在纷繁复杂情况下做应急的处
理，需要队员果敢、创造性地采取应急的技术行为或战术协同配合，这些与比

---

[1]　阿尔帕德·恰纳季.足球战略与战术[M].杨秀武，阎三义，译.北京：人民体育出版
社，1987：6.

[2]　克里斯托夫·鲍森魏因.勒夫：美学家，战略家，世界冠军[M].王凤波，译.北京：北京
出版社，2016：56.

[3]　阿尔帕德·恰纳季.足球战略与战术[M].杨秀武，阎三义，译.北京：人民体育出版
社，1987：6.

赛阵型均无直接关系[1]。还有现实中确实常常会出现比赛阵型设计与比赛实际相脱节的情况，就是设想与现实达不成统一，从这一点可以说，比赛阵型问题把握得不好也就容易变成所谓纸上谈兵，所以我们还是要辩证地认识比赛阵型的问题。

足球比赛无论是整体战略构思还是实例分析，都不能否定比赛阵型的重要性。从根本上讲，任何战术打法的构思一定要从比赛阵型开始，只有阵型的布局设计和人员搭配得合理，也就是每个位置都有相匹配的队员承担相应的攻守任务，才能保证预定战术打法的实现。成功的阵型设计需要教练员做长期的研究与探索，需要在反反复复的训练和比赛实践中不断思考和总结。优秀的阵型设计就好比裁制一件合体的衣服，教练员只有深入了解每一个队员的技术特点和特长及缺点和不足，才能够让队员在阵型中感到舒适和找到自我。当然，队员需要预先清楚阵型设计和战术方案，只有使队员明确目的、担负责任和充满信心，比赛阵型才能更有效地发挥作用[2]。比赛阵型要符合队员的训练基础和技术特点，还必须通过训练和比赛过程的反复磨炼、检验和调试，其中的训练强化过程是必不可少的，比赛阵型的讨论是不是纸上谈兵，最重要的是能不能通过训练达到阵型设计与比赛实战的衔接。

当今任何级别的足球训练都需要围绕比赛阵型而展开，技术、战术及体能训练都要与位置技术及比赛阵型相连接。例如：训练过程中从守门员发球到中后场的组织推进，从前场如何突破对方防线到最后如何形成射门，从防守的个人抢球到整体压迫等，训练过程的所有环节都不能脱离阵型及阵型中队员之间的联系与位置变化。在阵型确定之后，只有经过大量的位置技术练习、专门的阵型演练及反复的实战训练，才可能达到比赛阵型设计的理想效果。就如同带兵打仗一样，一个大规模战役的胜利，一定是经过了艰苦的练兵过程和反复多

---

[1] 卡尔·海因茨·黑德尔戈特. 新足球学[M]. 蔡俊五，译.北京：人民体育出版社，1988：28.

[2] 卡尔·海因茨·黑德尔戈特. 新足球学[M]. 蔡俊五，译.北京：人民体育出版社，1988：29.

次的小型战役的实战演练[1]。

二、比赛阵型设计的原则与要点

比赛阵型设计的原则与要点是比赛阵型运用把控的关键问题，是比赛阵型运用的依据和方法指导。只有深刻理解比赛阵型设计的原则与要点，才能在训练和比赛中合理和灵活地运用比赛阵型。这里分三个问题进行分析和说明，即阵型设计的基本原则与灵活变化、比赛阵型整体把控的原则及比赛阵型驾驭的要点。

（一）阵型设计的基本原则与灵活变化

比赛阵型设计要以保证攻守力量平衡为基本原则，而且这一攻守平衡一定是全体队员参与进攻与防守的全攻全守式的平衡。现在任何一支强队要在高水平的国际大赛上取得优异的成绩，无论是采用国际上流行的"4231""433""442""343""352"等哪一种阵型，其阵型设计都必须以攻守平衡为前提。这种攻守平衡是指球队一定既要具备强大的进攻能力，也一定同时具备抵御强大进攻的防守能力。为什么一定要做到攻守平衡？前文已经做了阐述，足球比赛是为了达到取胜的目的，具体就是要争取多进球和少失球，而要达到这一目的就必须做到攻守平衡，其中比赛阵型进攻力量与防守力量的合理搭配与达到平衡是重要前提[2]。

任何一种比赛阵型的攻守平衡都不是绝对的平衡，而是动态和可以灵活变化的。所说的动态是指任何阵型的攻守平衡都是处于起伏不定的变化之中。例如：一支球队的比赛阵型不管是在联赛还是在赛会制比赛中，都要根据比赛对手实力、主客场、各队积分等各种情况而做攻守力量的调配，不可能自始至终保持绝对的攻守平衡状态。即便是在一场比赛中，球队也要能够根据整体战略的需要和对比赛形势的分析而变换阵型和改变战术打法。比如一个队开始采用主动进攻的战术打法，一旦比分领先之后，一般都会改用防守反击的打法；而

---

[1] 卡尔·海因茨·黑德尔戈特. 新足球学[M]. 蔡俊五，译.北京：人民体育出版社，1988：30.

[2] 何志林. 现代足球[M]. 北京：人民体育出版社，2000：158.

开始采用防守反击打法的球队，一旦比赛先失球处于落后状态，则一般更多改用高位压迫的打法等，阵型必然会随之发生变化。这种阵型和打法的变化又包括主动调整和被动改变，主动调整是教练员有意识地改变阵型和战术打法，被动改变则是在对比赛失控或超出预期时而不得已改变战术，比如：一个球队想采取主动进攻，但被对方压制住而处于被动，这时只能被动地采取巩固防守的阵型与打法。

（二）比赛阵型整体把控的原则

比赛阵型设计及其战术打法运用既要遵循攻守平衡的基本原则，又要根据对本队和对手及各种相关因素的分析而具有灵活性，其中重要的是比赛阵型要与战术打法相匹配[1]。比赛阵型整体把控的原则及其关系见图6-1。比赛阵型变化还包括两种基本情况：一种是对原有阵型的微调，如比分领先时增加一个防守型队员，把"433"阵型变为"442"阵型；另一种是对原有阵型的完全改变，如比分落后时增加多名进攻型队员，把"4231"阵型变为"4213"阵型等。以上是比赛阵型变化的特殊情况，是在比赛中出现特殊情况的应急处理方法。在一般情况下，比赛阵型设计的整体把控需要遵循以下几个原则。

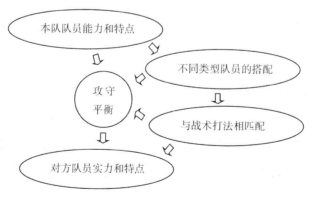

图6-1 比赛阵型整体把控的原则及其关系

---

[1] 何志林. 现代足球[M]. 北京：人民体育出版社，2000：157.

1．符合本队队员的能力和特点

阵型设计要根据本队队员的技术、体能和战术配合能力等各方面的综合条件，而确定采用何种进攻与防守方式，阵型要特别注意适合本队队员的特点和特长，要有利于全队实力及队员个人能力的发挥。

2．把握好不同类型队员的合理搭配

常言道，"由实力最强的队员拼凑在一起的球队，不一定是实力最强的球队"，意思是比赛阵型设计要兼而使用善于进攻与防守、善于组织和个人发挥、善于动脑和强于体能等各种类型的队员，这样才会形成队员之间的互补和整体更大的合力[1]。

3．保证与战术打法相匹配

球队要根据比赛形势、队员状态及其他各种因素而采取相应的战术打法，比赛阵型是为战术打法服务的，任何战术打法都有与之匹配的阵型，而且无论是侧重进攻还是侧重防守的阵型，都需要通过训练达到阵型与战术打法的适应[2]。

4．权衡对方队员的实力与特点

阵型设计往往更重要的是知彼，要了解对方比赛阵型及防守核心、组织核心、得分手及主要进攻套路和得分手段等，而了解对方的防守弱点是克敌制胜的重要途径，了解对手才能有针对性地安排阵型和制定战术。

（三）比赛阵型驾驭的要点

比赛阵型的设计与实战运用需要教练员不断地学习和钻研业务，教练员只有更多地投入到训练和比赛过程及更深入地了解队员和对手，才能做到知己知彼，并做好比赛阵型的布局。比赛阵型的设计与运用一般需要把握如下要点。

---

[1]　卡尔·海因茨·黑德尔戈特. 新足球学[M]. 蔡俊五，译.北京：人民体育出版社，1988：30.

[2]　何志林. 现代足球[M]. 北京：人民体育出版社，2000：160.

1．阵型要追求简明、易懂和实用

任何阵型都有复杂多变的一面，也有简单易行的使用方法，阵型的设计与运用要适合队员的训练水平，让队员易于接受和取得成功，并在比赛场上能够发挥作用。切忌盲目照搬脱离实际的阵型设计，避免把队员引入困境和陷入为难的状态，要由易到难地逐渐增加内容、变化及难度[1]。

2．阵型要自己熟悉及有体验和研究

教练员确定和设计一种比赛阵型，需要反复考察使用这种阵型的比赛，要对阵型有比较深入的了解和认知，最好自己有比赛的体验及有过指导这种阵型训练的体验和研究，形成对该比赛阵型的独到见解，比赛所采用的阵型最好是自己擅长的。

3．阵型要让队员认可、喜欢和利于队员的发挥

随着队员的成长，每个队员都会对比赛阵型逐步形成认知。阵型是为队员而设计的，除了教练员擅长和喜欢之外，也要得到队员的认可和喜欢，但重要的是要让队员在比赛中找到位置感觉和自信，要让队员的技术和特点得到发挥，让球队的整体实力得到充分的体现。

4．阵型要有伸缩性和调整空间

一方面是阵型设计要有一定的可变性和灵活性，这一点需要教练员有更多的训练过程，需要球队具备较高的素养；另一方面是尽可能让每一个队员有更多的上场比赛机会，使每一个队员都有技术特长及相应的自信。这样阵型就可以具有伸缩的弹性，可以根据对手的不同情况而变换人员和调整战术打法。

5．阵型要注意队员安排的攻守兼顾

攻守平衡、攻守兼顾既是整体阵型设计的原则，也是具体人员安排需要考

---

[1] 阿尔帕德·恰纳季.足球战略与战术[M].杨秀武，阎三义，译.北京：人民体育出版社，1987：9.

虑的，要注意攻守兼备型队员、善于进攻和善于防守等不同类型队员的统筹使用，不能过于偏重进攻而造成防守力量不足，或反之，而是既要保证阵型具有攻击力，又要保证防线的稳固。

6．阵型需要具有整体性和稳定性

比赛中无论是进攻还是防守，无论队员之间如何横向或纵向换位，始终要保持每个位置都有队员，既不能出现某个位置无人站位，也不能出现人员重叠。三条线之间要相互衔接而不能脱节，高水平球队的前锋线与后卫线之间的纵向距离要在30米的范围[1]。教练员只有做到对阵型及其变化心中有数，才能够让队员个人技术得到发挥，才能使比赛阵型和战术变化联系起来[2]。比赛阵型一旦确定，就需要有一定的稳定性而不可以随意改变。现代足球比赛阵型驾驭的基本要点归纳见图6-2。

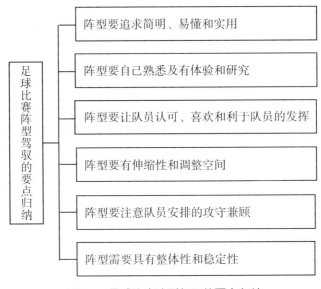

图6-2　足球比赛阵型驾驭的要点归纳

[1]　何志林.现代足球[M].北京：人民体育出版社，2000：161.

[2]　卡尔·海因茨·黑德尔戈特.新足球学[M].蔡俊五，译.北京：人民体育出版社，1988：30.

三、常用比赛阵型及其各种变化

常用比赛阵型及其各种变化是纯粹的比赛阵型的实战运用的问题，是在掌握比赛阵型原理的基础上与比赛实战对接的问题，也就是从比赛阵型原理到比赛实战运用之间的路径和方法问题。以下分三个问题进行分析和说明，即比赛阵型在战术体系中的地位、比赛阵型变化的原理与方法及常用比赛阵型及其各种变化。

（一）比赛阵型在战术体系中的地位

任何足球战术问题的阐述都把比赛阵型作为重要内容，本著足球战术的主题将在后续"比赛基本要素"和"足球训练内容构成"等章节中阐述。比赛阵型问题主要在本章做专门的探讨，在此同步介绍足球战术体系与比赛阵型的关系。足球战术体系一般包括进攻战术与防守战术两个方面，进攻战术体系与防守战术体系又分别包括个人战术、小组战术、局部战术和整体战术等内容体系。其中每一个内容体系都是一个相对独立的系统。比赛阵型是介于进攻战术和防守战术两个体系之间的独立体系，包括个人进攻战术与个人防守战术之间、小组进攻战术与小组防守战术之间、局部进攻战术与局部防守战术之间及整体进攻战术与整体防守战术之间，都存在队员位置技术及与比赛阵型关系的问题。

概括比赛阵型在足球战术体系中的地位与作用，比赛阵型就好比是一台文艺演出的舞台背景或电影的屏幕，比赛所有的技术和战术表演一定是在比赛阵型的框架之内[1]。国际足联技术部主任吉恩认为：比赛阵型就像人体的骨架，是由教练员来做选择的；比赛中完成表演就像肌肉带动骨架的运动，是由队员完成的阵型移动和变化；比赛的调动和控制就像肌体依赖于神经系统，队员智慧和场上的卓越表现依赖于人体的神经系统。所以，队员的能力是比赛阵型运

---

[1] 阿尔帕德·恰纳季.足球战略与战术[M].杨秀武，阎三义，译.北京：人民体育出版社，1987：8.

作的决定性因素[1]。整体战术打法包括进攻和防守两个方面，这两方面都是依托于比赛阵型而确定每个队员的角色和分工，再通过阵型设计而确定战术打法及实施战术变化。目前国际上流行的比赛阵型包括"4231""433""442""4141""343""352""4321"等几种，这些比赛阵型数字排列，只是代表阵型的后卫（中卫和边后卫）、前卫（后腰、前腰和边前卫）和前锋（中锋和边锋）各条线的人员编排，实际比赛中要根据场区、战术要求及比分领先或落后等呈现不同的阵型变化。一支强队在一场比赛中，为了随时满足进攻和防守的需要，一般都会有8种以上反反复复的阵型变化。由此可见，比赛阵型及其变化对于比赛进攻与防守战术打法的实施是非常重要的。

（二）比赛阵型变化的原理与方法

足球比赛无论采用何种比赛阵型，其阵型的各种变化都要遵循一定的原则，其中阵型的人员配置是阵型变化的重要依据。人们在训练和比赛中总结出很多阵型变化的一般原则，比如：整体防守要收缩和里线站位，局部防守要对持球队员逼压和围堵，整体进攻要利用场地宽度拉开，局部进攻接应要三角连接和随机变化角度等[2]。其实所要遵循的原则都是足球规律的反映，而且比赛阵型变化都对应着这些原则。人们结合实战需要建立了比赛阵型变化的标准和方法体系，依此球队无论在何种攻守场景下，都可以通过阵型变化达到场上队员的合理分布，这样也就构成了比赛阵型变化的原理与方法。

1. 防守阵型变化的"放射线原理"

德国足协高层智囊在经过长期训练与比赛实践总结的基础上，归纳出一种叫作"放射线原理"的防守阵型变化方法，可以以"4231"阵型为例做说明。放射线是从防守一侧两个球门柱到中线之间假想的一条可以左右摆动的射线（见图6-3），防守阵型变化是以四个后卫平行站位为参照标准，当对方进攻

[1] 曾民，译.国际足联训练手册[J].足球训练（内部刊物），2009（1）：62-63.
[2] 乔纳森·威尔逊.倒转金字塔——足球战术史[M].迪生，徐天辰，译.武汉：湖北科学技术出版社，2016：22.

靠近球门的时候，四个后卫的间距则相对缩小；当对方进攻远离球门的时候，四个后卫的间距则相对加大。其他防守队员的站位是拉网式前后错开站位，间距随着四个后卫间距的变化而变化。对方进攻从远离球门到靠近球门的过程，后卫站位的间距是由松散变为密集，此过程后卫的防守面由大到小，且形似漏斗，所以"放射线原理"在退守的时候又被称为"漏斗原理"[1]。

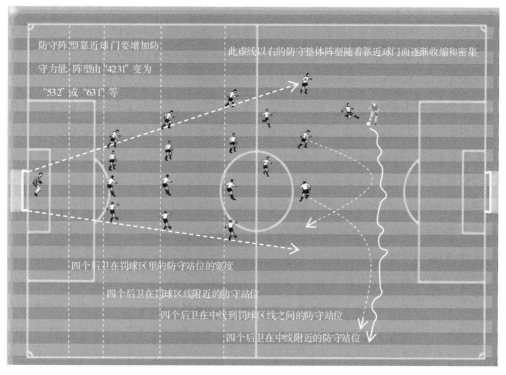

图6-3　防守阵型依据"放射线原理"队员前后移动的相互间距变化

　　"放射线原理"防守阵型变化大体遵循如下的标准与方法：当对方队员在后场组织进攻时，四个后卫以平行站位靠近中线，后卫的间距为8~12米，阵型为"4231"，整体阵型随球的运行而变化；当对方整体推进到本方罚球区线到中线之间的区域，防线后撤并后卫线队员之间的距离缩短到6~8米，阵型

---

[1]　史蒂芬（国际足联足球讲师）.中国足协职业级足球教练员培训讲义[Z].2014.

由"4231"改为"451"；当对方进攻推进到本方罚球区线附近时，后卫线队员之间的距离收缩到4米或更小一些，需要有一个后腰或边前卫队员加入后卫线，阵型为"532"或"541"；当对方攻入到本方罚球区时，后卫线队员之间的距离应当小于2米，需要再有一个后腰或边前卫加入后卫线，阵型为"631"或"64"[1]。以上防守队员之间各种间距的变化在比赛实战中需要有较高的精密度，一些高水平球队专门做过不同伸缩间距的试验，防守密集度出现差错就容易造成防守的问题，出现漏洞[2]。通常所说的门前"摆大巴"，其实就是整场比赛放弃全面防守，防守只选取以上漏斗底部的两段区域，于是就形成了门前"摆大巴"的"631""64"和"721"等阵型。

防守阵型中靠近球门一侧一般是"平行站位"，所谓平行及队员的间距都是相对的，平行之中会有"波浪起伏"的位置变化及细小的间距变化。防守阵型队员的间距原则上是以后卫之间的密集度为标准，阵型基本随着球的左右移动而整体左右移动，随着球的前后移动变化而前后移动及收缩或伸张，一般越靠近球门则密集度越高。同一条防线有中间的队员上抢或逼压时，防线呈"波动式"密集变化，当边线附近队员上抢或逼压时，防线呈"摆动式"密集变化。防守阵型变化根据球所在区域、战术打法要求和比赛局势等有不同的标准和要求，但一般情况下还是依据球所在的区域而变化，"放射线原理"是防守阵型收缩及形成密集的一般原理。而球队在中前场采用高位压迫防守时则没有基本阵型，一般呈1~2人中后场站位保护，4~5人围堵，3~4人逼抢夹围，如图6-4左侧白队由攻转守的整体防守高位压迫行动，右侧红队为守门员接球后发球及阵型拉开。

---

[1] 引用史蒂芬2014年中国足协职业级足球教练员培训讲义的内容.

[2] 张扬，译."4231"阵型的教学——防守原则与四后卫组织[J]. 足球训练（内部刊物），2010（1）：7.

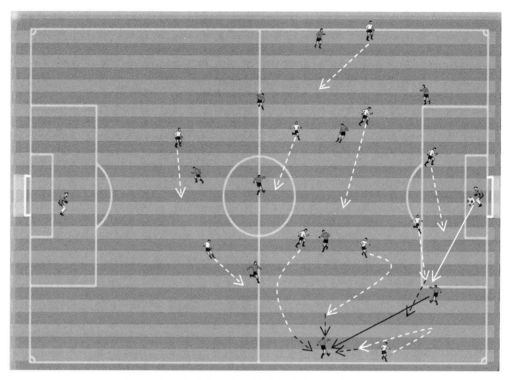

图6-4 左侧白队在高位压迫防守时的"无阵型"状态

2．进攻阵型变化的"站位原理"

进攻阵型变化是遵循"站位原理"而展开的，保持控球权是球队持续、有效进攻的前提，而保持控球权的重要前提是所有进攻队员的合理站位。西班牙著名教练瓜迪奥拉说：比赛控制球就是站位游戏。所谓站位包括基本站位、移动站位、快速抢位和卡位站位等，"站位原理"是球队整体通过各自站位而形成的合理阵型布局，需要阵型的横向拉开、纵向深度、接应角度及随机变化等，以利于在保证控球权的基础上创造进攻的空间和机会。进攻阵型变化要根据不同场区、不同对手和不同比赛局势等条件而做站位方法的调整，但任何调整都要遵循基本的"站位原理"，见图6-5。

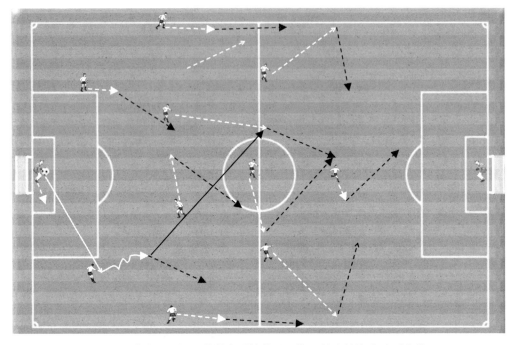

图6-5　进攻不同场区的基本"站位原理"及其中的比赛阵型变化

　　进攻阵型变化的"站位原理"是依据进攻场区改变而呈现阵型变化。进攻在后场靠近球门的时候，比如：守门员开球时，阵型一般呈"2431"阵型拉开，即两个中卫在两个罚球区顶角附近或更远于守门员的地方，两个边后卫和两个后腰分别与两个中卫站成倒三角形（见图6-5场上队员的原始站位），或有一个后腰后撤要球呈"3331"阵型拉开；当一个中卫拿球，一般阵型变为"2323"（见图6-5队员移动白色箭头的位置），即一个后腰前压，两个边前卫由相对收缩到拉开，并与前锋呈前场三个"目标人"前压；当球推进到拖后后腰拿球，或边后卫和前腰拿球，而且球到中场附近或对方半场时，阵型变回"2431"（见图6-5传球与队员移动同步的黑色箭头标识），即中锋进一步前顶，两个边前卫中收与前腰靠近，两个边后卫和两个后腰前压，两个中卫拖后呈整体进攻的态势；之后利用中路配合或边路前插和前压，呈"2233"或"2242"阵型向对方门前推进或突破对方防线；最后临近门前呈"1243"或

"1234"阵型，可以利用多个前点的个人能力、局部配合及整体的传中包抄完成最后的攻门。图中所画只是一种传球线路的情况，不同传球线路的队员移动或向前移动的队员会有不同，但都遵循进攻基本的"站位原理"。

以上以"4231"阵型为例描述了比赛阵型的基本攻守变化，比赛实战中的防守与进攻都会有更多和更为复杂的变化，这些需要在专门的训练教材和专业书籍中做具体阐述。其他的比赛阵型如"433""442""343"等，也同样是遵循基本的"站位原理"，不同场区的阵型变化也会与"4231"阵型有细节上的不同，但所有阵型变化的原理一定是相同的，都需要以简便、实用、有效为基本原则。

（三）常用比赛阵型及其各种变化

目前，国际国内各类赛场常用的比赛阵型包括"4231""343""352""442""433""4141""4321"等，其中的"4231"阵型是当今世界各国国家队及各级各类球队采用最多的阵型。"4231"阵型诞生于21世纪初期，之后一直盛行，至今近20年。它最早由西班牙皇家马德里队创造，是把"451"阵型的五个前卫分成两个后腰和三个进攻型前卫，主要特点是把以往层次比较明显的后卫、前卫和前锋三条线分成了四条线，这样对后腰、前腰和前锋的位置打法提出更高的要求，就是场上队员的分工更加细化[1]。其中采用"4231"阵型最典型的代表就是德国队，在2014年巴西第20届世界杯比赛中以出色的表现和明显的优势取得冠军。2018年俄罗斯世界杯虽然有很多球队改换使用其他比赛阵型，但"4231"阵型仍然被更多的球队所采用，其中冠亚军争夺中的法国队和克罗地亚队都采用了"4231"阵型，最后法国队获得冠军。这说明该阵型仍然是各队最熟悉和使用最稳妥的阵型。

关于"4231"阵型在进攻与防守各个区域的各种变化，前文"比赛阵型变化的原理与方法"是以"4231"阵型为例做的阐述。关于"4231"与

---

[1]　张扬，译.2010年南非世界杯技术报告[J].足球训练（内部刊物），2010（2）：8.

其他阵型的变化问题，其本身是由"451"阵型演变而来，在需要加强防守时也很容易变回"451"阵型，在需要加强进攻时也可以很灵活地变为"433""424""4141"阵型。其实其他各种阵型有关进攻与防守在后场、中场、前场及门前的各种变化，与"4231"阵型的变化的原理与方法是基本相通的，都是以攻守平衡为基本原则，都是为了取得更有效的进攻和更有力的防守[1]。以下分别介绍另外几种主要阵型的由来、特点、变化及其运用情况。

1."433"阵型及其各种变化

"433"阵型诞生于20世纪60年代，历史上采用"433"阵型最典型的代表是荷兰队。在1974年第10届世界杯上，荷兰队采用的是此阵型，创造性地向全世界展示了全攻全守战术打法，之后很快被各国所采纳，逐渐成为国际上主流的战术打法。"433"阵型盛行于20世纪70年代和80年代初期，1982年西班牙世界杯表现出色的巴西队、法国队都是采用"433"阵型[2]。直到80年代中后期"442"阵型才取而代之。但在荷兰从青少年阶段开始就一直坚持采用"433"阵型，这也一直是荷兰队参加各类大赛的主要阵型。到21世纪头10年，"433"阵型重新被一些著名俱乐部球队采用，并再次成为一种国际上流行的阵型打法，其中以西班牙巴塞罗那队的三前锋组合最为著名。

2018年俄罗斯世界杯，很多国家的球队都采用了"433"阵型，包括法国队、克罗地亚队、英格兰队、西班牙队、阿根廷队、日本队等，但关键性的比赛各队仍然是以采用"4231"阵型和"442"阵型为主。一般"433"阵型对前卫线和前锋线队员的要求很高，特别是对前锋线的攻击力和前卫线的防守阻截能力要求高，显然三前锋必然要削弱中场的防守力量，一般要求三前锋之间更多地完成配合进攻及射门的任务，还有就是要求前锋与前卫之间换位灵活。

---

[1] 张扬，译.2010年南非世界杯技术报告[J].足球训练（内部刊物），2010（2）：9.

[2] 何志林.现代足球[M].北京：人民体育出版社，2000：162.

2."442"阵型及其各种变化

"442"阵型是20世纪60年代开始出现的，最早是英格兰队采用，当时是为了增加防守力量和加强中场争夺。"442"阵型是20世纪80年代中后期和90年代盛行的比赛阵型，2018年俄罗斯世界杯很多球队开始重新启用。其中最典型的代表是1994年巴西队在美国第15届世界杯上采用"442"阵型并取得冠军，最近的2018年俄罗斯世界杯的乌拉圭队、塞尔维亚队、瑞典队、冰岛队等很多球队都采用了"442"阵型。"442"阵型是后卫线和前卫线各安排四个队员，前锋线安排两个队员。一般后卫线是两个中卫和左右各一个边后卫，防守呈平行站位；前卫线是两个后腰和左右各一个边前卫，早期也有一个后腰和一个前腰的单后腰的中场菱形站位；双前锋一般都是两个特点不同的前锋搭配，包括"一高一快""一前一后""一动一静"等各种不同的组合，包括两个后腰、两个中卫、两个边后卫、两个边前卫等都需要有各自不同的特点和不同位置的打法[1]。

1966年英格兰队获得第6届世界杯冠军是采用"442"阵型的加强防守打法。现今的"442"阵型早已被赋予了全攻全守的内涵和更多的战术打法变化，与"4231"阵型不同的是有两个固定的前锋，增加了门前的攻击力和攻击点，要求两个前锋之间有默契的配合，两个人要能够创造更多的射门机会和进球，也要求后腰、中卫和边前卫拥有更强的组织进攻能力。"442"阵型有时候可以与"433""4231""451"等阵型互换，2018年俄罗斯世界杯的乌拉圭队和塞尔维亚队是比较典型的"442"阵型打法。

3."352"阵型和"343"阵型及其各种变化

"352"阵型诞生于20世纪80年代，最早是意大利队首先采用，1982年西班牙队获得第12届世界杯冠军，当时其被称为"532"阵型。"352"阵型主要还是为了争夺中场的控制权和加强两个边路的进攻，该阵型在20世纪90年代和

---

[1] 曾民，译. 欧洲冠军联赛2008至2009赛季技术报告[J]. 足球训练（内部刊物），2010（1）：3.

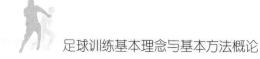

21世纪初期盛行，欧洲的很多国家队和著名俱乐部球队都有采用。最具代表性的是2002年第17届世界杯巴西队采用"352"阵型最后获得了冠军。巴西队当时拥有两个攻守兼备且攻击力极强的边前卫卡洛斯和卡福，也成为巴西队的一大特色。在21世纪初期又出现了攻守人数完全相等的"343"阵型，但基本是在"352"阵型框架内所做的微调。

虽然有很多著名教练员仍然坚持追求以进攻和精彩为主导，但现实的比赛还是以取胜为目的，相应地采用保守的稳固防守的阵型打法居多，"352"阵型和"343"阵型由于加强了中场力量，擅长防守的人数相对减少，这样就出现后场防守力量的区域性薄弱，为了加强防守，于是又回到了以四后卫居多的情况，而为了加强中场的力量，又从前锋线回撤人员加强中场，于是形成"4231"阵型。2018年俄罗斯世界杯有少数球队采用了"343"阵型，如英格兰队、比利时队、阿根廷队等，三后卫与四后卫的变化一般需要最少替换一个队员才能重新组织阵型，如变成"433""442"等阵型，都需要替换队员。现在的足球比赛无论采用何种阵型，每一种都会呈现规律性的多样变化。一般的球队替换一个或两个队员就可以改变阵型与战术打法，训练有素的球队在不用替换队员的情况下也可以完成阵型与战术打法的变化[1]。

第二节　战术打法

战术打法是足球训练和比赛宏观战略层面的问题，战术打法的选择与运用是决定球队能否发挥实力的重要问题。对战术打法问题的认识是随着足球运动发展而不断提高的，也越来越得到各队的重视，正确和合理地选择战术打法是训练和比赛取得成功的重要前提。以下探讨分三个主题，即战术打法概念及其发展、战术打法在战术体系中的地位及各种战术打法及其选择依据。

---

[1]　曾民，译. 2009年南非国际足联联合会杯技术报告[J]. 足球训练（内部刊物），2009（2）：6.

一、战术打法概念及其发展

战术打法概念及其发展是对足球比赛战术打法的概括介绍，要从实质和发展历程两个方面认识。以下分三个问题进行分析和说明，即战术打法概念及其解读、战术打法的发展及战术打法的种类。

（一）战术打法概念及其解读

战术打法是训练和比赛战略层面的问题，是参赛球队所采用的整体性的攻守战术方略与原则。一支球队战术打法的选择及如何运用越来越受到重视，一个足球教练员要有效地指导训练和比赛就必须清楚战术打法的概念。本著通过文献阅读和专家调查的方法确定战术打法的概念如下：战术打法是球队根据对我方与对方整体实力及各种比赛要素和每个位置队员优势与不足的对比所制定的整体性比赛攻守策略及其技战术行动原则性的方式方法。概念的要义体现在两句话之中，第一句"整体实力及各种比赛要素和每个位置队员优势与不足的对比"，就是要做到知己知彼，这个知己知彼不是整体上的大概评估，而是要对双方的每一个比赛要素和每一个位置队员的情况做细致的优势和不足的对比，是要通过精细的对比和分析，达到对敌我双方真正的了解；第二句"整体性比赛攻守策略及其技战术行动原则性的方式方法"，就是无论是球队整体的行动，还是具体的个人、小组和局部的任何行为，都不可违背制定的攻守策略，而且任何技战术方式方法都要符合整体的策略和原则。

球队参加比赛的上场人数和阵型采用是有限制和有条件的，队员各自的能力及整体攻守力量和资源是有限的，这样在优化组合和保证攻守平衡的前提下，要最大限度地发挥球队的整体实力，很重要的一点就是要采用合理的战术打法。足球教练员带队比赛就如同将军带兵打仗，一定要根据敌我双方的整体实力及各方面力量的对比，有针对性地采用合理的克敌制胜的战略和原则性的方法。[1]但战术打法是多种多样的，其中就有适合和不适合、有利于球队整体

---

[1] 马尔切洛·里皮.思维的竞赛——里皮自述[M].李蕊，等译.南京：译林出版社，2014.

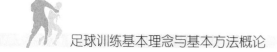

发挥和不利于发挥的问题，这也是战术打法与比赛实战相连接及战术打法选择和落实的问题。

（二）战术打法的发展

当今世界足球发展呈现一种明显的均衡化和同步化的趋势，就是世界不同地区的强弱差距在不断缩小，各种不同流派球队的战术打法在相互借鉴和融合[1]。现代高科技通信和新媒体技术的出现，使得人们可以轻松了解足球的发展及其新技术、新思维的动态，足球世界已经没有秘密可言。而且国际足联大力提倡足球的市场化运作和资源共享，这给各国提供了足球人才交流、信息交流和技术交流的平台，人们对于最新技术信息的学习与认识已经趋于同步。这一切为我国摆脱足球落后面貌创造了有利的条件，同时也对我们学习和钻研先进足球理念与方法提出更多、更高的要求。

现在世界上高水平球队的战术打法有很多共性的特征，例如：必须以攻守平衡的全攻全守打法为基础和前提，凭借单一的体能或技术优势而取胜已经成为历史；必须具备中后场控制球打法的基本能力，任何场上乱踢或盲目开大脚已经被摒弃；必须高度重视运动素质和身体机能的训练，高水平队员具备强大的体能是起码要求；必须追求整体配合和个人技战术行动的高速度，任何缺乏速度和速度变化的球队都很难取胜等。这些就是现代足球战术打法所出现的高度同质化的趋势，所有参与国际足球竞争的球队都要以这些为起点，而不可能凭借某一方面的优势作为球队取胜或爆冷的法宝[2][3]。

（三）战术打法的种类

尽管足球比赛的战术打法呈现一种趋同的倾向，但现实的足球比赛仍然存在战术打法上的积极与保守、侧重进攻与侧重防守、快速进攻与稳妥推进等差别，

[1] 吉恩·米歇尔.现代足球发展趋势技术报告[J]. 足球训练（内部刊物），2009（1）：37.

[2] 张扬，曾民，译.2010年南非世界杯技术报告[J]. 足球训练（内部刊物），2010（2）：1.

[3] 王新洛，译.欧洲足联技术主任对穆里尼奥的专访[J]. 足球训练（内部刊物），2007（1）：80.

不同战术打法需要不同的设计及训练手段的跟进。现今的战术打法主要包括以下几种：控制球打法、开放式打法、压迫式打法、防守反击打法等[1]。此外还有单方面强调进攻或防守的提法，如快攻打法、攻势打法、防守为主打法、收缩防守打法等。现实中也确实有这种单方面强调进攻或防守战术打法运用的成功案例，如穆里尼奥带领国际米兰队赢得2014年欧冠冠军，在半决赛第二回合就采用了门前"摆大巴"的战术打法，但这是少数非主流的战术打法。

　　以上多种战术打法的提法不是严格意义上的分类，几种战术打法之间都有着内容的交叉和重复，有时候两种战术打法可以达成完全的统一。一般选择一种战术打法，一定是球队基于对各种利弊关系的权衡而做的趋利避害的选择。但由于国际大赛各队实力越来越接近和竞技水平越来越高，以往那种纯粹的开放式打法、压迫式打法和防守反击打法等很难在现实中实施，完全一边倒的比赛已经很难再现，各种战术打法在相互渗透和融合。但不管怎样战术打法上的区别是一定存在的，比赛必须做战术打法的选择及赛前实施必要的战术打法训练，而且任何球队都需要熟练掌握两种以上的战术打法。战术打法种类的归纳见图6-6。

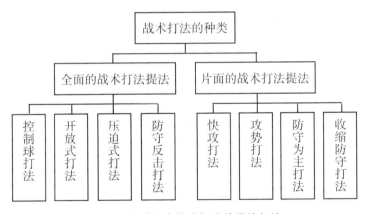

图6-6　足球比赛战术打法种类的归纳

---

[1]　曾民，张扬，译.2008年欧洲杯技术报告[J].足球训练（内部刊物），2009（1）：1.

二、战术打法在战术体系中的地位

战术打法在战术体系中的地位问题是要弄清战术打法与整个战术体系的关系，是摆正战术打法位置和深入认识战术打法的重要一步。以下分三个问题进行分析和说明，即战略思维是战术打法设计的前提、战术打法在战术体系中的地位及战略框架内各种战术概念的关系。

（一）战略思维是战术打法设计的前提

战略一词原本只是一个军事上的概念，时代发展不断赋予其新的内涵，战略的概念也逐渐渗透到政治、经济及其他社会生活领域[1]。我国1989年版《辞海》对"战略"一词的定义是：泛指重大的、带有全局性的或决定全局的谋划。美国哈佛大学商学院教授安德鲁斯认为：战略是要通过一种模式，把战略主体的目的、方针政策和活动有机地结合起来，使战略主体形成自己的特殊战略属性和竞争优势，将不确定的环境具体化，以便较容易地着手解决这些问题[2]。战略思维是一种从系统和全局出发而谋划局部和要素的问题，是要站在全局的高度去处理全局与局部、局部与局部的关系。所谓"不谋全局者，不足以谋一域"是战略思维的一个重要原则。战略思维还要用长远、发展的观点来看待眼前和现实的问题，既要看到面临的有利条件和拥有的优势，又要看到不利条件和自己的劣势。所以战略思维必须坚持辩证的思维方式，全面、客观、发展地认识和处理问题。

国外很多高水平教练都把战争和军事理论用于指导足球比赛，比如里皮在他的《思维的竞赛——里皮自述》里，用较大篇幅阐述了有关"战争理论"的问题[3]。由于足球比赛与战争有着高度的相似性，战争理论和战略思维就成了指导足球实践的法宝，而且兵法哲学既是高于足球比赛战术的战略思维方法，

[1] 李成勋.经济发展战略学[M].北京：北京出版社，1999：48.

[2] 史忠良.经济发展战略与布局[M].北京：经济管理出版社，1999：160.

[3] 马尔切洛·里皮.思维的竞赛——里皮自述[M].李蕊，等译.南京：译林出版社，2014：47-49.

又与具体的战术和技术行动紧密关联。足球比赛的战术打法是整体性的攻守战术方略和原则，显然要把足球比赛与战略思维联系起来，其最好的结合点就是用战略思维设计足球比赛的战术打法。我国最具有代表性的军事战略理论就是《孙子兵法》，其中包含着很多具有哲学内涵的战略思维理论与方法，比如："五事七计""作战谋攻""虚实借势""派将用间"等，《孙子兵法》的每一篇、每一节都包含着可供我们借鉴的制胜哲学和战略思维方法[1]。当然，现代的军事思想、战争理论和战略思维方法与我国古代的《孙子兵法》在道理上是相通的，战略思维的现实应用并不一定要学会或精通《孙子兵法》，但需要肯定的是战略思维是足球战术打法设计重要的思想基础。

（二）战术打法在战术体系中的地位

战术打法属于足球战术的范畴，但通常足球战术体系并没有对战术打法做专门的阐述，足球战术问题的阐述一般是围绕进攻战术与防守战术两方面内容展开的。战术打法在足球战术体系中处于较高的层次，也是相对独立的内容，而且战术打法是把进攻战术和防守战术统合在一起的，是关于整体的进攻战术与防守战术的方略与原则的问题，比赛中所有的个人进攻战术与个人防守战术、小组进攻战术与小组防守战术、局部进攻战术与局部防守战术等，一定都在战术打法的辐射范围。

战术打法在足球战术体系中的地位与作用主要体现在比赛运用中，战术打法作为整体进攻与防守的方略和原则，在比赛过程中是处于高端的导向和引领的地位，是教练员通过制定比赛策略和原则来指导和调动及限制和约束队员，队员场上的任何技战术行为都要遵循统一战术打法的方略与原则。一方面，足球比赛要鼓励队员的场上应变和即兴发挥，而且往往足球的魅力在于队员在比赛紧要和关键时刻表现出的即兴能力；另一方面，足球比赛又要求场上队员必须团队协同、统一意志、统一打法，比赛中会有很多刚性的要求和约束，优秀

---

[1] 芳园.孙子兵法与三十六计全鉴[M].天津：天津人民出版社，2015：2-38.

的球队一旦确定了战术打法也就明确了刚性的战术策略和战术原则。前文介绍过国际足联技术部主任吉恩的观点：比赛阵型就像人体的骨架，是由教练员来做选择的；比赛中完成表演就像肌肉带动骨架的运动，是由队员完成的阵型移动和变化；比赛的调动和控制就像肌体依赖于神经系统，队员的智慧和场上的卓越表现依赖于人体的神经系统。这里重新阐述这段文字是希望大家进一步理解第三句话，就是战术打法的选择、设计及训练强化，就是要让队员在神经系统建立起支配队员比赛各种行为的指向和约束，就是场上的一切技战术行动都要遵循一定的比赛方略和原则[1]。

（三）战略框架内各种战术概念的关系

在足球比赛战略框架内有很多关于战术的概念，探讨战术打法问题需要厘清各个概念之间的关系。其中包括与战术打法概念密切相关的战术配合、战术理念和技术风格，这里分别对这三个概念做简要解释，从而避免相互之间的混淆。战术配合是为了达到比赛目的，场上队员之间通过小组、局部及整体的相互协同和支持而形成的战术攻守行动。显然战术配合是比赛中具体的战术方法与行动的问题，战术打法上位于战术配合。战术理念是足球训练主体在长期训练和比赛实践及理性思考的基础上，按照足球本质和规律而建立的训练和比赛必须遵循的战术原理和准则。战术理念是在一个足球训练主体的辐射范围所制定的最高层面的战术原则，其中包含着支撑战术打法设计的哲学思考与战术原理的问题，所以战术理念上位于战术打法。技术风格是球队在比赛中所表现出的个性特点及其与众不同的气质。一支球队技术风格的形成是有条件的而不是事先设定的，需要有先进的训练理念做支撑，需要在球队拥有训练素养和强大实力的基础上形成一定的战术打法，球队只有在取得大型比赛的成功和实力得到认可之后才会拥有技术风格。日本队前主教练冈田武史曾经说过，足球没有实力的技术风格是不存在的[2]。任何具有稳定技术风格的球队一定是以强大的

---

[1]　曾民，译.《国际足联训练手册》之教练执教[J].足球训练（内部刊物），2009（1）：63.

[2]　宋承良.冈田武史与记者的对话[N].杭州早报，2012-11-21.

实力为基础，战术打法上位于球队技术风格，与技术风格并无直接关系。

概括足球战略框架内战术打法与各个战术概念之间的关系，见图6-7：足球比赛的主要战略问题由比赛阵型和战术打法两部分构成，足球战略及战术打法是通过足球战术贯彻与执行，足球战术包括进攻战术与防守战术两方面内容，进攻战术行动与防守战术行动是依据一定的比赛模式而展开的，足球最基本的比赛模式是比赛攻守原则。

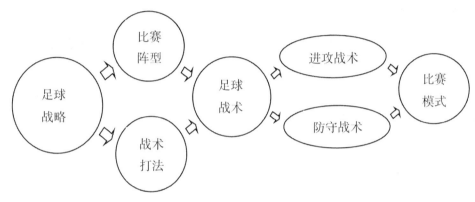

图6-7　有关足球比赛战术打法的各种关系

三、各种战术打法及其选择依据

各种战术打法及其选择依据要在解读各种战术打法的基础上，了解各种战术打法如何选择与运用，是关于球队参加比赛前如何做出战略决策的问题。以下分三个问题进行分析和说明，即各种战术打法的解读及其要点、战术打法选择的依据及以压迫式防守为例的拓展说明。

（一）各种战术打法的解读及其要点

战术打法是需要教练员赛前做出选择的比赛战略问题，对战术打法做出明智和正确的选择，是实现比赛预期目标的重要一步。战术打法大体上分为控制球打法、开放式打法、压迫式打法、防守反击打法等几种，但每一种战术打法又有着

丰富的内容及很多的变化，例如：防守反击打法从防守的重点区域划分，可以分为深度收缩的防守反击、中场低位收缩的防守反击、中场高位防守反击、高位防守反击，而且反击速度、传球方式方法、冒险度大小等也有不同[1]。所以战术打法设计需要做得深入和细致，而且要经过训练磨炼和比赛检验。一支强队要能够熟练掌握各种战术打法，而且特别需要通过大量的训练解决某些关键和细致的问题，一般赛前需要更熟练地掌握两种以上的战术打法。

1. 控制球打法

控制球打法是球队把比赛中的球权控制放到首要位置，没有球权要争夺球权，获得球权后要在保持控制球的前提下，寻找突破防守和向前进攻的机会，讲求进攻的稳妥而不采用大胆和冒险进攻的方法。控制球打法的要点是以占有控球率为基本前提，进攻速度相对缓慢而不追求冒险进攻。控制球打法也可以与压迫式打法、开放式打法同时使用，并不与快速进攻、快速反击打法相矛盾。

2. 开放式打法

开放式打法是球队在比赛中无论在任何场区都要全面和全力地压制对方，采取主动、积极的战术策略和技术方法，争取更多的控球权和进攻主动权，还要采取快节奏和带有一定冒险性的进攻。开放式打法的要点是全力限制对方和积极争取主动，比赛实践中常常与压迫式打法并行使用，也可以与控制球打法和防守反击打法并行使用，可见各种打法之间并不是相互对立和有你没我的矛盾关系。

3. 压迫式打法

压迫式打法是球队在比赛中始终要给对方以压迫感，进攻中追求快速把球打到给对方带来压力的地方，由攻转守时则要以最快速度反抢及形成对对方的压迫，要争取尽快形成夹抢和围抢重新获得控球权。压迫式打法的要点是无论处于进攻还是防守，时时处处都要给对方施加压力，压迫式打法常常与开放式

---

[1] 引用史蒂芬2014年中国足协职业级足球教练员培训讲义的内容.

打法是统一的，采用压迫式打法也可以强调控制球打法和追求快速反击。压迫式打法的防守分为高位压迫防守、中场高位压迫防守、中场低位压迫防守和低位压迫防守等几种。

4．防守反击打法

防守反击打法是球队在比赛中首先要重视和保证防守的稳妥和不失球，而不追求控球率和防守抢球的成功率，一旦抢球成功获得球权则要求以最快速度将球向对方防守的薄弱区域传球和推进，反击要追求速度和对对方的威胁，而不追求成功率。防守反击打法的要点是防守的稳固和反击的速度，防守反击打法可以与上述各种战术打法相结合使用，防守反击打法又包括后场深度收缩防守反击、中场低位防守反击、中场高位防守反击和高位防守反击[1]。

（二）战术打法选择的依据

战术打法与比赛阵型往往是相互依赖和统一的关系，战术打法选择与比赛阵型设计有着很大的一致性，就是说比赛阵型设计的依据，也是战术打法选择的基本依据。但战术打法与比赛阵型不是必然的联系，战术打法的选择还是要考虑其他很多的因素，例如：本队的传统战术打法、本队与对方的基本状态及比赛积分或出线形势等。战术打法选择更具有灵活性和可变性，比如：当比赛的比分关系变化、对方人员调整、本方重要队员受伤及比赛阵型变化的时候，战术打法都需要做出相应的调整。战术打法选择要遵循一定的原则，这里从几个大的方面阐述战术打法选择的主要依据。

1．控制球打法的选择依据

采用控制球打法一般主要依据以下几个方面：第一，球队在技术和整体控制能力方面有明显优势；第二，球队有控制球打法的基础或已经形成一种传统风格；第三，比赛是在没有胜负压力或有积分优势等情况下；第四，出于对控制球战术打法的尝试等。是否选择掌握比赛主动的控制球打法要综合考虑以上

[1]　张扬，曾民，译.2010年南非世界杯技术报告[J].足球训练（内部刊物），2010（2）：1.

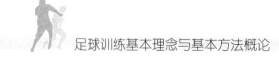

四个方面的主要因素。2018年俄罗斯世界杯比较典型的采用控制球打法的比赛包括：西班牙队对俄罗斯队八分之一决赛、巴西队对哥斯达黎加队小组赛第二场比赛、德国队对瑞典队小组赛第二场比赛等。

2．开放式打法的选择依据

采用开放式打法一般主要依据以下几个方面：第一，形势要求球队必须取得比赛的胜利；第二，球队的整体实力占有较大的优势；第三，出于一种战术打法的尝试；第四，球队处于良好的比赛状态和势头正旺等。开放式打法的选择要综合考虑以上几个方面的主要因素。2018年俄罗斯世界杯典型的采用开放式打法的比赛包括：德国队对韩国队小组赛第三场比赛、阿根廷队对尼日利亚队小组赛第三场比赛、比利时队对日本队八分之一决赛等。

3．防守反击打法的选择依据

采用防守反击打法一般主要依据如下几个方面：第一，球队的整体实力明显不如对方而采取保守的打法；第二，出于比赛战略的需要或对方占据优势被动地采用防守反击打法；第三，源于球队的传统或者球队有一批善于打防守反击的队员；第四，在与对方实力相当或略强于对方的情况下采用先稳固防守不失球的稳妥做法等[1]。2018年俄罗斯世界杯比较典型的采用防守反击打法的比赛包括：法国队对克罗地亚队冠亚军决赛、俄罗斯队对西班牙队八分之一决赛、墨西哥队对德国队小组赛第一场比赛等。

4．压迫式打法的选择依据

采用压迫式打法一般主要依据如下几个方面：第一，球队有防守优势和有足够多的反抢能力强的队员；第二，经过专门的压迫式打法训练及形成强大的压迫能力之后；第三，形势要求球队必须取得比赛的胜利；第四，出于尝试压迫式打法的需要等。压迫式打法的前提是要给对方以强大的压迫感，无论是进攻还是防守都要约束和压制对方。2018年俄罗斯世界杯典型的采用压迫式打法

的比赛包括：巴西队对哥斯达黎加队小组赛第二场比赛、塞尔维亚队对丹麦队小组赛第三场比赛、德国队对韩国队小组赛第三场比赛等。

（三）以压迫式防守为例的拓展说明

以上各种战术打法的概念及其应用都仅仅是简要的介绍，其中每一种战术打法又都包含着丰富的内容，比如：压迫式打法又可以分为压迫式进攻和压迫式防守。压迫式防守又包含很多的细节问题，例如：在不同区域、不同时机都会有各自不同的处理方法。以下仅以压迫式防守为例进行说明。

压迫式防守实际上一直以来都被广泛采用，只是在现代足球诞生之后的很长时期，并没有形成目的明确的压迫式防守打法。一般任何球队在比赛输球想扳平或平局想赢球的时候，教练员和队员都会采用全线逼压式的防守，在历史上这种情况反复出现且屡屡奏效。到了20世纪80年代，欧洲就有教练员想到把这种无意识或被动使用的打法，变成有意识且从比赛一开始就主动采用的战术打法，这就形成了压迫式防守的雏形。到20世纪90年代，压迫式防守在欧美国家风行一时，这一战术逐步纳入到比赛战术体系之中，进而又与压迫式进攻统合成压迫式打法。采用压迫式防守最典型的案例出现在1996年的欧洲杯比赛中，德国队差不多全过程采用了压迫式防守，最后取得冠军。但实际上风险很大，德国队自己总结经验也认为要适当收敛及有选择地使用压迫式防守。德国队那届比赛的另一个代价是造成了伤兵满营，冠亚军决赛只剩下一个队员比埃尔霍夫可以替补出场，比赛最后恰恰是比埃尔霍夫替补上场帮助德国队以"金球"获胜。所以，虽然后来压迫式防守的训练受到每一个强队的重视，但很少再有比赛全过程采用压迫式防守的情况[1]。

压迫式防守是一种积极、主动的防守战术，是球队处于防守时，全体队员要全线主动防守逼压，无论球在哪里都要采用积极、主动的整体防守行动，对对方持球队员采用主动、凶猛的抢球、反抢、夹抢和围抢，并以此方式争取比

---

[1]　郑谋荣，刘夫力.现代足球比赛的"逼迫式"打法[J].体育师友，2007（1）：60.

赛的主动和控球权。现在又有压迫式打法的提法，就是进攻过程中也有压迫的问题，两者加一起就是比赛全过程的整体压迫。压迫式防守与全场紧逼防守是有不同的，由于压迫式防守逐渐形成体系，全场紧逼防守主要体现的是压迫式防守的前场高位压迫防守的部分。

压迫式防守大体上分为前场高位压迫、中场高位压迫、中场低位压迫、后场低位压迫四种压迫模式，每一种模式都有具体的压迫内容、形式和方法，都需要专门的训练和精细环节的反复磨炼[1]。前场高位压迫一般不强求防守阵型，大体上有两种情况。一种情况是对方控制球，如守门员发球后或一个后卫传球之后，防守方的前锋要快速切断对方回传线路，整体阵型迅速向有球一侧移动，将球向预设的陷阱"驱赶"，同时外围形成封堵传球并收缩防线。最后形成二人夹抢或三人围抢，三或四人封堵短传，二或三人截断长传，一或二人拖后保护以备对方突出重围形成反击时延缓他们的进攻，这种整体前场高位压迫的防守德国队做得最好。另一种情况是球队丢球后的反抢，阵型移动的原理是一样的，但需要更加快速，这种快速的前场高位反抢需要球队长期的训练和形成高度的默契，在世界足球强国中西班牙队做得最好，而更经典的是曾经的巴塞罗那队和现在的曼城队。

中场高位压迫和中场低位压迫防守，同样都需要切断对方回传线路，后场低位压迫也是一样，切断回传线路就像瓶塞的作用，是各个场区形成压迫的必要条件。但后场低位压迫有更多的训练内容和训练要点，需要强调更多的细节和精准度，例如："平行站位"的"波动"和"摆动"及其中的左右距离和谁上谁下的变化，"驱赶"的变化更多和灵活性更强，有时候要求有意识让对方持球队员推进超越自己，但实际上是之后封堵回球和形成夹抢等，而且后场低位压迫防守的技术要求更高和细致变化更多，但这些需要在专门的足球训练教材中做更细致的阐述。

---

[1] 引用史蒂芬2014年中国足协职业级足球教练员培训讲义的内容.

第七章
比赛基本要素

系统论观点认为：任何系统都是由两个以上要素组成的整体，系统的每一个要素又可以称为子系统，子系统又由另外一些要素组成；即便是同一个系统，从不同发展阶段或不同角度去考察，其组成要素也是不同的[1]。前文已经探讨了足球训练要素的问题，是把足球训练作为一个系统。足球比赛同样是一个系统，而且可以把足球训练与比赛统合成一个新的系统。前文所述足球训练是以比赛为核心和归着点，说的就是两个系统统合成一个系统的关系，就是说足球训练过程的所有环节，包括训练的构思与设计、组织与实施、指导与纠错等，都要统一于比赛的需要。这一章是把足球比赛作为一个独立的系统，探讨比赛系统中的要素问题，这样既是认识比赛过程的需要，也利于我们更好地做好训练工作。本著把那些具有训练学意义的比赛要素称为比赛基本要素，包括技术、战术、体能和心理四个方面，四个比赛基本要素共同支撑球队的竞技实力。足球比赛虽然会直接地受到天气、场地、队员状态、主客场等因素的制约，而且无论是主场或客场又都会受到观众的多少、态度、行为等因素的影响，但这些都不是影响球队实力的比赛基本要素。以下首先阐述比赛基本要素的概念，再阐述四个基本要素及其相互关系，之后探讨每一个基本要素的概念、内容及分类方法，目的是让我们全面了解支撑球队竞技实力的要素构成，明白教练员掌握比赛基本要素知识对于设计与控制训练的重要意义。

---

[1]　刘大椿.科学技术哲学导论[M].北京：中国人民大学出版社，2015：321.

第一节 比赛基本要素及其相互关系

比赛基本要素就是我们通常所说的技术、战术、体能和心理四个方面，是比赛过程中球队及队员实力体现的基本构成因素。四个基本要素与足球训练内容是统一的，比赛基本要素对应的就是训练内容，了解基本要素之间的相互关系利于帮助大家认清各个要素在比赛中的地位及其对于训练的重要性。以下分两个主题进行分析和说明，其一是比赛要素综述，其二是比赛基本要素之间的关系。

一、比赛要素综述

比赛要素综述是更为整体和宽泛地探讨比赛要素的构成。比赛要素构成是复杂的问题，我们可以在全面介绍比赛要素的过程中突出比赛基本要素的重要性。探讨主要包括三个方面的问题，即比赛要素的多种构成形式、比赛基本要素的概念及其解读和队员——比赛基本要素的载体。

（一）比赛要素的多种构成形式

很多足球教材和著作都有足球比赛要素问题的阐述，普遍认为足球比赛包括技术、战术、体能和心理四个基本要素。关于这一比赛要素构成有各种不同解释，比如有的教材认为，在足球比赛中决定球队竞技实力的各种基本要素有着各自的作用方面：技术要素决定对球的控制；战术要素决定对比赛的控制；体能要素决定对身体的控制；心理要素决定对思维活动的控制[1]。比赛要素从其系统构成的角度看，是指那些足球比赛过程必不可少的组成元素。如前所述，如果从不同角度去考察足球比赛系统，其构成要素一定会有很多不同的情况。例如：从人员构成的角度看，比赛系统由队员、教练员、裁判员、比赛组织者、观众等要素构成。再如：从比赛所需要的前提条件角度看，比赛系统由

---

[1] 谭华俊.足球教学与训练[M].广州：广东高等教育出版社，1993：162.

比赛组织机构、比赛场地、运作资金、各种设施器材及前例所说的各类人员要素构成。又如：从比赛阵型构成的角度看，比赛系统由后卫、前卫、前锋及其更细分的位置角色构成等。这样可以列举出无数种比赛系统构成形式。但是本著是研究足球训练基本理念与基本方法的问题，比赛要素的探讨需要与足球训练相统一和具有训练学意义，也就是要通过比赛要素问题的研究达到更好地认识足球比赛和指导足球训练的目的。

（二）比赛基本要素的概念及其解读

本著提出比赛基本要素的概念，是希望把具有训练学意义的比赛要素从众多的要素构成中区分出来。经过专家调查确定比赛基本要素的概念如下：比赛基本要素是指从比赛战略角度所要考量的具有训练学意义的比赛构成元素，是队员个人和球队整体需要具备并在比赛中表现出来的各种能力和品质。一般认为比赛基本要素包括技术、战术、体能和心理等相互密切关联的四个方面，比赛基本要素是支撑球队竞技实力的基础和根本。

技术是指训练和比赛中所采用的合理处理球的操作方法的统称。但需要强调的是，这里所说的技术不只是练习时完成的纯粹的技术动作，而是包括比赛实战中所表现出来的技术运用能力即技能。战术是球队为了取得比赛主动和战胜对手，在比赛中以个人、小组、局部和整体等形式所采取的有目的的攻守行动方略的统称。战术拥有丰富的内涵，特别是包含着很多深刻、复杂的内容及其战术设计和场上的灵活变化。体能是队员个人和球队整体在比赛中所表现出来的身体形态、生理机能和运动素质，其中的力量、耐力、速度、灵敏和柔韧等运动素质是其决定性的因素[1]。心理是队员在训练和比赛中的心理活动表现，可称为心理现象，一般包括心理过程和个性心理两个方面，也是足球比赛不可忽视的基本要素[2]。要对足球比赛从宏观到微观形成系统和完整的认识，必须弄清四个基本要素之间的关系，也要把每一个基本要素作为一个子系统，

[1] 赖勇泉.体能训练理论与方法教程[M].北京：人民体育出版社，2009：5-6.
[2] 马启伟.体育心理学[M].北京：高等教育出版社，1996：12.

145

对基本要素再做细分，这样才可以弄清每一个基本要素及其细分因素对于足球比赛的作用。之所以把比赛基本要素作为足球训练基本理念的内容，是因为形成对比赛基本要素的全面、深入的认知，可以使足球训练更加高效。

（三）队员——比赛基本要素的载体

从人员构成的角度看比赛系统的要素构成，其第一位的核心要素就是队员。任何球队的竞技实力都是由四个基本要素做支撑的，但四个基本要素的作用发挥都是以队员为载体的。比赛基本要素问题的研究可以抛开人员构成的其他要素，但必须保留队员这一比赛基本要素的载体，比赛中球队整体所具有的技术、战术、体能和心理等方面的实力，都是通过队员个体表现出来的。不仅如此，由于场上队员有着不同的位置分工和各自的职责，每个队员的技术特点、战术任务、体能要求和心理压力都是不同的，也就是说不仅四个基本要素的训练要落实到每一个队员身上，而且根据队员位置和类型的不同，每个队员各方面基本要素会表现出不同的特点。作为承载比赛四个基本要素的队员，对每一个基本要素的控制和把握及改变与发展，都是要通过队员大脑的思维过程，前文讲过比赛阵型与战术打法的认识和驾驭最后是通过大脑神经，其实比赛中所有的宏观问题及具体的每一个基本要素的认识与发展问题，都是要通过队员及其大脑思维的过程[1]。

在此再提前文"足球训练基本概念"一章所探讨的训练要素构成、基本功构成、足球技能形成等，都要在训练过程中向队员灌输和强化，要通过队员大脑的意识过程而形成队员的独立认知和思考能力。有了队员的这些意识的同步发展，比赛的技术运用、战术素养、体能支配和心理调节等能力，才能够得到全面和均衡的发展。这就要求教练员在安排技术训练、战术训练、体能训练和心理训练时，都要根据队员的具体情况而有针对性地区别对待。教练员从战略角度设计比赛的战术打法，必须权衡每一个基本要素的优势和不足，其中对每

---

[1] 曾民，译.国际足联训练手册[J].足球训练（内部刊物），2009（1）：25.

一个基本要素深入、细致的分析和判断是必不可少的环节，如此才能做好不同位置和类型队员的选择及比赛阵型的合理搭配。所以教练员在战术打法设计之时，在对比和分析双方比赛基本要素之时，还要细致地对比和分析比赛基本要素的载体——队员的因素。

二、比赛基本要素之间的关系

比赛基本要素的内容是足球训练内容构成的主体，明确了比赛基本要素之间的关系，利于教练员抓住训练工作的重点和做好整体的训练规划。以下探讨包括三个问题，即比赛基本要素关系认识的误区、比赛基本要素之间的辩证统一关系和比赛基本要素与训练的连接。

（一）比赛基本要素关系认识的误区

我国对足球比赛四个基本要素构成很早就形成了认知，而且对四个基本要素各自做了很细致的分类。但很长一个时期我们是把四个基本要素相互割裂开来，把每一个要素看成各自独立的部分，而没有用系统观点把四个基本要素看成相互关联、相互渗透的统一关系。这种以片面、孤立的观点看待比赛基本要素的构成，使我们对足球训练和比赛的认识陷入了严重的误区，这也是我国足球训练思想和方法落后的一个方面的原因。系统观点的建立使我们对四个基本要素的认识有所转变，意识到孤立和片面地看待每一个基本要素是错误的，四个基本要素是并行和统一地在比赛过程中发挥作用，无论是训练还是比赛都要辩证统一地看待四个基本要素之间的关系[1]。

随着国外先进训练思想与方法的传入和我国足球教练员培训体制的建立，也随着我国职业队大量聘请外教，一线职业队已经开始普遍地采用先进和科学的训练方法。但我国对比赛基本要素问题的认识转变还是走了很长的弯路，长期以来我们一直是把技术、战术和体能训练割裂开。例如：1994年职业化改革之后实行

---

[1] 张铁明.教育信息论[M].南京：江苏教育出版社，1990：25-28.

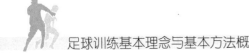
多年的体能测试，是典型的体能训练与技战术训练相脱节的做法。再如，1997年职业队春训统一每天万米跑的规定，是完全与先进足球理念相背离的。到21世纪初期，很多一线职业队训练课的技术训练、战术训练、体能训练仍然相互脱节，训练课的准备热身、技术训练、战术演练和比赛训练几个部分基本是条块分割，几个板块不是围绕一个主题相互连接和贯通，而是明显处于各自为政的状态。每周都有1~2次专门的体能训练，都是采用无球的各种跑和跳的练习，一般一周最少有1次专门的不结合球的体能训练课。直至今日，多数基层业余教练员仍然陷在这种比赛基本要素关系认识的误区里。

（二）比赛基本要素之间的辩证统一关系

1. 统一比赛系统中的不同系统要素

对于足球比赛的技术、战术、体能和心理四个基本要素的认识，我们不仅要用系统的观点把四者统一于比赛和训练过程，还要运用唯物辩证法的观点把它们看成相互联系、相互渗透和高度凝合的统一关系。这种统一关系从不同视角和侧面加以分析，都具有不同的训练学意义。根据系统论的原理，可以把足球比赛看作技术、战术、体能和心理四个基本要素的综合表现过程；也可以看作某一个单一要素的表现过程，就是可以把比赛看作完全的技术或战术，体能或心理的单一要素表现过程。把某一个基本要素作为完整比赛过程的处理模式，是分析和研究比赛过程的一种科学方法。从系统的观点分析，比赛四个基本要素是同时作用于比赛过程的，四个基本要素又是各自独立的子系统[1]。研究比赛过程可以从不同的基本要素展开，就是可以围绕技术问题、战术问题、体能问题和心理问题中的任何一个，相应的训练也可以分为技术训练、战术训练、体能训练和心理训练。

现代先进足球理念认为：足球训练中的技术、战术、体能和心理任何一个基本要素的训练，都需要各种不同的训练方法及过程的强化，但最后只有把训

---

[1] 谭璐，姜璐.系统科学导论[M].北京：北京师范大学出版社，2009：18-23.

练成果反映到比赛过程，就是经过从比赛中发现问题、通过训练解决问题及在比赛中克服问题，这样才是一个完整的训练过程。我们以往采用的脱离比赛实战的单纯技术练习、演练战术练习不是真正的训练，或者仅仅是训练的一部分内容。以上并不是否定训练体系中单纯技术练习、演练战术练习及各种跑跳体能练习的重要，但这些仅仅是基础性和过渡性的练习内容，最重要的是把训练成果在比赛实战中体现出来。从单一基本要素角度看比赛和检验训练效果，可以把比赛过程看作球队完全的技术表现或战术表现，也可以看作完全的体能表现或心理表现。但其训练过程不可能是完全比赛方式，从技术训练的纯技术练习到技能转换练习、战术训练的演练战术练习到战术模拟练习、体能训练的各项素质练习到小型比赛间歇练习、心理训练的肯定评价与鼓励到模拟比赛氛围的适应练习等，都是比赛基本要素训练必要的内容。而所谓训练以比赛为核心或训练要回归比赛过程，是训练要以比赛观察的"典型片段"为素材，再按照设定的"理想比赛模式"，各个基本要素的训练都要基于比赛的需要，紧密地结合比赛并把训练成果转化到比赛过程中。

2．四个基本要素的辩证统一关系

德国现任国家队主教练勒夫认为：足球训练不能把技术、战术和体能分割开来，而是要把这些要素整合起来进行训练[1]。一支球队的比赛竞技能力主要是通过四个基本要素表现出来，但比赛过程显然是一个复杂的各种基本要素的综合表现，不可能是简单的技术或战术表现，也不可能是单一的体能或心理表现，而是一个高度综合和复杂的各种基本要素的凝合。比赛中每一个队员的技术、战术、体能和心理表现都是不同和不断变化的，每一支球队都有小组配合、局部配合和整体配合，每一种配合又有不同的搭配和随机变化。比赛既是每一个队员个人全面能力的展示，也是全队各项基本要素综合发挥的过程。把四个基本要素一个一个做考察不是最终的目的，而是为全面和立体地观察比赛

---

[1]　克里斯托夫·鲍森魏因.勒夫：美学家，战略家，世界冠军[M]. 王凤波，译.北京：北京出版社，2016：43.

及做出综合判断服务的。比赛观察也不仅要看单一的基本要素问题，更要看两个、三个和四个基本要素的综合表现问题，而且越是到了高水平阶段，这些综合问题越是训练的重点和关键。所以足球训练需要大量的、针对单一比赛要素的训练，也需要更多地把两个、三个和四个基本要素综合起来。当然，如果处于比赛准备期还是更多围绕单一基本要素进行训练，此时的重点是有针对性地解决各种基本要素问题；如果是处于赛前和比赛期则要多围绕综合性问题展开训练，此时更多是解决球队的整体性的问题。

从辩证统一的观点分析，比赛过程四个基本要素是同一个整体各方面实力和品质的表现，只有每一方面要素都得以充分地发挥，球队才能形成强大的整体实力，而往往其中一个基本要素发挥失常，整体的战斗力就会受挫或大大减弱，这就如同混凝土的要素构成必须合理和均衡。这一点用木桶理论比喻更为形象，四个基本要素正如四个侧面的木板，比赛的各个基本要素必须全面和均衡发展。但不管做怎样的精心设计和准备，比赛中每一个基本要素表现都会出现问题和不足，这就是每一块木板的加长和加固的问题，需要通过比赛总结和训练强化来加以改进和解决。

（三）比赛基本要素与训练的连接

通过训练解决比赛中基本要素的问题，直观地从比赛过程看四个基本要素的表现，问题好像显而易见，问题也好像很容易通过训练得到解决，这样很容易陷入孤立、片面和简单化地看待问题和解决问题的狭隘境地。我们过去曾经犯过这样的错误，比如：国家队在重大比赛中表现得"技不如人"就简单地归结为技术训练不足；体能出问题就单纯地从体能训练上找出路等。类似这样的看法和做法都不是全面地看待问题，不是抽象和结构性地分析问题，而是陷入了片面、简单认识和处理问题的狭隘境地。其实比赛中出现的问题，无论是技术问题还是战术问题，也无论是体能问题还是心理问题，都肯定要通过训练过程加以解决。但是，比赛中的问题有着特定的比赛场景，有着问题的复杂性，问题可能关系到技术难度、身体状态、心理状态、时空限制等，以及技术问题里所包含的战术问题、体能问题和心理问题，战术问题所包含的技术问题、体能问题和心理问题等，所有问题的具体场景和条件都是不同的，如果训练只是简单地以解决某一浅层的问题为目的，训练就很难达到高水平和收到理想效果。

当然，高水平的足球训练有很多高明的解决问题的方法，如前文提到的比赛导入训练模式可以有意识、有目的地把队员带入比赛场景和心理状态；小型比赛间歇性体能训练模式能够在更接近比赛强度和环境的条件下完成体能训练；模拟比赛场景训练模式可以让队员在接近真实比赛的场景下完成技术、战术和心理训练等，这些训练方法既可以是针对某一个比赛基本要素问题，也可以是有针对性地解决某些综合性的比赛问题，但训练的结果一定是更利于解决比赛过程中存在的问题。

第二节　比赛基本要素的概念与分类

比赛基本要素的概念与分类是在解读各项基本要素概念的基础上，按照训练的实际需要对各项基本要素做分类及细分的处理。通过分类及细分处理，可以全面展示比赛基本要素的内容构成，如此就可以更为系统地设计和安排训练内容。以下问题探讨是对技术、战术、体能和心理四个基本要素分别进行概念的阐述与解读，并进行基本要素的分类与细分及其各自作用的分析，希望帮助大家整体地了解足球训练的内容构成。

一、技　术

技术是比赛基本要素中的第一位要素，正确理解技术的概念对于训练和比赛是至关重要的认识问题。技术分类及根据训练和比赛需要所做的技术内容细分，是全面了解技术内容及进行系统训练的需要。以下探讨包括两个问题，即技术概念的解读和技术分类方法及其作用。

（一）技术概念的解读

技术是队员在训练和比赛中所采用的合理处理球动作方法的统称[1]。关于足球技术概念的问题，无论是教练员的认知还是在技术训练实施方面，都一定要把技术的实战运用放到核心和首要的地位，就是要重视和强调在比赛中有防守干扰及对抗条件的技能培养。技能是在比赛实战中随机而有效地完成技术动作的能力，不是那种在纯粹的技术练习时动作完成的效果。前文已经对技术与技能的关系做了详细的探讨，而且专门把技能作为主题展开了概念及一系列训练问题讨论。这里解读技术概念及后文详细阐述技术内容，是要把比赛场上千差万别、千变万化的各种技术动作，按照一定的逻辑做类别划分，把所有足球技术一目了然地呈现于一纸之间。这样可以使教练员全面了解足球技术的内容，如此把种类繁多的技术按照不同的类别划分，由易到难、由简到繁及由单一到组合地教给队员，这样不仅可以满足教练员的认知需要，也利于教练员高效、有序地完成系统的足球技术训练。当然，我们的训练一定要注意强调，技术训练不仅仅是要完成各种纯粹的技术动作练习，更重要的是要让队员能够在比赛实战中熟练运用所学的技术。

（二）技术分类方法及其作用

足球技术的分类方法有很多，例如：按照队员完成单一技术动作的目的划分，可以分为踢球、接球、运球等；按照技术动作组合划分，可以分为单一技术、二元组合、三元组合等；按照比赛进攻与防守构成划分，可以分为进攻技术和防守技术；按照场上队员位置划分，可以分为后卫位置技术、中场位置技术和前锋位置技术；按照技术难易程度划分，可以分为简单技术、复杂技术和高难技术等[2]。本著的足球技术分类显然是为了满足训练的需要，技术训练需要按照一定的分类方法去安排和实施，但技术分类还要根据不同的训练对象、

[1] 杨传德.足球[M].北京：人民体育出版社，1993：30.
[2] 北京体育大学足球教研室.跟专家练足球[M].北京：北京体育大学出版社，1998：92.

训练目的、训练阶段及训练主题等，采取不同的技术分类方法，例如：对于启蒙和初级阶段受训的少儿队员来讲，要以单一、简单的技术动作呈现为主；到了初级后期和中级训练阶段以后的队员，就要以两个及两个以上的多元组合技术为主；而从开始的启蒙阶段到职业训练阶段，都需要按照训练和比赛场上的实际需要而分类等。可见，训练实践中各种分类方法一定是混合和交叉使用的，以下依据训练实践的需要介绍三种常用的技术分类方法。

1. 依据技术动作目的的单一技术分类

每一个单一技术都有其作用的效果，根据一个技术动作的结构特点与处理球的不同目的进行分类，可分为运球、控球、假动作、踢球、接球、头顶球和抢球，还包括特殊技术的掷界外球和守门员技术，见图7-1[1]。断球和拦截虽然有独特的作用效果，但其技术动作是用踢球、接球、头顶球、铲球等完成的，不是专门的技术动作。把所有的单一技术按照如上的类别划分及各类技术再分，这样就可以一目了然和有层次地展现足球技术的内容，这对于教练员全面了解足球技术内容、设计足球技术训练及控制训练进度等，都具有重要的指导作用。全面了解了单一技术的情况，可以更好地认识和理解组合技术的分类方法，也可以为足球训练理论研究提供重要的方法指导。

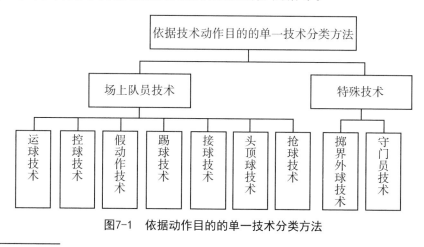

图7-1 依据动作目的的单一技术分类方法

---

[1] 刘夫力.小型足球运动手册[M].北京：北京体育大学出版社，2004：11.

2．依据组合技术元数的分类

足球比赛中除了头顶球、一脚直接射门或传球之外，绝大多数情况队员接触球要运用组合技术，所以技术训练需要根据比赛实际而更多地进行组合技术练习。为了直观、全面地了解足球组合技术的整体情况，就需要在理论上做组合技术的分类。这种分类按照两个及两个以上单一技术组合的元数而划分，可分为二元组合、三元组合及四元以上的多元组合，见图7-2。显而易见，足球单一技术之间具有易于组合的特点。由单一技术分类可知足球技术动作数量之多，而由二元、三元及多元组合而形成的组合技术数量就更加庞大了。仅就二元组合技术为例，图7-1所列单一技术不做细分的二元组合，按照图中的技术先后顺序可以做如下分类：运运组合、运控组合、运踢组合、运假组合等；控运组合、控控组合、控踢组合、控假组合等；假运组合、假控组合、假假组合、假踢组合、假接组合等；接运组合、接控组合、接假组合、接踢组合等。以上二元组合技术可分为同类技术之间的组合和不同类技术之间的组合，而三元组合技术及多元组合技术则会有更多的分法和提法。如果把每一类技术再做严格的细分，那由各自细分技术之间相互组合而衍生出来的二元组合、三元组合及多元组合技术就是不可计数的。

图7-2　依据组合技术元数的分类方法

组合技术分类显然还有其他很多的分类方法，例如：按照比赛实战运用频率划分，可以分为频用组合技术、常用组合技术、偶用组合技术等；按照触球肢体部位顺序划分，可以分为上体与下肢组合技术、大腿与脚组合技术、脚与脚组合技术等。以上组合技术分类探讨并不是要让队员学会所有的组合技术，而是为了了解技术分类的原理及方法，要使教练员在清楚各种组合技术重要性的同时，更系统、有效地做好基本技术训练工作。因为了解了组合技术分类的知识，也就更清楚比赛中常用和实用组合技术的结构原理，可以更有序地安排单一技术及组合技术训练的顺序和进度。队员在其成长过程中，需要全面、系统地掌握每一个单一技术，但由于组合技术数量庞大，队员只能掌握其中很小的部分。在一个队员熟练掌握的组合技术中，很多是从训练和比赛中自然而然获得的，例如：运球与控球组合、接球与运球组合、接球与传球组合等。有些组合技术是作为克敌制胜的方法需要专门练习的，例如：双脚交替拖球与拉球组合（马赛回旋）、左右脚交替外跨组合（踩单车）、单脚外拨与内扣组合（神牛摆尾）等。很多组合技术是队员在训练和比赛中即兴表现出来的，例如：单脚连续快运组合、一脚前拖与换脚内运组合、双脚交替内扣组合等。还有一些组合技术是队员自己琢磨和练就的，例如：假内运真外拨组合（马修斯技术）、单脚内跨外拨组合（加林查技术）、后拖换脚外拨组合（克鲁伊夫技术）等。总之，组合技术训练需要有较大的灵活性和即兴指导，例如：某球星在一场比赛中频繁使用一个组合技术的赛后，训练中某个队员成功运用一个组合技术之后，队员比赛中频繁失误而教给他应对失误的一个组合技术等。队员掌握及做到合理运用组合技术肯定需要教练的引导和帮助，掌握各种常用的组合技术，是队员比赛中技术得以发挥的重要前提，比赛中要出色地完成盘带、突破、接控、传球和射门等任务，就一定要熟练掌握相应的组合技术及其运用技巧。如果说单一技术分类利于更全面、系统和有序地学习和掌握技术，那么组合技术的分类则利于满足技术训练及比赛运用的需要。

3. 依据比赛技术运用实际需要的分类

依据比赛技术运用实际需要划分的技术类别，足球技术可分为运控球、突破、传接球、射门、头顶球、抢断拦截、掷界外球、守门员技术，见图7-3[1]。

---

[1]　引用2009年以来中国足球协会D级教练员培训讲义的技术分类方法。

这种技术分类方法，显然更符合足球训练和比赛实战的目的性。除了头顶球之外，这种分类的每一类技术基本都是组合技术的形式，每一类技术也都更利于与足球技术训练相对接。常言道，"足球技术在比赛中的合理运用就是个人战术"，这种依据比赛技术运用实际需要的分类方法，每一类技术内容都与比赛中的个人战术基本一致，也都是球队战术打法及比赛局部和整体战术配合的组成部分。显然，这一分类是出于足球训练和比赛实战的需要，并不是严格逻辑学意义上的分类，但每一类技术都有很多细分及再细分的内容。与比赛中的个人战术相一致及与整体战术相连接，决定这一技术分类具有更为重要的实践指导作用。一方面，是把单一技术分类和组合技术分类融为一体，可以把技术训练与比赛实战联系得更加紧密，促使技术训练更加符合比赛战术的需要；另一方面，从理论上讲，与现代足球的技术训练与个人战术训练同步进行的观点相符合，可以促进技术训练与战术训练的统一和融合。

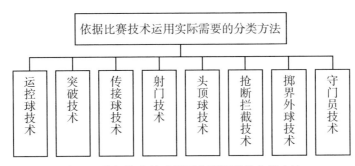

图7-3　依据比赛技术运用实际需要的分类方法

二、战　术

战术是比赛基本要素中至关重要的要素，理解战术概念及根据训练和比赛需要进行战术内容的分类及细分，是保证战术训练系统性的需要。以下探讨包括两个问题，即战术概念的解读和战术分类方法及其作用。

（一）战术概念的解读

战术是球队为了取得比赛主动和战胜对手，在比赛中由个人、小组、局部和整体所采取的有目的的攻守行动方略的统称[1]。战术虽然也只是比赛四个基本要素之一，但同时与其他基本要素有着高度的相关，更多地融合了技术、体能和心理其他三方面基本要素的成分。首先战术是以技术为基础的，有了比赛中的技术行动才可能产生战术，而且比赛中所有技术行为都具有一定的个人或团队的战术意义。体能和心理两个基本要素是完成战术行动的保证，任何战术目的的实现都需要相应的体能和心理要素的支撑。但是战术又拥有其独特的内涵，有一个丰富而完全独立的内容和方法体系，战术更为突出的特点是包含着很多深刻和复杂的成分，战术设计具有很高的玄妙性，比赛场上的战术变化更具有多变性和灵活性。比赛阵型和战术打法作为战略和宏观层面的训练理念问题，已经在前文专门做了阐述，但毕竟球队比赛阵型和战术打法的设计，需要比赛场上个人战术运用和团队战术配合来实现，比赛中队员及队员之间的攻守行动与协同配合，时时处处都包含着战术问题。为了使球队形成强大的进攻能力和抵御强大进攻的防守能力，教练员需要对球队进行全面、系统的战术训练，这就需要做足球战术体系的整理和归纳。

这里从战术概念解读、战术分类方法及战术内容构成三方面做阐述，如此可以把所有的战术行动和配合方法按照一定的逻辑做类别区分，把所有足球战术内容归于一个图表之内。但战术训练还需要同步确立一个重要任务，就是队员场上战术思维能力和战术意识的培养，这需要从最开始的技术训练就同步推进。例如：前文足球技术分类把诸多技术做了不同的类别归纳，教练员可以依此由易到难、由简到繁及由单一到组合地学习、练习和掌握技术，在这一过程中也一定要让队员同步形成战术意识和掌握相应的战术知识，进而逐步提高队员的战术意识及战术行动能力和配合能力。

---

[1] 王崇喜.球类运动——足球[M].北京：高等教育出版社，2001：82.

（二）战术分类方法及其作用

足球战术分类一般是把足球战术按照进攻战术和防守战术划分为两个体系，其中包括各自的定位球进攻战术和防守战术[1]。本著是依据进攻战术和防守战术两个体系，再各自细分为个人战术、小组战术、局部战术和整体战术四部分基本构成，所做的足球战术分类及其细分的内容归纳见图7-4。如此分类之后，足球队员各个成长阶段的战术训练内容也就得以全面、清晰地呈现。比赛阵型和战术打法是作为战略和基本理念层面的问题在前文做了专门的探讨，以上分类没有把两者列在其中。足球战术训练和比赛战术运用是球队能否发挥实力的关键问题，而且比赛形势总是千变万化的，战术运用需要机动灵活。作为教练员需要具备战略决策和战术打法设计能力，也需要具备比赛的战术指导和调整能力，这种能力和素养需要具备丰富的战术知识和长期的经验积累，其中战术训练和比赛战术指导是战术实践的两个方面，但两者的内容是一致的。所以全面、系统和清晰地了解足球战术内容体系是做好训练的第一步。战术训练要根据不同的训练对象、训练目的、训练阶段及训练主题等而选择和确定不同的战术训练内容。例如，启蒙阶段和初级阶段前期的少儿训练，要以技术的合理运用及简单的个人战术训练为主要内容；到了初级阶段后期和中级阶段前期，就要以小组战术和局部战术训练为主要内容；到了中级阶段中后期及高级阶段，则要以局部战术和整体战术训练为主要内容[2]。从初级阶段到职业阶段的整个训练过程，都需要注意让队员贯彻团队和整体攻守的概念和打法。

---

[1]　全国体育学院教材委员会.足球[M].北京：人民体育出版社，1994：133-134.

[2]　北京体育大学足球教研室.跟专家练足球[M].北京：北京体育大学出版社，1998：165-174.

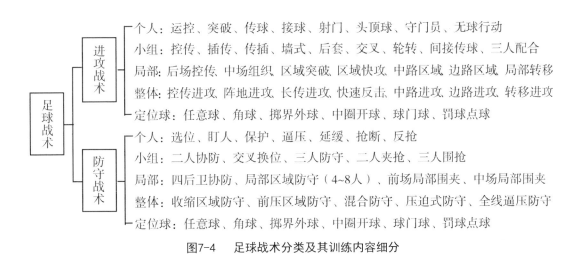

图7-4　足球战术分类及其训练内容细分

三、体　能

体能是比赛基本要素中的基础性要素，了解体能的概念是足球训练的一个重要认识问题，根据足球训练和比赛需要对体能训练内容做分类与细分，是系统地进行体能训练的必要条件。以下探讨包括两个问题，即体能概念的解读和体能训练分类方法。

（一）体能概念的解读

足球体能是指队员在足球专项训练和比赛负荷下，最大限度地动员各器官系统的机能而表现出来的能力。体能训练的目的是使队员适应比赛的环境与竞争，比赛中能够调动起各器官系统的机能状态，并能够充分、有效地满足技术和战术水平的发挥。一般认为足球队员的体能结构包括运动素质、身体形态、身体机能和心理素质四个要素[1]。每个要素可以由一系列的具体指标反映其所处的状态，由此共同构成队员整体的体能结构体系。我们在这里探讨足球队员

---

[1]　刘丹.足球体能训练——高水平足球体能训练理论与实证[M].北京：北京体育大学出版社，2006：4-5.

的体能结构问题，不是要把足球体能做简单或孤立的条块划分，而是要把体能训练与足球比赛实战需要相统一，使体能训练切实符合比赛的实际需要，就是要能够通过训练提高队员适应实战的体能。运动素质是队员形态结构、机能与代谢水平的综合表现，反映的是队员整体和综合的运动能力。这种运动能力的发展又会对队员的身体形态、结构和机能产生反作用。生理机能是队员体能状态内在的物质基础，运动素质与身体形态是体能的外在表现，心理素质是以上三个要素的衍生要素。但无论是体能训练还是对队员的体能评价，都要以适应比赛为目的和以比赛所表现的体能水平为标准。

（二）体能训练分类方法

体能是足球比赛的基本要素之一，足球比赛对队员的体能水平有着很高的要求。足球队员的体能有着复杂的构成：一方面，我们要对足球队员体能构成的原理有一个清楚的认识，这是做好足球体能训练的基本前提；另一方面，需要对体能训练的内容既有宏观了解又有细致探究，要使体能训练与比赛需要相一致。足球体能训练是采用符合足球特点的方法提高队员各器官系统的代谢水平和机能，使之达到比赛所需要的适宜状态。足球体能训练有着不同的分类方法，例如：按照专项需要划分，可分为一般体能训练和专项体能训练；按照队员成长阶段划分，可分为少儿体能训练、青年阶段体能训练和成年阶段体能训练等[1]。体能训练按照不同的分类方法有着各种不同的意义，实际的体能训练一定要综合采用各种分类方法，就是要符合足球体能训练的基本逻辑和利于达到最佳的效果。按照体能结构划分则可分为运动素质训练、身体形态训练、身体机能训练和心理素质训练，以上每一种类别的训练内容又可以细分及再细分，在此可以把足球队员体能训练按照体能结构做类别细分，见图7-5。

[1]　赖勇泉.体能训练理论与方法教程[M].北京：人民体育出版社，2009：13-15.

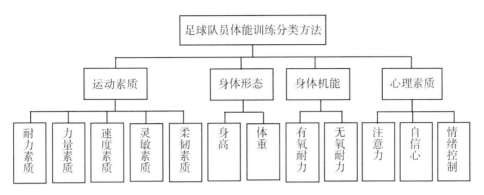

图7-5 按照体能结构划分的足球队员体能训练分类方法

四、心 理

心理是比赛基本要素中的保障性要素，了解心理的概念对于高效完成训练和比赛有着无可替代的助力作用，根据训练和比赛需要对心理训练做内容分类，是进行科学和系统训练的保证。以下探讨包括两个问题，即心理概念的解读和心理训练分类方法。

（一）心理概念的解读

足球队员在训练和比赛中错综复杂的心理活动表现可称为心理现象，一般包括心理过程、个性心理和心理状态三个方面[1]。心理过程是指队员每时每刻都在发生、发展和变化的心理活动过程。一般把心理过程分为认识、情感和意志三种过程。认识过程包括注视、倾听、回忆、理解、想象等；情感过程包括激动、快乐、幸福、痛苦等；意志过程包括追求、决心、努力、奋斗、坚持等。个性心理是指队员个体所具有的带有一定倾向性的比较稳定的心理特征的总和。心理状态是指队员在特定的时间范围内和特定的情境下所表现出的心理活动特点。作为比赛基本要素的心理问题，主要是研究队员在训练和比赛过程

---

[1] 马启伟.体育心理学[M].北京：高等教育出版社，1996：12.

中心理现象的规律与特点[1]。

　　足球队员心理状态对比赛技术发挥和球队整体实力有着巨大的影响，队员的心理过程兼而具备复杂性和可调性，所以心理训练是足球训练和适应比赛非常重要的环节[2]。队员整个成长过程及每一次的训练和比赛过程的个性心理是复杂的，例如：队员对训练和比赛的兴趣、投入、关注、自信等都一定有很多微妙的心理变化。再如：队员在比赛中变得成熟、稳健、顽强、专注等，很多比赛表现从心理学角度分析，就是一个心理成长和良性发展的结果。重大比赛往往取胜的关键是队员心理状态的调节，所以把心理训练作为专门的一个比赛要素是非常必要的。心理训练的最终目的是使队员在比赛中合理地分配注意力，达到与比赛相适应的心理状态，促使比赛能够有一个稳定的发挥[3]。

（二）心理训练分类方法

　　心理作为一个独立的比赛基本要素，对于足球训练和比赛的重要作用是不可忽视的。心理训练并不是孤立和专门的过程，心理训练多数情况是与比赛、技战术训练和体能训练等相结合进行的，也就是心理训练要与日常的训练和比赛过程相统一。此外，心理训练具有个性化特点，就是训练是根据每一个队员的心理状态而有针对性地采用措施[4]。心理训练还要有专门的过程，但不是身体操练的形式，主要是采用语言疏导、心理干预、心理测试、举办各种活动（如听音乐、逛街、购物、聚餐）等方法，达到转移注意力、调整心境和控制情绪的效果。心理现象与心理训练是两个不断相互作用的过程，其中包括两层含义，其一是队员的训练和比赛过程包含着一系列复杂的心理现象，其二是训

　　[1]　体育院校成人教育协作组《体育心理学》教材编写组.体育心理学[M]. 北京：人民体育出版社，1999：2-4.

　　[2]　体育院校成人教育协作组《体育心理学》教材编写组.体育心理学[M]. 北京：人民体育出版社，1999：4.

　　[3]　体育院校成人教育协作组《体育心理学》教材编写组.体育心理学[M]. 北京：人民体育出版社，1999：7-8.

　　[4]　马启伟.体育心理学[M].北京：高等教育出版社，1996：12.

练和比赛同时在积极地促进队员心理得到改善和适应。现在对心理状态的诊断方法越来越多样和精密，心理学专家可以通过问卷心理测试、观察和交谈等准确掌握队员的心理状态。

心理训练是队员成长过程中不可回避的问题，作为一种理论探讨需要利用分类方法展现足球心理训练内容的系统构成。心理训练的分类方法有很多，例如：按照处于不同的训练场景划分，可分为训练过程中的心理训练、比赛过程中的心理训练及训练和比赛之外的专门心理训练；按照对心理施加影响的方式方法，可分为干预性心理训练、疏导性心理训练和刺激性心理训练；按照队员训练动力调节系统的划分，可分为动机激发、兴趣培养、态度引导、习惯养成[1]；按照运动心理学的主要研究领域划分，可分为运动技能提高、个性心理培养、比赛竞技状态形成、心理机能养成、适应社会心理、训练动机形成、生涯规划心理等[2]。本著心理训练内容与方法是按照队员心理现象的反映，即从心理过程和个性心理两个方面做心理训练内容的细分，见图7-6。

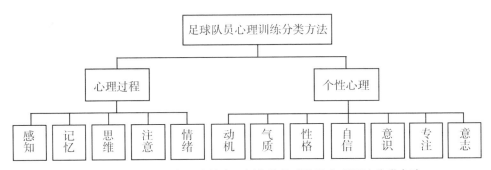

图7-6 按照心理过程和个性心理划分的足球队员心理训练分类方法

[1] 马启伟.体育心理学[M].北京：高等教育出版社，1996：80.

[2] 马启伟.体育心理学[M].北京：高等教育出版社，1996：20.

第八章
比赛攻守原则

　　欧美足球发达国家在长期训练实践和科研探索中总结出大量的理论成果，提炼出很多符合足球规律的基本概念、基本理念和基本方法，其中包括比赛进攻与防守原则的内容。本著对比赛攻守原则定义如下：它是足球比赛过程客观规律的反映，是人们在实践和理论研究的基础上而形成的比赛制胜必须遵循的准则。德国、荷兰和英格兰等国家的足球理论家，都做过对优秀俱乐部球队和国家队的长期跟踪调研，经过对比赛进攻与防守及进球与失球等大量技术数据的统计学分析，推导出足球取胜的一系列基本定式并向世人揭示：任何级别球队的训练和比赛都要遵循比赛攻守原则[1]。这种比赛攻守原则的研究也属于一种比赛模式的探索，是从大量比赛胜负得失的博弈中归纳出来的基本准则，无论是球队整体战术打法还是个人技术运用，只要是采取积极的进攻和防守方式，都一定要遵循这些基本的准则。攻守原则代表着足球正确的发展方向和比赛理念，足球队员从青少年时代就应当培养遵循这些原则的意识和习惯。比赛四个时段是从进攻和防守两个过程细分出来的，由守转攻瞬间及其后的整个进攻过程都要遵循进攻原则，由攻转守瞬间及其后的整个防守过程都要遵守防守原则，进攻原则与防守原则可以辐射和指导球队比赛过程的每一个瞬间，攻守原则与球队战术打法落实及与个人技术运用和战术执行都高度相关。本章阐述的比赛攻守原则，是综合归纳了国内外多年的研究成果，把诸多的相关观点做

　　[1]　休斯.足球获胜公式[M].杨一民，等译.北京：人民体育出版社，1999：3.

整合处理，从而建立一套完整的比赛攻守原则体系。

第一节　进攻原则

　　进攻原则是比赛进攻过程客观规律的反映及队员需要遵循的准则，是球队比赛进攻取得主动及获得更多进攻机会的基本要求。进攻原则是从大量的比赛数据和战例分析中归纳出来的符合比赛规律的阐述，是球队在训练和比赛中需要统一贯彻的基本行动标准。以下探讨包括两个主题，即进攻原则概念及其演变和进攻原则的内容。

一、进攻原则概念及其演变

　　进攻原则的概念及其演变是整体性地介绍进攻原则，通过对进攻原则属性及其发展演变的分析，可以帮助我们进一步理解进攻原则提法的合理性及其重要性。探讨包括两个问题，即进攻原则概念的解读和进攻原则的演变。

（一）进攻原则概念的解读

　　进攻原则是比赛进攻过程客观规律的反映，是人们在实践和理论研究的基础上而总结出来的球队整体及每一个队员个体都需要遵守的进攻方略和准则。比赛中球队遵循进攻原则是有前提和条件的，其一是进攻一方一定是处于积极追求进球和取胜的状态，如果队员不思进取也就无所谓进攻原则；其二是球队必须有整体统一的意志和良好的训练素养，如果一个球队斗志不足或实力不济也没有办法贯彻进攻原则。进攻原则是经过严格的逻辑推导所归纳出来的进攻基本准则，专家研究发现：任何球队处于正常的防守状态之时，都在各个不同的防守时段或某些瞬间，普遍性地存在带有共性的防守弱点和不足，例如：球队由攻转守瞬间防线拉开距离大、漏洞多。再如：组织整体防守向有球一侧密集会造成另外一侧的防守薄弱等。进攻原则就是针对这些防守问题而确立的。

　　图8-1为本著归纳的进攻原则，共有六条。六条进攻原则可以覆盖比赛的

所有进攻过程，也就是说，所有的进攻状态都可以从进攻原则中找到有效的指导方略。但比赛中并不是每一次进攻都要逐一遵循每一条原则，比如：由守转攻瞬间需要根据场地区域、队友位置及对方布防等情况的不同，而遵循不同的进攻原则，即便由守转攻处于相同的区域，也会有遵循哪一条进攻原则的优选。还有根据队员个体差异的不同选择，比如：同样的进攻机会对于善于突破和善于传球的队员，其遵循的进攻原则可以是不同的。进攻原则事实上是为所有球队建立了一个合理的进攻基本模式，是比赛要遵循的一般性进攻行为准则。当然进攻与防守永远是既对立又统一的两个方面，进攻原则一定要针对对方防守所处的状态而采用相应的方略。进攻原则具有普遍性的指导意义，但又不是一成不变和牢不可破的铁律。

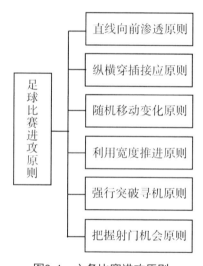

图8-1　六条比赛进攻原则

（二）进攻原则的演变

今天确立的比赛进攻原则经过了长期、缓慢的发展和演变的过程，是一步一步趋于符合实战的要求。若干年前的进攻原则与今天的进攻原则是截然不同的，因为人们每一个时期对进攻的认识和理解是不同的。例如：20世纪80年代初期的第一条进攻原则是"制造宽度"，这与今天追求快速和效率的进攻是不一致的。今天看来，无论是由守转攻的第一点触球还是处于组织进攻过程中，都一定是积极地寻找对方的防守漏洞和空隙，争取第一时间把球攻入对方的防守薄弱区域。现今发动进攻第一原则是讲求实效，制造宽度是展开全面进攻和保证控制球的必要条件，是可以同步完成的。当时全部的进攻原则依次是"制造宽度""加大纵度""机动灵活""应变能力"共四条[1]。80年代及之前欧洲的德国、荷兰、英格兰等国家就是这样认识进攻规律的，对进攻原则寓意的理解和文字阐述都有很多的不足和偏差。

20世纪90年代末期，在亚足联足球教练员培训教材中又出现了新的进攻原则阐述，全部五条进攻原则依次是"深度""宽度""突入""跑动""隐蔽"[2]，显然，这一套进攻原则强调了进攻的第一选择是把球攻入对方腹地的深度进攻，之后才是第二步的宽度问题。21世纪初又有八条进攻原则的提法，但各种进攻原则阐述正在逐渐趋于一致，就是进攻第一选择是快速和直接向前并直接威胁球门，再有就是强调根据比赛场上的各种不同情况，提倡进攻原则的灵活性和变通性。本著所归纳的六条进攻原则是国际上普遍认可的，基本可以覆盖性地指导进攻的所有过程及每一个进攻细节。

二、进攻原则的内容

进攻原则的内容就是具体的每一条进攻原则的条款，是直接与训练和比赛对接的有关进攻必须遵循的准则。进攻原则包括直线向前渗透原则、纵横穿插接应原则、随机移动变化原则、利用宽度推进原则、强行突破寻机原则和把握射门机会原则。

---

[1] 北京体育大学足球教研室.跟专家练足球[M].北京：北京体育大学出版社，1998：287.

[2] 亚洲足球联合会.亚洲足球教练员C级培训教程[M].北京：人民体育出版社，1999：61-62.

（一）直线向前渗透原则及其解读

1．直线向前渗透原则及其要义

直线向前渗透原则是进攻一方一旦处于积极主动的进攻状态，其第一要务就是发现和利用对方防守的漏洞或错误，力争快速将球向前推进并形成对对方的威胁和压力。其基本要义是：球队在发动和组织进攻过程中，特别是在由守转攻的短瞬时段，只要有向前的机会和可能，持球队员就要以直线传球或快运推进方式，不失时机地把球以最快速度攻入对方防守薄弱和能够形成威胁的区域，形成对对方防守的压力[1]。

2．直线向前渗透原则的解读

进攻原则第一条即代表球队处于进攻状态时的第一要务，其核心意思是不失时机地把球快速推进到更靠近对方球门的防守薄弱区域，但应当注意的是快速不代表盲目。无论是由守转攻瞬间还是组织进攻的过程中，球队都要贯彻和执行这一原则，其目的是创造更利于进攻的机会及形成对对方的压力。很显然，由守转攻的瞬间对方的防守阵线一般拉开较大，防守薄弱点相对较多而利于进攻推进；到了组织进攻阶段对方一般都收缩防守，就需要寻找和创造机会向对方门前推进。执行这一原则需要教练员灌输快速的意识，要通过训练而强化并统一这种快速意识，其中有两个训练要点：一个是由守转攻瞬间的反击意识；一个是控传球组织进攻过程中发现和创造机会的意识。统一贯彻和执行第一条进攻原则需要具备以下几个条件：第一，全队每一个队员都要建立这种直线向前的意识及相互呼应和提醒；第二，要着力发现和培养具有良好渗透传球意识和能力的进攻组织型队员；第三，要求有1~2名或更多的攻击型队员顶在前点有威胁的区域并做积极的策应移动；第四，要善于抓住对方防守出现的漏洞及进攻向前直传或快运的机会。

---

[1]　引用2009年以来中国足球协会D级教练员培训讲义的技术分类方法。

（二）纵横穿插接应原则及其解读

1．纵横穿插接应原则及其要义

纵横穿插接应原则是进攻一旦深入对方腹地或对对方具有威胁的区域，进攻方要围绕控球队员，采取前插、横扯、后应等多人同时的行动，以利于保持进攻态势和控球权。其基本要义是：进攻一旦攻入对对方形成威胁的区域，或者在对方腹地截获或抢到球，对方会采用快速紧逼和拼抢，此时进攻方需要围绕控球队员，形成纵向前插、横向拉扯及后方接应的多点策应，以争取创造进一步深度进攻的机会，没有机会也可以稳妥地控制球。

2．纵横穿插接应原则的解读

进攻原则第二条是进攻推进到对方腹地时所要采取的进攻方略，就是要形成多点同时的策应行动，以争取在保证控球权的基础上进一步地深度进攻。这种围绕控球队员的多点策应，要以创造继续深度推进和加大威胁对方为第一选择。在比赛中进攻一旦进入对对方有威胁的区域，控球队员及其周边的队友都会受到严格的限制，会受到对方的盯防、围堵及抢断等，这一原则要求控球队员周边的队友必须及时采取积极的策应行动，其目的就是保持进攻的态势及控球权。其中后应队员的移动要尽可能靠近控球队员，起到接应和声援作用的同时，保证接应点接球能够保持对对方的压力及更利于与控球队员做传切配合。贯彻和执行这一进攻原则需要以下的条件：第一，处于对方腹地的控球队员具备熟练的个人控球、传球、突破等技术运用及应变能力；第二，控球队员周围的队友要及时以前插、扯动和接应等积极的行动声援控球队员；第三，各种纵横穿插接应要相互呼应、有序及形成默契，控球队员至少要获得一个有效行动的支持；第四，这种局部协同配合行动需要具备良好的训练基础及不断在实战中练习和强化。

（三）随机移动变化原则及其解读

1．随机移动变化原则及其要义

随机移动变化原则是进攻推进到对方腹地及继续深度进攻之时，控球队员受到限制，周围队友的前插、拉扯和接应也受到钳制，此时要求队员随机做出对球的处理及各种插跑移动的变化。其基本要义是：当控球队员受到逼压及穿插接应队员受到盯防的时候，都需要随机地做出变化，如前插队员回撤接应，接应队员前插或摆脱，横扯队员前插或回撤等，控球队员则需要根据场上情况随机应变地做控球摆脱及重新寻找机会。

2．随机移动变化原则的解读

进攻原则第三条是进攻一方队员高超技艺、场上智慧和实战能力的集中体现，就是在对方防守高度严密的局部区域，队员表现出的处理球的创造性和场上位置变化的灵活性。进攻越是靠近对方球门，进攻的控球队员和策应队员也越受到对手严密的盯防，进攻的时间和空间都会受到严格的限制。这一原则主要体现队员处于对方严防中的训练素养，就是要求控球队员具备即兴发挥的创造力，要求无球队员具备连续移动变化意识及善于发现和利用机会的想象力，也要求进攻队员之间具备默契配合的能力。所以贯彻和执行这一原则需要达到更高的要求：第一，发现和早期培养能够深入对方腹地并具备洞察能力和创造性的天才队员；第二，有意识地、有针对性地让队员在实战练习中更多地完成各种应急技术和随机灵活跑位变化；第三，随机应变能力的培养需要长期在比赛实战中反复强化和积累经验；第四，教练员要精心挑选队员做合理的不同类型队员的组合与搭配并要经过长时间的训练磨合。

（四）利用宽度推进原则及其解读

1．利用宽度推进原则及其要义

利用宽度推进原则就是比赛一方处于进攻状态时，两侧边路队员要利用场地宽度充分拉开而形成利于向前推进的进攻面，组织进攻可以通过边路向前，中路深度进攻受阻则可以利用边路加大进攻深度。其基本要义是：进攻最直接和最有威胁的路径是中路，但边路是防守力量相对薄弱的地带，边路进攻也是有效达到进攻目的的手段，比赛中无论是组织进攻还是加大深度的推进都可以利用边路。中路进攻受阻时利用边路前插和中转边推进的保持攻势是非常重要的，应当避免轻易回传而减小对对方的压力。

2．利用宽度推进原则的解读

进攻原则第四条是强调利用场地宽度而铺开进攻面的大局意识，也强调在中路进攻受阻之时，应当利用场地宽度继续推进。遵循这一原则就要培养边路队员的拉开站位和边路接应意识，而现今的边路推进要求边路队员具备内切和向中路突破的意识和能力。前三条进攻原则分别是进攻组织、进攻推进及深度进攻三个过程所要遵循的原则，利用宽度推进原则则基本辐射整个进攻过程，包括整体进攻从后场、中场到前场的深度推进。利用宽度推进还包括中转边、边转中、边转边的转移进的内容，建立宽度意识利于球队找到最有利于进攻的突破点。当然利用宽度很重要的一点是要培养边路队员运球突破、快速推进及最后的传球和射门能力，要了解现今高水平比赛进攻的中边结合及边路进攻的特点。贯彻和执行这一进攻原则需要具备如下的条件：第一，培养队员建立宽度意识和整体多点进攻的大局观；第二，培养边路队员利用场地宽度的拉开意识、边路前插和内切意识及中路队员利用边路进攻的意识；第三，培养边路队员及参与边路进攻队员的边路进攻技能，包括各种边路插上、边路突破、传中及突破射门等技术特长；第四，进攻从外围组织到深度推进的每一个进攻递进过程都与利用场地宽度密切关联，利用宽度推进原则要与其他进攻原则相结合。

（五）强行突破寻机原则及其解读

1．强行突破寻机原则及其要义

强行突破寻机原则是进攻推进到威胁对方球门的敏感区域或处在有效射程范围，控球队员必须抓住时机并敢于冒险地采取个人突破或配合突破来寻求射

门机会。其基本要义是：比赛中出现逼近对方球门的机会不多，一旦出现机会就要一往无前，此时需要有敢于冒险的精神，也需要巧妙地利用同伴的策应及对方防守的漏洞实施个人突破或配合突破，即便没有同伴策应或存在困难，也要坚持实施突破行动而不可轻易放弃机会。

2．强行突破寻机原则的解读

进攻原则第五条主要是强调进攻队员在处于对方门前最后一道防线之时，提倡采取大胆冒险的突破行动，而不可以轻易丧失难得的机会，当然冒险也需要胆大心细。这一原则综合反映锋线队员及其他队员处于对方门前的比赛素养，一方面是要有最后冒险绝杀的意识和意志品质，控球队员要有以我为主的自信，所谓敢于冒险不是简单盲目的大胆，而是要以缜密观察和发现对方弱点为前提，而且还需要勤于思考和积累比赛经验。另一方面则是要培养处于对方门前之时所需要的各种接控摆脱、突破、连续突破及配合突破的技能，培养队员利用同伴跑位牵制而抓住短瞬机会的能力。这一原则的把握主要依靠在对方门前控球机会较多的前锋或前插的前卫队员，是一种瞬间决策和把握机会的能力。贯彻和执行这一进攻原则需要具备如下条件：第一，物色和挑选心理素质优秀的在对方门前有防守队员盯防情况下能够应对自如的队员；第二，培养面对对方最后一道防线敢于冒险的意识和强化培养对对方门前环境的心理适应能力；第三，采用专门的重复训练来强化队员处于靠近对方门前狭小空间的个人突破和配合突破的技能；第四，特别培养队员在对方门前的主动抢先意识及利用假射和假传摆脱突破的意识和能力。

（六）把握射门机会原则及其解读

1．把握射门机会原则及其要义

把握射门机会原则是进攻推进到对方门前有效射程内出现射门可能的瞬间，能够克服困难把握短瞬机会而完成有效射门，把握射门机会是高水平球队必备的素养和取胜条件。其基本要义是：一场比赛往往只有为数不多的可以完成射门的瞬间机会，而在有效射门区域对方肯定是防守密集并堵抢迅速，射门的时间和空间受限，多数情况技术难度较高，而射门是整个进攻过程取得进球的最后一击，比赛中一旦出现机会就必须抓住而不可错失。

2．把握射门机会原则的解读

进攻原则第六条是球队对比赛中最重要和关键一个环节的把控问题，整个比赛进攻都是以射门得分为目的的。现在比赛防守方在门前必然是层层设障和积极拼抢，进攻队员获得射门机会越来越难且稍纵即逝，即便是前锋队员也难得有几次直接面对守门员和球门的机会，而且出现机会也会因为时间和空间限制而要求瞬间即兴完成技术，往往没有技术准备过程且要求完成技术的难度高和有危险性，所以射门一直以来被称为世界性难题。把握射门机会也是队员临门一脚的技术问题，现今足球比赛门前机会把握越来越难，对优秀射手的技术要求也越来越高。从比赛整体战术设计及射门对于球队的重要性角度看，把握射门机会又是一个必不可少的进攻原则问题。贯彻和执行这一原则需要具备如下的条件：第一，球队要长期和系统地进行各种射门基本技术及各种比赛场景下的得分能力的训练与强化；第二，球队得分手必须具备很好的门前嗅觉和得分天赋，前锋队员天赋往往后天难以培养，更重要的是发现人才；第三，作为射手不仅需要具备良好的心理素质，还要具备应变意识、门前灵感和果敢冒险的勇气；第四，球队比赛过程中的射门机会把握需要做有针对性的专门套路训练和一些特殊的设计和安排。

第二节　防守原则

防守原则是足球比赛防守过程客观规律的反映及队员需要遵循的基本准则，是球队比赛中稳固防守及取得防守主动的基本要求。防守原则同样是从大量的比赛数据和战例分析中归纳出来的符合比赛规律的阐述，是训练和比赛中教练员需要贯彻和执行的基本标准。以下探讨包括两个主题，即防守原则的概

念及其演变和防守原则的内容。

一、防守原则概念及其演变

防守原则的概念及其演变是整体性地介绍防守原则及其发展演变的过程，通过对防守原则属性及其发展演变的分析，可以帮助我们更加深入地理解今天的防守原则提法的合理性及其重要性。以下探讨包括两个问题，即防守原则概念的解读和防守原则的演变。

（一）防守原则概念的解读

防守原则是比赛防守过程客观规律的反映，是人们在实践和理论研究的基础上总结出来的球队整体及每一个队员个体都需要遵守的防守方略和准则。一支球队做到很好地贯彻防守原则并不是轻而易举的，需要教练员长时间耐心灌输防守的理念与方法，需要队员具备良好的训练基础和素养，还需要队员能够以饱满的精神投入到比赛防守状态。防守原则基本是与进攻原则呈相互对应的关系，是对应着进攻原则和按照防守过程一般规律所归纳的防守基本准则。球队从由攻转守的瞬间开始为了有效地限制对方的进攻，每一个防守环节都需要遵循一定的防守策略，目的就是发挥本方的防守优势而制约对方的进攻优势。对方采取何种具体的进攻策略与方法是很难预知的，但作为防守只要遵循基本的防守原则就可以有效地抵御对方进攻。例如：对方由守转攻必然要采取快速向前的进攻，此时丢球队员或就近队员就要采取第一点反抢和封堵。再如：有球一侧防守密集情况下必然出现远端防守的松动或空当，此时防守就需要远端队员的合理站位和保护空当等。

图8-2是本著归纳的与进攻原则相对应的六条防守原则，同样，六条防守原则可以全覆盖地指导比赛的所有防守过程，比赛过程的每一个防守瞬间都可以从防守原则中找到基本的指导方略。防守原则虽然与进攻原则一一对应，但贯彻防守原则不同于进攻原则的灵活性，而是有一定的刚性。例如：在执行进攻原则第一条直线向前推进的时候，遇到反抢或封堵则可以临时改变推进的行

动；而执行防守原则第一条快速反抢延缓的时候，则是刚性和不可改变的。再如：球队从前场开始的完整防守过程，不管是采用何种防守战术打法，都需要一条一条地执行防守原则，而进攻则不同。一般所说的防守训练相对容易，而进攻训练相对较难，原因就在于防守过程相对比较固化，而进攻过程则要体现随机性、灵活性和多变性。当然贯彻防守原则也会有很多的细节差异和不同变化，比如：采用龟缩防守时不需要执行局部协同围堵原则等。防守原则是为所有球队建立的一个合理的防守基本模式，是训练和比赛要遵循的一般性防守行为准则，防守原则既具有普遍性的指导意义，也具有一定的刚性。

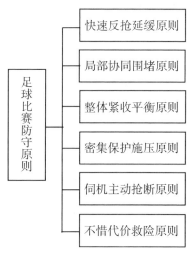

图8-2 六条比赛防守原则

（二）防守原则的演变

比赛防守原则的演变明显不同于进攻原则，防守原则发展到今天其主要内容虽然也有增加和调整，但基本内容架构变化不大。现在人们对防守问题的认识显然更宏观和细化了，例如：压迫式防守被细分为高位压迫、中场高位压迫、中场低位压迫、后场压迫等。但如前所述防守原则在基本架构上，过去与今天还是趋于一致的。例如：20世纪80年代中后期的第一条防守原则是"延

缓进攻"，与今天的第一条原则的寓意基本一致，当时全部的防守原则依次是"延缓进攻""对口平衡""收缩保护""紧盯控制"共四条[1]。以上四条防守原则也同样与今天的防守原则趋于一致，只是现在增加了"局部协同围堵"和"不惜代价救险"两条。早期的防守虽然也有前场的高位局部围堵，但没有像现在这样被上位为独立的原则及要求更加细化。当时防守第一原则的目的是阻截对手反击和延缓快攻，还没有上升为高位压迫的战术和强调反抢成功率，更没有形成前场高位的防守体系。20世纪80年代以前欧洲各国对防守的认知显然还很局限，防守原则体系也有很多的不足。

20世纪90年代末期，在亚足联足球教练员培训教材中所阐述的防守原则共六条，依次为"延缓""深度""集中""补位""平衡""控制"[2]，这一套防守原则与其进攻原则也是基本相对应的，但比同时推出的进攻原则多一条，也仍然缺少"局部协同围堵"和"不惜代价救险"两条的内容。其中在第一条"延缓"的基础上增加了局部协防保护的"深度"，而之后的"集中""补位""平衡""控制"等基本可以融入今天的防守原则体系，而且"补位"一条已经没有必要作为一条专门的原则。近几年欧洲足球发达国家和国际足联都推出新的防守原则阐述，而且观点基本趋于一致，本著所归纳的六条防守原则是国际上普遍认可的，基本可以覆盖防守的所有过程及每一个防守细节。

二、防守原则的内容

防守原则的内容就是具体的每一条防守原则的条款，是直接与训练和比赛相对接的有关防守必须遵循的准则。防守原则包括快速反抢延缓原则、局部协同围堵原则、整体紧收平衡原则、密集保护施压原则、视机主动抢断原则和不

[1] 全国体育学院教材委员会.足球[M].北京：人民体育出版社，1994：165.

[2] 亚洲足球联合会.亚洲足球教练员C级培训教程[M].北京：人民体育出版社，1999：63-64.

惜代价救险原则。

（一）快速反抢延缓原则及其解读

1．快速反抢延缓原则及其要义

快速反抢延缓原则是由攻转守时，丢球队员或离球较近的防守队员要迅速反抢，争取第一时间夺回控球权，最差也要封堵对方第一点进攻，阻截和延缓对方的快速进攻。其基本要义是：本方进攻过程中一般阵线拉开较大，防守薄弱点和漏洞较多，迅速反抢成功则可以继续推动进攻，反抢不成也可以延缓对方的快攻，特别是限制长传和直传，可以为本队的防守阵型收缩争取时间，以避免因为进攻时战线拉开而被对方反击受到威胁。

2．快速反抢延缓原则的解读

防守原则第一条是由攻转守时要求丢球队员和就近防守队员快速实施反抢行动，主要目的是封堵对方的第一点进攻，避免对方采用直传和长传的反击。由攻转守时快速的角色转换和反抢行动迅速，是任何有训练素养的球队必须做到的。执行快速反抢延缓原则有几个基本的要点：一个是就近反抢，就是要求离球最近的防守队员实施反抢；一个是反抢动作要果断、迅速，这是一种迅速做出条件反射的专业性要求；还有一个是反抢要使对手感受到被抢的压力和紧迫，以造成对方失误而直接抢断发动进攻。快速反抢延缓是个人技术行为，但却是整体防守重要的第一步，是执行后续防守原则的必要前提，也为接下来形成有序的防守层次创造了条件。贯彻和执行这一防守原则需要具备以下的条件：第一，建立整体的由攻转守第一时间的反抢意识和纪律，反抢不仅是封堵第一点进攻，还包括抢夺、追抢和协同的意识；第二，专门进行各种丢球瞬间个人反抢、二人夹抢的技术训练，培养正确和合理的反抢习惯及基本反抢技术能力；第三，结合真实比赛场景训练反抢的移动线路与抢堵方向，使反抢与局部协同围堵及整体防守相衔接；第四，反抢行动要与就近队友相互呼应，利用队友位置或站位而形成对对方控球队员的压力和提高反抢效果。

（二）局部协同围堵原则及其解读

1．局部协同围堵原则及其要义

局部协同围堵原则是由攻转守时就近防守队员实施反抢和封挡行动的同时，相邻的队友须采取协同行动围堵控球队员，并封堵传球路线和保护反抢队友，形成局部区域的防守人数优势。其基本要义是：任何个人的防守行动都容易变得低效，第一点反抢行动需要有局部团队呼应的协同行动，形成对对方控球队员的围堵和封锁传球路线，在形成局部防守人数优势的基础上实施对控球队员的夹抢或围抢，以给对手更大的压力及使其忙中出现技术失误。

2．局部协同围堵原则的解读

防守原则第二条是与第一点反抢差不多同时进行的局部团队协同行动，是对反抢队员的支援及形成局部的防守人数优势并实施夹抢和围抢。这种由攻转守瞬间局部的协同围堵行动，是现今足球比赛一种主动和积极的防守战术打法。由于个人单独的反抢行动往往是低效的，而采取局部协同围堵及夹抢和围抢则有很高的成功率，人们意识到局部协同配合的围堵和抢球行动是更为有效的防守战术，进而逐渐上升为整体的防守原则之一。当今的高水平顶级球队几乎无一例外地采用这种局部协同围堵的防守行动，足可见这一防守原则已经受到重视。贯彻和执行这一原则一般需要具备如下的条件：第一，球队需要建立统一的集体防守理念及局部协同围堵的团队行动意识；第二，有针对性地进行3~5人的丢球反抢与局部协同围堵的训练，包括不同场区情况下的反抢与围夹人员的层次与布控的训练；第三，丢球瞬间的反抢及同步协同围堵行动必须快速，参与人员的行动要高度协调一致和形成默契；第四，反抢、围堵、夹抢和围抢等行动的统一和高效，需要技术练习过程和长期比赛经验的积累。

（三）整体紧收平衡原则及其解读

1．整体紧收平衡原则及其要义

整体紧收平衡原则是在由攻转守的防守队员实施反抢和局部协同围堵的同

时，整体防守要按照位置分工的要求，阵型由进攻时前压和拉开状态迅速变为收缩和密集的状态，保证防守人数对等或处于优势。其基本要义是：比赛中由攻转守之后处于防守的相持状态之时，处于里线的防守人数要占据优势，整体的防守阵型要保证处于收缩和密集且有利于防守的状态，每一个防守队员回到自己对应的防守位置，形成合理的防守阵型。

2．整体紧收平衡原则的解读

防守原则第三条主要是强调整个球队要在快速形成阵型收缩和人员密集的同时，队员分布要按照防守位置对号入座。这一原则强调的是球队防守进入相持阶段的时候，要保证防守的人数优势和阵型的收缩与里线站位，反映的是由攻转守之后的整体防守布阵的形成过程。防守的阵型收缩和防守人数与对方的对等或形成优势，是组成坚固防线及变被动为主动的前提，任何球队的防守如果防线拉开过大或不能形成人数的优势，就必然会出现防守力量的不足和漏洞，很容易陷入防守的被动。贯彻和执行这一防守原则一般需要具备如下条件：第一，队员良好的体能基础及在疲劳状态下坚持的精神，每个队员都要有防守回收到位的意识和意志；第二，要求队员建立由攻转守快速转换的意识和防守回收到位的行为习惯；第三，在防守紧收到位的情况下要给对方以压力，形成扩大防守范围的张力，不一定全部回到里线站位；第四，对全队每一个队员的防守站位和抢球移动都要提出具体要求。

（四）密集保护施压原则及其解读

1．密集保护施压原则及其要义

密集保护施压原则是在整体防守阵型紧缩和防守人数占优的前提下，队形要向有球一侧密集，防守队员之间形成合理的协防保护，对对方持球队员及其附近区域要形成防守密度并逼近和压迫对手。其基本要义是：防守需要在有球一侧形成合理的人员密集和相互之间的有效保护，以在同伴抢球失误时能够及时补位和重新布阵，密集的目的是要为主动抢球及夺回控球权做准备，一旦形

成防守优势和合理布控就要主动积极地靠近和逼压对方。

2．密集保护施压原则的解读

防守原则第四条是在防守达到人数平衡之后的进一步深入的防守行动，是采取主动性防守抢球之前的布控准备的环节。足球比赛取胜的前提是多进球和少失球，所以防守即便在整体防守处于人数优势或平衡的前提下，仍然重视团队协同防守行动而不能个人盲目上抢，防守行动需要在稳妥保护和首先不失球的前提下，再追求防守的主动和抢球成功率，密集保护施压原则反映的是防守相持阶段形成整体防守之后，为实施抢球行动所做的缜密和稳妥的防守布控行动。贯彻和执行这一原则需要具备以下的基本条件：第一，球队整体阵型收缩到位并形成人数的相对优势，形成与对方相持的状态；第二，要以整体合理的布局和位置职责分工为前提，包括后卫要形成平行站位并作为球队整体站位的坐标，其他位置队员交错站位形成防守网络；第三，在有球一侧必须形成防守密集并形成一定的防守层次和形成对向前逼压队员的保护；第四，防守收缩站位、形成密集及相互的协防保护，包括逼压时机、人数及每一个人各自的责任担当，都需要有分工及训练的强化。

（五）伺机主动抢断原则及其解读

1．伺机主动抢断原则及其要义

视机主动抢断原则是指在整个防守过程中只要出现有利机会或对方技术失误，都要采取坚决的抢断行动，而在本方形成防守密集和协防保护的情况下，则要积极地向对方施压而采取主动的抢断。其基本要义是：防守一方在整个防守过程中始终要警觉地观察，一旦对方出现技术失误或者本方形成了防守密集和协防保护，就要不失时机地采取抢断和围夹的防守行动，而且在防守人数占优和形成有利机会的时候，提倡主动和积极的逼压和抢断行动。

2．伺机主动抢断原则的解读

防守原则第五条是贯穿于整个防守过程始终的对防守队员主动和积极抢

断的要求，是强调防守队员要有意识地靠近对手和主动出击。前边四条防守原则是依次由前场反抢开始的有序的防守过程，是处于各个不同防守阶段所要遵循的防守准则。但比赛中的任何防守阶段或瞬间，对方都可能出现技术失误而形成有利于抢断的时机，所以这一原则是强调防守时自始至终都要注意观察、发现及预判可能出现的抢断机会，随时随地实施主动的抢断。主动抢断显然是重新获得球权的主要途径和必要手段，对方失误也往往是在一定的防守压力之下，所以防守需要积极地接近对手和采取主动的逼压，而且主动逼压行动应当避免盲目和个人行为。贯彻和执行这一原则一般需要具备如下的条件：第一，全队要统一灌输由攻转守之后或球队处于防守状态时的对对方的观察和预判意识，一旦对方出现技术失误就要快速形成防守抢断；第二，防守抢断一定要在稳妥或抢断失误不会威胁到己方球门的前提下，所以需要把握抢断时机；第三，整体收缩和形成密集保护之后主动抢断需要正确的站位和熟练的防守技术，也需要形成防守队员的封堵、呼应的配合行动；第四，比赛中出色完成主动的断抢，需要具备良好的技术及经过大量的强化训练，需要几个队员之间的协同和默契。

（六）不惜代价救险原则及其解读

1. 不惜代价救险原则及其要义

不惜代价救险原则是球队以最大努力进行防守还会被对手突破防线或抢断失误，在面对最后一道防线失陷或在门前受到射门威胁时，队员须不遗余力地阻截对手射门以解救门前危机。其基本要义是：任何防守在遇到强劲对手时仍然难免出现防守失误，防守一旦出现门前险情或潜在危机，防守队员必须以不惜一切代价的精神全力阻截进攻或阻止射门，包括采取铲球、鱼跃冲顶、倒钩等救险的技术，甚至不惜付出战术犯规的代价。

2. 不惜代价救险原则的解读

防守原则第六条是比赛中本方球门出现险情时防守队员的行动准则，就是必须有坚毅和勇于担当的态度及具备救险的技术能力和果敢精神。足球比赛不同于其他体育项目，往往胜负就在一个进球，晋级或出局就在分秒毫厘之间，所以球队对球门的保护和门前救险是原则性的措施，对于门前的险情和可能造成威胁的射门必须有不惜代价救险的精神。不惜代价救险一直以来是所有的球队都在贯彻的防守原则，只是原来没有把它上升到防守原则体系之内，防守本身是一个系统的构成，一个完整的防守过程自始至终都需要遵循一些规律性的法则，把不惜代价救险列入防守原则体系也使得防守原则体系更加完整。贯彻和执行这一防守原则需要具备以下的基本条件：第一，提高全队的门前救险意识和加强相应的专门技术训练，以保证每个队员都能在关键时刻挺身而出；第二，一些救险技术有一定的难度和风险，也与场上位置有很大的相关性，训练需要有重点地培养一些队员专门的门前防守技术和救险能力；第三，通过各种比赛场景设计和专门手段强化队员在危急时刻的果敢救险能力；第四，注意培养守门员和防守组织核心队员，能够指挥整体防守并在门前救险的关键环节体现局部队员之间的协同配合能力。

下篇
足球训练基本方法

第九章
足球训练基本模式

足球训练基本模式是"足球训练基本方法"部分的首章内容，首先还是要清楚什么是足球训练基本方法。我国的《运动训练学》教材所阐述的训练方法是指教练员为了达到训练目标所完成的各项训练内容的操作流程，是为了提高运动成绩所采用的途径、方式和办法的统称[1]。这里可以通过逻辑推导和专家调查概括足球训练基本方法的概念是：足球教练员为了达到训练目标所完成的各项训练内容的基本操作流程，是为了提高比赛成绩所采用的基本路径和办法的统称。基本方法是足球训练方法体系中基础和架构的部分，借此可以铺垫性地对足球训练基本模式加以描述，它是对足球训练所做的宏观构思与设计的问题，是从大局和战略角度对足球训练整个过程所做的设想和规划，是在形成一系列基本概念和基本理念的基础上而确立的整体训练蓝图。"足球训练基本方法"探讨有着宽泛的范畴，本著只探讨后续的足球训练基本模式、足球训练取材、足球训练内容构成、足球训练方法演绎、足球训练计划与进度、足球训练主题与要点、足球训练指导与要求及训练课教案设计与实施等内容。把"足球训练基本模式"作为开篇，是希望首先帮助大家建立先进的足球训练整体设计的理念，展示宏观的关于足球训练的构思方法。

---

[1]　全国体育院校教材委员会.运动训练学[M].北京：人民体育出版社，2000：92.

第一节 足球训练基本模式及其结构

足球训练基本模式及其结构包括两个问题，是要在对足球训练基本模式的概念解读的基础上，再探讨足球训练基本模式的组成结构问题，以形成对足球训练基本模式从内在到外部的整体认知。所探讨的两个主题，其一是足球训练基本模式概念及其解读，是把概念结合一些训练模式实例加以解读和把握；其二是足球训练基本模式的结构，是借用足球训练由训练和比赛两大要素构成的原理，设计一种双元构成的足球训练基本模式。

一、足球训练基本模式概念与解读

足球训练基本模式概念及其解读是首先解决对概念的认识，是通过核心和外围解读相结合的方法建立正确的概念。问题探讨包括三个部分，即足球训练基本模式概念及其要义、足球训练基本模式解读及足球训练基本模式的共性与差异。

（一）足球训练基本模式概念及其要义

足球训练模式是指广大教练员已经习惯使用和易于运用在足球训练过程的被普遍认可并经过训练实践证明是成功和有效的训练方式方法。作为成功的足球训练整体设计的案例，无论是德国的足球天才培养计划，还是日本的青训大纲，无论是阿贾克斯俱乐部的青训规划，还是巴塞罗那马拉卡纳的青训大纲，都是反映足球本质和符合足球规律的足球训练模式。依据以上足球训练模式的定义及其案例列举，本著经过逻辑推导和专家调查对足球训练基本模式定义如下：足球训练基本模式是关于足球训练整体构思的命题，是经过长期训练实践探索与科学研究而建立的反映足球本质及符合足球规律的足球训练基本架构的设计。依据足球训练是由训练和比赛两大要素构成的观点，足球训练基本模式也是由训练基本模式和比赛基本模式二元构成的。因为足球训练基本模式是训练宏观构思与方略的高端问题，所以一定要以足球训练基本概念与基本理念的认识为基础，其基本模式的建立是为了更好地从战略层面把握足球训练的方向和整体运行。足球训练模式有着宽泛而广阔的范畴，前文在"足球训练基本概念"一章已经对足球训练模式做了解读，就是足球训练的方方面面都有训练模式的问题。反过来说，所有的足球训练活动都是借助于一定的训练模式进行的，足球训练基本模式是大格局地勾画足球训练的设计蓝图，其要义是能够使我们按照足球本质及其基本规律，宏观、全面、整体地认识与把控足球训练的过程，是很多具体训练模式与方法实施的必要前提。

（二）足球训练基本模式解读

欧洲是世界范围足球最发达的地区，很多被国际上公认的成功训练模式都是出自欧洲的国家。从足球训练模式成功的案例来看，大体可以分为两种类型：一种是国家足协统一领导及设计与实施的足球训练模式，典型模式包括德国足协"青少年足球天才培养模式"和法国国家足球学院"特莱方丹青训模式"等；另一种是由一个国家的地方俱乐部发端和主导并走向成功的训练模式，其典型模式包括西班牙巴塞罗那俱乐部的"马拉卡纳青训营模式"、荷兰阿贾克斯俱乐部的"阿贾克斯青训模式"等。实际上所有志在图强的国家足协及地方俱乐部，始终都在积极探索足球训练的最优模式[1]。从国家足协层面上说，包括欧洲的比利时、瑞典、瑞士、冰岛，亚洲的日本和北美洲的墨西哥等国家，都在国家足协领导和推动下取得了足球训练模式探索的重要突破。以上提及的国家或俱乐部的训练模式都是对足球训练整个过程的统筹设计，是经过反复的实践、理论探索和再实践的不断认识飞跃的过程，都可以称作一种成功的足球训练基本模式。这些训练模式都可以作为我们学习和借鉴的案例，但我国明显地对足球训练基本模式探索缺乏重视。其实包括德国和日本足协及阿贾克斯和巴塞罗那俱乐部制定的统一训练大纲，都是一个完整的足球训练基本模式的构成。我国统一训练大纲的制定，往往缺乏深入的理论研究和结合训练实

---

[1]　刘夫力.我国校园足球理论体系构建与发展模式归类的研究[Z].国家体育总局体育社会科学研究项目，2017：32.

践的探索，反反复复制定的青少年足球训练大纲都是空中楼阁和有名无实。

（三）足球训练基本模式的共性与差异

人们在探索足球训练规律与原理的过程中已经形成了很多的共识，前文"足球训练基本理念"部分的诸多问题探讨，是综合了足球发达国家的成功经验和理论成果，是在追求与国际先进足球理念达成统一。在足球训练基本模式问题上，我们必须学习和借鉴足球发达国家的思想方法与经验，特别要深刻理解各种成功训练模式的精髓和要点。很多成功案例表面上看并不复杂，大家也很容易通过资料和训练视频看到他们精彩的演绎，但往往忽视成功模式背后的思想内涵和细节。足球训练基本模式有很多共性的构成，例如：成功的训练模式一定是一个"金字塔工程"，必须有大面积的普及做铺垫，要有工程的重点和关键环节，要经过层层的培训与筛选过程。再如：成功的训练模式一定是一个长期、系统和连续的过程，是周而复始和循序渐进的训练体系，训练过程需要有顶级专家的领航和大批优秀教练的深度参与和担当。又如：成功的训练模式构成一定包括训练和比赛两个部分，训练是把比赛作为核心和目标，是把比赛作为训练的延续及其必要内容等[1]。我们的对外交流、理论探索及组织各级教练员培训等，其重要目的是推广先进足球理念及形成更多的共识，这些也是足球训练基本模式的认识基础。

当然，每一个国家或俱乐部，以至每一个教练员的训练模式都不尽相同，这是我们足球训练基本模式探讨要明确的问题。比如：德国人说比赛是训练的导师，比赛决定训练的内容、形式和负荷；而荷兰人说学习踢球好比学习驾驶汽车，必须在真实的道路上完成。两种提法在思想根本点上是一致的，但在具体的训练设计及操作的方式方法上肯定是不同的。就像德国队与西班牙队、荷兰队与意大利队、巴西队与阿根廷队的战术打法与风格是不同的，其原因不仅是各个国家有着不同的足球传统、民族气质、身体特点和足球理念等，还有很

---

[1] 范林根.足球训练[M].杨一民，李飞宇，李连胜，译.北京：人民体育出版社，2002：30-32.

188

大一部分原因是他们在足球训练基本模式的设计上存在差异。所以我们需要在了解诸多训练模式共性特点的基础上，深入研究不同国家足球训练的个性和差异问题。本著探讨足球训练基本模式，是在剖析和解读诸多足球发达国家及其俱乐部成功训练模式的基础上，汲取各种训练模式的优点和精华，再结合我国的具体实际而建立一套我们自主创新和符合先进理念的足球训练基本模式。

二、足球训练基本模式的结构

足球训练基本模式结构的探讨是整体格局和架构组成的问题，是有关足球训练大格局构成的宏观认识问题，足球训练基本模式的设计必须以整体的合理结构为前提。以下探讨包括三个问题，即足球训练阶段划分及其前提因素、足球训练基本模式的双元结构及双元足球训练基本模式的设计。

（一）足球训练阶段划分及其前提因素

在足球训练所有的共性特征中有一个必须遵循的原理，就是足球训练由低级到高级在时间纵向上的阶段划分模式，一般划分为启蒙阶段、初级阶段、中级阶段、高级阶段和职业阶段五个阶段，其中前四个阶段是足球队员的成长阶段[1]。足球训练基本模式是关于足球训练整体过程设计的问题，必须遵循足球规律和队员身心发展规律，其中包括训练五段划分的基本原理。足球队员成长的阶段划分有几个前提因素需要在此统一认识，就是作为训练必须考虑的训练起点、时间周期和时间总量三个因素。

第一，足球训练的起点因素。一个完整的足球训练一定是一个长期的过程，其中不可回避的问题是队员训练的起始年龄问题，对此曾经有过从10岁、8岁以及6岁等开始训练的各种不同提法。后来业界基本认同从4岁或5岁开始更为理想，认为足球启蒙训练的球感就如同音乐启蒙教育的乐感，幼儿阶段培养

---

[1] 范林根. 足球训练[M]. 杨一民，李飞宇，李连胜，译. 北京：人民体育出版社，2002：21-23.

和建立的人对球的感知是青少年阶段无法用时间弥补的，多数专家认同这种从幼儿开始启蒙训练的观点。

第二，完整足球训练过程的时间周期因素。这个问题曾经有过足球队员需要8年和12年等各种训练周期的提法，这是队员从启蒙训练到20岁成为职业队员的时间跨度问题。随着职业足球比赛对队员的要求越来越高，世界各国都战略性地提早开始对未来足球人才的培养，足球训练16年周期的提法渐而成为统一的观点。

第三，完整足球训练过程的时间总量因素。足球训练的各个要素构成最后要统一于时间要素上，这个时间总量问题是必须考虑的一个因素。荷兰阿贾克斯俱乐部首先提出了足球训练的"一万小时定律"，"一万小时定律"是作家格拉德威尔在《异类》的书中首先提出的定律，后来被引用到各行各业，意思是想成为某个行业的业务强者就必须付出长期的努力。"一万小时定律"显然不一定要达到一万小时，更不是投入了一万小时就可以成为强者，其核心意思是成功的足球训练必须有足够的训练时间累积。

（二）足球训练基本模式的双元结构

任何足球训练的主体都需要有一个宏观的足球训练基本模式的设计，这种基本模式并不是统一和唯一的，不同主体及相同主体处于不同的发展阶段，其基本模式都可能是不同的。在优胜劣汰的竞争中也会出现基本模式的先进与落后、科学与不科学、全面与片面的不同。从某种意义上讲前文探讨的比赛攻守原则、比赛基本要素以及足球训练要素等，都可以认为是一种足球训练的基本模式，都可以相互融合和借鉴。本章所探讨的基本模式是足球训练整体框架构建的问题，是希望把前文足球训练基本概念、基本理念及足球规律探讨的思想成果融入模式设计之中，并与具体的训练内容与过程操作相贯通，即与后续各个章节的问题探讨连接起来，形成一个框架式的足球训练整个过程的蓝图设计。

足球训练是一个长期、复杂和综合的系统过程，从不同的出发点和目的去考察足球训练体系都会有各种不同的要素构成。本著足球训练基本模式的探讨既要从系统角度全面分析问题，又要与训练实际需要相统一而达到指导实践的目的。为了认识和分析这样一个复杂的系统构成，除了需要明确各个前提因素及纵向时间轴上的五段模式之外，还需要在横向构成上做必要的划分，这样更利于我们有层次和结构性地认识训练问题。根据完整的足球训练构成包括训练和比赛两大要素的观点，即"训练是以比赛为核心和目标，比赛是训练的延续和必要内容"的二元统一关系，可以把足球训练基本模式做双元化处理，就是把足球训练基本模式分为比赛模式和训练模式两部分。事实上，现实的足球训练工作都是包括比赛和训练两部分，是把比赛作为训练工作的龙头发挥着带动和引导的作用，组织竞赛及其建章建制始终是训练工作的重点，比赛之外的平日训练是整体训练工作的基础支撑。双元结构是综合各种观念和结合训练实际需要所设计的整体训练模式，是希望大家重新建立对足球训练完整构成的认识，重新从队员成长需要和训练学角度认识比赛对于训练的作用，见图9-1。

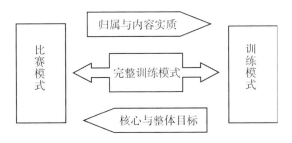

图9-1　足球训练基本模式双元结构中训练与比赛的关系

（三）双元足球训练基本模式的设计

按照队员16年成长过程来设计足球训练基本模式[1]，需要把训练起点、四个成长阶段及每个年度周期的所有训练信息归于一个模式之下，显然其构成过于复杂和容量过大。即便把基本模式按照比赛模式与训练模式双元结构进行设计，两个模式各自构成仍然是复杂的。从方法学角度看，模式是某事物的结构

---

[1]　德特勒夫·布吕格曼.足球实战训练——比赛是最好的导师[M].王新洛，曹晓东，译.北京：人民体育出版社，2016：14.

特征和存在形式，模式可以作为分析和解决问题的优化设计，建立模式可以清晰地认识问题及用高效的方法达到预期的目的[1]。事实上，足球训练各个阶段的每个年度，其比赛和训练的构成和内容都是重复的，要对整个足球训练过程形成清晰的认识，可以以一种简化模式代替复杂的原型。综上所述，我们可以借用模式的原理与方法，运用比赛与训练双元结构的构思，把足球训练16年过程的基本内容和主要信息融于一年周期的设计，即建立年度周期的双元结构足球训练基本模式。

关于年度周期双元结构足球训练基本模式的设计，见图9-2。事实上，模式就是队员16年训练和成长过程的浓缩，足球训练每一年的要素构成和内容比例是相同的，每年周而复始的过程可以用年度模式代表足球训练基本模式。虽然不同阶段及其每个年度的比赛场数与训练内容会有差异，但足球训练基本模式只是整体架构，是为了直观和综合地展示足球训练的基本构成。足球训练基本模式的双元结构设计，一方面，是强调和突出比赛在整个训练过程中的地位和作用，不仅要把比赛作为训练的核心和目标及作为训练的组成部分，而且要在训练基本模式构成上居于首要和领先的地位；另一方面，建立足球训练的双元结构模式也是一种理念，是在训练设计与构思上把比赛作为训练内容，把比赛和训练区分开来，又把两者视为统一的训练问题。双元结构设计的目的是要改变以往把训练与比赛相割裂的做法，强化形成一种正确的观念。

---

[1]　王本陆. 课程与教学论[M]. 北京：高等教育出版社，2009：192-193.

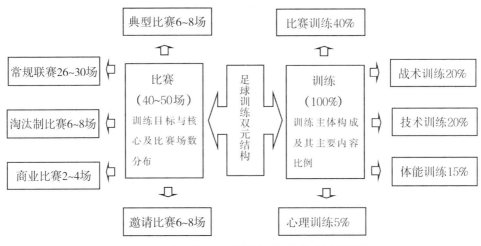

图9-2 年度周期双元结构足球训练基本模式设计

第二节 双元足球训练基本模式的"分解"

双元足球训练基本模式的"分解"是按照"比赛基本模式"和"训练基本模式"的双元构成，把整体和统一的足球训练基本模式分成两个部分，再分别对两个基本模式进行布局和设计，进而形成一个完整的足球训练基本模式。以下探讨分成两个主题，其一是比赛基本模式的设计与解读，其二是训练基本模式的设计与解读，通过对两个模式的"分解"和合成而形成我们对足球训练基本模式的完整认识。

一、比赛基本模式的设计与解读

比赛基本模式的设计与解读是专门对队员整个成长过程的比赛部分所做的设计，是整体足球训练基本模式双元构成中独立的一元，在整个训练中发挥着核心和引领作用。问题探讨分为三个部分，即理想比赛模式的概念与条件、比赛场数整体分布的设计及比赛基本模式的设计与解读。

（一）理想比赛模式的概念与条件

1．理想比赛模式的概念

理想比赛模式是指教练员根据自己对比赛的理解，对球队整体攻守打法及具体战术和技术行动方法所做的最佳设计，是队员在各种比赛场景下按照统一标准做出应对的方式方法。理想比赛模式是足球训练基本模式设计的核心和最高目标，也是整体训练的重要理念支撑，当然其模式设计要符合队员的认知能力和训练水平。前文所定义的顶级比赛模式、国家队比赛模式、职业俱乐部比赛模式等都是理想比赛模式。提出"理想比赛模式"的概念，是希望教练员组织训练要设立最高的目标，而理想比赛模式的建立就是要达到最高目标的标准。建立比赛基本模式显然是要通过大量比赛的磨炼达到最高的竞技水准，而不是为了追求各种不同类型比赛累加场数的多少。这种由量的积累到质的改变，是比赛模式及整个足球训练基本模式设计的真正目的。凡是志存高远的足球组织机构和教练员个人，一定会把最高足球竞技水准作为训练的目标，这一过程需要队员获得比赛经验的积累和心智成长，需要经历大量的比赛锤炼而达到最高的目标，教练员则必须对比赛目标的标准做精心设计。高水平教练担当训练任务，心中一定有一个要达到的高标准的比赛模式设计，这就是理想比赛模式。

2．理想比赛模式的必要条件

理想比赛模式最后是通过教练员个体设计而显现的，但船位的高低是由水位的高低决定的，一个国家的足球文化根基、理论研究深度、理念先进性、教练员队伍强弱等就是载舟之水。理想比赛模式的设计需要几个方面的条件：第一，教练员要把握足球比赛竞技的原理和要点，要有国际视野，以世界优秀球队在高水平比赛中的战术打法和技术表现为样板，通过比赛观察建立球队战术与技术行为的标准，从而形成先进理念和指导方法。第二，教练员需要有长期、扎实和艰苦的思考过程，要通过大量的学习、训练、比赛实践及与国外高水平球队的交流互动，还要善于从个人及其他优秀教练员的成功与失败中总结经验，就是要有一个

194

理想比赛模式的不断实践、否定、再建立的反复过程[1]。第三，教练员要深刻了解自己球队的品质、性格和传统，把握球队整体最佳的阵型与战术打法设计，要深入了解每一个队员的习惯和特点，所确立的理想比赛模式不是一成不变的，而是要不断做调整和改变。第四，教练员的性格和风格是理想比赛模式的重要因素之一，球队整体打法的差异性往往体现在教练员的气质上，而且每个教练员的人生经历、足球专业成长经历、学习经历及执教经历都是不同的，理想比赛模式一定印刻着教练员的个人追求及其深邃的思想。

（二）比赛场数整体分布的设计

1. 比赛场数问题的认知过程与设计

比赛基本模式的外在形式是比赛场数的设定及其比例分布，队员成长必须有相当的比赛场数累积。2007年德国籍的国际足联讲师克里特在A级教练员培训时提到，一个职业队员的成长最少需要积累300场的比赛经验[2]；2008年英国籍专家阿弗雷德在中国做"科化训练"推广时说，职业队员需要有400场正式比赛的经验积累。2012年荷兰阿贾克斯俱乐部技术主任里克林克在中国做技术主任培训时用图表显示，一个顶级球星的成长最少需要经历600场比赛，其中启蒙和初级阶段的小型比赛300场，中级和高级阶段十一人制比赛300场[3]。根据我国的现实可能和培养人才的需要，对我们现阶段足球队员成长过程的比赛场数的整体设计见表9-1。

---

[1] 美国国家足球教练员协会.经典足球指导教材[M]. 李春满，等译.北京：北京体育大学出版社，2009：226.

[2] 引用克里特2007年中国足协A级足球教练员培训讲义的内容.

[3] 引用里克林克2012年中国足协专职足球技术主任培训讲义的内容.

表9-1　足球队员各个成长阶段及年度比赛场数设计

训练阶段	年龄跨度	比赛规制	比赛时间（分钟）	年度比赛（场）	典型比赛（场）	阶段总合（场）
启蒙	U6、U8	三人制和四人制	20和30	30	4~6	120
初级	U10、U12	五人制和八人制	40和60	40	6~8	160
中级	U14、U16	八人制和十一人制	60和90	40	6~8	160
高级	U18、U20	十一人制	90	50	6~8	200

2．以比赛实战为核心理念的解读

　　足球训练核心理念的要义是一切训练活动要以比赛为核心，具体就是训练以各个阶段所设定的年度比赛为核心，其实质就是要以比赛取胜为目的和工作中心。而作为足球组织机构及其聘请的优秀教练，一般是要以多年训练周期中某一年的大赛取得成功为目标，以重要赛事决定性比赛的取胜为目的。例如：世界足球强国国家队的目标是世界杯冠军；欧洲优秀俱乐部的目标是欧冠冠军。再如：中国国家队以获得世界杯出线为目标；中超优秀俱乐部以获得亚冠冠军为目标等。可见具体的比赛取胜目的虽然重要，但一个高水平球队年度比赛要以几次典型比赛的表现及取得实力增长为中心，这样以比赛实战为核心的理念及其比赛取胜的目标就不是眼前具体某一场或某几场比赛的取胜，而是重大比赛的最终成功。这种长远的比赛目标及其规划的设计，要求教练员要建立理想比赛模式及其标准，球队在大量的比赛实战中逐步得到实力的增强及达到相应的标准。

　　以比赛实战为核心的训练理念，需要在训练整个过程及其所有环节都体现其核心地位，在比赛基本模式及比赛场数整体分布的设计中，肯定要以理想比赛模式为核心和技术发展的目标，进而围绕球队达到最高的比赛竞技水平的需要设计整体的比赛场数分布及进一步的比赛与理想比赛模式对接的措施，这样才是真正做到以比赛实战为核心。核心理念的核心地位不仅是体现在某一次训练课或某一个训练阶段，而是要体现在整个训练过程的始终。所以整体的足球训练基本模式的设计要以比赛基本模式为核心和龙头，整个队员成长的16年要以640场比赛为核心；每一个阶段4年的训练周期要以160场比赛或200场比赛为核心；一个年度的训练周期要以40场比赛或50场比赛为核心；一个年度的6~8场典型比赛是核心的核心；一周的训练要以周末比赛为核心；一次训练课要以训练主题的比赛实战内容为核心。

（三）比赛基本模式的设计与解读

比赛基本模式是围绕队员整个成长过程周而复始的年度比赛所做的整体设计，是把一个年度内的比赛做分类和整合处理，使各种比赛的布局及比例安排趋于合理，使队员比赛经验累积更加良性和高效。"训练是以比赛为核心和目标"不是空洞的口号，是要把最后取得优异比赛成绩作为训练的最终目的。为此比赛模式与训练模式的设计要相互搭配和衔接，把比赛模式作为训练模式设计的依据和指导，所有训练活动都要以比赛为中心及围绕比赛的需要制定规划，比赛模式设计要能够逐步达到理想比赛模式的标准，理想比赛模式应当与世界顶级球队的标准相一致。比赛场数即16年640场比赛、每个阶段160~200场比赛及每个年度40~50场比赛，是比赛基本模式设计的基本内容，足够数量的比赛是获得充分比赛体验的前提，是达到最高竞技水准的必要条件。但仅仅依靠简单比赛数量的累积是远远不够的，还要把各种不同类型的比赛按照一定的比例分布，构建起比赛基本模式的合理布局。综上所述，比赛基本模式需要有一个优化的整体设计，设计是以训练最后达到理想比赛模式的标准为目标，还要稳妥地和一个一个地达到每个阶段性理想比赛模式的标准。图9-3是整体比赛基本模式的设计，下文结合图形对设计做具体的解读和说明。

1. 比赛基本模式的整体结构

模式顶端的理想比赛模式标准是整体的核心和目标，底端是队员16年成长过程及其640场比赛构成是模式的基础和依据；要达到理想比赛模式标准，需要分阶段及建立阶段性的理想比赛模式及标准，要有步骤地向目标推进；16年成长过程640场比赛前8年的启蒙和初级训练阶段，是以小型比赛为主的280场比赛，主要目的是掌握全面和扎实的足球技能及适应比赛和实战氛围，后8年中级和高级训练阶段，以十一人制为主的360场比赛，主要目的是巩固全面技能和培养技术特点及积累比赛经验；完成完整的四个成长阶段的全过程，队员每年要完成40~50场比赛的经验积累，其中要有6~8场典型的比赛，最后，天赋和态度优秀的队员可以达到理想比赛模式标准[1]。

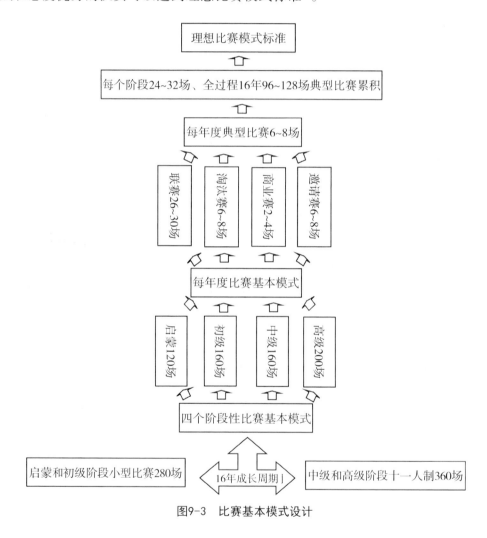

图9-3　比赛基本模式设计

[1]　引用里克林克2012年中国足协专职足球技术主任培训讲义的内容.

2．阶段性比赛基本模式的结构

把队员16年成长过程分为各为四年的四个训练阶段，即启蒙阶段、初级阶段、中级阶段和高级阶段，各自建立阶段性比赛理想模式及其目标的标准，是各自通过160场或200场（启蒙阶段120场）比赛达到相应的标准；理想比赛模式需要最高级别的职业级教练员的最优秀者完成其设计，相应的各个阶段性的理想比赛模式，要由相应级别的最优秀教练员来完成设计；比赛基本模式的设计实际是围绕年度比赛进行的，是按照每个年度40~50场比赛及各种比赛的比例分布，确定各种比赛的目标和要点，足球训练也是以年度为单位而逐年累积，是经过这样有目标、有计划、有节奏的一场一场的比赛累积，最后达到理想比赛模式设计的要求。

3．年度比赛基本模式的结构

年度比赛基本是队员16年成长过程每年周而复始进行的，这个模式就是具体的各种比赛所占年度40~50场比赛的比例；年度40~50场比赛有各种不同的类别划分方法，通常是常规联赛26~30场，淘汰制比赛6~8场，商业性比赛2~4场，邀请赛6~8场。其他的类别划分方法还有按照比赛对手强弱的等级划分、按照比赛重要程度的级别划分和按照比赛地点或主客场的划分等，这些因素也要统筹考虑近年度比赛基本模式的设计；每个年度系统地按照各类比赛的分布完成各自的比赛场数，每一类比赛对队员成长都发挥其各自的作用，这样各种比赛也就共同构成了年度比赛基本模式，是年度训练的核心，起到龙头的作用[1]。

4．年度比赛基本模式中各种比赛

常规联赛26~30场：按照一年各个时期基本的训练节奏迎接各种不同的比赛对手及适应客场和主场的比赛氛围。淘汰制比赛6~8场：针对各种不同对手设计比赛阵型和战术打法，主要是解决一场定胜负比赛的心理、经验及适应能力。年度2~4场商业性比赛：建立商业意识和公益意识，适应社会发展，同时

---

[1] 引用里克林克2012年中国足协专职足球技术主任培训讲义的内容.

让年轻队经受比赛磨炼和积累比赛经验，磨合阵型和加强队员之间的配合。年度邀请赛6~8场：主要是根据球队发展的需要，如演练阵型、考察队员、适应比赛对手、恢复状态及接受其他球队邀请等。球队内部的练习比赛：主要在训练课采用，有针对性地培养队员各种个人能力。正式比赛是平日练习比赛和实战能力培养的核心，高质量比赛是所有训练和比赛的核心。

5. 年度典型比赛的安排

一个年度要完成6~8场典型比赛，就是要求队员有各种典型的比赛体验和经历，体验具有不同挑战性的比赛，例如：以弱胜强的比赛、反败为胜的比赛、反胜为败的比赛、大强度高体能消耗的比赛、旗鼓相当的比赛、高水平发挥的比赛、对强队差距大的比赛、对弱队恢复自信的比赛等。各种比赛队员有着各自不同的心理过程、压力、技术发挥、挫败感及成功体验等，队员经历以上各种比赛都是非常必要的历练过程，是达到最高竞技水平的必要过程，只有不断经过各种不同的比赛考验，队员才能逐步形成足够的自信、顽强的精神及克服困难和顶住压力的勇气，以及无论在胜利还是失败面前都能够保持清醒和冷静。

二、训练基本模式的设计与解读

训练基本模式的设计与解读是对队员成长训练过程所做的设计，是整体足球训练基本模式双元构成中的基础和主体部分。以下探讨分为三个问题，即训练的主体地位及其时间总量、阶段训练模式及其阶段积累和训练基本模式的设计与解读。

（一）训练的主体地位及其时间总量

队员成长过程640场比赛满打满算是800小时左右，从时间上说只是整个训练总量的极小部分，所以可以说训练过程才是整个足球训练基本模式的主体部分。训练基本模式的设计是为了使训练更加科学和高效，是整体训练设计的基础部分和达到理想比赛模式标准的基本支撑。比赛虽然是训练的核心和目标，但比赛目标的实现不是简单地依靠多打比赛的数量积累，比赛背后需要有大量的个人技能、战术配合和体能的训练强化，这些能力是比赛高水平发挥、心理稳定和体能充沛的基础，这些必须经过长期训练和技术不断提高的过程。虽然队员的成才有不同的标准和特例，但从启蒙阶段到最后成为职业队员必须达到一定的训练时间量，而且为了达到各个成长阶段理想比赛模式的要求，每个成长阶段都需要有足够的训练时间保障。根据四个成长阶段划分和诸多足球发达国家的青训经验，可以推算出队员16年成长过程的训练时间总量及每个阶段的时间量，由此建立一个足球队员各个成长阶段的训练时间分配量表，见表9-2[1]。

表9-2　足球队员成长四个阶段的训练时间分配模式

训练阶段	年龄跨度	每周次数	每周时间	每年次数	年训时间	课余训时	时间总量
启蒙	U6、U8	3	4.5	150	225	225	1 800
初级	U10、U12	3	6.0	150	300	300	2 400
中级	U14、U16	4	8.0	200	400	400	3 200
高级	U18、U20	5	10.0	250	500	500	4 000

注：表中的时间单位均为小时。

足球队员的成长仅仅靠比赛磨炼是远远不够的，队员技术技能的提高、战术意识的强化、团队配合的默契和体能水平的提升，都需要大量专门训练时间的投入，包括队员稳定的整体发挥和良好比赛心理的形成，也都需要大量专门的有针对性的训练的时间累积。所以训练与比赛是相互依赖和相互促进的关系，两者都是统一整体的一部分，又都是各自独立和专门的过程。训练是比赛的基础和前提，训练要以比赛为核心及围绕比赛的需要进行设计和规划，比赛也必须以训练为根本和依托。这里突出强调训练的主体地位，就是要确立训练过程是整个足球训练基本模式构建的基础和主要内容，只有有了足够训练量的积累，才能够保证比赛目标的实现。

---

[1]　范林根.足球训练[M].杨一民，李飞宇，李连胜，译.北京：人民体育出版社，2002：4.

（二）阶段训练模式及其阶段积累

训练阶段是根据队员生理、心理及心智水平的阶段成长规律而划分的，认识队员阶段性成长规律与特点对于训练具有重大意义。阶段划分及一年一年周而复始的训练不是把训练过程截然分开，而是要前后贯通和循序渐进地完成阶段性的训练积累和推进。一个国家培养少儿就瞄准世界最高水平是难能可贵的，也是我们应有的志向和信念。但队员处于不同的成长阶段，所能够达到的技术高度是有限的和无法逾越的，教练员不可以跨越阶段而拔苗助长。所以，队员每个成长阶段都要有明确的训练目标和指标要求，都需要建立阶段训练模式并取得训练的成功，积累阶段性训练成果，如此才能达到理想比赛模式及其具体标准的要求。各个阶段的训练设计及阶段理想比赛模式标准的设计，也是需要由各个级别最优秀的教练员担纲，需要有众多各类专家和智囊的共同参与，现阶段在中国需要有足球发达国家专家的智力支持。

国家制定整体的训练大纲及具体规划，最高目标必然是达到理想比赛模式的标准。训练大纲需要遵循队员各个阶段的成长规律和特点，训练需要围绕队员不同阶段所设定理想比赛模式的目标，统筹四个阶段的训练设计及阶段性的逐步推进。按照本著"双元足球训练基本模式"的设计，还需要建立不同阶段的比赛模式和训练模式并使之不断改进和完善，当然更需要先进训练理念的支撑和引导，需要制订科学的训练计划和强化科学手段。训练大纲每一个阶段目标及年度训练目标的实现，一定要有训练的统筹及大量具体工作的推动，无论是技术和战术训练，还是体能和心理训练，包括比赛经验、意志品质和团队精神的培养，都需要训练和比赛过程的打磨和训练量的积累。

（三）训练基本模式的设计与解读

训练基本模式是围绕年度训练所做的整体设计，是根据队员整个成长过程训练积累的需要把周而复始的年度技术、战术、体能和心理训练内容做整合处理，使各项内容的比例安排趋于科学和合理。这里的训练基本模式是以每个年度为基本单位所做的设计，因为足球训练都是以一年为周期周而复始地进行，训练水平是在大量内容重复中循序渐进地提高，所以在宏观地了解队员16年及每个阶段4年的成长过程构成之后，对足球训练基本模式的架构及细节的认识，还是要以一个年度的训练构成作为分析样本。本著把足球训练内容分为技术训练、战术训练、体能训练、心理训练和比赛训练五项内容，在国际上各项内容的叫法大体上是一致的，其中技术训练、战术训练、体能训练和心理训练基本是国际通用的叫法。只有"比赛训练"的叫法存在很多的不同，其中包括"有侧重点的比赛""自由比赛""小组比赛""对抗训练""小型比赛""技能训练""场景训练""实战训练"等，这些不同的叫法也说明比赛训练包含着不同的训练目的。归结这些比赛训练的叫法，有如下的相同特征：第一，一般都包括足球训练的六个要素；第二，要求按照比赛要求完成高强度的对抗；第三，有侧重地突出某一个技术、战术或体能问题，即有针对性地解决比赛中局部或某种场景下的问题；第四，多数情况少于比赛人数和小于比赛场地面积；第五，把技术内容、战术内容和体能内容等综合地集中于一身。

　　本著训练内容构成的设计是基于对各国设计的综合考证，最后训练基本模式的各项内容比例搭配见图9-4：比赛训练占40%、技术训练占20%、战术训练占20%、体能训练占15%、心理训练占5%。当然这种比例并不是绝对的，实际训练中允许有较大幅度的偏离，而且有时候各项训练内容并不是截然分开的。在各个足球发达国家，以上各项内容所占整体训练时间的比例并不统一，可谓众说纷纭、莫衷一是。例如，德国青少儿足球训练规划的启蒙阶段初期：各种不结合球的跑跳占30%、结合球游戏占20%、技术训练占20%、比赛训练占30%。启蒙阶段后期：各种不结合球的跑跳占15%、结合球游戏占15%、技术训练占20%、比赛训练占50%。初级阶段之后基本趋于稳定：技术训练占20%、战术训练占20%、体能训练占20%、比赛训练占40%。当然，不同训练阶段的训练内容的复杂程度和难度是不同的，比如：战术训练在初级阶段以个人战术和小组战术为主，中级阶段则以小组战术和局部战术为主等[1]。再如：

---

[1] 德国足球协会.青少年足球天才培养方案[Z].2014.

足球训练基本理念与基本方法概论

意大利AC米兰俱乐部的青训设计有很大的不同：技术训练占30%、战术训练占30%、体能训练占20%和智力训练（或心理训练）占20%，而比赛训练的比例却用另一个训练时间维度代替，就是进攻训练比例占33%、防守训练比例占33%和综合训练比例占33%[1]。但整体上在进入初级训练阶段之后，世界各国的各项内容所占整个训练的比例越来越趋于一致。

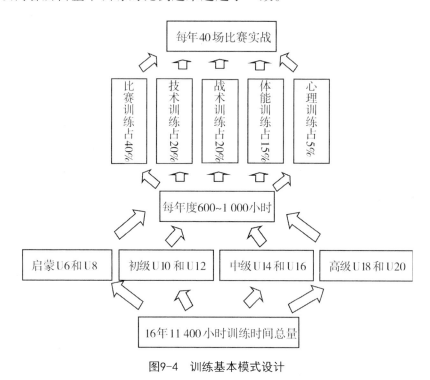

图9-4　训练基本模式设计

---

[1]　意大利AC米兰俱乐部.青少年足球训练大纲[Z].2016.

第十章
足球训练取材

　　足球训练取材是足球训练基本方法的一个重要问题，也是足球训练基本理念层面的问题，正确的训练取材是调动队员训练积极性和提高训练效果的重要影响因素。足球训练基本模式是对训练整个过程的设计，足球训练取材则是训练组织实施具体操作的第一步。关于训练取材我们以往存在认识上的错误，一些很有成就的教练也会认为：队员在成长过程中存在的不足和空白太多了，训练有无穷无尽的素材，训练取材是无关紧要的问题。这种观点只看到了训练素材丰富的方面，忽视了训练素材的时效性和新鲜效应，而依据主观经验的取材往往是训练达不到理想效果的重要原因。训练实施的对象是队员，对队员的思想情感状态缺乏洞察和利用，就很难有效地激发他们的主动性和积极性，单凭经验的取材就会出现主观认识与客观实际对接的偏差。本章提出足球训练取材的问题，是从改变大家旧有的错误取材思维和提高训练效率的需要出发，让大家明白为什么足球训练一定要取材于比赛实战，要取材于比赛中队员表现的典型片段[1]。本章所探讨的不是长期训练或大周期训练的取材问题，主要是针对一次或几次训练课的取材，是希望帮助大家纠正以往固有的错误观念，形成先进和科学的训练取材思维与方法。

---

　　[1]　范林根.足球训练[M].杨一民，李飞宇，李连胜，译.北京：人民体育出版社，2002：1.

第一节　足球训练取材及其加工

足球训练取材及其加工是做好训练课设计及保证训练质量的重要问题，探讨包括足球训练取材于比赛实战和训练素材的选取与加工的两个主题，希望由这两个主题的探讨帮助大家建立正确的训练取材思维，并了解取材之后如何把训练素材加工成训练课的要素。

一、足球训练取材于比赛实战

足球训练取材于比赛实战的探讨主要是建立正确取材思维的问题，是通过几个概念的介绍帮助大家形成正确的训练取材思路和方法。以下分三个问题进行分析和说明，即训练素材概念与解读、训练取材于比赛实战及典型比赛片段的截取。

（一）训练素材概念与解读

训练素材是指可用于完成训练任务而从比赛中提取出来的技术、战术、体能和心理等比赛基本要素的某些具体内容，是足球训练所需要的原始材料。比赛中队员的技术动作、战术配合及体能和心理等所有表现都可以作为训练素材，而且不管是过去还是现在，不管是采用先进还是落后的训练取材方法，任何训练素材终究是来源于比赛实战[1]。再具体地说，训练素材是比赛中的各项比赛基本要素的表现，是把比赛的技术、战术、体能和心理表现抽取出来的那部分内容。现实中教练员提取训练素材，需要抛开经过大脑加工后的复杂和抽象的理论，就是要抛开概念化、规范化和系统化的技术、战术和体能问题，而是要把那些直观、简单的比赛具体表现作为原始材料，例如：比赛中某个队员具体完成的控制球动作、抢球动作，某一次小组或局部完成的传球配合、围抢行动，某一次整体完成的团队性传中与包抄射门配合等。训练素材是简单和具

---

[1]　引用里克林克2012年中国足协专职足球技术主任培训讲义的内容.

体的，但不是比赛中所有的技术和战术表现都适合做训练素材，有价值的训练素材要经过教练员的判断和筛选。训练素材作为训练的原始材料有长效素材和短效素材的不同的类型，比如：长期备用素材、日常必用素材、储备素材是长效素材，长效素材一般是辅助性的边缘素材；短缺素材、急需素材、鲜活素材是短效素材，短效素材一般是核心和主要素材。足球训练需要选取最有价值的素材，就是训练取材要有的放矢，做到这一点需要教练员通过一系列概念、原理和方法的学习来提高业务素养，有了认识基础和理论基础才能对队员比赛表现做出判断，才能把比赛中的问题做归类并从中选取最好的训练素材，足球训练素材的基本类型归纳见图10-1。

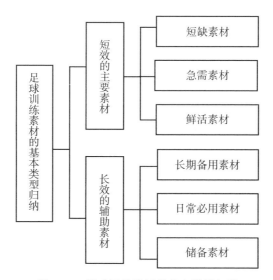

图10-1　足球训练素材的基本类型归纳

（二）训练取材于比赛实战

　　通常所说的足球训练取材是指从现实的比赛实战中提取出来的用于日常训练的主要素材，是供完成训练任务及具体训练操作的材料资源。训练素材用于训练实践是有时效性的，训练的取材就像我们宴请客人准备菜肴的食材，招牌菜以刚刚采集于大自然的新鲜原材料为上佳，足球训练的取材，越是新近的比

赛其素材也就越新鲜和生动，把比赛中具体和典型性的技术、战术或体能表现作为训练素材。例如：比赛进攻的低级失误、关键传球时机错过和射门机会错失。再如：比赛防守盯人松动、站位错误和抢球误判等。这些比赛中影响胜负、低级失误和错失机会等比赛场景片段，是队员有深刻印象和极欲尝试改善的训练内容，利于激发起队员的训练热情和潜能，利于训练效率的提高。从比赛实战中截取训练素材在欧美国家早已成为普遍采用的做法[1]，但在我国还处于新的理念与方法传播的开始阶段。现今的训练与比赛相互渗透和统一关系的问题，已经从方方面面都开始细化，训练素材取材于比赛及从比赛中截取典型片段就是具体的实施环节。所以"比赛是训练的导师，比赛决定训练的内容、形式和负荷""训练是以比赛为核心和目标，比赛是训练的延续和必要内容"等，这些训练与比赛关系的统一，我们还需要从更深入的细节去把握。要把训练与比赛连接得更加紧密，需要做好训练取材及其一系列具体方法的跟进。

（三）典型比赛片段的截取

"典型比赛片段"是专门用于训练取材的一个名词，指比赛中队员所表现的具有代表性的攻守行动的节点或场景，一般是对整个比赛进程和球队整体发挥产生影响的瞬间表现。作为训练取材的典型比赛片段可以是队员高超的具有典范性的表现，但多数是队员典型失误和需要通过训练克服的问题。无论是哪一种典型的比赛片段，都是对比赛有重要影响、队员记忆深刻且容易调动起队员训练欲望的优质素材。有的典型比赛片段如果不能及时用于训练过程就容易失去效用，这些素材通常属于短效的鲜活素材、急需素材或短缺素材，是各个阶段足球训练都大量需要的素材，足球训练特别需要注意素材的时效性。优质训练素材好比是作家的写作素材，往往错过了写作时机就很难再现灵感和激情，同理，训练素材也需要趁热打铁地加以利用。所以典型比赛片段一般是在新近的比赛中截取队员的

---

[1]　范林根.足球训练[M].杨一民，李飞宇，李连胜，译.北京：人民体育出版社，2003：1.

某些瞬间的重要表现，这样的素材才更新鲜和生动，队员也记忆深刻并清楚这是训练要解决的问题。典型比赛片段每一场比赛都可以截取很多，采用这些素材利于球队上下达成共识和促成高效的训练。

典型比赛片段也不仅限于从本队近期的比赛中截取，球队过往的比赛、球队练习比赛、对手球队的比赛和著名高水平球队的经典比赛等，都可以从中截取典型比赛片段，这些比赛片段可以作为长期备用素材和平常必用素材。例如：从球队过往的重大比赛中截取技术失误的素材用于克服相应的比赛问题。再如：准备眼前的世界杯比赛可以用上一届世界杯的典型比赛片段为训练素材。又如：从对手球队过往的比赛中截取某些队员的比赛片段作为素材进行有针对性的训练。另如：从世界高水平经典比赛中截取素材作为标准进行强化训练。训练从比赛中截取素材是为了更好地解决某些具体问题，很多时候从训练图书和录像、球队自身训练过程、比赛对手球队训练、高水平球队训练等，都可以从中发现为我所用的重要训练素材。所以教练员需要开阔视野多渠道地获取训练素材资源，只有拥有丰富优质的素材资源，才能提高训练效率，也就是说有时候解决训练问题并不一定要取材于现实的比赛实战。

二、训练素材的选取与加工

训练素材的选取与加工包括两个问题：其一是训练素材的选取，是要在介绍训练素材可以多渠道获取的同时，重点了解和掌握训练素材选取最主要的渠道；其二是训练素材的加工，是介绍如何把训练素材加工成足球训练课的要素。

（一）训练素材的选取

我们以往对训练取材问题的认识存在误区，过于偏重教练员的主观判断。现在基层训练仍然存在着严重的痼疾，认为训练取材的来源是广泛和多渠道的，比如：可以从图书阅读、训练观摩、技术培训等渠道获取素材资源。如果一个教练员把这些作为获取训练素材的主要来源，就是一种错误的取材思路和做法。可以肯定地说，从这些渠道所获取的知识和信息，虽然对于教练员提高专业认知和业务水平有着巨大的作用，是教练员形成训练理念和建立训练方法体系的重要支撑，是教练员开阔眼界和形成职业素养必不可少的环节，但是教练员要想跟上发展的需要，就要建立正确的训练取材思维，养成从比赛实战中获取训练素材的良好习惯，而且要把从比赛中截取典型片段作为训练取材的主要渠道，其他渠道最多只是辅助的取材方法。

训练素材选取，顾名思义就是选取优质素材用于训练过程，一般情况下训练素材最好取材于新近的典型比赛片段，这样最利于激发和唤醒队员的训练积极性。训练的目的是提高队员的能力及球队的整体实力，训练素材的选取必须以达到最佳的训练效果为核心目的。就如同食材既要符合客人胃口又要有营养，判别训练素材是不是优质，还是要以符合队员需要和利于队员进步为基本原则，训练素材的选取关键还是在于教练员的业务素养。训练素材要利于有针对性地解决训练问题，优质训练素材一般需要具备几个方面的特点：第一，是受到队员普遍关注和有深刻记忆的精彩表现；第二，是球队整体或某些队员个人急需要克服的问题；第三，是涉及球队胜负、晋级和出线的症结或问题；第四，是有利于改进战术和改变实力的问题；第五，是队员普遍感兴趣、好奇和希望尝试解决的问题；第六，是比赛中重复出现的问题。

（二）训练素材的加工

训练素材加工是指把选取用于训练的素材按照训练课设计的需要，改造成为训练过程中所必需的各种非物化的训练课要素，其中包括训练主题、目标、内容、方法、要点、要求等，还可以延伸到技术动作次数或密度、运动量、运动强度等。训练取材的目的是完成训练及通过训练提高队员能力，做到这一点就需要对所获取的训练素材做加工处理，就是把训练素材转化成训练课要素并编排到训练课设计中。训练课的设计还需要有足够大的场地、一定数量的队员及各种设施和器材等物化要素，但这些物化要素不是训练取材和素材加工的内容。如果把一次训练课比喻成一个生产过程的流程，物化要素就是生产车间和机械设备，由训练素材加工而成的训练主题、目标、内容、方法、要点、要求等非物化要素就好像是完整产品的一个个部件，最后完成的训练就好像是这些部件组装成的产品。训练素材是队员在比赛中瞬间的个人或团队表现的诸多片段，教练员通过综合判断选取素材是训练素材加工的第一步，一旦选取了训练素材，还必须把素材加工成训练课所需要的训练课要素，以支撑训练过程的操作及训练任务的完成。训练素材类似于作家的写作题材，题材不需要很多但需要具有典型性和可塑性，一个小的题材足可以写成有价值的文章。同样选取一个典型比赛片段就可以作为一次或多次训练课的素材。

把一个典型比赛片段转化成诸多训练课要素的加工过程，教练员要充分挖掘这个训练素材对于比赛的价值和功用，利用和发挥训练素材的可塑性和拓展性。教练员需要运用专业知识、训练经验和加工技巧等，把从比赛中截取的训练素材与长期备用素材、平常必用素材、存储素材等做合理的搭配，再经过加工重组把训练素材转化成训练课的诸多要素。训练素材的加工实际上就是训练课教案的设计过程，就是根据解决比赛问题和促进队员进步的需要，明确训练主题及所要达到的目标，再围绕训练主题和目标设计安排训练内容与实施方法，提出驾驭训练过程的要点及对队员的具体要求。当然训练素材还要注意与物化要素的统筹和搭配，以及设定具体的技术动作和战术配合的次数及训练的运动量和强度等。以上由典型比赛片段加工而成的训练课所需的诸多要素，都是训练素材的衍生品，是把从比赛中截取的鲜活素材加工成训练"要件"，再编排到训练课的设计中，这样也就更利于吸引队员注意，激发队员兴致和斗志，有的放矢地解决问题。

第二节　训练取材模式及其应用

训练取材模式及其应用实际上就是训练取材的思路与方法问题，及如何把取材方法在训练实践中合理应用，是希望帮助大家掌握先进的训练取材思维。以下探讨包括两个主题，即训练取材模式和两种训练取材模式的关系与应用。

一、训练取材模式

训练取材模式是获取训练素材的思路与方法问题，是训练素材获取所需路径的问题，正确的取材模式融合着先进的理念与方法，是需要我们认真思考的问题。探讨包括三个具体问题，即训练取材模式概念与解读、客观取材模式及主观取材模式。

（一）训练取材模式概念与解读

训练取材模式是根据实现训练目标及与队员训练水平相适应的要求，把训练取材按照客观和主观的需要从比赛中提取训练素材的两种不同的思路和方法。训练素材的最佳取材途径是从比赛实战中截取，典型的比赛片段是最优质的素材。但是由于训练所要达到的目的不同，相应的训练取材也需要有不同的思路和方法，这是我们要探讨的训练取材模式的问题。一场比赛会有很多可以作为优质训练素材的典型比赛片段，例如：攻守转换瞬间的某一典型片段，不同位置队员存在问题的典型片段，个人技术运用问题的典型片段，小组配合问题的典型片段等。教练员不可能把所有的比赛片段都拿来做训练素材，此时的训练素材就有了如何选取的问题，这也是考验教练员业务素质的关键问题。影响教练员训练取材的因素有很多，例如：为了提高训练效果而选取与之相适应的素材，为了克服比赛中的问题或弊端而选取相应的素材，为了帮助队员更好地成长而选取素材，为了解决比赛进攻无力窘况而选取素材等，每一个方面的问题都不可否认其重要性。那么究竟训练取材应当依据什么来做选择呢？这又要根据训练所处的不同阶段、队员的身体和心理状态、训练环境和场地设施条件、比赛对手的实力及状态、训练的目的和要求等。训练取材是一个复杂而需要智慧的选择，但训练取材主要是根据教练员的主观意志和客观实际需要两个方面，据此我们可以建立客观取材模式和主观取材模式，两种基本训练取材模式各自的目的与区分的简要说明见图10-2。

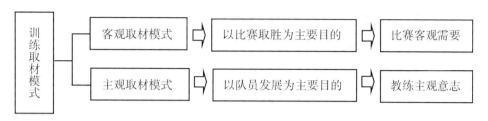

图10-2 两种训练取材模式的目的与区分

（二）客观取材模式

客观取材模式是针对现实比赛中存在的最重要和急需解决的问题，教练员客观地选取相应的典型比赛片段作为训练素材及用于训练课的设计。职业队参加联赛期间每周的训练取材多数是采用客观取材模式，职业队的大部分训练素材是截取于本队或对手球队刚刚结束的比赛，是客观地把比赛中最为紧要的典型问题提出来，再通过训练加以克服和解决。客观取材模式的训练焦点是解决眼前存在和最需要解决的问题，是要客观、准确地抓住主要的比赛问题，并截取其中典型的比赛片段作为训练素材。客观取材模式更适合职业队及由职业队员组成的国家队，因为职业队的训练取材及其训练就是为了比赛取胜，训练就是要解决客观存在的问题和不足，而且职业队员都经过了长期的成长过程，技术和个人实力的发展已经不是训练的主要目的，他们训练的主要目的是克服和解决典型的比赛问题和争取比赛获胜。还有职业队员的技术水平和能力发挥相对稳定，比赛中出现的典型问题基本就是训练中亟待解决的，而且职业队员具备自我认知和评价能力，容易对比赛中球队及个人表现的主要问题达成共识，采用客观取材模式更利于解决问题。当然，青少年训练也会有很多采用客观取材模式的情况，职业队训练也会有采用主观取材模式的情况，但职业教练员肯定会更多地偏重采用客观取材的模式。训练取材需要建立从比赛中截取素材的正确思维，但训练对象不同决定主要训练取材模式的不同，教练员更客观和准确地把握球队最主要的问题，才是做好训练取材的关键。

（三）主观取材模式

主观取材模式是教练员把队员的发展作为训练的第一需要，主观地把更利于队员成长和进步的典型比赛片段作为训练素材而用于训练课的设计。主观取材模式适合青少年成长阶段的训练取材，但训练素材的主要来源仍然是从比赛中截取的典型比赛片段，这一点训练取材的基本思路是相同的。什么是更利于队员成长和进步的训练素材？这要依据教练员对训练的认识及其主观判断，其关键是训练要把队员的发展作为第一需要。青少年队员处于不同的训练阶段，影响和制约他们成长与发展的因素很多，而且不同时期和不同个体的主要影响因素都不相同，比赛成绩只是众多影响因素中的一个。所以青少年训练要更看重那些利于队员健康成长的训练素材，要淡化追求比赛取胜和夺取锦标的思想。当然青少年训练的取材也需要采用客观取材模式，但作为教练员则必须更重视采集队员成长所需要的训练素材，需要更多地采用主观取材模式。青少年成长阶段的训练一旦以比赛取胜为目的，就容易把训练做简单化处理，比如：提早训练体能和防守都可以达到取胜的目的，但这对于队员成长是非常有害的，因为队员成长阶段需要更多渗透技术细节及小组和团队的配合，要融入更多的智力因素，也需要更多地完成复杂比赛及提高驾驭比赛的能力。青少年队员成长有着巨大的内在伸缩空间和弹性，如果教练只追求比赛胜负就容易拔苗助长，青少年队员就会缺乏成长的后劲。

主观取材模式适用于青少年球队训练的取材，还因为青少年队员处于技术成长的泛化阶段，技术水平发挥和实战能力表现都会有大起大落，即便是表现好的比赛也会有很多的问题和不足，都可以截取很多的典型比赛片段作为训练素材。教练员如果出于对培养人才的负责，就应当更重视从队员健康成长的角度出发，更多地把比赛中的技术细节、战术默契等典型片段截取出来作为训练素材，这样就需要教练员了解青少年队员不同成长阶段的训练需要，更多地按照自己的主观意志选取更利于青少年队员成长和进步的训练素材。青少年比赛的队员方方面面都会出现问题和错误，各方面都可以截取很多典型比赛片段作为训练素材，如果出于有计划、有步骤地推进系统训练的需要，教练员可以通过引导把自己计划的训练内容拿出来做训练素材，所以从比赛中截取训练素材并不会影响青少年的系统训练。当然，青少年训练也需要采用客观取材模式，能够把比赛取胜与队员成长统一起来，是更为理想的训练取材模式，但作为教练员还是要偏重于采用主观取材模式，以促进青少年队员成长和进步作为更重要的训练目标。

二、两种训练取材模式的关系与应用

两种训练取材模式的关系与应用的探讨，首先阐明客观取材模式与主观取材模式的区别与关联，再让大家了解两种取材模式可以根据训练目的和对象的不同而灵活应用。以下分两个问题进行分析和说明，即两种训练取材模式的关系和两种训练取材模式的应用。

（一）两种训练取材模式的关系

客观取材模式与主观取材模式，其客观是指以比赛取胜的客观需要为标准，其主观是指以队员更好地成长和进步的教练员主观愿望为标准，两者不是哲学意义上的客观与主观的关系。无论是客观取材模式还是主观取材模式，其训练素材都来源于客观的比赛实战，而且其主要素材都是典型比赛片段，所以两者的素材来源和内容有着客观的一致性。为了保证训练素材的新鲜和生动，取材要从新近比赛中截取典型比赛片段，在大的方向上都是为了有效地增强球队实力及纠正错误和弥补不足。两者的差异是细微环节上的不同，是根据训练对象及其各自训练目的与发展的需要而选择更为有利的训练素材，训练素材都是客观的。无论是客观取材模式还是主观取材模式，其取材都是由教练员的主观意志决定的，区别在于是根据比赛取胜的需要还是队员成长的需要，而且比赛取胜与队员成长又有较大的一致性。建立两种取材模式是强调在思想上要建立正确的取材思维，训练目的决定采用何种取材模式，其中尤其需要强调的是处于成长阶段的队员不能过于追求比赛成绩，而是要把重点放在队员的发展方面，即选取最好的训练素材促进队员更快地成长和进步。两种取材模式无论采用哪一种，所截取的训练素材可能只是一个典型比赛片段，也可能是2或3个片段，有时候一个典型比赛片段是多次训练课的素材，有时候几个典型片段共同作为一次训练课的素材。训练素材选取是保证训练质量和效果的必要前提，需要教练员具备洞察力和对队员不同时期成长要素的把握，教练员既要独具慧眼又要精挑细选。

（二）两种训练取材模式的应用

客观取材模式与主观取材模式是教练员训练取材的两种不同思维方式，在具体的训练取材过程中存在方法的灵活应用问题。客观和主观两者不是非此即彼的对立关系，而是有着很大的关联性和统一性。所谓客观和主观，都是取材于比赛中的典型比赛片段，只是前者偏向于为了比赛取胜而选取训练素材，后者偏向于为了帮助队员成长而选取训练素材，训练实践中每一个教练员都有各自不同的取材方法和习惯。采用客观或主观的取材模式对于训练的意义是不同的，关键是要看训练是为了取胜还是为了队员成长的需要，比如：队员成长很大程度上取决于教练员的引导和训练强化，教练员取材有时需要"避重就轻"地采用主观取材模式。实践中采用客观还是主观的取材模式，要考虑如下几个方面的因素。

第一，球队处于绝对优势和积分遥遥领先的情况。此时即便是职业联赛或国家队的正式比赛，出于整个赛事及更长远发展的考虑，出于保存实力的需要，出于培养年轻队员和磨合整体战术打法的需要，这时的训练取材可以更多地采用主观取材模式。第二，球队处于争夺名次和与比赛对手势均力敌的情况。此时即便对象是快速成长阶段的青少年队员，也需要把比赛取胜作为球队的第一要务，比赛要全面考验球队实力、锻炼队员心理承受能力及积累大赛经验，这些对于队员成长有更大的作用，此时需要采用客观取材模式。第三，球队处于一年训练周期中的不同阶段。一般准备期的训练是以队员全面恢复和提高比赛能力为主，相对来讲，训练要遵循队员一年身体变化的周期性规律，训练取材要侧重基础体能和基本技术的内容，此时以采用主观取材模式为主；而处于赛前阶段或联赛中的训练，则需要以客观取材模式为主。第四，注意客观取材模式与主观取材模式的兼顾。很多时候训练取材可以做到兼顾比赛取胜和队员成长两个方面，就是在选取利于队员成长的最好训练素材的同时，兼顾比赛取胜的目标，实际上比赛取胜对于激励队员、增强信心和调动积极性都具有助力作用，做到两者兼顾的训练取材才是理想的取材模式。第五，注意使训练取材与系统训练达成统一。不仅是处于成长阶段的青少年队员需要重视训练的系统性，职业队员也同样存在着系统训练的问题。以青少年训练为例，队员的健康成长必须完成一个系统的训练过程，系统性一定体现着教练员主观的目的性。青少年队员不同的成长阶段有不同的侧重点，往往完全围绕比赛取胜的训练取材就会偏离成长目标，所以青少年球队的训练需要根据系统训练的要求，训练取材要按照教练员的主观需要选取其中利于队员成长的素材。比赛取材与系统训练并不矛盾，科学的训练可以取得训练取材与系统训练的统一，可以按照教练员的主观愿望以实现队员健康成长。

第十一章
足球训练内容构成

　　足球训练内容构成与足球比赛基本要素的内容是一致的，足球比赛基本要素的内容展开就是足球训练的内容构成，就是说足球技术、战术、体能和心理内容分类的细分及再分就是足球训练的内容构成，两者只是从不同层面和深度反映足球训练的问题。从足球训练包括训练和比赛两大要素的角度看，所有的正式比赛和比赛训练也是训练的内容，其中还包括综合四项基本要素的对抗训练。可能仍然有人会问，这些经过分类及细分的训练内容不就是训练素材吗？应当说所有训练内容都可以作为训练素材，但不是最好的素材。好比我们写日记，不能把遇到的事情都拿来当写作素材，那样就容易写成流水账，写日记应当选取一天中有意义和感触深的事件，把这种典型事件作为写作素材，再确定主题和写作架构及通过文字表达思想感情。足球训练也是同理，不是任意的训练内容都是好的训练素材，那些从比赛中截取的具有典型意义的比赛片段才是有价值的训练素材。把足球训练内容构成作为一个重要的理论专题，是因为教练员培养人才及具体的训练取材与加工，需要了解训练内容的整体构成及所取素材在训练内容体系中的归属，就像写日记要有生活经历及大量的衣食住行方面的体验。

　　比赛基本要素的探讨是出于我们全面认识比赛构成的需要，训练内容构成探讨是为了宏观地了解足球训练的内容范畴，同时训练各项内容的分类及其细分是为了了解足球训练所包含的具体内容。分类是遵循逻辑学的原理把足球内容做系统的归纳，是为了建立一种理论上的认知，并不能解决具体的训练内容安排的问题，就是说训练基本要素分类及其内容构成的罗列无法完全与系统训练相对接。本章在足球比赛基本要素分类及细分的基础上，把足球训练内容构成分为正式比赛、比赛训练、技术训练、战术训练、体能训练和心理训练六个方面[1]，正式比赛启蒙阶段包括三人制、四人制和五人制比赛；初级阶段包括五人制、八人制和十一人制比赛；中级阶段包括八人制和十一人制的比赛；高级阶段只有十一人制比赛。比赛训练除了以上与正式比赛相同的内容，还包括"一对一"至"十对十"的各种等人数和不等人数的实战对抗训练内容。正式比赛与比赛训练的内容将在"足球训练方法演绎"一章做详细介绍。

以下训练内容构成是系统罗列技术训练、战术训练、体能训练和心理训练的具体内容，一方面是完整展示足球训练的内容构成，另一方面说明从比赛实战中截取的任何典型比赛片段，都可以对号入座地从训练内容的系统构成中找到其归处，清楚所截取素材的属性及其在训练内容构成中的位置。

第一节 技术训练内容构成

技术训练内容构成的探讨是要全面展示足球技术训练的所有内容。前文足球比赛基本要素部分已经进行了足球技术分类，技术训练内容构成是把技术分类内容再细分。技术分类与细分是依据技术动作结构和比赛效用，以技术动作的目的为分类的依据，再把各项技术内容做系统的归纳，即把比赛中队员能够表现的所有技术都统合在一起。技术训练内容构成的阐述是按照运球、控球、假动作、传球、接球、头顶球、抢球、守门员技术和掷界外球的顺序，具体技术内容罗列统一分为单一技术动作名称和组合技术两个部分[1]。

---

[1] 刘夫力.小型足球运动手册[M].北京：北京体育大学出版社，2004：11.

一、运球技术及其组合技术

运球是在比赛中队员个人控球条件下，为了摆脱对手、突破对手及选择更利于传球或射门的位置而采用的用脚推拨或连续推拨的技术动作。以下分别介绍各项运球技术动作的名称和运球组合技术。

（一）运球技术

脚背外侧运球、脚背内侧运球、脚背正面运球、脚内侧运球和前脚掌拖运或拖滚运等。运球是比赛中个人控制球、突破及传球和射门之前频繁使用的技术。例如：控球摆脱之后需要快速连接运球才能形成突破；射门时常常需要通过运球逼近对方球门等[1]。

（二）运球组合技术

运球有非常多的组合技术，例如：脚的各个不同部位运球的组合；运球与各种控球、假动作、接球等技术及其各自不同部位和处理球方法的组合技术。运球技术有很多三元组合和多元组合的情况。

二、控球技术及其组合技术

控球是比赛中队员接到或抢到球的情况下，为了摆脱对手、突破对手及衔接运球、传球和射门等而采用的以脚为主的使球处于自己控制范围的驾驭球的各种技术动作。以下分别介绍各种控球技术动作的名称（简称）和控球组合技术。

（一）控球技术

前脚掌提拖球之拖球置身前（前拖）、拖球置身后（后拖）；扣球之脚背外侧扣球（外扣）、脚背内侧扣球置身前（内扣）和置身后（内后扣）；前脚掌踩拉球之拉球外展转身（外拉）和拉球内收转身（内拉）；拨球之脚背

---

[1]　全国体育院校教材委员会.现代足球[M].北京：人民体育出版社，2000：60.

外侧拨球（外拨）、脚背内侧和脚内侧拨球置身前（内拨）和置身后（内后拨）；脚背内侧、脚内侧挡球置身前（内挡）和挡球置身后（内后挡或称C罗技术）；颠球之脚背正面颠球、大腿颠球、脚内侧颠球、脚背外侧颠球、肩颠球、头颠球等。控球是比赛中摆脱对手、突破对手及完成传球和射门之前频繁使用的技术。例如：控球变向摆脱对手；控球摆脱与快速运球连接形成突破；传球或射门前控球摆脱对手等[1][2]。

（二）控球组合技术

控球有非常多的组合技术，例如：各种控球技术的连续组合与技术之间的组合，各种控球技术与各种运球、假动作、接球、踢球等技术及各自不同方式方法的组合。控球技术也有很多三元组合和多元的组合。比赛中有很多常用控球组合技术，比如：单脚脚背外侧扣球和内侧扣球的组合、脚背内侧扣球置身前和扣球置身后的组合、单脚拖球置身前和置身后的组合、双脚脚背内侧连续扣球置身前或置身后的组合、双脚交替拖球与拉球的组合（齐达内马赛回旋）、双脚脚背内侧扣球与拉球的组合等。

三、假动作技术及其组合技术

假动作是在比赛中队员控球、接控球之前及无球及抢球时等各种情况下，为了摆脱对手、突破对手、抢断对手及创造传球或射门机会等而采用的各种假动作或组合假动作技术。以下分别介绍各种假动作技术名称和假动作组合技术。

（一）假动作技术

跨绕球动作之内跨和外跨（剪刀式技术）假动作；假踢动作；假控之各种假拖、假扣动作；假抢动作；上体晃骗结合假运之脚背内侧假运拨（马修斯技

---

[1] 维尔·库柏.攻击型足球训练——足球基本技术训练指南[M]. 赵振平，译.北京：人民体育出版社，1988：38-168.

[2] 麻雪田，张廷安.跟我踢[M].北京：人民体育出版社，1998：123-137.

术）、脚背外侧假运拨（罗纳尔多技术）；顶球假动作、接球假动作等。假动作技术对比赛中完成突破、控球摆脱、摆脱传球、射门等具有重要的作用，是其他任何技术无法替代的技术[1]。

（二）假动作组合技术

假动作有很多的组合技术，例如：各种假动作技术的连续组合和双脚交替组合及与各种拨球、运球、接球、踢球等技术及其各自各种不同方式方法的组合。

四、踢球技术及其组合技术

踢球是比赛中队员控球或直接面对来球的情况下，为了把球传给同伴、射门或抢前点时而采用的各种用脚击球的技术动作。以下分别介绍各种踢球技术名称和踢球组合技术。

（一）踢球技术

脚内侧踢之踢地滚球、直接踢、蹭踢不同方向的来球；脚内侧踢正面和各种不同方向来的空中球和反弹球及经支撑脚后向异侧方或侧前方的出球；脚背外侧踢地滚球，直接踢、蹭踢不同方向来球，踢弧线球；脚背外侧踢过顶球及直接踢各种不同方向来的空中球和反弹球；脚背正面踢之正面踢低平球、空中球；脚背正面踢空中球之倒钩球和侧身凌空球；脚背内侧踢低平球、过顶球、弧线球及蹭踢；脚尖捅踢和脚跟踢等。现今各种一脚直接出球的踢球技术越来越受到重视，包括各个部位直接踢不同角度和高度来球完成一脚传球或射门[2][3]。

（二）踢球组合技术

踢球组合技术非常之多，例如：各种踢球与各种控球、运球、假动作、抢

---

[1]　刘夫力.小型足球运动手册[M].北京：北京体育大学出版社，2004：37.

[2]　全国体育院校教材委员会.现代足球[M].北京：人民体育出版社，2000：44-51.

[3]　刘夫力.小型足球运动手册[M].北京：北京体育大学出版社，2004：64-75.

球及接球等形成二元组合、三元组合和多元组合技术；各种专门的接球与传球或射门技术的组合；踢球一般是比赛场上队员控球时的最后一次触球，训练和比赛中常用来与运控摆脱、突破、接球之后的传球或射门组合；还有脚的各个部位及各种方法的射门技术。

五、接球技术及其组合技术

接球是比赛中队员接应同伴、摆脱跑位、前插跑动及断截对方传球等无球的情况下，为了把运行中的球控制下来所采用的身体合理部位的各种停挡球的技术动作。以下分别介绍各种接球技术动作名称和接球组合技术。

（一）接球技术

脚内侧接地滚球之正面接球置身前或侧转身护球、接球经支撑脚后置另侧、脚内侧接反弹球和接空中球置身前、置身后及侧转身护接；转身让球护球接至身前或身后；脚背外侧接地滚球之正面接球置身前或身侧、转身让球扣接、转身让球跨球扣接及脚背外侧接反弹球和空中球；脚底接地滚球、转身让球护球拖接及接反弹球；脚背正面、大腿接空中球、平高球；脚背内侧接地滚球置身前、让球扣接、接球经支撑脚后置另侧、转身让球护球接置身前或身后；胸部的挺胸式和收胸式接球、腹部接球和头部接球等。接球多数是比赛中连接运控球、突破、传球、射门等的中间环节，高水平队员常常在接球的同时完成各种转身摆脱、推拨摆脱及推接蹚带突破等[1]。

（二）接球组合技术

接球有非常多的组合技术，例如：各种接球技术与接球前与各种跨球、假踢、假运和假接等假动作组合及接球后与各种控球、运球、假动作和踢球等组合，接球技术可以形成很多的二元组合、三元组合和多元组合技术。

---

[1]　谭华俊.足球教学与训练[M].广州：广东高等教育出版社，1993：27-32.

六、头顶球技术及其组合技术

头顶球是比赛中面对高空来球及平高球或反弹球的情况下，为了争取第一时间及在高点或前点触球而用头部完成传球、争顶或射门的击球技术动作。以下分别介绍各种头顶球技术名称和头顶球组合技术[1]。

（一）头顶球技术

原地前额正面顶、前额侧面顶；跑动前冲、后退和单脚跳起、双脚跳起前额正面顶、前额侧面顶；原地、跑动前冲倒地头顶球、鱼跃头顶球。头顶球技术一般是直接一次触球处理球，包括传球、射门、争顶和解围几种情况。

（二）头顶球组合技术

一般设定在特定的比赛场景下练习，训练可以与传接球、射门等技术组合，也可以与无球技术或战术行动相结合。

七、抢球技术及其组合技术

抢球是比赛中处于防守而接近对方控球队员的情况下，为了能够把对方控制的球抢下来、截获、破坏掉及直接传给同伴或射门而采用的用脚及其他合理部位的抢、断、拦截等技术动作。以下分别介绍各种抢球技术动作名称和抢球组合技术。

（一）抢球技术

正面脚内侧、脚背外侧堵抢和断抢；合理冲撞抢球；正面铲抢之单脚盘腿脚底铲球；侧面铲抢之异侧脚脚内侧或前脚掌铲抢、同侧脚脚背外侧铲抢等。防守的断球和拦截多用踢球、接球、头顶球和运控等技术完成。抢球是由守转

[1]　刘夫力.小型足球运动手册[M].北京：北京体育大学出版社，2004：106-111.

攻及争取比赛主动重要手段[1][2]。

（二）抢球组合技术

抢球的组合技术非常多，例如：各种抢球技术与各种控球、运球、假动作及踢球的组合等。快速和对抗中的各种抢球后应急的随机组合技术。

八、守门员技术及其组合技术

守门员技术是一种特殊技术，是比赛中守门员保证球门不失、接应同伴、组织进攻及抢球和断截对方传球等所采用的各种技术动作，其中的主要技术是用手和脚的各种接球和挡球技术。以下分别介绍各种守门员技术名称和守门员组合技术。

（一）守门员技术

无球技术的准备姿势、前后移动、左右滑步移动、交叉步移动等；用手接球技术的正身接平直球、正身接低平球、正身接高球、直腿接地滚球、单腿跪接地滚球、单脚跳起接高球、双脚跳起接高球、侧身接平直球和低平球；挡击托球技术的单手侧身挡球、双手侧身挡球、双手正身挡高球、平直球和地滚球技术、脚内侧挡球、脚内侧铲挡、单手击球、双手击球、单手托球、双手托球；扑接球技术的前扑前伸和收抱接、侧扑接地滚球、鱼跃侧扑地滚球和平高球、鱼跃拖球和击球；接球组织进攻技术的单手下手抛球、单手肩上抛球、单手甩抛球、抛踢反弹球、正身抛踢球、侧身抛踢球等[3]。

（二）守门员组合技术

守门员的组合技术包括各种无球的准备姿势和移动与各种接球技术的组

[1]　刘夫力.小型足球运动手册[M].北京：北京体育大学出版社，2004：52-56.

[2]　全国体育院校教材委员会.现代足球[M].北京：人民体育出版社，2000：66-67.

[3]　全国体育院校教材委员会.现代足球[M].北京：人民体育出版社，2000：189-191.

合；各种即兴和应急的连续接球组合；各种接球、接球后移动及各种手抛和脚踢发球的组合；还有守门员进攻时接应回传球发挥支点作用，以及与场上队员很多同样的传接球组合技术。守门员除了训练全面的各种接球技术之外，练习即兴和应急的组合技术是必不可少的内容[1]。

九、掷界外球技术

原地双脚左右开立、前后开立掷界外球、助跑掷界外球。

第二节　战术训练内容构成

战术训练内容构成是要全面展现足球战术训练的所有内容。战术训练内容首先是按照进攻和防守两个体系分类，进攻和防守都是按照个人战术、小组战术、局部战术、整体战术和定位球战术分类及再细分，细分是依据战术配合或个人行动的形式及其行动顺序进行划分。把细分的内容归纳成序，即把比赛中球队能够表现的所有战术配合和个人战术行动统合在一起。以下战术训练内容构成包括一些对具体战术内容的解释，是为了弥补我国以往足球训练教材战术部分内容的缺漏和不足。

一、进攻战术及其内容细分

进攻战术是球队比赛进攻时为了克敌制胜而采用的各种进攻的策略性方式方法。进攻战术的分类主要是依据参与战术行动的人数多少，还有一种死球状态下的定位球进攻战术。由此进攻战术内容构成可做如下分类，即个人进攻战术、小组进攻战术、局部进攻战术、整体进攻战术和定位球进攻战术共五大类。以下把每一类进攻战术再分为概念解读和内容细分分别进行探讨。

---

[1]　刘夫力.小型足球运动手册[M].北京：北京体育大学出版社，2004：120-130.

（一）个人进攻战术及其内容细分

1. 个人进攻战术概念解读

个人进攻战术是比赛中进攻队员为了取得进攻主动或达到某种进攻目的而采取的带有策略性的个人技术运用或行动。一般包括通过个人运控、突破、传球、接球、射门、头顶球、守门员、无球队员行动等形式完成个人进攻战术[1]。

以上每一种个人进攻战术运用都可以采用不同技术方法及改变速度和距离，如"个人运控战术"中的"空当运球"一项内容，包括向前直运、横向运及向后回运，包括慢速运、快速运和变速运，包括短距离运、中距离运和长距离运等情况，每一个细节变化都具有不同的意义及产生不同的战术效果。据此可知个人进攻战术的多样和可变，而且每一种个人战术又都可以相互组合及多元组合，由此可以推断个人进攻战术的内容肯定是极其多样、丰富和变化无穷的，以下的诸多个人战术内容只是一种笼统的罗列。个人战术的多样性和多变性，作为教练员需要了解和掌握其中的原理，了解个人战术的内容及其组合形式是无穷无尽的。但实际的训练过程并不复杂，比赛场上的任何技术运用和无球行动都具有个人战术意义，只需要根据比赛的实际，结合比赛场景和利用直观方式指导队员采用正确的个人战术方法。队员个人战术能力的提高需要训练强化和长期训练的积累，这需要教练员有耐心，又要有指导艺术。教练员需要注意的是技术训练要与个人战术训练同步，而不要相互脱节和有前后顺序，也就是技术训练一定要与技术的实战运用同步。

2. 个人进攻战术内容细分

个人运控战术：空当运球、对人运球、运球吸引防守、运球推进、运控摆脱、连续控球摆脱等及与突破、传球、射门等个人战术的组合运用。

个人突破战术：突破超越对手、快运突破、利用空当强行突破、连续突破、突破打乱对方防线及突破与传球、射门、运控等个人战术的结合运用。

[1] 孙民治.足球[M].北京：高等教育出版社，1990：102.

个人传球战术：对脚下传球、空当传球、快速抢传、逼近对手传球、转移传球、渗透传球、隐蔽传球、回传横传及传球后与各种无球个人战术行动的连接。

个人接球战术：接球推进、接球停稳、假踢接球、接球转身变向、推接球直接摆脱、推接球直接突破及接球与传球、突破、运控、射门等个人战术的结合运用。

个人射门战术：远距离射门、快速抢射、假射再射、假射真传、推进射门、强行射门、假射突破或摆脱射门、一脚射门、一接一射及射门与突破、传球、运控等个人战术的结合运用。

个人头顶球战术：高点前点顶传、高点前点顶射及顶球后与无球个人战术行动的连接。

守门员进攻战术：现今的守门员在具备接、挡球技术的同时，必须具备各种运控、传球、接球、头顶球等技术及无球的接应的能力，守门员个人战术是全队战术的重要环节。

个人无球进攻战术：站位、接应、摆脱、前插是四种主要的无球个人战术行为，有时候两种或三种无球行动结合运用，各种无球行动需要随时随地与以上的传球、接球、射门和头顶球等有球个人战术相结合运用。站位是为了整体的需要而占据有利位置，包括基本站位、移动站位、卡位站位、抢身站位；接应是为控制球队友创造传球线路而起到声援和支持作用，包括角度接应、靠近连接接应、远离反拉接应、拉开接应等；摆脱（闪身）的目的是突然挣脱防守的盯防而获得宽松接球机会或声援控球的队友，包括要球摆脱、牵制摆脱、抢位摆脱和连续摆脱等；前插的目的是创造向前推动进攻及突破对方防线和威胁对方的机会，需要利用对方防守疏漏而出现的短暂的防守空当，包括反击前插、控传中前插、配合前插和二空当前插等，前插线路前文已经讲过[1]。

---

[1]　引用2009年以来中国足球协会D级教练员培训讲义的无球战术行动内容。

（二）小组进攻战术及其内容细分

1．小组进攻战术概念解读

小组进攻战术是比赛中进攻方由2~3名队员组成临时行动小组，持球队员利用合理技术及无球队友的支持，策略性地取得进攻主动或达到某种进攻目的的配合行动[1]。小组进攻战术一般包括2~3人之间的控传、插传、传插、墙式、后套、交叉、轮转、间接传球、三人配合等形式[2]。

以上每一种小组进攻战术都是进攻队员之间相互连接及形成配合的纽带，而且每一种配合方式都适用于任何场区且各有多种不同的方式方法，每一种配合又都可以连续使用，任何两种、三种配合都可以结合使用。当然，每一种小组进攻战术又都可以随时随机地变为个人进攻战术，而且有着无数的变化可能。可见，比赛过程中任何一个小组进攻战术都是以队员个人技术和个人进攻能力为基础的，小组配合是一种有效的进攻方式，但也需要随时随机做出改变，或者由小组配合变为个人战术行动，或者反之，总之小组进攻战术运用的形式和方法肯定是更为丰富和多样的。

2．小组进攻战术内容细分

小组控传战术是进攻方2~3名队员之间通过传接球控制球权和比赛节奏，以确保不失去球权为主要目的的战术配合行动。小组控传战术包括控传过程中球向前推进、向左右转移及向后回传移动等形式，是以保证控球权为主要目的。

小组插传战术是进攻方两个进攻队员之间利用一插一传的方式突破对方防线的一种进攻配合行动。小组插传战术是以插上带动传球，插上包括直插、斜插、横插及极少情况下的回插等形式，插传战术显然是为了突破对方防线。

小组传插战术是进攻方两个队员之间利用一传一插的方式突破对方防线的一种进攻配合行动。小组传插战术是以传球带动插上，传球包括直传、斜传、横传

[1] 克里斯托夫·鲍森魏因.勒夫：美学家，战略家，世界冠军[M]. 北京：北京出版社，2016：53.

[2] 引用2009年以来中国足球协会C级教练员培训讲义的小组战术分类方法。

和回传等各种传球形式。以上插传和传插小组配合都有渗透传球运用的情况。

小组墙式配合战术是进攻方2~3名队员之间，在持球队员传球给做墙队员之后即刻前插或有另外一名队员前插超越对方，做墙队员一脚回球给前插的队员而完成突破对方防线的配合行动。墙式配合战术的前插包括向前的直插、斜插及由边路向中路的横插，传球和做墙回球都包括直传、斜传和横传的情况，比赛实战中有时候也利用回传做配合，比如回传反切的墙式配合。

小组后套配合战术是进攻方一个队员运球推进或原地持球向对方，另一个进攻队员从一侧经持球队员身后向另一侧跑动并视机前插，是一种利用跑位变化突破对方防线的配合行动。后套配合也称套边配合，原本多在边路进攻时使用，是由中间向边路队员身后跑动的配合。现今的比赛中，已经基本不分边路与中路，而是进攻一方随时随处可以采用，后来统一称为后套配合。小组后套配合的关键是把握和利用好前插的时机，持球队员需要根据同伴前插的瞬间做出传球或变向突破的选择。

小组交叉配合战术是进攻方相邻位置的2~3名队员之间，利用相互换位的跑动或一个跑动一个运带球的交叉，使对方防守产生疏漏而创造一插一传或运带突破对方防线的配合行动。交叉配合战术又有多种不同的分类方法，例如：按照交叉队员有球与无球划分，可分为无球交叉配合和有球交叉配合；按照跑动移动方向划分，可分为左右交叉配合和前后交叉配合；按照交换与不交换控球划分，可分为交换控球交叉配合和掩护交叉配合；按照交叉移动所呈线路形状划分，可分为直线对接交叉、十字交叉和X交叉；其中的X交叉按照向前移动和向后移动划分，又可分为向前X交叉和向后X交叉等。交叉配合在比赛实战中需要两个交叉跑动队员的高度默契，也有三人共同完成配合的情况。特别值得一提的是，有球的直线对接交叉配合，是作为C级教练员培训的一个训练主题，也是比赛实战中重要的进攻手段，需要根据场上情况随机决定是否交换控球。

小组轮转配合战术是进攻方相邻的2~3名队员之间，利用顺时针或逆时针同方向的轮转跑动或其中一人带球的协同跑动，扰乱对方防守而创造本方控球或突破对方防线机会的配合行动。轮转配合战术可分为有运带球的轮转和无球跑动的轮转，也可分为二人轮转、三人轮转和四人轮转，小组轮转配合往往可以创造出多个进攻机会和传球路线。交叉配合和轮转配合跑动，常常出现由第一人跑向空当而创造出第二空当，及第二人跑动而创造出第三空当，由此可以打出进攻的"二空当传球"和"三空当传球"的配合。

小组间接传球战术是进攻方控球队员发现传球目标而传球路线受阻，此时把球传给另外一个有传球线路的同伴，利用间接快传把球传给目标队员的配合行动。比赛场上会有很多这种传球目标线路受阻的情况，此时也常常会出现另外一个适合做间接传球人的同伴，为了达到预期的进攻目的，小组的间接传球是必须利用的配合战术。这种间接传球的目标会有很多的不同，可以是得分手或前场的重点队员，也可以是中场的组织核心队员或后场负责反击长传的队员等。

小组三人配合战术是进攻方在中前场区域相邻的三个队员之间，综合利用各种个人战术、二人战术在不同队员之间的变化和转换，造成对方防守的漏洞而形成突破及对对方形成威胁的三人之间的配合行动。小组三人配合要以三人之间熟练的控传配合为基础，以具备各种个人进攻战术和二人进攻战术配合能力为前提，在三人控传过程中随机寻找插传、传插、墙式、后套、交叉及个人突破、渗透直传等机会，如"插插套""套套插""插套插""交叉后套"等三人配合模式[1]。

（三）局部进攻战术及其内容细分

1. 局部进攻战术概念解读

局部进攻战术是比赛中进攻方在局部场区范围为了取得进攻主动或达到某种进攻目的而采取的带有策略性的团队协同配合的行动，一般由4~8名进攻队员共同参与。局部进攻战术包括后场控传、中场组织、区域突破、区域快攻、

---

[1]　引用2009年以来中国足球协会C级教练员培训讲义的三人小组配合进攻内容。

中路区域进攻、边路区域进攻、局部转移进攻等形式[1]。

以上各种局部进攻战术形式是介于小组进攻与整体进攻之间的重要团队进攻形式，局部进攻战术已经体现出一定的整体进攻的特点，而且每一种局部配合进攻方式都是整体进攻的重要基础和组成部分。局部进攻战术有着明显的场地区域特征，各个区域配合之间有着密切的关联和转换关系。比赛局部进攻战术需要以小组进攻及个人进攻能力为基础，局部进攻配合是一种重要和有效的进攻方式。当然，每一种局部进攻战术又都可以随时随机地变为小组进攻配合和个人进攻战术，比赛中需要随时随机地做出改变。

2. 局部进攻战术内容细分

局部后场控传进攻战术是进攻方在本方后场区域采用稳妥的控传进攻方式，是在保证控球权的前提下寻找机会向前推进的局部区域团队配合行动。后场控传是当今所有高水平球队必须具备的局部进攻战术能力，要求避免无谓失误和盲目向前开大脚，包括从守门员抛发球、发球门球、后场掷界外球和后场抢球成功之后而开始的一段进攻状态。后场控传进攻战术需要两个中卫拉开站位、两个边后卫拉边及适当前压、两个后腰大范围有序接应，守门员必须担当一个重要的接应点，有时候边前卫或前腰队员也要参与接应。这样足可以应对对方3~5名队员的前压抢堵，如果对方压上的投入人数增多，则必然会造成后防的空虚和防守力量削弱。后场控传的局部发动进攻阶段，需要依靠队员之间的拉开、大角度接应、深度接应、灵活跑位接应摆脱、个人运带球及守门员接应等多种手段的运用，当然，后场控传局部战术要有一个专门的训练过程和一套专门的训练方法。

局部中场组织进攻战术是进攻方经过后场控传把球推进到中场，在中场区域保持控球权和有序的状态而有组织地向对方门前及其两侧推进的区域配合行动。中场组织是球队进攻的重要环节，强有力的中场组织能够更准确、高效和快速地完成向对方门前推进的过渡。中场组织一般需要头脑聪明、视野开阔、

---

[1] 引用2014年以来中国足球协会B级教练员培训讲义的局部分类内容。

善于应变和脚法细腻的队员担任核心，现今的控制球打法要求避免盲目地向前，所以中场组织在继续保持控球权的同时，要求前场的前锋队员呼应卡位要球和跑位要球，也需要前卫和边后卫队员参与前场的接应和前插。中场组织也需要经过专门的训练过程及采取一系列有针对性的训练方法。

局部区域突破进攻战术是进攻方在通向对方门前的某个局部场地范围，有针对性地采用某些个人战术或小组战术配合手段突破对方防线而向球门逼近的局部团队配合进攻行动。区域突破进攻战术包括通过中场之后的中路、两个肋线及两个边路五个场区，任何一支球队各个位置队员的能力和特点都是不同的，所以一个球队需要根据本队和对手的具体情况而确定局部区域突破的战术。区域突破的成功需要通过个人和小组进攻战术的运用及其灵活变化，区域突破会根据球队风格特点及队员个人特点的不同而不同。区域突破的线路也有不同：有的主要在中路，有的则主要在边路或某一边；有的球队可能主要依靠个人突破，有的球队则更多依靠小组配合突破。局部区域突破进攻需要经过长期、系统的训练，任何强队都需要具备全面和多点进攻的能力。

局部区域快速进攻战术是进攻方在某一局部范围采用突然、简便和快速的方式向对方球门逼近，无论是个人突破还是直线插传、传插及其他小组进攻方法都要坚决、快速，带有一定的冒险性，是一种以快速为特点的局部区域的进攻行动。区域快速进攻可以包括在本方的后场、中场的任何地点为发起点，主要是要抓住对方防线的漏洞或防守空当较大的短瞬时机。区域快速进攻一般有很大的冒险性或有较高的失误率，但一旦进攻成功就会对对方形成很大的威胁。区域快速进攻最重要的还是要有速度快和具备突击能力的冲锋陷阵的队员，也需要培养头脑和技术优秀的发动快攻的组织核心。区域快速进攻需要在全面技战术练习的基础上，进行更加具有针对性和需要更多强化的练习。

局部中路区域进攻是进攻方多人参与的在通向对方球门的中路场区范围专门设定和采用各种个人和小组进攻战术以突破对方中路防线的团队配合进攻行动。中路区域进攻是通向对方球门最直接的途径，但往往对方防守投入的人数多且防线人员密集，进攻难度相对较大。一般只有在防守反击时会出现短时的

以多攻少或人数相等的情况，也只有此时可以采用简便、快速的突破或简单配合的进攻方法。多数情况需要在组织进攻过程中寻找机会，并随机地采用个人或小组进攻战术，所以中路区域进攻需要球队具备较强的整体实力，参与进攻的每个人都具备个人进攻的能力及与队友形成小组配合进攻的能力。所以中路区域进攻的球队必须经过长期磨合和达到训练有素，具备整体实力及全方位进攻的能力。

局部边路区域进攻是进攻方在两侧边路区域主要以边路队员参与，采用各种个人和小组进攻战术突破对方边路防线，形成向对方球门推进的团队配合进攻行动。边路区域一般防守人数相对较少，防守力量相对薄弱，相比之下边路进攻的难度不大，但边路进攻成功之后还需要有传中或继续由边路向中路推进，才能够对对方形成威胁和射门。边路区域的进攻作为球队整体进攻的组成部分，无论是防守反击还是控传推进，边路进攻都是一个重要的选择，任何球队都必须重视。边路区域的进攻一般空间较大，以利用速度突破和边前卫或边后卫插上进攻的方式为主，当然，其他各种个人进攻战术和小组进攻战术都适用于边路进攻，特别是小组后套进攻配合更适用于边路进攻。

局部转移进攻是进攻方在中前场某一区域进攻受阻或无法打开局面时，有意识地避开对方防守稳固的地带，通过传球把球转移到对方防守相对薄弱地带的局部配合行动。转移进攻是局部进攻战术的重要内容，也是一种巧妙的进攻策略，在足球场上局部范围同样有避实就虚、声东击西的战术配合套路，转移进攻就是达到这种战术目的的有效途径。转移进攻有各自不同的情况，包括主动转移、被动转移，随机转移、设计转移等不同的情况，但转移进攻还是需要一定的专门练习过程，有时候需要深度吸引防守向一处集中，之后突然采用转移进攻及快速推进的方法。

（四）整体进攻战术及其内容细分

1. 整体进攻战术概念解读

整体进攻战术是比赛中进攻方在整个比赛场地范围，全体场上队员共同参与的为取得进攻主动和达到进攻目的所采取的策略性的整体协同配合行动。整体进攻战术包括控传进攻、阵地进攻、长传进攻、快速反击、快速进攻、中路进攻、边路进攻、转移进攻等形式。整体进攻战术需要经过周密设计和长期训练的过程[1]。

以上各种整体进攻战术形式是大体上的全队整体进攻方式方法的罗列，任何训练有素的球队都不可能单一地采用某一种整体进攻战术，而是要尽可能地综合地采取各种进攻战术，并且在各种战术之间可以灵活变化。但高水平的球队一定有自己的整体进攻特点和风格，而这一特点和风格的体现就是某一种进攻战术的特殊优势和攻击力，任何队足球的整体进攻都会体现出明显的局部团队配合的特点。球队要达到世界强队的水平及形成整体进攻的特点，一定是以系统的青少年训练为根基，以队员全面和扎实的个人技术、个人战术及小组配合进攻能力为基础。整体进攻特点及形成强大的攻击力需要扎扎实实的积累，而且整体进攻往往起决定性作用的是个人完成关键性突破、摆脱、助传及射门的能力。

2. 整体进攻战术内容细分

整体控传进攻战术是进攻方整体上采用稳妥的控传进攻方式，在保证控球权和有序的前提下有组织地向对方门前推进的球队整体性的进攻配合行动。包括后场控传阶段、中场组织阶段及通过中场后各个局部区域的进攻战术配合行动。整体控传进攻对球队的技术要求较高，要求经过长期系统的训练及形成细腻的脚法和整体协同配合，当然肯定是以全面的个人进攻战术和小组进攻战术为基础，特别是到对方门前的密集防守区域，更需要进攻队员即兴和创造性利用个人能力和小组配合完成最后一击。这种进攻战术是所有高水平强队必须具备的基本能力，是一种发展趋势。

整体阵地进攻战术是进攻方整体上采用以短传配合向前推进的进攻方式，是一种讲求技术和追求控制权而避免大脚长传进攻，以控制比赛及在稳妥中寻

---

[1] 引用2012年以来中国足球协会A级、职业级教练员培训讲义的整体战术分类内容。

找突破机会的整体性的进攻战术配合行动。阵地进攻战术需要从后场开始稳妥传递和组织进攻，整体上要求队员技术细腻、脚法灵活、速度和节奏多变，相对对队员的全面的基本技术和细腻的小组配合要求高，整体协同性强、团队默契，善于利用狭小空间，反抢速度快，需要有传统和扎实的控传基础，一般技术型强队较多采用。

整体长传进攻战术是进攻方整体上采用以长传向前推进为主的进攻方式，是一种不追求控制球而是尽可能把球打到对方半场，尽可能地在对方半场展开拼抢及寻找破门机会的整体性的进攻战术配合行动。长传进攻战术也需要一定的后场传递和组织进攻，但整体上是体现粗犷、力量和速度的打法，相对对队员全面的基本技术要求和细腻的小组配合要求不高，但需要前锋队员拥有高度、强壮体魄、冲击力、防守抢球等方面的能力，在大型比赛中弱队遇到强队、对方速度和高度不足及强队处于某种战术需要时，仍然有很多球队会采用长传进攻的战术。

整体快速反击进攻战术是进攻一方的整体进攻以稳妥或稳固的防守为前提，强调在获得球权的时候以最快速度发起进攻，是一种以防守不失球和抢球成功后的快速进攻为主导的整体进攻战术。防守反击进攻现在已经不是传统意义的龟缩在本方半场或门前的防守，而是包括高位和中场高位的防守反击。防守反击进攻特别强调的是反击刹那要利用和抓住对方进攻时阵线拉开的空隙和空当，在短时间内形成对对方薄弱点的攻击，一般防守反击投入进攻的人数不多，主要是以速度取胜，反击不成要迅速形成防守阵型。防守反击进攻也是一种比赛进攻和取胜的策略，有时候强队对弱队也采用防守反击战术。运用防守反击战术的选择，需要有适当的进攻人选及参与反击人员的默契，也需要进行专门的训练。

整体快速进攻战术是进攻方所有的进攻都要以最快速度向对方门前推进的进攻方式，一旦进入进攻状态都是追求和保证以最快速度为前提，是一种以速度为核心和带有冒险性的整体进攻战术配合行动。快速进攻战术的方法包括个人快运和快速突破、小组配合突破、长传进攻等，一般要求球队有速度快的队员，队员要以灵巧见长、处理球敏捷迅速，快速进攻打法需要队员具备良好的个人技术和熟练的配合能力，向前的推进、直传表现坚决和果断。当然高效地贯彻快速进攻战术有一定的难度，需要球队长期训练的积累，甚至需要有一定的传统根基。

整体中路进攻战术是进攻方主要以通过中路向对方门前推进的战术，是围绕从中路而展开各种个人和小组进攻的方法而完成整体进攻的战术。前文已经对局部中路进攻战术问题做了详细的阐述，整体中路进攻战术是从更宏观的战略角度而选择进攻的方法与路径问题，是根据本队的优势、队员特点、传统及教练员的喜好等而确定的进攻线路。所谓整体中路进攻战术并不代表全部的进攻都一定是通过中路，也会有很多通过边路而完成的进攻。整体的中路进攻与局部中路进攻的方式方法和套路基本是一样的，只是宏观和整体进攻的设计不同。

整体边路进攻战术是进攻方整体上主要以通过边路向对方球门推进的战术，是比赛中围绕边路展开各种个人和小组进攻配合而完成整体进攻的战术。整体的进攻无非是通过从中路或两个边路而向对方门前推进，边路进攻是任何等级球队整体进攻必不可少的组成部分，一个球队同样要根据本队的传统、队员特点、整体实力及对手特点等而确定边路进攻的设计，选择中路进攻为主还是边路进攻为主，需要教练员根据主客观的具体实际而定，在国际大赛上很多球队仍然采用以边路进攻为主的战术。

整体转移进攻战术是比赛进攻方在局部受到防守逼压及进攻受阻而无法打开局面时，通过组织调度有意识地避开对方防守稳固的区域，把球转移到对方防守相对薄弱区域的整体性配合行动。转移进攻是整体进攻战术的组成部分，是一种重要的进攻策略，整体转移进攻是克敌制胜的有效途径。整体的转移进攻包括大范围的从一边到另一边的长传转移及中转边、边转中的中距离转移，转移进攻可以是一脚完成中、长传转移，也可以采用快速的连续短传转移的方法。整体的转移进攻是突然和快速改变推进线路的进攻方法，也需要一定专门训练的强化。

（五）定位球进攻战术

定位球进攻战术是比赛中进攻方在比赛开始或比赛成死球之后，由非比赛状态进入或重新进入比赛状态时而采取的带有策略性的团队协同配合的战术行动。由于定位球进攻战术往往具有很大的威胁性和很高的得分率，所以也越来越受到重视。定位球进攻战术包括任意球进攻、角球进攻、掷界外球进攻、中圈开球进攻、球门球进攻、罚球点球战术。其中任意球、角球和掷界外球具有更丰富的战术内容，需要在后续的"足球训练丛书"里做详细的阐述和分析。

二、防守战术及其内容细分

防守战术是球队比赛防守时为了限制和削弱对方进攻而采用的各种带有策略性的方式方法。防守战术同样是依据参与战术行动人数多少分类的，还有一种在死球状态下的定位球防守战术。由此防守战术内容构成可做如下分类，即个人防守战术、小组防守战术、局部防守战术、整体防守战术和定位球防守战术共五大类。以下把每一类防守战术再分为概念和内容细分分别进行探讨。

（一）个人防守战术及其内容细分

1．个人防守战术概念

个人防守战术是比赛中防守队员为了取得防守主动或达到某种防守目的而采取的带有策略性的个人防守行动。一般包括通过个人选位、盯人、保护、逼压、延缓、抢断、反抢等行动完成个人防守战术[1]。

2．个人防守战术内容细分

个人选位战术包括对人盯防选位和对位保护选位。对人的盯防选位包括对有球对手盯防选位和对无球对手盯防选位，对位保护选位包括小组协防保护选位与整体防守保护选位。个人选位还有很多的细分及具体情况，如果是对有球对手

---

[1]　引用2009年以来中国足球协会D级、C级教练员培训讲义的防守战术内容。

的选位还包括有无队友保护、队友位置、边路还是中路、离球门远近、对手特点等。选位常常与盯人、保护、逼压、延缓、抢断等个人战术组合或变换运用[1]。

个人盯人战术包括区域防守盯人和专门盯人。区域防守盯人包括对有球对手盯人和对无球对手盯人，专门盯人包括紧逼盯人和松动盯人及对手有球时盯人和无球时盯人。其中区域防守对有球对手的盯人又包括紧逼盯人和松动盯人及各种盯人时的队友位置、边路还是中路、离球门远近等，盯人常常与选位、保护、逼压、延缓、抢断等个人战术行动组合或变换运用。

个人保护战术包括对人保护和对位保护。对人保护又包括无球时对相邻队友的保护和队友抢球或逼压时对队友的保护，对位保护又包括小组防守时的对位保护和整体防守时的对位保护。每一种个人保护同样可以有很多细分的情况，而且个人保护常常与选位、盯人、逼压、延缓、抢断等是统一的关系，或者是可以组合或变换地运用。

个人逼压战术包括对有球对手逼压和对无球对手逼压。对有球对手逼压和无球对手逼压又都分为紧迫逼压和松动逼压，每一种逼压又都可以细分，而且个人逼压常常与选位、盯人、延缓、抢断等个人战术结合运用。

个人延缓战术包括一对一延缓、一防二延缓和一防多延缓。个人延缓主要是在个人以一防多不利情况下，占据里线合理位置，以适当后退缓冲对方进攻速度而等待队友回防。个人延缓要以选位、盯人、逼压为前提，等待时机变被动为主动。

个人抢断战术包括视机抢断和主动抢断。视机抢断又包括对手失误瞬间、防守人数占优时和比分落后时等，一般是指在后场或门前；主动抢断一般是指在对方半场、离球门较远的边路及有队友保护的情况下所采用的积极主动的抢断方法。个人抢断必须与选位、盯人、逼压等个人战术结合运用。

个人反抢战术是在自己或邻近队员进攻失误或失去控球权的瞬间采用的积极、主动和快速的抢球行动。反抢不仅有较高的成功率，而且可以增加对对方的

---

[1] 全国体育学院教材委员会.足球[M].北京：人民体育出版社，1994：146.

威胁。个人反抢是个人战术行动，也是整体战术的重要组成部分。

（二）小组防守战术及其内容细分

1. 小组防守战术概念

小组防守战术是比赛中防守方由2~3名队员组成临时行动小组的基础上，利用队员之间协同的防守行动和相互支持，策略地取得防守主动或达到某种防守目的的配合行动。小组防守战术包括2~3人之间的二人协防、交叉换位、三人协防、二人夹抢、三人围抢[1]。

2. 小组防守战术内容细分

小组二人协防战术是防守方两个相邻队员一人逼近或上抢对方持球队员时，另一人呈适度拖后斜线站位，二人一前一后起到保护作用而利于队友被突破时补位。二人协防一般在本方后场及门前采用，在防线前压扩大防区的时候，在中前场也采用二人协防。

小组补位与换位战术是防守方两个相邻队友之间呈协防占位，靠近对方持球队员的队友被对手突破时，协防保护队友补充上来继续防守对方持球的对手，被突破队员再做协防保护。交叉换位同样多在本方半场及门前采用，现代高水平比赛各个场区都有频繁换位。

小组三人协防战术是防守方三个相邻队友之间的相互配合防守，一般是两个靠近对方有球队员的人呈二人协防站位，另一人照看大局或全局保护防线。三人协防一般是指球队的最后一道防线处于三人防守的时候，三人协防相对更加复杂和变化多，需要经过长期专门的训练。

小组二人夹抢战术是防守方两个相邻队员相互协调配合的防守战术行动，是二人同时对对方持球队员从不同方向实施抢断或夹堵。以往夹抢多发生在本方半场及靠近边线和底线的地方，随着足球比赛争夺越来越激烈，二人夹抢配合行动已经成为常规或随时随地被运用的战术配合行动。

---

[1] 引用2009年以来中国足球协会C级教练员培训讲义的防守战术内容。

　　小组三人围抢战术是防守方三个相邻队友共同配合完成的防守战术行动，是三人同时对对方持球队员从不同方向实施堵抢的配合行动。现代高水平的足球比赛，大量地采用二人夹抢和三人围抢的小组防守战术配合行动，而且已经成为球队争取主动、控制局面及获取球权的重要手段。

（三）局部防守战术及其内容细分

1．局部防守战术概念

　　局部防守战术是比赛中防守方在局部场区范围为了取得防守主动或达到某种防守目的而采取的带有策略性的防守协同配合行动，一般由4~8名防守队员共同参与。局部防守战术包括后卫线协防、4~8人局部区域防守、前场局部围夹、中场局部围夹等内容。

2．局部防守战术内容细分

　　局部后卫线协防战术是防守方3~5名后卫队员处于最后一道防线时的防守配合，是根据对方进攻线路、投入人数、球的位置等后卫队员各自采取的防守个人战术行动与小组配合行动，共同形成平行并相互协防与保护的防守链条。后卫线的站位是整个球队防守阵型移动的坐标，整体防守阵型移动变化要以后卫线的站位和移动为参照，后卫线平行站位的间距是根据距离球门的远近而定，由远至近按照"漏斗原理"的标准。根据对方进攻所在区域的变化而整体地左右移动及漏斗式"前张后缩"变化，每个队员都要兼顾防守区域和相邻队友的移动变化，呈整体移动变化而形成一个防守链条。每名防守队员都不采用盯人的防守，对手交换位置则采用换防的方法，这样的防守节省体力，有利于形成二人夹抢和三人围抢[1]。

　　局部区域防守战术是防守方靠近本方球门一侧的4~8名队员，在局部区域所采用的区域防守配合行动。局部区域防守战术是以后卫线协防为基础，所有

---

　　[1]　克里斯托夫·鲍森魏因.勒夫：美学家，战略家，世界冠军[M].王凤波，译.北京：北京出版社，2016：37.

参与防守的队员都不采用传统的盯人战术，而是采用区域盯人的方法。所有参与区域防守的队员都以后卫线的移动为坐标和向导，进行整体移动，对方队员进入谁的防守区域，就由谁来负责盯防。局部区域防守战术包括三或四后卫加一个或两个后腰的4~6人的配合、五后卫加一个或两个后腰的6~7人的配合，还有再加一个或两个前腰和边前卫的6~8人的配合等。

局部前场围夹战术是防守方在前场由4~8名队员共同参与，以主动、积极的夹抢或围抢及封堵对方传球线路和实施断截的前场区域团队防守配合行动。前场围夹战术也称高位局部围夹防守战术配合，是一种积极的防守战术，是高水平球队需要具备的团队战术配合能力，需要多人参与及默契配合，特别需要行动步骤的一致，比如：6~8人的前场围夹，一般是2~3人参与围夹的抢球行动，2~3人参与不同距离封堵和断截传球的行动，2人参与对方长传的断截行动。围夹战术行动是局部的团队配合行动，需要高度的协同统一，需要通过专门的训练和长期的配合。前场围夹战术前端的前锋要切断对方回传线路，要在前场高位实施围夹，主要是要形成局部区域的防守人数优势，此时并不强调阵型的排列。

局部中场围夹战术是防守方在中场区域由4~8名队员共同参与，以积极、主动夹抢和围抢及封堵对方传球线路和实施断截的中场局部团队防守配合行动。中场围夹战术的实施也需要切断对方的回传线路，但由于距离本方球门较近，后卫线需要在保持良好的防守阵型的基础上，再向中场施压及封堵传球线路和采取断截行动。

（四）整体防守战术及其内容细分

1. 整体防守战术概念

整体防守战术是比赛中防守方在整个比赛场地范围，全体场上队员共同参与的为取得防守主动和达到防守目的所采取的策略性的整体防守协同配合行动。整体防守战术包括回缩区域防守、前压区域方式、混合防守、压迫式防守和全线逼压防守[1]。

2．整体防守战术内容细分

整体回缩区域防守战术是防守方全体队员回收到本方半场或更靠近球门的场地区域，采用形成密集防线的区域防守。整体收缩的区域防守战术也是以3~5个后卫协防为基础，所有队员都不采用盯人的个人战术，而是采用区域盯人的方法，整个参与区域防守的队员都以后卫线的移动为坐标和导向，进行整体移动，对方队员进入谁的防守区域，就由谁来负责盯防。

整体前压区域防守战术是防守方把整个防线向前推压到中场或前场，但仍然采用区域防守的战术。整体前压区域防守是一种积极争取主动的防守战术打法。一方面，区域防守由于容易形成严密的整体防线和利于更多地形成夹抢和围抢，而且相对节省体力，正是因为有以上的优点，区域防守才被越来越多的球队所采纳。另一方面，由于现代足球比赛的攻守争夺越来越激烈和复杂，要想在比赛中取得主动和赢得先机，就需要防守阵线的主动前压，这样也就出现更多的整体阵型向前逼压的区域防守战术打法。

整体混合防守战术是防守方整体上以区域防守战术为主，只派个别队员采用盯人防守，即形成全队以区域防守为主，只有个别队员采用盯人防守的混合防守。混合防守战术是20世纪80年代和90年代世界各国和著名俱乐部普遍采用的防守战术，但进入21世纪之后完全的区域防守战术逐渐普及，特别是近10年采用混合防守的球队已经不多，但作为一种整体的防守战术打法仍然被一些球队所采用。

整体压迫式防守战术是防守方整体统一并分工协作采取积极的防守行动，主动向对方施压及积极争取抢获控球权的球队整体战术配合行动。压迫式防守特别讲究分工协作，一般是随机分为几个小组，即抢球组、近距离封堵组、远距离断截组和保护组。压迫式防守战术又包括高位压迫防守、中场高位压迫防守、中场低位压迫防守和低位压迫防守或深度压迫防守。

---

[1]　引用2014年中国足球协会职业级教练员培训讲义的整体防守战术内容。

整体全线逼压防守战术是比赛防守方采用全场紧逼和积极抢断的整体防守战术打法。全线逼压防守战术由于全体场上队员都采用主动逼出抢断的积极防守方式，后防对球门的保护相对容易出现漏洞，也更容易被对手抓到反击的机会，所以有较大的冒险性，一般是在比分落后和比赛所剩时间不多的时候采用。

（五）定位球防守战术

定位球防守战术是比赛中对方在比赛开始或比赛成死球后发球，即由非比赛状态进入或重新进入比赛状态时，为了减小威胁而采取的带有策略性的防守协同战术配合行动。定位球进攻战术与防守战术有着相互促进的关系，由于定位球进攻具有很大的威胁性和很高的得分率，相应的定位球防守也受到重视。定位球防守战术同样包括任意球防守、角球防守、掷界外球防守、中圈开球防守、球门球防守、罚球点球防守。其中任意球、角球和掷界外球防守战术尤其需要受到重视，后续的"足球训练丛书"里做详细的阐述和分析。

第三节　体能训练内容构成

体能训练内容构成是全面介绍有关足球体能训练的基本内容。训练内容按照运动素质、身体机能、身体形态和心理素质划分成四类内容，足球队员的体能水平突出表现在运动素质和身体机能两个方面，身体形态和心理素质也是体能的重要保障因素和训练内容。体能训练所划分的四项内容都有各自的细分，体能训练不仅要有专门的体能训练教练，而且还要有更专业的力量训练、心理训练、营养调配等教练或技师，如此，足球体能训练不仅成为一个需要高度专业化和分工细致的职业，而且需要把各项训练统合起来。

一、运动素质及其内容细分

运动素质及其内容细分是要在整体介绍足球队员运动素质的同时，还要阐述运动素质细分及其更细致的内容构成。以下探讨包括运动素质概要和运动素质细分两个部分。

（一）运动素质概要

足球体能训练的运动素质内容一般包括速度、力量、耐力、灵敏和柔韧五个方面，每个方面又都有各自的细分内容。运动素质内容构成的原理在全国体育院校通用教材《运动训练学》书中有详细的阐述[1]，其中的训练内容和方法我们不在此复述，这里主要阐述具有足球专项性特点及与比赛实战相一致的运动素质训练内容与方法。足球队员的运动素质训练很多是与技战术训练和比赛训练统一进行的，足球队员的运动素质一定要有一般运动素质训练的基础，训练要更多地采用那些体现足球项目特点及与比赛实战统一和同步进行的内容和方法。以下按照运动素质的内容细分介绍各项素质具体的训练内容与方法。

（二）运动素质内容细分

1．耐力素质

一场高水平比赛队员的跑动距离在12 000米以上，冲刺快跑次数超过70次。所以耐力素质往往被认为是足球队员体能最重要的基础素质。足球队员比赛中的耐力表现包括有氧耐力和速度耐力两种情况，比赛的绝大多数情况是依靠有氧耐力支撑，但无氧的速度耐力往往在比赛的关键时刻发挥更重要的作用。世界著名教练穆里尼奥曾经说足球队员的体能训练必须在足球场上完成，他所说的体能训练指的就是耐力训练[2]。现在高水平球队的耐力训练是要求以小型比赛的形式进行，包括有氧耐力、无氧低强度、无氧中强度和无氧高强度的训练，基本是在比赛对抗的条件下通过场地设计、练习时间、练习人数、练习密度和间歇时间的调整来控制训练强度。所以通过比赛形式训练体能已经成为世界一致认可的训练方法。当然，整个赛季的赛前准备期的体能训练，偶尔进行一次12分钟跑有氧耐力测试、UU无氧耐力能力测试、100米速度测试等，

---

[1] 全国体育院校教材委员会.运动训练学[M].北京：人民体育出版社，2000：191-232.

[2] 路易斯·洛伦索.穆里尼奥：葡萄牙制造[M].陈震，译.北京：新世界出版社，2014：73.

都属于正常的辅助性训练方法和监控手段，但耐力训练主导的训练方式方法一定是在足球场上完成的。

2．速度素质

足球队员的速度表现是一种具有高度综合性的速度。足球队员的速度素质包括三个方面：第一，是接受信息的反应速度及其之后的思维和决策速度；第二，是反应后的动作应答及完成动作的速度；第三，是绝对速度即快速运球、追球和抢位等移动速度[1]。以上三种速度表现只有在足球场上和比赛中才能直观、生动地表现出来，每一种速度又有各种不同的表现和随机变化，所以足球队员的速度训练不能脱离足球场地和比赛场景，训练可以适度和适量地采用一般性速度训练的方法，但整体上必须体现足球特征。具体的训练内容，要在比赛场景中结合技术动作操作和比赛对抗因素，要体现足球项目的反应判断速度、动作速度及位移速度，其中的位移速度训练以10~20米的快运球和冲刺快跑为主。以比赛形式和对抗形式的速度训练有很多的内容与方法，比赛形式包括等人数三对三至六对六的攻门、定向进攻和无进攻方向控传等，比赛形式的速度训练要有足够的空间，还要制定强化队员插跑和摆脱跑动的规则，例如：插跑算得分、插上射门进球得两分等。设计比赛场景结合技术训练的内容和方法也非常多，例如：非对抗形式的计时或限时运球射门训练、边路前插追球传中训练；对抗形式的一人传球二人追抢的争抢训练、助传进攻插上与防守追抢的训练等。速度训练很容易在比赛中或在比赛场景下结合球完成。

3．力量素质

足球比赛是同场竞技并有大量两队队员之间的身体接触和冲撞，所以不仅需要队员具备速度素质和良好的耐力素质，也需要队员具备强壮的体魄和强大的力量素质。而且队员还需要具备快速起动和跳起的爆发力，这些是比赛中快速摆脱防守和争夺空中优势需要具备的。力量素质的训练内容按照身体部位划

---

[1] 刘丹.足球体能训练[M].北京：北京体育大学出版社，2006：42.

分，包括下肢力量、腰腹力量、上肢力量及小肌肉群力量或平衡核心力量；按照比赛中的作用效果分，可分为绝对力量、爆发力和力量耐力[1]。每一个部位和每一种力量都需要专门的训练内容与方法，而力量素质训练则需要利用专门力量训练器材和场地，一般是在力量训练房或训练馆进行。这些训练需要专门力量训练教练的组织和指导，我们将在后续专门的教材中介绍。在足球场地和比赛场景下也有很多的力量训练内容与方法，主要是克服自身体重的训练，比赛和对抗形式的训练内容，例如：等人数或不等人数的单脚着地跳行比赛、等人数或不等人数的背人比赛、负重（绑沙袋）比赛、"四腿"比赛等。非对抗形式训练内容更多，例如：专门组织的蛙跳练习、纵跳练习、背人练习、叠罗汉蹲起、单腿跳、俯卧撑、仰卧起坐、仰卧、俯卧、侧卧的两头起等，这些训练可以在技术训练或比赛间隙进行。

4．灵敏素质

足球比赛队员都是要根据球的位置、队友和对手位置、空间大小、距离球门远近等情况而灵活地采取随机行动，比赛中队员的移动不仅有结合球和徒手的不同，而且场上移动有快慢不同、难度不同、节奏变化和方向不同等各种差异和变向变速的要求，移动的方法也有各种滑步或跑动及其他不断的变化。所以，足球队员的灵敏素质显然与其他项目存在差异，这些比赛中需要完成的各种移动变化，要求队员必须具备适应于足球的灵敏素质。足球比赛中所表现出来的无球条件下的灵敏素质，包括各种静止或慢速移动和快速移动中的突然的转身变向，各种跳起落地后的平衡及快速移动、起动和转身，各种身体倒地姿势的起身或顺势起身及起身后的各种快速移动、起动和转身等，这些都可以在足球场地及在特定的比赛场景下完成训练。其实，所有的快速完成各种组合技术的练习，既是技术练习和动作速度练习，也是一种足球队员重要的灵敏素质训练。还有铲球后的起身或争顶后的平衡及之后的连接起动、转身和连接其他技术练习等都是灵敏素质训练。足球比赛过程本身要求队员快速移动、转身、

---

[1]　刘丹.足球体能训练[M].北京：北京体育大学出版社，2006：40-41.

起动及完成技术动作，控球快速变向变速等都是很好的灵敏素质训练。灵敏素质训练一般安排在训练的准备热身部分效果更好，准备热身部分的灵敏练习可以利用一些辅助器材，比如：栏架、绳梯、跳绳、胶带等，还可以利用摆放不同图形和间距的锥盘、锥桶、标志杆等做快速的跳跃、移动、穿越、翻滚等，还有不同身姿和面向的小步跑、高抬腿、急停急起、绕障跑等练习[1]。

5. 柔韧素质

足球比赛常常会要求队员的技术动作幅度更大一些、动作更柔和一些，脚抬得更高一些、伸得更远一些、关节灵活一些等，还有很多时候队员受伤是因为肌肉的柔韧性不够。所以足球队员同样需要具备良好的柔韧素质。当然，足球队员的柔韧素质尤其以腰腹、腿脚、脊椎颈椎部位为重要，柔韧素质是体能训练不可忽视的重要素质。准备热身练习部分的柔韧素质训练主要依靠拉伸、踢摆、绕转等来完成，其实，很多加大幅度的技术练习，例如：控球技术加大幅度，在增加完成技术难度的同时也起到了柔韧素质训练的作用；加大踢球摆腿幅度也一样能起到训练作用。柔韧素质练习一般分为动态拉伸和静态拉伸，结合技术练习的柔韧素质练习、原地或移动中的节拍操、移动中的踢摆和扭转练习都属于动态柔韧性练习，一般是安排在准备热身部分，这样利于调动队员兴奋性，也符合训练由准备部分到主题部分的生理和心理适应。原地静态拉伸一般是安排在训练的放松整理部分，静态拉伸可以刺激肌肉神经的兴奋而促进乳酸等疲劳物质的代谢，利于消除队员训练后的疲劳和身体恢复[2]。

二、身体机能及其内容细分

足球队员身体机能水平的主要表现是场上耐力和赛后恢复能力，其中耐力包括有氧耐力和无氧耐力，相应的供氧能力和抗乳酸能力是反映队员耐力水平的主要生理指标，最大摄氧量可以直接反映供氧能力及影响到耐力和速度耐

[1] 刘丹.足球体能训练[M].北京：北京体育大学出版社，2006：45-46.
[2] 刘丹.足球体能训练[M].北京：北京体育大学出版社，2006：47-48.

力水平，抗乳酸能力则直接影响到队员的无氧耐力水平。血清睾酮和皮质醇两个生化指标可以直接反映队员的恢复能力和身体状态[1]，当然生理上的代谢能力和抵抗能力也会影响到身体机能的恢复。这里我们主要阐述的是身体机能对体能的影响和如何通过训练得到改善的问题，身体机能水平肯定会直接影响到队员的体能状态，尤其是对队员耐力水平的影响更加明显，而耐力又是所有其他运动素质的基础和根本。队员良好身体机能状态的形成一定是要经过一个科学训练的过程，其中最重要的就是耐力素质的训练。耐力素质训练包括有氧耐力训练、无氧低强度训练、无氧中强度训练和无氧高强度训练。足球体能教练需要根据每一个队员不同的运动素质水平、生理机能水平和身体恢复能力等，在整个赛季做统筹的各项训练内容的比例安排，并做好运动量与运动强度的调控，还要做好各项生理生化指标的测试与跟踪监控，也特别要注意每一个队员的营养和恢复措施的跟进。

三、身体形态及其内容细分

足球队员的身体形态与比赛有着密切的关系，也与队员的体能水平相关联。从小的方面讲，队员合理地改变和塑造自己的身体形态对于改善体能状态、提高技术水平和保持身体健康都具有重要的意义。从大的方面讲，球队不仅需要队员拥有优良的技术能力和战术素养，也需要每一个队员都拥有健康和良好身体形态，比赛场上的一些位置更是需要身体强壮和身形高大的队员。所以无论从哪一个角度讲，足球队员的身体形态都是一个重要的体能评价指标。一般而言队员的身体形态主要受到遗传因素的影响，而解决这一问题主要是通过选材的途径。但事实上现代足球的队员身体形态已经成为体能训练的重要内容，通过训练可以使队员的体型更加健美，可以达到控制体重及改善个人身体形态的不足。身体形态训练最主要的内容是通过肌肉力量训练改变身体成分，增强体质和改善体型。身体形态训练有很多的体质监控指标，如脂肪率可以反

[1]　刘丹.足球体能训练[M].北京：北京体育大学出版社，2006：67-68.

映身体重量指数、克托莱指数可以反映身体的营养指数等，身体形态训练也越来越趋于系统化和科学化[1]。

四、心理素质及其内容细分

心理素质对于足球队员的体能发挥有着重要的影响，这一点已经在理论上与实践总结中得到科学的证明。后文还有专门把心理作为比赛基本要素的阐述，这里只从心理素质对体能影响的角度加以说明。在足球队员的体能水平结构中，运动素质、身体机能和身体形态都程度不同地直接发挥作用，但心理素质是从其他结构体系中衍生出来的因素，是间接地对队员比赛场上的体能水平发挥作用。例如：比赛中心理过度紧张会造成肌肉紧张、内循环系统失调和能量提前消耗或能量耗用的浪费等，肌肉紧张不仅影响比赛中技术的正常发挥，也会出现疲劳提前和发生肌肉痉挛。再如：比赛与生活的关系处理不好，就会出现比赛中注意力分散，竞技状态消失或无法调动等情况，所以心理调解是足球体能训练的重要内容，包括心态放松调解、集中注意力训练、自信心培养、沟通与交流意识培养、心理状态调解等，很多高水平俱乐部球队和国家队都配备专门的心理教练或心理医生，很多心理状态形成有一定的规律性，也有一定的特殊性，心理训练需要根据每一个队员的具体情况而对症下药地施加心理影响。

第四节　心理训练内容构成

心理训练内容构成是介绍足球心理训练所涵盖的基本内容。心理训练内容按照训练与比赛动力内容、足球队员心理过程内容和足球队员个性心理内容划分成三类，队员的心理训练是非常重要又十分微妙和难以把控的，越来越受到重视。足球队员成长需要全面的心理训练基础，但每一个队员又都表现出各自不同的心理现象和问题，所以心理训练只有全面并结合个人特点，才能更好地

---

[1]　刘丹.足球体能训练[M].北京：北京体育大学出版社，2006：54.

保证队员训练和比赛状态的正常发挥。

一、训练与比赛动力的内容

队员参加足球训练与比赛动力的激发和原动力的能量储备，是心理训练首先要思考的问题。动力不可能是单纯外力的维持，而必须依靠其自身的主动性和积极性。这种主动性和积极性可以产生活跃的认知、振奋的情感和坚强的意志。这些是队员高效和高质量完成训练和比赛的保证，是促进队员个性心理和谐发展的条件。训练和比赛动力的根本来源是人的本能需要和生存需要，从心理学角度分析动力构成及其能量来源是复杂的，但按照队员动力调节系统的划分，队员动力大致可分为动机激发、兴趣培养、态度引导、习惯养成四个方面[1]。当然，作为拥有主观意识的队员，必然受到其个人理念、信念和世界观等意识形态的支配和调节。队员参与训练与比赛活动的动力调节系统是在一定的社会环境中，队员个体是在参与足球活动的基础上形成动力并不断发展和变化的。教练员在长期的训练工作实践中，对队员的动力激励肯定有着复杂和细致的过程，这些需要教练员巧妙利用外部环境影响与个人需要的关系，侧重从动机、兴趣、态度和习惯等几个方面培养和影响队员，见图11-1。

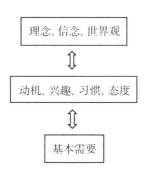

图11-1　队员动力调节系统

---

[1]　马启伟.体育心理学[M].北京：高等教育出版社，1996：80.

二、足球队员心理过程的内容

按照足球训练与比赛中的心理过程划分，一般足球训练过程更需要注意的心理问题分为感知、记忆、思维、注意、情绪等几个方面。但重要的是教练员要了解每一种心理现象与足球训练的关系，特别是它们对足球训练和比赛的特殊意义。从心理学角度对心理现象加以认识和理解，对于教练员引导队员成长和进步具有特别重要的意义[1]。

感知：足球训练和比赛要求队员的视觉、听觉和触觉更为敏感，而且往往是多种感知同时发挥作用的综合反应过程。其中对视野和视深度的要求，尤其不同于常人及其他球类项目的队员，比如：篮球需要与足球相近的训练强度和良好的体能，但两个项目队员的视野和视深度差异一定是巨大的。一方面是说足球队员不仅需要具备广阔的视野，而且对场上距离远近的判断和空间立体方位也要有良好的感知；另一方面，则是需要教练员有意识地加强对队员视觉能力的训练。足球队员的触觉也具有特殊性，足球运动是以脚支配球为主，而且足球队员需要具备良好的球感，所以从心理学的角度探讨足球队员的接触球感觉的训练也是很有意义的。

记忆：足球队员对训练和比赛中技术动作、比赛场景和复杂过程的记忆，是以表象记忆为主导的，这也是很多体育项目所共有的基本规律。也就是说训练中的技术教学、场景回顾及比赛过程分析等，借助技术动作示范、真实场景再现和比赛录像等动作和场景再现的形式，利用队员表象记忆唤起队员记忆连接的有效方法。相同的问题或场景，教练员用语言描述和讲解对唤起队员记忆的作用是微乎其微的，所以，教练员的技术教学战术方法展示，要尽可能地避免讲解时间过长及过多地使用要领和方法说明，而是要把讲解变成2~3个字的要点提示，训练开始要一边做技术动作操练一边体会训练要点。

思维：人类的大脑分为左右两个半球，右大脑负责指挥人的形象、空间、

[1]　马启伟.体育心理学[M].北京：高等教育出版社，1996：28.

模仿、想象和直觉思维活动，对足球队员的创造性活动有重要的支配作用。相应的，足球队员在训练和比赛中更多是依靠操作思维和直觉思维支配其行动，比赛中队员要不停地做出判断和预测，其决策的根据首先是球的落点、飞行路线、反弹高度等，同时兼顾对手的意图和可能采取的行动，还要观察队友的位置、状态及与队友可能的配合方式等，这些需要依靠直觉思维来完成。比赛场上的表现需要有场下认真思考的复杂思维过程，但训练和比赛场上思维模式的建立是要以直觉思维和操作思维为前提。

注意：人对事物的认识有各种水平，如在感知、记忆、思维等方面不同的认知高度。无论哪一种水平的认识，又总是有选择性的，就是对一定对象的指向和集中，这种选择性的指向和集中就表现为注意。注意不是一个独立的心理过程，而是以上各种认识过程都可以表现的一种状态，也就是注意是伴随着其他认识过程而存在的。例如：注意看，注意听，认真思考等，可见，注意是认识选择性的高度表现。教练员需要了解训练和比赛中的注意的原理及其重要性，有意识地培养队员的注意能力。足球队员的注意能力培养主要还是在足球训练和比赛过程中完成，技战术训练的投入、比赛的专注及对训练和比赛细节的关注等，都需要良性刺激和建立条件反射，比赛自始至终高度集中注意往往是难度极大的心理训练问题。

情绪：从根本上说情绪是由客观事物与人的需求关系决定的，足球训练和比赛过程中会产生很多外在对队员的刺激和情绪体验，情绪会引发一系列的生理反应，使队员产生应急的身体活动行为，足球队员显然需要具备对情绪的控制能力。足球比赛会对队员情绪产生明显的影响，如赛前紧张、心境状态、焦虑、抑郁等，一旦某种情绪状态超过了一定的阈值或限度，就会影响队员比赛的正常发挥，例如：出现过度紧张、出虚汗、食欲不振、沮丧、易怒、悲观等症状。教练员需要具备对队员情绪的把控能力，主要还是通过一些有效的心理训练消除队员不良的症状。

以上是把几种单一的心理过程作为心理训练的内容，并结合足球专项需要做训练内容与方法的解读，其中结合了足球训练与比赛中的一些典型问题，显然还有很多与足球相关的心理问题还没有提及。所以以上只是对五个方面的心理训练内容做简要的阐述，每一个问题都可以作为专门的足球训练内容做更深入的探讨。

三、足球队员个性心理的内容

以上是就一般性的几个心理过程阐述其各自训练的问题，全面的心理训练是队员训练水平的基础，但实际现实的心理训练都是针对具体队员的，是个性心理的培养和塑造的问题。个性心理训练的内容是极其丰富和多样的，首先个性心理训练包含所有一般心理过程的感知、记忆、思维、注意、情绪等心理训练的内容，此外还有很多突出队员的个性心理的训练内容。足球队员的个性心理训练包括取胜动机、沉稳气质、坚强性格、自信心等方面能力的培养；还包括自我意识、社会意识与公平意识、专注态度、进取精神、顽强意志、健康心理等方面素质的培养[1]。很多国外的训练是专门以改善心理状态为训练目标的，例如：改变训练态度、改善沟通习惯、提高直觉和反应敏感性、调整比赛心理状态、促进身心松弛、释放心理压力等[2]。队员这些心理训练目标的实现，需要在全面的基础上进行专门的个性心理塑造。心理训练对足球训练和比赛有着重要的影响，队员的竞技状态可以通过心理训练得到极大的改善，即借助足球训练与比赛过程的心理特点和各种可利用因素，达到提高训练效果和改进比赛状态的目的。

[1] 马启伟.体育心理学[M]. 北京：高等教育出版社，1996：64-78.

[2] 马启伟.体育心理学[M]. 北京：高等教育出版社，1996：63.

第十二章
足球训练方法演绎

　　足球训练方法演绎的探讨需要从一定高度认识训练方法问题，从训练方法的一般原理及其内容结构的逻辑关系出发，推演出由具体方法构成的训练方法体系。完整的训练方法体系既包括顶端的原理及训练方法分类的内容，又包括末端的具体操作方法及其要点与要求的内容。训练方法演绎是从宏观角度认识和把握足球训练方法的问题，不是为了学习和掌握某些具体的训练方法。足球训练是人数较多的群体活动组织形式，训练形式在结构和原理上与其他很多项目有相同的一面，例如，队员的召集、调度、分队、分组等组织原理是一样的。但足球是具有鲜明特征的运动项目，在训练人数、技术方法、场地范围和设备器材等诸多方面都与其他体育项目存在差异。在今天足球文化氛围日益浓厚的社会环境下，社会各界对足球重视度的提高促进了足球训练理念与方法的不断推陈出新，而网络技术及视频处理技术的高度发达，使得全世界可以同步分享最新的训练方法成果。我国足球训练理论研究处于落后的状态，更多的理论研究处于方法操作和经验归纳的层面，对训练方法原理及其系统构成的认识还不够全面和深入，对各种训练方法之间的相互推导与转换关系也存在认识的不足。本章以"足球训练方法演绎"为题，从训练方法的基本概念及其分类方法入手，通过方法演绎让大家了解足球训练方法由一般向具体推导的原理及其系统构成。所阐述的训练方法主要是在足球场地上实施操作的内容，不包括那些室内的力量训练和跑步机上的体能训练。

第一节 足球训练方法概念与分类

足球训练方法概念与分类是要在解读概念的基础上全面展示训练方法的基本构成，以让大家了解训练方法的内容范畴。探讨的主题之一是足球训练方法概念及其新趋势，是在理解训练方法概念的基础上，把握足球训练方法的发展趋势和最新特点，这是我们利用训练方法原理进行训练方法演绎及驾驭训练方法的重要环节；主题之二是足球训练方法演绎，是利用足球训练规律和训练方法原理由一般向具体的逻辑推导，演绎足球训练方法的系统构成。

一、足球训练方法概念及其新趋势

了解足球训练方法概念及其新趋势是我们把握现代足球训练方法所必需的，概念是基本认知的问题，而掌握足球训练方法的新趋势则是我们演绎训练方法是否具有先进性的关键。以下探讨分为两个问题，其一是足球训练方法概念解读，其二是足球训练方法发展新趋势。

（一）足球训练方法概念解读

足球训练方法是在足球训练过程中，为了提高队员的竞技水平及完成训练任务所组织的训练内容流程及其实施操作的方式与办法的统称[1]。训练方法是完成训练任务的最后操作环节，就是说我们有了宏观的足球训练基本模式设计，也把握了足球训练内容的系统构成，甚至做好了训练取材与素材加工的工作，最后完成训练任务还是要采用具体配套的训练方法。对于足球训练的认识往往是从直接观察开始的，队员参加训练是为了学习和提高足球技术和战术能力，作为教练员从事训练工作一定要从训练方法的操作模仿开始，所以各种直观的训练方法学习是教练员成长的重要一步，但仅仅局限于浅层的训练方法学习与归纳，则很难成为一个优秀的教练员。在训练经验日积月累并不断参加培

---

[1]　全国体育院校教材委员会.运动训练学[M].北京：人民体育出版社，2000：137.

训和探求的过程中，必须逐步提高对训练规律及训练方法原理的认识。我国一直缺乏对足球训练基本理念与训练方法机理的深入探索，长期处于对训练方法的简单模仿与归纳的状态。足球训练方法演绎是训练形式由一般向具体的推导，方法演绎要在形式上与现实先进训练方法的外在形式相一致，现在先进的训练模式是由技术准备、技能转化、比赛场景及比赛实战等几个模块构成，把这些训练形式按照逻辑学的要求做训练方法的归类处理，可以归为比赛训练形式、对抗训练形式和非对抗训练形式三类。依此可以对足球训练方法做梳理和体系构建，作为训练内容的比赛训练、技术训练、战术训练、身体训练和心理训练及其任何细分的内容都可以在训练方法体系中找到合适的训练方法。以上足球训练方法的系统归类，并不是简单的逻辑推导，而是在足球训练基本概念、基本理念、基本模式及训练取材等一系列问题探讨的基础上，从足球概念到足球训练方法的外在形式，使训练方法演绎与概念推导、训练要素条件、训练理念要求及足球训练基本模式的原理等相互贯通和达成一致，是经过了严密和科学的立体推导过程。

（二）足球训练方法发展新趋势

1. 把比赛融入训练过程受到重视

在此，我们首先重温一下一些重要的提法，比如"比赛是训练的核心和目标，比赛是训练的延续和必要内容"等。这些不仅要形成一种训练观念和理念，在训练设计及具体训练方法实施中也要体现和融入这种思想。例如：现在的训练课越来越重视比赛形式训练和比赛场景训练，无论是技术训练或战术训练，还是体能训练或心理训练，都更强调在完整的比赛阵型及其各种场景变换的条件下完成。再如：训练中为了提高训练效率很多时候会缩小训练场区和减少人数，但教练员都会让队员明白训练是在比赛的某个场景下，训练的目的是解决比赛中的问题；又如：过去常说一次训练课要以最后的实战对抗训练为核心，这种提法已经过时和落后，现在的实战对抗训练一定要明确地解决比赛中的某一个具体问题。训练只有更多地与比赛相对接，才是真正地做到了"比赛

是训练的核心和目标"。所以目前都是把正式比赛、各种比赛训练及技能转化训练等视为训练的组成部分，当然也都作为训练方法的一部分纳入训练的系统设计之中。

2．游戏方法渗透到训练全过程

现今所有各层次球队的训练方法及其操练过程中，包括各种比赛训练也一定有游戏的元素。游戏方法被广泛和大范围地采纳，无论是职业队还是青少年训练，游戏方法已经被视为提高训练效率的必要手段。以往游戏只是在训练开始用于调动队员的情绪和积极性，而现今则是训练全过程自始至终都采用游戏方法或带有游戏性质的练习。"游戏方法"与足球概念所说"足球是一种游戏"不同，足球概念中的游戏是指与比赛形式完全相同的游戏，此"游戏方法"是指带有娱乐和玩耍意味的并存在竞争和胜负追求的训练，训练方法的设计是要按照游戏的规范在训练中加入游戏的元素。游戏方法改变了过去把训练当作过于严肃认真的事情，而是想办法把训练变成一个快乐和享受的过程。在欧美足球发达国家及在亚洲的日本和韩国，从少儿启蒙训练到职业队训练，再到最高水平的国家队训练，所有训练过程都是围绕各种不同形式的游戏而展开的，无论完成什么训练内容及采用何种训练方法都一定要加入游戏的元素。高水平教练采用游戏方法并不会影响训练的质量和效果，反而会活跃训练气氛，会使队员身心放松和处于良性的训练状态，而且游戏方法同样可以体现教练员训练的严谨和认真，当然，游戏方法要达到训练的高效肯定有更多驾驭和把控的技巧[1]。

二、足球训练方法分类及其相互关系

足球训练方法分类及其相互关系是宏观、全面地展示足球训练方法的内容构成及各部分内容之间的相互关系，是我们对足球训练方法形成正确认识的需

---

[1]　刘夫力. 足球[M]. 北京：中国少年儿童出版社，2019：17.

要。以下探讨包括两个问题，即足球训练方法的分类和足球训练方法体系的内在关系。

（一）足球训练方法的分类

足球训练方法有着多种不同的分类方法，也都对足球训练有着各自不同的作用。例如：按照训练有没有防守的划分可以分为对抗性训练和非对抗性训练；按照训练内容构成的划分可分为比赛训练、技术训练、战术训练、体能训练和心理训练；按照年度训练时期划分可分为准备期训练、比赛期训练和调整期训练；按照训练量和强度划分可分为大运动量训练、中等运动量训练和小运动量训练等。本著是按照全面反映足球训练方法体系内容构成的要求，根据足球训练过程的实际需要，也遵循足球训练过程外在形式划分的基本逻辑，把足球训练方法分为三个大类，即比赛形式训练方法、对抗形式训练方法和非对抗形式训练方法，此三个大类训练方法的内容细分见图12-1。需要说明的是，图中比赛形式训练方法是按照队员整个16年训练过程的不同成长阶段划分的，各个成长阶段的比赛形式训练有相同形式内容的重复，例如：启蒙阶段和初级阶段都有五人制比赛形式的训练；初级阶段和中级阶段都有八人制比赛形式的训练；初级阶段、中级阶段和高级阶段都有十一人制比赛形式的训练，这是本著对足球训练方法分类所做的特殊处理。

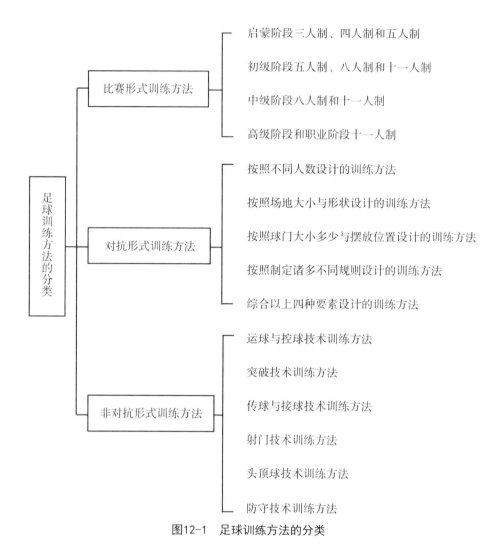

图12-1　足球训练方法的分类

（二）足球训练方法体系的内在关系

足球训练方法体系是由比赛形式训练方法、对抗形式训练方法和非对抗形式训练方法三个子系统构成，是把足球训练方法按照不同训练形式划分成三个独立的系统，三个系统之间是相互联系、相互渗透和相互补充的关系，三者共同构成完整的训练方法体系，见图12-2。

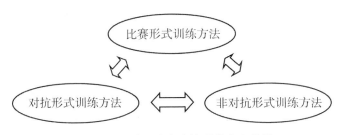

图12-2 足球训练方法体系的内在关系

　　训练方法体系构成中的内在关系，显然每一个系统各自具有独立的意义和价值，都是足球训练的整体设计与具体实施中必不可少的环节。训练方法演绎是宏观认识和运用训练方法的问题，是为了满足完成训练任务的需要，训练取材之后对训练内容的驾驭必须通过训练方法操作来完成，所以训练方法体系要与训练内容体系相适应。就是说足球的比赛训练、技术训练、战术训练、体能训练和心理训练都能够在训练方法体系中找到与之对应的方法。

　　训练方法是通过一定的形式完成对训练内容的操作，但训练内容与训练方法并不是一一对应的关系，而三个系统中每一个独立的方法体系都包含或融合着多项的训练内容。例如：比赛形式训练方法和对抗形式训练方法都可以作为每一项训练内容的训练方法；非对抗形式训练方法可以作为比赛训练之外任何训练内容的训练方法；技术训练、战术训练、体能训练和心理训练可以是完全相同的训练形式；体能训练可以在足球场用技术训练或比赛训练的形式完成其操作；当然心理训练更多是在场下做心理疏导及通过比赛过程完成对队员心理的影响。随着足球训练理论与方法的发展，足球训练形式越来越多地统一于比赛过程或结合到比赛场景中，例如：现今的足球技术训练、战术训练、体能训练甚至心理训练，教练员都是有目的地采用比赛形式或设置比赛场景；而一种相同形式的四人的传接球训练，可以是技术训练，也可以作为战术训练，还可以作为体能训练，关键在于教练员要根据需要调整完成技术的规格、频率和移动速度等，这样就会产生不同的训练效果和达到不同的训练目的。由此可见，训练方法体系及具体的训练方法设计不一定要对应训练内容，而是应当更多地

采用比赛形式和对抗形式的训练。

国际上关于训练方法构成的问题虽然没有定论，但基本上是按照训练方法的外在形式而划分其构成的，本章把足球训练方法体系构成分为比赛形式训练方法、对抗形式训练方法和非对抗形式训练方法三种，打破了套用训练内容划分训练方法的界限，三种形式的任何一种都可以是五项训练内容中任何一项的训练方法。当然，足球体能训练是一个专门的命题，体能训练融于技术训练和比赛训练过程，还需要把握好体能训练的时间与强度、时间间隔、场地范围、球门设计、多球训练等安排。需要注意，足球训练方法最终是一个训练过程操作的问题，合理、有效地使用训练方法是激发队员的重要手段，训练方法的合理设计和实施可以启发、引导队员独立思考，教练员还可以通过训练方法运用增强队员对自己的信赖。

第二节 足球训练方法演绎

足球训练方法演绎是首先把各类训练方法进行概念解读，是在了解训练方法的基本构成和原理的基础上，再由一般向具体做演绎推导，从而了解足球训练的任何一个具体的训练方法都可以由一般原理推导出来。以下探讨的主题是按照足球训练方法的类别进行划分，包括比赛形式训练方法及其阵型演绎、对抗形式训练方法及其演绎及非对抗形式训练方法及其演绎。

一、比赛形式训练方法及其阵型演绎

比赛形式训练方法是专门介绍用完全的比赛形式进行训练的方法，显然，比赛形式训练是无法进行训练方法演绎的，但每一种比赛形式训练都会有很多内在的演绎方法，其中最重要的是比赛阵型的演绎。以下探讨包括两个问题，即比赛形式训练方法概念及其要义和比赛形式训练方法的阵型演绎。

（一）比赛形式训练方法概念及其要义

比赛形式训练方法是把与正式比赛完全相同的形式作为训练课强化和提高队员竞技能力的一种训练方法，正式比赛也属于比赛形式的训练方法。所有训练活动的最终目的就是参加比赛及取得重要比赛的最好成绩，一个球队要达到很高的竞技水平，全面展开各种形式的训练是必要的，但比赛形式的训练是必不可少的环节，为了熟悉和适应比赛必须把一定比例比赛形式训练系统地安排到训练过程中。足球训练中有一种叫模拟训练或称适应训练，其要点是模拟比赛的原过程，这是达到适应比赛及取得比赛成功的重要环节之一。现在比赛形式的训练之所以越来越受到重视，是因为以往比赛形式的训练比例太小，足球训练很重要的一部分是熟悉和适应比赛环境和氛围，很多职业队教练员对比赛草坪、观众距离、场地长宽差异等都要细致了解，这些都属于比赛形式训练的内容。在整个训练过程中足够的比赛形式训练是必不可少的，而且要有一个频率和精准度的要求，队员一旦脱离比赛形式太久，必然会出现对比赛的不适应而影响实力发挥。所以训练课设计要以比赛训练为核心和归着点，平日的比赛训练要以正式比赛为核心和归着点，其中比赛形式的训练是重要的中间环节，是日积月累形成最后正式比赛战斗力的基石。

（二）比赛形式训练方法的阵型演绎

1. 启蒙阶段比赛阵型的演绎

（1）采用比赛规制说明。

启蒙阶段是U6和U8即4~8岁幼儿的比赛，一般U6阶段采用三人制和四人制比赛为主，U8阶段采用四人制和五人制比赛。幼儿阶段队员虽然团队整体意识和比赛阵型观念很弱，但还是需要灌输简单的阵型概念及其阵型变化的方法。

（2）三人制和五人制比赛阵型变化的演绎。

三人制比赛的阵型演绎：进攻阵型呈"12"倒三角形站位，防守阵型变为"21"三角形站位，进攻和防守阵型在各种不同比赛场景下需要保持三角形站位及随机变化相应角度，其中防守阵型会较多呈一字排列的平行站位。

四人制和五人制的阵型演绎：进攻阵型后场呈"121"菱形站位，中场变成"22"阵型与站位，前场变成"121"或"13"的阵型；防守阵型门前和后场呈"31"站位，中场呈"121"或"31"阵型，前场呈"22"或"13"的阵型与站位[1]。

2．初级阶段比赛阵型的演绎

（1）采用比赛规制说明。

初级阶段是U10和U12即8~12岁少儿的比赛，一般U10阶段采用五人制比赛为主，U12阶段采用八人制比赛为主，训练水平较高的球队可以适当体验十一人制比赛。初级阶段的少儿队员已经有很强的团队和整体意识，是技术快速成长和全面打基础阶段，比赛阵型概念逐渐加强，需要全面、系统地灌输阵型概念及各种阵型变化的方法。

（2）八人制比赛阵型变化演绎。

八人制比赛的阵型演绎：进攻阵型变化后场守门员发球呈"2131"或"331"站位，中后场呈"232"阵型和站位，前场呈"223"站位，在对方门前呈"1231"或"1213"的阵型变化；防守阵型在后场门前呈"52"或"421"站位，中后场呈"331"或"3121"的阵型与站位，前场呈"232"或"133"的阵型与站位[2]。

3．中级和高级阶段比赛阵型的演绎

（1）采用比赛规制说明。

中级阶段是U14和U16即12~16岁少年的比赛，以十一人制比赛为主，适当参加一定比例的八人制比赛；中级阶段的少年队员已经具备全面、扎实的训练基础，团队意识和胜负观念极强，技术特长和位置技术特点已经形成，需要熟悉各种比赛阵型的打法，需要在全面、系统、深入理解阵型概念的基础上熟练

[1] 刘夫力.足球[M].北京：中国少年儿童出版社，2019：46.

[2] 刘夫力.足球[M].北京：中国少年儿童出版社，2019：48.

适应各种阵型的打法与变化。高级阶段U18和U20即16~20岁的青少年比赛，基本采用十一人制比赛，为向职业阶段过渡做准备。

（2）十一人制比赛阵型变化演绎。

十一人制比赛的阵型演绎：进攻阵型在后场守门员发球呈"2431"或"3331"站位，中后场呈"2323"阵型与站位，进攻到前场阵型变为"2431"的站位，在对方门前呈"2242"或"1234"的阵型变化；防守阵型在后场门前呈"631"或"541"站位，中后场呈"532""451""442"阵型与站位，在前场呈"244"或"253"的阵型变化[1]。

二、对抗形式训练方法及其演绎

对抗形式训练方法是介绍除了比赛形式之外的对抗训练方法，一般要求有四个以上的训练要素，通常所说的小型比赛训练、技能训练、有侧重点的比赛训练、自由比赛训练、小组比赛训练、实战训练等都属于对抗形式的训练，当然有时候比赛形式训练也可以归在对抗形式训练方法之列。以下探讨主要包括两个问题，即对抗形式训练方法概念及其要义和对抗形式训练方法的演绎。

（一）对抗形式训练方法概念及其要义

对抗形式训练方法是指训练以分成等人数或不等人数的分组及按照实战要求，在近似比赛对抗的条件下强化提高队员竞技能力的训练方法。这里我们首先需要清楚对抗形式与比赛形式的区别与联系。比赛形式是与正式足球比赛完全相同的特征、要素和方法，而对抗形式训练方法则相对没有严格的形式限定，但其基本特征一定是以脚支配球为主、同场竞技和团队协同作战。对抗形式训练方法相对限定比较宽泛，比如：足球训练要素包括核心要素球、目标要素球门、团队要素队友、对抗要素对手、空间要素场区和限制要素规则六项，对抗形式训练可以缺少其中的一个或两个要素；在人数配置上可以是等人数的

---

[1] 引用2014年中国足球协会职业级教练员培训讲义《整体防守战术》。

对抗，也可以是各种不等人数的对抗等。对抗形式训练从逻辑关系上讲包含比赛形式的训练，实践中更多用于技能转化训练或比赛场景训练。平日训练课设计要以最后的比赛形式或对抗形式的训练为核心和归着点，平日的比赛训练要以正式比赛为核心和归着点，其中必然包括大量的对抗形式训练，对抗形式训练是向比赛形式或正式比赛过渡的中间环节。对抗形式训练方法具体是按照四个标准划分为四类，即按照不同人数设计的训练方法；按照场地大小与形状设计的训练方法；按照球门大小多少与摆放位置设计的训练方法；按照制定诸多不同规则设计的训练方法。

（二）对抗形式训练方法的演绎

1．按照不同人数设计的方法演绎

足球对抗训练可以按照各种人数对等和人数不等及其人数的各种变化演绎对抗形式的训练方法，通过改变参与对抗训练人数的变化能够演绎出无数种训练方法的变化。这种训练方法的演绎最少要设置四项训练要素，即核心要素球、对抗要素对手、空间要素场区和限制要素规则，团队要素队友和目标要素球门在多数情况下也是必备的因素。按照不同人数设计训练方法的推导和演绎如下：其一，是各种等人数形式的训练方法，包括一对一、二对二、三对三、四对四、五对五、六对六、七对七、八对八等对抗形式。其二，是由等人数变为不等人数训练方法的演绎，以四对四形式为例。例如：四对一、四对二、四对三、四对五、四对八、一对四、二对四、三对四等。再如：四加一对四、四加二对四、四加三对四、四加三对四等。又如：一助四对四、二助四对四、三助四对四、四助四对四等。还有现今的对抗形式训练提倡把守门员融入其中，如此可以演绎出以下的训练方法，例如：G（守门员）助一对一、G助二对二、G助三对三、G助四对四、G助五对五、G助二对一、G助四对三等对抗形式。以上各种等人数和不等人数训练形式都可以相互组合成新的对抗形式的训练方法。可见，从每一个等人数对抗形式都可以做同样的训练方法演绎，如此可以设计出更多的训练方法。当然，对抗训练要达到优良的训练效果，教练员

需要考虑的其他因素有很多，比如需要根据队员的具体实际做好具体人员的搭配，还需要把握好训练的要点等。要真正驾驭好对抗训练的过程，具体的训练要灵活地提高或降低训练的复杂性和难度，训练人数安排要根据队员的训练基础和能力而确定，对抗训练由于参与人数不同、队员训练水平不同，即便是相同的训练内容其完成训练的难度也是不同的。

2. 按照场地大小与形状设计的方法演绎

足球对抗训练可以依据场地大小和形状的不同变化而演绎对抗形式的训练方法，通过各条线的长短和场区大小的变化能够演绎出无数种训练方法的变化。这种训练方法演绎包括两个方面，一个是场地大小的变化，就是拉长边线或球门线、改变各个场地区间的大小等；另一个是形状的变化，比如，场地可以设计成长方形、正方形、扁方形、圆形、三角形、多边形等。这种训练方法演绎显然有无数种形式的变化，但重要的是要根据训练的需要，要以利于达到训练目标和收到良好效果为原则。不同场地大小和形状的训练方法设计需要了解一般性的规律，就是场地大利于进攻一方，但容易消耗体能；场地小则利于防守，对进攻方的技术和动作速度要求高；长方形场地利于完成突破和远射的练习；扁方形场地则利于传接球和转移进攻的练习等。

3. 按照球门大小多少与摆放位置设计的方法演绎

足球对抗训练可以依据球门大小和多少及位置摆放的变化演绎其训练方法，可以通过球门大小多少和摆放位置的变化演绎出无数种训练方法的变化。正常情况是训练的两组队员各防守一个球门，这种情况可以通过改变球门大小演绎训练方法的变化，比如：设置大球门则利于激发和调动队员射门的积极性，增加射门次数和体验，也利于强化射门意识；设置小球门则对射门的准确性和难度提出要求，利于提高队员的射门脚法的细腻度和提高对射门时机的把握能力。双方各设置两个或更多的球门，则利于队员抬头观察、分散注意和转移传球等。把球门设置在四个角上或四个边上，则利于调动学生的兴趣，也利

于训练活跃氛围的形成，当然，在培养队员观察、灵活变向、相互呼应等方面也有重要作用。可见这种利用球门的多少与摆放位置不同也可以演绎出无数的训练方法。还有球门与队数不同设计的游戏练习，例如：三个队各一个球门、各队进攻其他两个球门、四个队各一个球门，各队进攻其他三个球门；还有场地中间设置一个球门、两个球门或三个球门的方法等。

4．按照制定诸多不同规则设计的方法演绎

足球对抗训练教练员可以根据限制或强化队员需要而制定各种不同规则，演绎对抗形式的训练方法，通过规则的调整和变化可以演绎出无数种训练方法的变化。这种训练方法的变数最多，也最具有灵活性，其变化主要是教练员根据实现训练目标和任务的需要，利用制定临时性的规则实现的。例如：限定触球次数、规定技术动作方法或要求、规定进攻线路、规定丢球反抢、规定密集防守距离等；细致的限定包括运带球必须抬头、接球前必须观察或看球门、包抄必须3人到位、防守必须第一时间回收等。这种利用规则限制的训练方法，不仅可以调动队员训练的积极性和创造性，也非常利于强化队员改进技术和提高能力，四两拨千斤，往往教练员对训练的指挥和控制能力就体现在灵活的规则制定之上。

5．综合各种限定因素设计的方法演绎

足球对抗训练更多时候是综合以上四种限定因素的变化而演绎其训练方法，综合地通过人数、场地大小、球门摆放及规则限定的变化可以演绎出无限多的训练方法变化。对抗形式训练方法的设计都不是孤立地以某一个因素为变数，为了更好地达到训练的目的，训练方法设计肯定要综合地考虑和利用每一个限定因素。显而易见，如果综合地利用四种限定因素的变化设计对抗形式训练方法，则可以演绎出更多的训练方法。训练方法的设计最重要的还是要考虑完成训练内容和达到训练目标，例如：射门训练就一定要根据具体情况考虑球门的大小和多少；运球与控球训练则可能不设置球门或把球门作为运球穿越的目标；传接球和头顶球训练一般需要设置助攻队员或增加进攻队员人数，特别

是传接空中球和头顶球的训练很多时候需要助抛或助传的队员；防守训练需要适当缩小场地范围等。当然，训练方法的设计也要根据队员的足球基础、场地设施条件、教练员自身的业务能力等情况。恰当、有效的训练方法是激发学生练习积极性的重要手段，训练方法的合理设计和实施，可以启发、引导队员独立思考，教练员也会得到学生的信赖。

三、非对抗形式训练方法及其演绎

非对抗形式训练方法是全面介绍在没有防守干扰形式下的训练方法，其方法演绎同样是由训练方法的一般原理向具体方法的推导。以下探讨包括两个问题，即非对抗形式训练方法概念及其要义和非对抗形式训练方法的演绎。

（一）非对抗形式训练方法概念及其要义

非对抗形式训练方法是指在没有防守干扰的无对抗条件下，为了提高适应比赛的竞技能力所进行的单纯的技术动作、战术套路和体能的训练方法。现今的非对抗形式的训练更提倡设置近似比赛的环境或场景，例如：前卫队员中场运控球观察及随时传球给插上同伴的练习；前锋前场突破标志杆或假人连接射门的练习；中卫、边后卫、后腰和边前卫之间结合比赛站位的传接球练习；两个中卫和两个边后卫结合比赛站位的移动及断球和拦截练习等。很多单纯的技术练习和战术演练都设计和加入比赛场景的条件，训练的主要目的虽然是提高完成技术动作或战术套路的能力，但训练要求队员必须联系比赛及按照比赛的速度、节奏和时机的需要而完成练习。所以非对抗形式的训练方法，早已不是单纯地围绕技术动作规范的要求进行简单的练习。训练采用非对抗形式训练方法除了要设置一定的比赛场景和限定条件之外，还有很多需要注意的问题。

第一，训练方法的选择要与训练主题相一致、相适应。任何训练主题的非对抗训练都有无数的训练方法可供选择，但训练方法要恰如其分地表达训练主体和实现训练目标，教练员必须不断提高业务能力，选择与训练主题相一致的训练方法。第二，训练方法要与技能转化和比赛训练相衔接。非对抗训练是从纯技术练习向技能转化和比赛训练的过渡，其中包括热身部分技术练习的内容，训练要高效地达到预定的目标，需要注意非对抗形式与比赛形式的衔接和过渡。第三，训练方法要加入游戏的元素和方法。非对抗训练容易变得枯燥和无味，训练方法融入游戏的元素，围绕游戏设定练习的目标、要求和内容，也就是非对抗训练也要采用游戏方法，使训练带有游戏的性质，这样可以有效地调动队员训练的积极性。现今游戏方法已经渗透和体现在足球训练过程方方面面，每一节训练课、每一项训练内容都要融入游戏的元素。足球发达国家少儿足球训练是用游戏吸引、调动和控制队员，而不是依靠纪律规章和严格要求约束队员。完成训练任务与游戏方法是完全可以统一的，所有的训练都可以以游戏形式进行。

（二）非对抗形式训练方法的演绎

1．运球、控球与假动作训练方法的演绎

运球、控球与假动作技术主要表现为个人脚下驾驭球的动作方法，一般入门的训练都是采用个人的运控折返、变向或连续变向的形式，可以两人或三人一组交替练习。当然随着队员技术水平的提高，这些脚下球的运球、控球与假动作技术可以和其他技术结合起来练习。一般专门的脚下技术训练有几种模式，例如：基础性的每人一球的分散自由训练模式、列队和圆周的折返训练模式、三角形折返与变向训练模式、方形折返与变向训练模式等，还有在以上基本模式基础上的日字训练模式、平行四边形训练模式、菱形训练模式、六边形训练模式等。每一种训练模式都可以在原有模式基础上进行变化和演绎，例如：方形模式队员初始可以站位在角上，也可以站位在边上，还可以中间放置一个标志物变成四个三角形等，每一种训练模式的变化都是无穷无尽的。对于长期参加足球训练的队员，教练员需要注意训练方法的不断变化，让队员感到训练很新颖和刺激，就拿每一种模式的边距来说，就可以有很多的变化。对于刚刚开始参加训练的队员距离需要适当拉大、速度要求适当放慢，这样就降低了训练难度，可以保证队员完成训练内容。提高难度除了缩短折返距离、要求

快速完成之外，交换等待的队员可以做移动干扰或假抢，要求持球队员抬头观察并及时做出合理的应对技术。脚下运球与控球技术练习一般可以不设进攻方向或设置多个进攻方向等[1]。

2．突破技术训练方法的演绎

突破技术是控球队员由自己本方一侧面向对方球门方向通过控球摆脱和运球加速超越防守对手的驾驭球动作方法。突破技术训练需要在初步掌握运球、控球和假动作技术的基础上，培养队员面向对手及超越对手的意识和能力。突破技术训练与控运球训练的主要不同是有明确的进攻方向。相应的突破技术的训练方法也比较单一，但也可以演绎出很多训练方法的变化。一般的突破训练方法的设计都需要有较大的纵深距离，以利于摆脱防守之后有足够的空间得以运球和加速超越，所以从一侧向另一侧的突破技术训练一般要保证有20米的距离。可以采用如下几种练习模式：模式一，由一侧向另一侧中间设一标志物，分成若干组，每组轮流做突破标志物的练习；模式二，方形或长方形正中间设一标志物，两个角上各一组队员轮流由一角向对角交替做突破标志物的练习；模式三，正六边形中间设四个标志物呈正方形，六边形相邻的四个角各有一组队员由一侧两两同时向对侧交替做突破练习。突破技术训练向比赛实战训练的过渡，需要通过一对一、二对二等形式的训练过程，一对一突破训练开始需要对防守队员有一定的限制，如防守队员站在一条线上只允许左右移动和抢球，不可以前后移动。突破技术训练关键的一点是要有进攻方向，有较大的纵深距离，而且是单一的进攻方向，突破训练要强调只能向前，不能犹豫和后退[2]。

3．传球与接球技术训练方法的演绎

传球与接球技术是队员之间相互联系与配合而形成团队和整体打法的桥梁，是以个人的传球和接球技术为前提和基础，进而形成队员之间的场上联系和配合。传球与接球技术在训练中一般需要二人、三人、四人或更多人之间的

---

[1] 刘夫力.足球[M].北京：中国少年儿童出版社，2019：82.

[2] 刘夫力.特殊学校校园足球[M].北京：高等教育出版社，2019：68.

相互协作和配合，有很多的训练模式，例如：最常见二人一传一接的技术练习方法，可以称之为"I训练模式"；三人（或六人）三角形站位相互传接的训练方法，可以称之为"三角形训练模式"；四人（或八人）方形站位相互传接球的训练方法，可以称之为"方形或菱形练习模式"等。每一个模式的技术训练，一定要把握传球与接球技术训练的基本要点，要与比赛实战的需要相连接。传球和接球技术训练需要注意把循环练习法引进训练过程，包括前边的运球、控球、假动作、突破等技术训练，也要更多地设计成循环训练的模式，这样更利于调动队员训练的积极性和提高他们的兴趣。传接球技术训练可以利用英文大写字母纵横交叉的连接点设计成很多种基本的训练模式，例如："Y训练模式""M训练模式""N训练模式""X训练模式""W训练模式""A训练模式""E训练模式""F训练模式""H训练模式""K训练模式""L训练模式""T训练模式""V训练模式""Z训练模式"等。

4．射门技术训练方法的演绎

射门技术是足球比赛最重要的门前结束进攻的技术，主要是用各种脚法和头顶球技术完成最后的射门。前边的各种运球、控球、突破、传接球配合等一切技术运用与战术配合，都是为了最后把球射进球门。可见，射门技术及射门技术训练是何等的重要。作为射门技术的训练方法，除了专门的射门训练之外，也包括那些与快运、突破、渗透传球、前插接球、传切配合相结合的向门前推进后的射门训练。射门技术的训练方法，一个"双向射门训练模式"，是把球门（或插立的两支标志杆）放置在训练场地的中间，两侧各有一组训练队员相互对射的练习方式。这种训练在场地设施条件较差的基层非常有效，可以避免浪费很多的捡球时间。这种训练也可以演绎出很多的变化，例如：两侧对射的技术训练、增加守门员的射门训练、运球假射摆脱射门训练、运球传切配合射门训练、侧面供球传中包抄射门训练等；还可以设置两个球门为一组训练长传传中包抄射门等。还有一个"门对门射门训练模式"，就是把两个球门拉近到20~30米的距离，这样可以做往返的射门训练，但需要有较好的训练条件，最好在专门的足球场地，门后有挡网或围墙的设施，或者购置可移动的围网。在不具备这样条件的情况下，还有一种利用一面围墙的训练方法，就是用一个球门的射门技术训练，可以利用循环训练法，完成射门之后的返回过程，设置绕杆、传接球等技术训练或素质训练[1][2]。

5．头顶球技术训练方法的演绎

头顶球技术是足球比赛中队员利用额头顶传或顶射空中来球的一次触球处理球技术。一场足球比赛有很多需要高点头顶处理的空中球，这是争取进攻主动权和抢点破门及防守争顶长传球和门前解围的重要手段，所以无论进攻还是防守队员都需要具备良好的头顶球技术。头顶球技术的训练方法，开始训练都需要队员之间相互抛顶，第一次训练，特别是少年儿童最好从自抛自顶开始，这样利于孩子克服恐惧心理。作为头顶球训练的方法，其一是"原地顶球训练模式"，包括原地的一抛一顶、一抛二顶、一抛多顶的训练；其二是"移动顶球训练模式"，包括一抛一顶的一退一进移动、一进一退移动、左右移动、左右侧后移动、左右侧前移动的顶球训练；其三是"顶球射门训练模式"，包括一攻门一守门的抛顶、互抛对顶、一抛多顶的攻门与守门训练模式；其四是"额侧顶球练习模式"，包括三人一组抛顶、四人一组抛顶的训练；其五是"门前模拟比赛顶球训练模式"，包括一人、二人、三人、四人的防守争顶和包抄攻门的抛顶、传顶训练等。需要注意，头顶球技术训练往往与比赛对抗训练是相统一的，例如：方形场地的二抛二顶技术训练变为二助一对一训练的模式；方形四抛四顶的训练变为四助二对二训练模式；四助四对四的控传训练变为四助四对四的头顶球训练的模式；各种门前二人、三人的防守与进攻模拟训练变为二助二对二、二助三对三的门前头顶球攻门与防守的比赛对抗训练模式等[3]。

[1]　刘夫力.小型足球运动手册[M].北京：北京体育大学出版社，2004：93-96.

[2]　刘夫力.特殊学校校园足球[M].北京：高等教育出版社，2019：71-72.

[3]　刘夫力.小型足球运动手册[M].北京：北京体育大学出版社，2004：111-117.

6．防守技术训练的方法演绎

防守技术是比赛中对方控制球时为了获得球权而采用的抢夺行动，包括抢球、断球和拦截几种基本情况。每一个球队，特别是强队，必须采取积极、主动的防守行动，这是争取比赛主动和转守为攻的必要手段，一支球队的实力强弱和比赛胜负往往更多取决于球队的防守能力。防守技术的训练方法，往往更多采用对抗或比赛实战的形式。其一是一对一的抢球训练模式，一般是一人控球、一人抢球的训练，包括一对一反复对脚抢球训练，一人迎面控运另一人移动上抢训练，一人护球控球另一人逼压抢球训练等；其二是"卡位迎球断抢模式"，一般是根据对方传球人距离接球人的远近，断抢人里线卡位及在对手接球前断抢，包括一断二、二断三、三断四等断抢技术练习；其三是"防守拦截的训练模式"，是防守队员站位在进攻对传队员之间，进攻队员穿越传球，防守队员快速移动及拦截，包括一截四、二截六、三截十等训练。防守技术训练即便是非对抗的训练，也需要设置进攻队员定点站位，防守队员在合理的移动、选位、卡位的条件下，再进行抢球、断抢、拦截的技术练习，其中包括一对一、二对二、三对三、四对四、六对六的等人数训练，也包括一对二、二对三、三对四、二对四的不等人数的训练。而在以上各种人数情况下的对抗或比赛实战训练，则是防守技术训练之后所必须实施的。

第十三章
足球训练计划与进度

足球训练计划与进度都是可大可小的命题，大者如国家所制定的青少年足球训练规划或大纲及其中的进度编排，小者如一个基层教练员个人制订的训练计划和进度。两者有着相同的基本架构和很多共同的要素，一般都包括训练目标、训练理念、训练重点、阶段划分及阶段目标与任务、比赛安排、训练内容及训练内容编排等。不同大小主体制订训练计划的流程是不同的，国家制定青少年足球训练大纲需要召集全国的专家和精英教练共同完成；教练员个人制订训练计划则主要依靠自己的认知和想法。可见国家或地方足协和俱乐部制订的多年训练计划是全局性的足球人才培养方案的构思，教练员的训练计划只是个人训练操作的依据，这里足球训练计划与进度的探讨侧重于全局性的构思。很多国家足协制定的训练规划或大纲很值得我们借鉴，比如：德国"足球青少年天才培养规划"和日本"青少年足球训练大纲"，都是经过多年探索积累而凝结着先进训练思想的精华。其中日本的"青少年足球训练大纲"更加细致和具有可操作性，其16年的训练进度可以细化到每一次训练课教案的内容与方法。一个国家足球的成功必须有先进理念的支撑，国家制定的训练规划或大纲就是其训练理念的集中反映。我国的足球训练理论建设处于探索阶段，做好训练计划制订是理论建设的重要环节，本章以"足球训练计划与进度"为主题，联系我国青训体系的具体实际，主要围绕多年训练计划和进度制订的思路与方法问题进行探讨。

第一节　足球训练计划

　　在当今网络和信息交流高度发达的时代，获取前沿足球知识和信息的渠道非常多，我们可以拿到任何国家的足球训练大纲或规划，这样好像很容易就能够掌握那些先进的理念与方法体系。其实无论是欧美足球强国的训练计划，还是亚洲日本或韩国的足球训练大纲，都凝聚着他们长期的探索和经验总结，并不是我们经过简单的文字阅读和加工就可以掌握其精髓及为我所用。我们学习和借鉴他们的思想成果，需要了解他们文字后边的思考和探索，这样才利于制订出具有创新和特色的面向广大青少年的多年训练计划。

一、足球训练计划及其内容

　　足球训练计划及其内容架构是制定训练规划或大纲所必须了解的知识，是训练计划完整性和科学性的基本保证。以下通过足球训练计划概念解读和足球训练计划内容架构的介绍，帮助大家概括地了解足球训练计划的基本面目。

（一）足球训练计划概念及其解读

　　足球训练计划是为了有效控制其训练过程及实现预期的训练目标而对一定时限内的训练过程所做的理论上的预先设计[1]。足球训练计划同样有很多的分类方法，但一般是按照时间跨度来划分的，其中包括多年训练计划、年度训练计划、大周期训练计划、小周期训练计划和课时训练计划（教案）。任何一个概念都可以从不同的角度和需要做出不同的陈述，重要的是一个事物的概念要反映其本质特征，足球训练计划的概念也是如此。人类社会开创任何事业之前都要有清醒的思考和步骤安排，足球训练的实施也需要进行预先的理论设计，而且足球训练计划需要在实践中依据主客观条件的变化而不断调整。"凡事预则立、不预则废"，足球训练工作之"预"是一项重要的工作内容。要制订科

---

[1]　田麦久.论运动训练计划[M].北京：北京体育大学出版社，1999：1-2.

学和合理的训练计划，需要充分分析球队的现有基础、实力和潜能等基本前提条件，从而确立明确的训练目标，训练计划是在球队的现实与目标之间建立多种可行性通道的连接。而且科学的训练计划是分阶段、有步骤地向目标推进，做好训练计划对于教练员有条不紊地工作，对队员训练态度的调整及对克服前进中的困难都具有无可替代的作用[1]。

（二）足球训练计划的内容

制订训练计划是取得足球训练成功必不可少的环节，在训练开始实施之前必须有训练计划的运筹过程，这是计划对实践的指导意义及其重要性决定的。足球训练计划有很多种类，不同类型的训练计划的内容构成和解决问题的侧重点会有所不同，而且每一类训练计划都有其特有的思维导向和含义。但各种时间跨度训练计划的大体内容架构是相同的，不同时间跨度训练计划的设计都有着共同的要素，这些要素反映的就是足球训练计划基本内容架构，见图13-1。足球训练计划10项基本内容各自有着不同的意义，从各项内容的性质和作用效果划分，可以把10项基本内容分成几个不同的组成部分，即准备性部分、指导性部分、实施性部分和控制性部分。这四个组成部分不是严格意义上的分类，各部分具体内容会有很多相互的联系、交叉和渗透，有时候还可以进行各部分内容的整体置换，因为每一项内容更多是教练员主观意向的体现。通常在制订多年训练计划和年度训练计划之时，更侧重于指导性部分的构思与设计，而其他部分的内容也都带有指导性的意义，比如：多年训练计划的实施性部分会对年度训练计划和大周期训练计划有重要的指导作用。在制订具体的小周训练计划和课时训练计划之时，则必然要侧重考虑实施性部分的内容设计，其他部分的内容也要更多地体现训练实施的问题。可以概括地说，多年训练计划和年度训练计划，一般更具有宏观控制和指导意义；而较短周期的训练计划和课时训练计划，则更侧重于对具体训练过程的驾驭和实施效果的把控。任何训练计划

[1] 田麦久.论运动训练计划[M].北京：北京体育大学出版社，1999：6-7.

的准备性部分都要根据对球队及队员起始状态与潜能的考察而做全面、深入的阐述和分析；控制性部分则需要根据指导性部分和实施性部分的设计而表述其内容[1]。

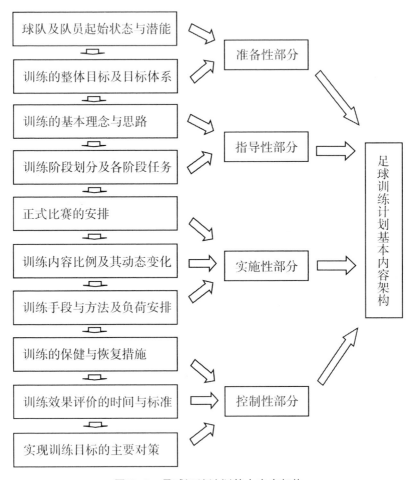

图13-1　足球训练计划基本内容架构

[1]　田麦久.论运动训练计划[M].北京：北京体育大学出版社，1999：10.

二、足球多年训练计划简介

一个国家足球多年训练计划的制订是一个很大的工程设计，需要全国业界精英人才的共同参与，并要有一个长期的统筹、调研及局部实验的过程。这里探讨的训练计划设计是侧重在方法和经验介绍方面，通过多年训练计划的整体架构及其训练次数与比赛场数问题的阐述，使大家了解训练计划的整体布局及各种时间和次数的比例关系；通过一些成功案例的分析帮助大家理解训练计划制订的要点与关键。

（一）多年训练打造"人才金字塔"的架构

用"人才金字塔"比喻一个国家的足球人才培养架构和布局是非常贴切的，而且"人才金字塔"的设计也可与足球多年训练计划的设计相统一，因为金字塔的形象既与足球人才培养的整体架构有着高度的吻合，又可以把足球队员成长周期及其成长阶段划分、各个阶段的赛制规定、比赛场数设计、理想比赛模式及阶段推进原理等融入其中，一个国家全局性的足球人才多年培养可以浓缩成一个金字塔来加以描述，见图13-2[1]。

---

[1] 引用2018年中国足球技术发展研讨大会技术报告的内容.

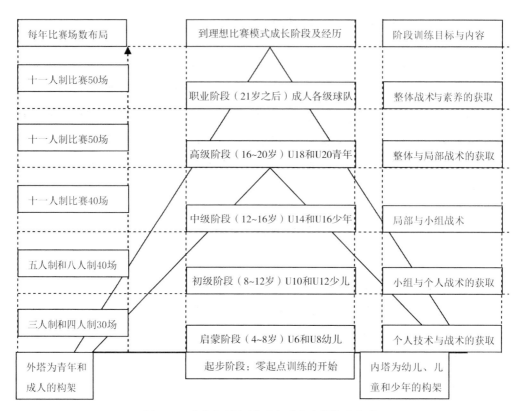

每年比赛场数布局	到理想比赛模式成长阶段及经历	阶段训练目标与内容
十一人制比赛50场	职业阶段（21岁之后）成人各级球队	整体战术与素养的获取
十一人制比赛50场	高级阶段（16~20岁）U18和U20青年	整体与局部战术的获取
十一人制比赛40场	中级阶段（12~16岁）U14和U16少年	局部与小组战术
五人制和八人制40场	初级阶段（8~12岁）U10和U12少儿	小组与个人战术的获取
三人制和四人制30场	启蒙阶段（4~8岁）U6和U8幼儿	个人技术与战术的获取
外塔为青年和成人的构架	起步阶段：零起点训练的开始	内塔为幼儿、儿童和少年的构架

图13-2　多年训练打造"人才金字塔"的架构

　　每一个国家队队员都是"人才金字塔"塔尖上的佼佼者，都是经过层层筛选和千锤百炼而造就的国家精英人才。虽然目前世界各国之间的足球实力差距在缩小，但在欧美足球强国与亚非国家之间，在队员个体技术功底和整体竞技实力上仍然存在明显的差距。为什么不同国家和地区之间会存在实力的差距呢？这需要了解足球强国"人才金字塔"的结构，了解足球强国及其人才培养的内在机制和成功经验。足球人才培养的金字塔工程，从构成要素上看并不复杂，而且有很多现成的成功案例和样板。一个国家足球的健康发展及能够组建起一支强大的国家队，一定是在各种发展要素齐备和深厚积累的基础上的。足球事业发展的一系列要素是众所周知的：金字塔的塔底就是大众足球和青少年足球的普及；塔基和主体是青训体制的构建；各级联赛和各级国家队是金字塔的主干和支柱；代表国家参加重要赛事的队员即是金字塔工程打造出来的顶端精英。一个规模浩大而又健康的国家金字塔工程是有条件的：第一，需要足球文化土壤的滋润、足球传统血脉的养分及文化营养向社会渗透；第二，需要大批的教练员人才及校园足球教师的培养和队伍建设；第三，需要学习和借鉴世界先进的经验、理念和方法；第四，需要国家足球事业领导体制的完善及足球改革的推动等。表面上看足球人才培养并不复杂，但事实上任何事业的成功一定都有其背后的复杂过程，足球项目尤其如此。而我国足球发展不能取得进展，很大程度上是因为我们的诸多领导者把事情看简单了，又一直没有真正把握足球发展的规律和要点。

足球事业的发展并不是各种要素的简单拼凑，而是必须建立起凝聚智慧和高度统一的哲学思想和先进理念，还需要始终有各种行之有效的方针政策的指引，有切实可行的战略步骤和扎扎实实的过程。现在回首看我们过往的发展过程，由于缺乏思想建设和理论建设，我们的足球事业发展出现过战略布局的本末倒置，甚至出现某些大的发展板块的疏漏，而且细致的工作也存在诸多的漏洞。所以我们必须跳出短视和狭隘的认识局限，要以博大胸怀拥抱世界，以宽阔的视野瞭望足球世界的广阔及其沧桑变化，再重新审视我国足球多年发展规划与人才培养的问题，这才是我们所应有的一种态度。

（二）多年训练计划的训练次数与比赛场数

训练计划是训练主体组织训练工作的重要指导性文件，其中多年训练计划的训练次数与比赛场数是训练的总量，是在制订训练计划之前需要确定下来的，这样更便于训练计划的整体布局。根据对诸多欧美国家和日本相关资料和成功经验的综合考证，多年训练计划的训练次数和比赛场数是可以提前设定和编排的。训练次数和比赛场数都是先计算年度数量再统计多年计划的总量，无论是训练次数还是比赛场数，每个年度是基本固定的，多年训练总的训练次数和比赛场数就是每个年度次数和场数的相加。不同成长阶段的年度训练次数和

比赛场数，要综合考虑每个国家不同的气候环境、训练传统、生活习俗和队员年龄等条件，我国幅员辽阔，南方和北方的气候条件和生活习惯不同，冬季与夏季的长短也存在差异，年度训练计划安排会有季节性的训练次数和比赛场数的不同，但还是可以设定一个基本的各个成长阶段年度训练次数与比赛场数的统一模式，见表13-1。

表13-1　青少年训练不同成长阶段年度训练次数与比赛场数的安排

阶段	训练小周期（期）	小周期训练次数（次）	年度训练次数（次）	年度比赛场数（场）	训练主题（个）
启蒙阶段	10	12、8、4	120、80、40	30	200
初级阶段	10	16、12、8	160、120、80	40	300
中级阶段	10	20、16	200、160	40	300
高级阶段	10	24	240	50	400

　　所有成长阶段的每个年度都设定10个训练小周期和2个比赛周，10个训练小周期分为前5期和后5期；前5期根据队员所处的成长阶段、训练基础及先进训练理念与方法的要求，把各项训练内容按照一定的比例以训练主题的形式编排入训练进度；后5期的训练在系统重复前5期内容的基础上增加技术难度和提高要求。训练内容编排要让队员在循序渐进中温故知新和稳步提高；同时让后加入的队员也能够全面、系统地学习和掌握技术及跟上整体的进度。10个训练小周期的内容安排要注意与周末比赛和比赛周之间的搭配，全年10个训练小周期和2个比赛周的分布是按照学校学制规定，上学期学生在学校期间9月至次年1月安排4个训练小周期，2月和3月间的寒假安排1个训练小周期和1个冬季比赛周；下学期学生在学校期间3月至7月安排4个训练小周期，7月和8月间的暑假安排1个训练小周期和1个夏季比赛周。在现今对青少年智力与技能培养多元化和培训相互竞争的社会环境下，有计划地组织青少年进行早期足球训练普遍存在训练时间和次数达不到理想要求的情况，所以启蒙阶段训练重要的是发现拥有足球天赋的人才及引导孩子的兴趣。

1．启蒙阶段年度训练次数与比赛场数

启蒙训练阶段是面向4～8岁即U6和U8年龄组的队员。每个训练小周期全勤为12次即每周3次训练，每次训练1.5小时；每3次训练为一个模块，围绕一个训练主题作为一个训练小节，训练主题阐述要包括比赛训练形式及技术和战术的内容；每个训练小周期12次训练分4个训练小节；每个小节的3次训练第一次侧重技术方法及其实战运用方法的学习，第二次侧重实战中技术应用与技术复习，第三次侧重实战技术应用与技术细节。队员参加任何一个小周期的训练都有三种选择，第一种是全勤参加12次训练，第二种是参加8次训练即每周3次训练中的2次，第三种是参加4次训练即每周3次训练中的1次。全年10个训练小周期满勤120次训练，最少40次训练，全年安排正式比赛30场。

2．初级阶段年度训练次数与比赛场数

初级训练阶段是面向8～12岁即U10和U12年龄组的队员。每个训练小周期全勤为16次训练即每周4次训练，每次训练1.5小时；每4次训练为一个模块，一个训练主题作为一个训练小节，训练主题阐述要包括比赛训练形式及技术和战术的内容；每个训练小周期16次训练分4个训练小节；每个小节4次训练，第一次侧重技术和战术方法及其比赛实战运用的学习，第二次侧重实战中的技术和战术方法应用与技术复习，第三次侧重技术和战术方法与其他方法连接与变通的学习，第四次侧重比赛训练中技术与战术方法运用的细节。参加任何一个小周期训练都有三种方法可供选择，第一种是全勤参加16次的训练，第二种是参加每个小周期12次的训练即每小节4次训练中的3次，第三种是参加每个小周期中的8次训练即每小节4次训练中的2次。全年10个训练小周期全勤参加是160次训练，最少参加80次训练，全年安排正式比赛40场。

3．中级阶段年度训练次数和比赛场数

中级训练阶段是面向12～16岁即U14和U16年龄组的队员。每个训练小周期全勤是20次训练即每周5次训练，每次训练2小时；每5次训练为一个模块，一个训练主题作为一个训练小节，训练主题阐述包括比赛训练形式及战术和技

术的内容，每个训练小周期20次训练分4个训练小节；每个小节的5次训练，第一次侧重战术与技术方法及其比赛实战运用的学习，第二次侧重比赛实战中的战术与技术应用及战术方法的复习，第三次侧重实战中战术方法与其他方法连接及变通的学习，第四次侧重实战中的战术与技术应用的细节，第五次以比赛训练形式为主及为正式比赛做准备。参加任何一个小周期训练都有两种方法可供选择，第一种是全勤参加20次训练，第二种是参加每期16次训练即每小节5次训练中的4次。全年10个训练小周期全勤是200次训练，最少160次课，全年安排正式比赛40场。

4．高级阶段年度训练次数和比赛场数

高级训练阶段是面向16～20岁即U18和U20年龄组的队员。每个训练小周期全勤是24次训练即每周6次训练，每次训练2小时；每6次训练为一个模块，围绕两个战术训练主题作为一个训练小节，训练主题阐述包括比赛训练形式及战术的内容；每个训练小周期24次训练分4个训练小节；每个小节的6次训练，第一次侧重一个战术方法及其比赛实战运用的学习，第二次侧重实战中的战术方法运用与战术方法的复习，第三次侧重战术方法与其他方法连接及变通方法的学习，第四次侧重第二个战术方法及其比赛实战运用的学习，第五次侧重第二个战术方法实战运用与战术方法的复习，第六次侧重体能训练。高级训练阶段是进入职业训练阶段之前的过渡时期，已经形成足球专长和职业技能，此阶段必须参加所有的训练活动，要严格按照职业队员的标准和要求全面强化个人能力。全年10个训练小周期全勤参加是240次训练，全年安排正式比赛50场。

（三）足球多年训练计划概要

1．制订多年训练计划的统筹

酝酿和制订任何一种多年训练计划，都需要在基本思路、内容布局和过程实施上有一个统筹。不同足球训练主体的训练计划设计有着不同的侧重点，国家足协、地方足协和地方俱乐部的多年训练计划要侧重宏观指导方面，全过程

的多年训练计划主要是指青少年足球人才培养计划。国家足协领导足球事业的发展要有统一的多年训练计划，全过程训练计划很多国家是围绕队员16年成长周期而制定规划或大纲，这种计划要统筹和覆盖每个成长阶段、每个年度、每个大周期、每周及每次训练课的安排，训练从每个成长阶段到每次训练课都是大循环套着小循环且周而复始。我国要振兴足球就必须谋求多年训练计划的设计，要根据足球队员成长的一般规律、足球技能形成规律及保证训练量的时间要求，还要考虑不同地区中小学每学年的教学周期和假期长短，及兼顾全国各个地区和俱乐部对青训工作的技术支撑能力。多年训练计划的10项构成内容同样是按照准备性部分、指导性部分、实施性部分和控制性部分分组，这种训练计划构成的布局方式也是制订计划的重要依据。多年训练计划是以指导性部分的构思与设计为核心，准备性部分、实施性部分和控制性部分是围绕指导性部分而做拓展和补充，要根据指导性部分的需要进行各项计划内容的阐述和要点归纳。这里更多以多年训练计划为例及结合一些国家的成功经验而展开阐述和分析[1]。

2．制订多年训练计划的基本要求

在多年训练计划的构思与设计中，必然要融入足球训练基本概念、基本理念、现代足球发展趋势、理想比赛模式、训练内容构成、基本训练模式等反映先进足球理论与思想的内容，还要融入众多案例的成功经验及其观念与方法。多年训练计划的制订要切忌纸上谈兵，一定要把制订的计划与具体训练实际相结合，使计划成为实践的工具并切实为训练服务。凡是经得起实践检验和获得成功应验的训练计划，一定是经过了艰辛的理论探索和长期艰苦实践的考验，多年训练计划更需要反映先进的训练理念和代表足球正确的发展方向。我国曾经多次制定过"青少年足球训练大纲"，但训练大纲的思想性和先进性及对训练实践的指导意义，都存在一定的不足，这是我们足球事业发展需要克服和解

[1]　美国国家足球教练员协会.经典足球指导教材[M].李春满，等译.北京：北京体育大学出版社，2009：38-41.

决的问题。一个国家要统筹制定一份多年训练规划或大纲，必须经过一个较长时间的思考、调研和实践探索的过程，而且既要融入国际先进的思想理念与方法，又要融入本国的思想成果和特色。相对而言我国以往制定的训练大纲存在理论研究的不足和实践深入度不够的问题，而真正具有科学性和实践指导意义的训练大纲则需要大量的基础性和有深度的理论研究的铺垫。

3．国外多年训练计划的案例简介

从对德国足协、法国足协和日本足协制订16年周期的青少年训练计划或大纲的经验，包括对阿贾克斯、皇家马德里和本菲卡等俱乐部青少年训练大纲的考察看，他们都是把多年训练计划当作战略问题来对待的，都把计划的指导性部分作为核心和重点，而且无一例外地对实施性部分的内容与方法做了统筹和具体的设计。他们的训练大纲都经过了多年经验总结和成果积累，而且始终都在不断和反反复复地进行调整和完善。以日本足协1996年出台的一套全国统一的青少年足球训练大纲为例，大纲是一大批科研人员和专家做了近10年的专题调研，经过了长期的运筹、设计、实验及反复调整[1]。从日本训练大纲的文字阐述可以看到，他们对大纲的准备性部分、指导性部分和控制性部分都做了科学的阐述和分析，更对实施性部分做了全面、系统和细化的设计，大纲细致到对每个年龄组每次训练课的内容编排及其训练的具体操作方法与要求的阐述，大纲的可操作性强，甚至在没有教练员情况下队员也可以自行按照教案完成训练。当然，实际的训练并不一定严格按照大纲进行，每一个教练员在训练中都会有自主发挥和个性展示的空间，但大纲所具有的宏观指导意义和现实可操作性，从一个侧面说明日本足球取得成功有其必然性。

日本足球取得今天的成就的重要原因之一是思想认识的转变及其训练理念的先进，而青少年足球训练大纲正是他们训练思想与理念的集中体现。我们需要学习和借鉴的是制定训练大纲的严谨和科学态度，需要追求训练大纲的通俗易懂及其可操作性，这样的大纲才能真正指导基层教练按照先进的理念和方

---

[1]　中钵信一.日本足球改革之路[M].东京：集英社，2001：93.

法完成训练。我国基层从事足球训练的教练处于理念和方法落后的窘况，其中原因之一是我们始终没有能够有效指导训练实践的训练大纲。当然大纲的制定与实施都需要有足球领导者的权威和决策力、科研人才聚集与智慧凝结、文字阐述的不断补充与完善、业界的统一思想与宣传推广及最后的贯彻与落实的过程。一个国家或地方足球训练大纲制定的水平是考验足球领导者素质和能力的重要指标，作为引领足球事业发展的各级足协、足球俱乐部和足球学校的领导者，重视和制定完善的青少年足球训练大纲是一种应有的态度，日本足协的青少年足球训练大纲是值得我们深思和借鉴的案例。

第二节 足球训练进度

足球训练进度是介于训练计划与训练课教案之间的桥梁和纽带，在完成了训练计划制定的基础上，要把诸多训练内容系统、有序地安排到每一次训练课，就需要有一个训练进度的编排。队员每个阶段的成长都是一个系统的训练过程，多年训练计划是系统训练的整体设计，训练进度就是把系统训练的内容做科学和有序的组合与编排。以下内容分两个主题，即训练进度的内容纲目和启蒙阶段训练进度案例。

一、训练进度的内容纲目

队员不同成长阶段的训练内容有其内在的规定性及共性的标准和要求，但并不是千篇一律地统一标准，每个国家和地区都有很大的差异性。所以训练内容设定既要遵循一定的规律和原则，又要有一定的灵活性和符合自己的个性特点，但训练内容的选择要以能够达到一定的训练目的为准则。以下探讨包括两个问题，即训练进度内容编排的一般原则和各个成长阶段的训练内容纲目。

（一）训练进度内容编排的一般原则

训练进度的内容选择与编排有着很大的差异性，每个国家、每个俱乐部及每个教练员都存在观念和认识的不同，也存在客观要求和主观目的的不同，所以训练进度的内容编排没有统一和绝对的标准，进度内容选择的合理范围也有很大的宽度。需要强调的是，训练进度内容的系统性与训练素材取材于比赛实战并不矛盾，作为具体的训练课内容，其素材取材于比赛实战是先进训练理念的要求，但训练取材于比赛实战与足球系统训练是完全可以达成统一的。本著在"足球训练计划基本内容架构"一节已经详细阐述了足球训练内容体系的问题，系统训练就是要把完整的训练内容科学和有序地编排到各个阶段的训练进度之中。作为多年训练计划的内容进度编排需要遵循以下的一般原则：第一，训练进度所展现的训练内容必须是一个全面、系统和完整的体系。进度内容不仅要包含队员成长所需要的所有必要因素，而且每个成长阶段及每个年度的训练内容都要有其科学和合理的体系，如此才能保证队员的健康成长及达到未来高水平比赛竞争的要求。第二，训练进度内容要由易到难和循序渐进，体现适合队员成长的要求。队员完整的成长过程分为四个四年周期的成长阶段，根据掌握知识和技能的一般规律和足球技能发展的专项特点，训练内容的编排要把简单和容易掌握的技能放在前边，把复杂和有难度的内容放在后边，要兼顾诸多训练内容的重复次数和不断复习巩固，而且每个成长阶段、每个年度的内容都要系统重复前一阶段和年度的内容，以保证队员能力的稳步提高。第三，进度内容的编排顺序要与训练过程的组织形式及其特点相适应。四个成长阶段及每个年度的训练内容，不仅要按照由易到难、由简到繁的要求，而且足球技术本身还有由单一到综合、训练形式由人数少到人数多、训练对抗由弱到强、训练范围由具体到整体等复杂训练过程，这些是训练进度内容编排必须考虑的因素。第四，训练进度内容编排要注意各项比赛基本要素的统筹和统一。现代先进的足球训练理论认为，足球比赛各个基本要素的内容是相互融合和统一的，即足球技术训练、战术训练、体能训练和心理训练的内容和形式不是分开的，而是你中有我和我中有你的统一关系，这是训练进度编排尤其需要注意的问题。

如何优化地编排足球训练进度的内容，这不仅要参考国外相关教材的内容编排，还要结合我国及结合我们每一批队员的具体实际。队员成长虽然有可为人们认知的规律性，但每一个、每一批队员的成长都有其特殊性，训练内容选择在遵循一般原则的同时，需要我们根据训练的具体实际来灵活地把握。另外，进度内容的编排还要考虑各阶段队员心理特征和接受能力的差异、训练次数和总时数的不同，还要考虑内容之间的关联、比赛训练内容与其他内容的连接、各项技术和战术训练所需要的时间和重复次数等。

（二）各个成长阶段的训练内容纲目

1．启蒙阶段训练内容纲目

（1）正式比赛安排：启蒙阶段是以三人制和四人制比赛为主，平均每年安排30场比赛，四个年度共安排120场比赛。正式比赛是整个启蒙阶段训练的核心和目标。

（2）比赛训练内容安排：包括比赛形式训练和对抗形式训练，比赛形式训练与正式比赛的形式相同；对抗形式训练以"一对一"至"四对四"人数范围为主。比赛形式训练是技术训练和战术训练的核心和依托，同时比赛形式训练以正式比赛为核心和目标。

（3）技术训练内容安排：以运球、控球、假动作和短距离传接、射门等单个技术和简单组合技术的为主。对抗训练是技术训练内容的核心和目标，同时对抗训练以比赛训练为核心和目标，技术训练要与个人战术和小组战术训练同步。

（4）战术训练内容安排：以个人战术训练为主和小组战术训练为辅。对抗训练是个人战术和小组训练的核心和目标，同时对抗训练以比赛训练为核心和目标，个人战术训练和小组战术训练要融入技术训练过程。

2．初级阶段训练内容纲目

（1）正式比赛安排：初级阶段是以五人制和八人制比赛为主，平均每年安排40场比赛，四个年度共安排160场比赛。正式比赛是整个初级阶段训练的核心和目标。

（2）比赛训练内容安排：包括比赛形式训练和对抗形式训练，比赛形式训练以五人制和八人制比赛形式为主，对抗形式训练以"三对三"至"六对六"人数范围为主。比赛形式训练是技术训练和战术训练的核心和目标，同时比赛形式训练以正式比赛为核心和目标。

（3）技术训练内容安排：以各种传接球、控运球、假动作和射门及各种双元和三元组合技术为主。对抗训练是技术训练内容的核心和目标，同时对抗训练以比赛训练为核心和目标，技术训练要与小组战术、个人战术和局部战术训练同步。

（4）战术训练内容安排：以小组战术为主及以个人战术和局部战术训练为辅。对抗训练是战术训练的核心和目标，同时对抗训练以比赛训练为核心和目标，小组战术、个人战术和局部战术训练要与技术训练相互融合。

3．中级阶段训练内容纲目

（1）正式比赛安排：中级阶段以八人制和十一人制比赛为主，平均每年安排40场比赛，四个年度共安排160场比赛。正式比赛是整个中级阶段训练的核心和目标。

（2）比赛训练内容安排：包括比赛形式训练和对抗形式训练，比赛形式训练以八人制和十一人制比赛形式为主，对抗形式训练以"四对四"至"八对八"人数范围为主。比赛形式训练是技术训练和战术训练的核心和目标，同时比赛形式训练以正式比赛为核心和目标。

（3）战术训练内容安排：以局部战术训练为主及以小组战术和个人战术训练为辅。对抗训练是战术训练的核心和目标，同时对抗训练以比赛训练为核心和目标，局部战术训练要把小组战术、个人战术和技术训练融为一体。

（4）技术训练内容安排：以各种传接球、控制球、突破、防守、射门及头顶球等技术的全面和组合技术为主，突出位置技术和个性化技术的训练。对抗训练是技术训练内容的核心和目标，同时对抗训练以比赛训练为核心和目标，技术训练要与个人战术训练完全统一并融入小组战术和局部战术训练。

4．高级阶段训练内容纲目

（1）正式比赛安排：高级阶段以十一人制比赛为主，平均每年安排50场比赛，四个年度共安排200场比赛。正式比赛是整个高级阶段训练的核心和目标。

（2）比赛训练内容安排：包括比赛形式训练和对抗形式训练，比赛形式训练以十一人制比赛为主，对抗形式训练以"四对四"至"十对十"人数范围为主。比赛形式训练是技术训练和战术训练的核心和目标，同时比赛形式训练以正式比赛为核心和目标。

（3）战术训练内容安排：以整体战术训练为主及以局部战术和小组战术训练为辅。对抗训练是战术训练的核心和目标，同时对抗训练以比赛训练为核心和目标，整体战术训练要把局部战术和小组战术统一融合，个人战术和技术训练完全融合于整体战术训练。

（4）技术训练内容安排：在全面技术的基础上，以位置技术和个性化技术训练为主，突出技术运用的合理、随机和自动化。比赛实战是技术训练内容的核心和目标，同时对抗训练以比赛整体战术为核心和目标，技术训练、个人战术、小组战术和局部战术训练要完全融入整体战术训练。

二、启蒙阶段训练进度案例

一个完整的队员成长过程的足球训练进度，要把各项训练内容全面、系统和有序地编排到每一次训练课里，而且中间还有很多重复和多次重复的内容，所以多年训练计划的训练进度肯定文字篇幅巨大。但是队员每个成长阶段的训练进度编排都有很多共性结构，我们可以通过局部的案例说明训练进度编排的过程和方法。以下摘要介绍两个问题，其一是启蒙阶段训练内容编排，其二是启蒙阶段第一年度训练进度编排。

（一）启蒙阶段训练内容编排

启蒙阶段训练内容编排要依据启蒙阶段的每个年度的训练次数，计算出总的四个年度的训练时间总量及其分布，每个年度30场正式比赛是另外安排。再根据所制定的启蒙阶段训练内容纲目，编排启蒙阶段每个年度的训练内容。

1．启蒙阶段第一年度训练内容编排

（1）U6组幼儿园中班上学期前5期训练内容。

比赛训练：二人制比赛；一对一；三对三；三人制比赛。

技术：脚背内侧运、内挡内拨；脚背外侧运；前拖内拨和换脚外拨、交替前拖。

个人战术：空当运球；变向摆脱；摆脱射门。

（2）U6组幼儿园中班上学期后5期训练内容。

比赛训练：二人制比赛；一对G；一对一；二对二；三人制比赛。

技术：脚背正面射门；外运外拨、假射外拨和内拨；外跨换脚外拨、交替外跨。

个人战术：摆脱射门；突破对手；突破射门。

（3）U6组幼儿园中班下学期前5期训练内容。

比赛训练：一对一；二对二；三人制比赛。

技术：脚背内侧交替内挡；脚背外侧运、前拖内拨外拨、前拖连拖；脚背正面射门。

个人战术：变向摆脱；逼近对手摆脱、空当快运。

（4）U6组幼儿园中班下学期后5期训练内容。

比赛训练：一对一；二对二；三人制比赛。

技术：外跨换脚内拨、前拖、假射前拖；内跨外挡外拨、交替内跨。

个人战术：突破对手；摆脱射门；突破抢射。

2．启蒙阶段第二年度训练内容编排

（1）U6组幼儿园大班上学期前5期训练内容。

比赛训练：二人制比赛；一对一；三人制比赛；二对二。

技术：内跨、外挡外拨、交替内跨；交替内挡；外扣外拨、内跨外扣。

个人战术：空当运球；摆脱射门；变向摆脱；连续摆脱。

（2）U6组幼儿园大班上学期后5期训练内容。

比赛训练：二人制比赛、一对一、二对二、三人制比赛。

技术：内扣、交替内扣；脚背内侧射、假射外拨或前拖；外跨、外跨换脚内拨、外拨。

个人战术：摆脱射门；突破对手；假射摆脱；突破射门。

（3）U6组幼儿园大班下学期前5期训练内容。

比赛训练：一对一；二对二；三人制比赛。

技术：外扣外拨、外扣连扣、内跨外扣外拨；内扣、内扣连扣；后拖、前拖及组合。

个人战术：摆脱对手；连续摆脱；变向运球；摆脱射门。

（4）U6组幼儿园大班下学期后5期训练内容。

比赛训练：二对二；一对一；三对三；一对G；三人制比赛。

技术：外跨换脚内拨或外拨；脚背正面射、内扣、假射外拨或内扣；快运外跨。

个人战术：摆脱射门；突破射门；远距离射门；快运突破。

3．启蒙阶段第三年度训练内容编排

（1）U8组一年级上学期前5期训练内容。

比赛训练：二人制比赛；一对G；一对一；二对二；三人制比赛；三对三。

技术：脚背内侧运、内挡内拨；内挡换脚内推、交替内挡、内挡连挡；内跨外挡外拨、交替内跨；脚背外侧运；前拖换脚内推、外拨、前拖连拖；后拖换脚外拨、后拖连拖。

个人战术：空当快运；摆脱射门；摆脱对手；逼近对手摆脱。

（2）U8组一年级上学期后5期训练内容。

比赛训练：二对二；一对G；二人制比赛；一对一；三人制比赛；三对三；四人制比赛。

技术：脚背正面射；脚背外侧运外拨、假射外拨或前拖；内扣内拨和换脚外拨、交替内扣、假射内扣和外拨；外跨换脚外拨和内拨、交替外跨；快速运球。

个人战术：摆脱射门；突破射门；突破对手；逼近突破；快运抢射。

（3）U8组一年级下学期前5期训练内容。

比赛训练：二助一对一；一对G；二助二对二；四对一；六对一；五对二；四助二对二；四组一对一；三人制比赛；四对二；三对一；二助三对三；五人制比赛。

技术：脚背外侧传、接、蹭、射；假传外拨和前拖；外扣外拨、外扣连扣、假射外扣；脚内侧传、接、射；假射内拨或外拨、假传内扣或外扣、假传拖转。

个人战术：一脚出球；快速抢射；假射摆脱；假传变向；控球摆脱。

小组战术：小组控传；稳妥射门；整体移动；倒脚控传。

（4）U8组一年级下学期后5期训练内容。

比赛训练：二对二；一对G；三对三；一对一；二加二对二；二对一；二助二对二；核助一对一；二助三对三；五人制比赛。

技术：脚背外侧射；外跨换脚内拨、外拨；内扣、交替内扣、假射内扣；后拖、假后拖、交替后拖；脚背外侧传、接；脚内侧传、接、接转；脚内侧射门、突破射门、一接一射。

个人战术：摆脱传球；摆脱射门；突破射门；快运推进；助攻传球。

小组战术：小组控传；稳妥推进；倒脚控传；一插一传。

4. 启蒙阶段第四年度训练内容编排

（1）U8组二年级上学期前5期训练内容。

比赛训练：五人制比赛；四对二；G助三对三；G助一对一；核助三对

三；四助一对一和二对二；三加二对三；四对四；二助三对三；二助一对二；二对一；三对三；四人制比赛。

技术：脚内侧接、接转、传；外拉内推或外拨；脚底接；假传前拖、后拖、内扣、外扣；脚内侧大力传。

个人战术：摆脱射门；迎球接球；摆脱接应；前插接应。

小组战术：小组控传、一插一传、后套前插、空当传球。

（2）U8组二年级上学期后5期训练内容。

比赛训练：三对三；一对一；二对二；核助二对二；核助一对一；G助三对三；二助二对二；四助一对一；一助一对一；五人制比赛；G助一对一；一对一助二。

技术：脚背正面射、假射外拨或内扣；外拨或内扣或交替内扣或外跨突破；脚内侧射门；脚背外侧传、接、接转、推接；脚背外侧射；脚内侧传、接、接转、推接；脚内侧和脚背外侧护接、移动护接或推接。

个人战术：假射推进；摆脱接球；前插接球；摆脱接应；前场护控；前插接应；突破射门。

小组战术：小组控传；大力远射；核心组织；助攻传球。

（3）U8组二年级下学期前5期训练内容。

比赛训练：五人制比赛；四加一对二；二助二对二；一助一对一；六对三；五加一对三；二助三对三；二助四对四；三对三；二对一；三对二；四对四；三对三助一对一；二助一对一；G助一对一。

技术：脚内侧传、接、运带传；脚背内侧传、蹚传、接转、护球；脚背外侧接、传、假传拖转；脚内侧大力传、射。

个人战术：运带观察；突破射门；接应保护；摆脱接球；助攻传球；转移传球；大力传球；护球摆脱。

小组战术：控传推进；拉开进攻；转移进攻；摆脱要球；一插一传；后套前插。

（4）U8组二年级下学期后5期训练内容。

比赛训练：G助二对二；G助一对一；五人制比赛；二助二对二；三对三；二助四对四；二助三对三；二对二；一对一；四对四；三对二助一对一。

技术：脚背内侧射、假射；脚内侧接转、推接；外跨、交替外跨；脚内侧、脚背外侧大力传、假传拖转；脚内侧、脚背外侧和脚底护接。

个人战术：假射推进；连续突破；助攻传球；摆脱接转；前点摆脱；前插射门。

小组战术：一传一插；一插一传；包抄射门；多点包抄；后套前插；前点护控助传。

（二）启蒙阶段第一年度训练进度编排

多年训练计划的年度训练进度编排一般是采用表格的形式，表格是依据训练次数、比赛场数及时间总量等设计架构，表格的结构、内容和顺序编排是按照预先设定的固定模式。具体训练内容的编排，要根据各个成长阶段的训练内容纲目及其年度训练内容，要根据队员的天赋条件和接受能力而确定，还要按照训练进度内容编排的一般原则，把诸多具体内容按照一定的逻辑和层次编排到固定的表格里，形成合理的诸多内容的先后顺序、内容组合及必要的重复次数等。本著把启蒙阶段每个年度设定为10个训练小周期，依照我国校制分为上学期和下学期各4期，每学期18周教学分别制作"1~9周"和"10~18周"两个9周进度表，连续4周为一期，每个进度表第九周为阶段小结周，每周一个小节的模块是3次训练课的内容，寒假和暑假各1期是综合复习小周期。

每一份进度表左侧为"1~9周"和"10~18周"的周次，每周一个模块左右两栏合为一个训练小节3次课的训练内容。左栏按照降阶顺序依次是训练主题、战术训练、技术训练和热身练习，启蒙阶段统一不安排比赛场景的训练环节。训练主题是比赛训练形式及主要战术的陈述，文字阐述包括攻守对抗人数与具体战术内容；战术训练是完成技能转化的对抗训练内容，相对减少了比赛训练人数，降低了比赛训练难度；技术训练是围绕主题所需的1~2项纯技术的内容，是技术操作方法的训练；热身练习是综合的各种准备练习的内容，是为整体训练做准备。右栏是按照训练课实际顺序的热身练习、技术训练、技能训练和比赛训练的内容，是把各项内容做更为具体的阐述或说明，其中热身练习包含了比赛演练的内容，技术训练要阐述具体细致的技术，战术训练也要阐述具体的对抗形式和人数，比赛训练要阐述融合技术运用的战术内容。

启蒙阶段进度表的编排需要体现和适应幼儿的特点，也要与后续的初级阶段的进度相呼应和衔接。一般启蒙阶段的比赛训练需要以游戏性质为主，技术训练要以简单的单个技术为主并多次重复，进度相对较缓，比赛训练内容也要多次重复，比赛训练设计要简单、不断变化且易于获得成功和快乐体验。进度表的周与周及其课与课的内容不仅有多次重复和新旧内容搭配，而且启蒙阶段的每个年度及每个小周期都会有系统性的重复。之后的初级阶段，技术训练的组合技术内容要逐渐增多并逐渐复杂，但比赛训练仍然以游戏性质为主。中级阶段的进度设计会更加细致、复杂，并且战术训练内容逐渐增多。但不管怎样，训练进度编排需要建立在一个整体的理念和框架之内，再根据不同地区和单位的特点、队员基础、比赛时间安排及训练不同目标等做出具体的设计，见表13-2至表13-5。

表13-2　启蒙阶段U6组4~5岁幼儿园中班上学期1~9周进度

	训练主题、战术、技术与热身	训练课教案的内容顺序
一	主题：二人制空当运球、摆脱射门比赛游戏 战术：一对一空当运球、摆脱绕障射门游戏 技术：脚背内侧运、内挡内拨、运绕射门 热身：脚背内侧运、内挡、拖踩及听令踩球游戏	1.左右脚背内侧运、内挡、拖踩及听令踩球游戏 2.左右脚背内侧运、内挡内拨绕障射门循环游戏 3.一对一空当运球、摆脱绕障射门的游戏 4.二人制利用空当运球、摆脱射门的比赛游戏
二	主题：二人制左脚运控、摆脱射门比赛游戏 战术：一对一左脚运控、摆脱绕障射门游戏 技术：脚背内侧运、内挡内拨、运绕射门 热身：脚背内侧运、内挡、拨挡及听令游戏	1.左右脚背内侧运、内挡、拨挡及听令踩坐跪游戏 2.左右脚背内侧运、内挡内拨、绕障射门循环游戏 3.一对一左脚空当运控、内挡内拨绕障射门游戏 4.二人制左脚空当运控、摆脱射门比赛游戏
三	主题：三对三内挡变向摆脱三向射门游戏 战术：一对一内挡变向摆脱三向射门游戏 技术：脚背内侧运、左右脚内挡、内拨射门 热身：运球内挡、交替内挡、内拨射门游戏	1.左右脚运球内挡、交替内挡、内拨射与挡游戏 2.左右脚背内侧运、交替内挡运绕射门循环游戏 3.一对一内挡、交替内挡变向摆脱三向射门游戏 4.三对三内挡变向摆脱三向射门比赛游戏
四	主题：三对三左脚内挡摆脱三向射门游戏 战术：一对一左脚内挡摆脱三向射门游戏 技术：脚背内侧运、交替内挡、内拨射门 热身：运球内挡、交替内挡、内拨射门游戏	1.左右脚连拨、运球内挡、交替内挡射与挡游戏 2.左右脚背内侧运、交替内挡运绕射门循环游戏 3.一对一左脚内挡、交替内挡内拨三向射门游戏 4.三对三左脚内挡、交替内挡三向射门比赛游戏
五	主题：一对一变向变速摆脱四向运穿游戏 战术：一对一变向变速摆脱双向运穿游戏 技术：脚背外侧运、前拖内拨、变向变速 热身：脚背外侧运、前拖及运绕比快游戏	1.左右脚背外侧运、前拖快运及运绕比快游戏 2.左右脚背外侧运、前拖内拨及运绕比快循环游戏 3.一对一前拖变向摆脱、内拨快运双向运穿游戏 4.一对一前拖变向前拖、变速快运四向运穿游戏
六	主题：一对一左脚前拖摆脱四向运穿游戏 战术：一对一左脚前拖摆脱双向运穿游戏 技术：脚背外侧运、前拖内拨、变向变速 热身：脚背外侧运、前拖及运绕比快游戏	1.左右脚拖踩、脚背外侧运、前拖及运绕比快游戏 2.左右脚背外侧运、前拖内拨及运绕比快循环游戏 3.一对一左脚前拖内拨摆脱、双向运穿对抗游戏 4.一对一左脚前拖内拨摆脱、四向运穿对抗游戏
七	主题：二人制运控摆脱射门的双门比赛游戏 战术：一对一运控摆脱射门的双门对抗游戏 技术：脚背外侧运、外拨、前拖外拨摆脱 热身：脚背外侧运、外拨、前拖内拨及游戏	1.左右脚背外侧运、外拨、前拖及交叉运绕游戏 2.左右脚背外侧运、外拨、前拖及运绕循环游戏 3.一对一运控外拨、前拖摆脱射门的双门对抗游戏 4.二人制运控外拨、前拖摆脱射门的双门比赛游戏
八	主题：二人制左脚摆脱射门的双门比赛游戏 战术：一对一左脚摆脱射门的双门对抗游戏 技术：脚背外侧运、外拨、前拖外拨、内拨 热身：脚背外侧运、外拨、前拖内拨及游戏	1.左右脚背外侧运、前拖内拨及十字交叉运绕游戏 2.左右脚背外侧运拨、前拖内拨及运绕循环游戏 3.一对一左脚前拖外拨摆脱射门的双门对抗游戏 4.二人制左脚前拖外拨摆脱射门的双门比赛游戏
九	主题：三人制交替前拖摆脱、快运射门比赛 战术：一对一连续变向摆脱四向运穿游戏 技术：脚背外侧运、快运前拖、交替前拖 热身：脚背外侧运、前拖及老鹰抓小鸡游戏	1.左右脚背外侧运、快运前拖及老鹰抓小鸡游戏 2.左右脚背外侧运、快运交替前拖及运绕循环游戏 3.一对一连续变向摆脱四向运穿的对抗游戏 4.三人制交替前拖摆脱、快运射门的比赛游戏

比赛训练：二人制比赛；一对一；三对三；三人制比赛。
技术：脚背内侧运、内挡内拨；脚背外侧运；前拖内拨和换脚外拨、交替前拖。
个人战术：空当运球；变向摆脱；摆脱射门。

表13-3　启蒙阶段U6组4~5岁幼儿园中班上学期10~18周进度

	训练主题、战术、技术与热身	训练课教案的内容顺序
十	主题：二人制运控摆脱射门的比赛游戏 战术：一对一运控摆脱射门的对抗游戏 技术：脚背正面射门、一对G外拨摆脱射门 热身：脚背正面射门、外拨射门及游戏	1.脚背正面射门、外拨射门及双向射门游戏 2.运绕一对G外拨摆脱射门及循环练习游戏 3.一对一运控外拨摆脱射门的对抗游戏 4.二人制运控外拨摆脱射门的比赛游戏
十一	主题：二人制左脚运控摆脱射门比赛游戏 战术：一对一左脚运控摆脱射门对抗游戏 技术：脚背正面射、外拨摆脱、一对G射门 热身：脚背正面射门、外拨射门及游戏	1.脚背正面射门、外拨射门及双向射门游戏 2.运绕一对G左脚外拨摆脱射门及循环游戏 3.一对一左脚运控外拨摆脱射门的对抗游戏 4.二人制左脚运控外拨摆脱射门的比赛游戏
十二	主题：二人制假射摆脱推进射门的比赛游戏 战术：一对一假射摆脱推进射门的对抗游戏 技术：脚背正面射门、假射内拨、外拨射门 热身：脚背正面射门、假射摆脱及射门游戏	1.脚背正面射门、假射摆脱往返射门游戏 2.一对G假射内拨或外拨摆脱射门循环游戏 3.一对一假射内拨或外拨进射门对抗游戏 4.二人制假射摆脱推进大力射门的比赛游戏
十三	主题：二人制左脚假射摆脱射门的比赛游戏 战术：一对一左脚假射摆脱射门的对抗游戏 技术：脚背正面射门、假射摆脱、一对G 热身：脚背正面射门、假射摆脱及射门游戏	1.脚背正面射门、假射摆脱往返射门游戏 2.一对G快运假射摆脱、大力射门的循环游戏 3.一对一左脚假射摆脱、推进射门的对抗游戏 4.二人制左脚假射摆脱、推进射门比赛游戏
十四	主题：二对二摆脱加速、突破对手过线游戏 战术：一对一摆脱加速、突破对手过线游戏 技术：外拨、外跨换脚外拨、加速快运 热身：外拨、外跨换脚外拨及闯关游戏	1.左右脚外拨、外跨换脚外拨及快运闯关游戏 2.外跨换脚外拨及一对一突破闯关循环游戏 3.一对一外拨、外跨换脚外拨突破游戏 4.二对二外拨、外跨换脚外拨突破过线游戏
十五	主题：二对二左脚外跨、突破对手过线游戏 战术：一对一左脚外跨、突破对手过线游戏 技术：外拨、左脚外跨换脚外拨、加速快运 热身：外拨、外跨换脚外拨及快运闯关游戏	1.左右脚外拨、外跨换脚外拨及快运闯关游戏 2.外跨外拨摆脱及一对一突破闯关循环游戏 3.一对一左脚外拨、外跨摆脱突破过线游戏 4.二对二左脚外拨、外跨摆脱突破过线游戏
十六	主题：二对二摆脱加速、突破射门对抗游戏 战术：一对一外跨摆脱、突破射门对抗游戏 技术：外拨、外跨换脚外拨、加速快运 热身：外拨、外跨换脚外拨及连续闯关游戏	1.左右脚外拨、外跨换脚外拨及连续闯关游戏 2.外拨、外跨换脚外拨及突破射门循环游戏 3.一对一外跨摆脱、加速突破射门的对抗游戏 4.二对二外跨摆脱、加速突破射门的对抗游戏
十七	主题：二对二交替外跨、突破射门对抗游戏 战术：一对一交替外跨、突破射门对抗游戏 技术：外跨、交替外跨推拨、加速快运 热身：外跨、交替外跨及连突闯关游戏	1.左右脚外跨、交替外跨及连续突破闯关游戏 2.外跨、交替外跨及连续突破射门循环游戏 3.一对一交替外跨摆脱、突破射门对抗游戏 4.二对二交替外跨摆脱、快运突破射门游戏
十八	主题：三人制摆脱突破、快运射门比赛游戏 战术：二对二摆脱突破、快运射门对抗游戏 技术：外跨、交替外跨推拨、一对一突破 热身：外跨、交替外跨推拨及快运比赛游戏	1.相向外运外跨、交替外跨推拨及快运游戏 2.外跨、交替外跨一对一突破射门循环游戏 3.二对二外跨摆脱突破、快运射门对抗游戏 4.三人制交替外跨、快运突破射门比赛游戏

比赛训练：二人制比赛；一对守门员；一对一；二对二；三人制比赛。
技术：脚背正面射门；外运外拨、假射外拨和内拨；外跨换脚外拨、交替外跨。
个人战术：摆脱射门；突破对手；突破射门。

表13-4　启蒙阶段U6组4~5岁幼儿园中班下学期1~9周进度

	训练主题、战术、技术与热身	训练课教案的内容顺序
一	主题：一对一变向摆脱、多向运穿对抗游戏 战术：一对一变向摆脱、双向快运穿游戏 技术：脚背内侧运、内挡、双向快运穿 热身：脚背内侧运、内挡、双脚拨挡及游戏	1.左右脚内侧运内挡、双脚拨挡及运穿比快游戏 2.左右脚脚背内侧运、交替内挡及连续绕穿游戏 3.一对一绕球内挡变向摆脱、双向快运穿游戏 4.一对一内挡变向摆脱、多向快运穿对抗游戏
二	主题：一对一连续变向摆脱、多向运穿游戏 战术：一对一连续变向摆脱、双向运穿游戏 技术：脚背内侧运、交替内挡、双向绕穿 热身：脚背内侧运、内挡、拖滚拨挡及游戏	1.左右脚内侧运内挡、拖滚拨挡及运穿比快游戏 2.左右脚背内侧运、内挡摆脱及连续快运穿游戏 3.一对一连续内挡变向摆脱、快运双向运穿游戏 4.一对一连续变向摆脱、多向快运穿对抗游戏
三	主题：一对一逼近对手、变向摆脱占垒游戏 战术：一对一逼近对手、变向摆脱攻垒游戏 技术：脚背内侧运、外挡、内挡、变向快运 热身：脚背内侧运、外挡及母鸡抖老鹰游戏	1.左右脚背内侧运、外挡外拨及母鸡逗老鹰游戏 2.左右脚背内侧运、外挡、内挡及快运绕垒游戏 3.一对一逼近对手、外挡或内挡摆脱攻垒游戏 4.一对一逼近对手、变向摆脱快运占垒对抗游戏
四	主题：一对一逼近对手、左脚控球占垒游戏 技能：一对一逼近对手、左脚控球攻垒游戏 技术：脚背内侧运、外挡、内挡、变向快运 热身：脚背内侧运、外挡及母鸡抖老鹰游戏	1.左右脚背内侧运、外挡、内挡及母鸡抖老鹰游戏 2.左右脚背内侧运、外挡、内挡及快运绕垒游戏 3.一对一逼近对手、左脚护球摆脱攻垒游戏 4.一对一逼近对手、左脚外挡或内挡摆脱占垒游戏
五	主题：二对二空当运球、摆脱四向绕穿游戏 战术：一对一空当运球、摆脱四向绕穿游戏 技术：前拖内拨、换脚外拨、快运四向绕穿 热身：前拖内拨、换脚外拨及听令踩拖游戏	1.左右脚前拖内拨、换脚外拨及听令踩拖游戏 2.左右脚前拖内拨、换脚外拨及快运四向绕穿游戏 3.一对一空当运球、前拖变向摆脱四向绕穿游戏 4.二对二空当运球、变向摆脱四向绕穿对抗游戏
六	1比赛：二对二左脚空当运球四向绕穿游戏 2战术：一对一空当运球、左脚前拖四向运穿 3技术：前拖内拨、前拖连拖、快运四向绕穿 4热身：前拖内拨、前拖连拖及听令踩拖游戏	1.左右脚前拖内拨、连拖及听令内挡、前拖游戏 2.左右脚前拖内拨、前拖连拖及快运四向绕穿游戏 3.一对一空当运球、左脚前拖摆脱四向绕穿游戏 4.二对二空当运球、前拖摆脱四向绕穿对抗游戏
七	主题：二对二空当快运推进双向攻门游戏 战术：一对一空当快运推进双向攻门游戏 技术：脚背正面射门、前拖连拖、快运射门 热身：脚背正面射门、前拖及折返射门游戏	1.左右脚背正面射门、前拖及方形折返射门游戏 2.左右脚背正面射门、前拖外拨及折返射游戏 3.一对一空当快运推进、双向攻门游戏 4.二对二空当快运推进、变向摆脱双向攻门游戏
八	主题：二对二空当快运、双向攻门游戏 战术：一对一空当快运、双向攻门游戏 技术：脚背正面射门、交替前拖、快运射门 热身：脚背正面射门、交替前拖及方形游戏	1.左右脚背正面射门、交替前拖及折返射门游戏 2.左右脚背正面射门、交替前拖及折返射游戏 3.一对一空当快运、交替前拖摆脱双向攻门游戏 4.二对二空当快运、交替前拖摆脱双向攻门游戏
九	主题：三人制变向摆脱、快运射门比赛游戏 战术：一对一变向摆脱、加速快运射门游戏 技术：前拖、换脚内推、加速快运摆脱 热身：运控前拖换脚内推及踢球出局游戏	1.左右脚外运前拖、换脚内推及踢对手球出局游戏 2.左右脚运控前拖、换脚内推、双向脚背正面射门 3.一对一前拖、换脚内推摆脱、快运射门对抗游戏 4.三人制变向摆脱、加速快运射门比赛游戏

比赛训练：一对一；二对二；三人制比赛。

技术：脚背内侧交替内挡；脚背外侧运、前拖内拨外拨、前拖连拖；脚背正面射门。

个人战术：变向摆脱、逼近对手摆脱、空当运球、空当快运。

表13-5　启蒙阶段U6组4~5岁幼儿园中班下学期10~18周进度

	训练主题、战术、技术与热身	训练课教案的内容顺序
十	主题：一对一变向摆脱、突破对手过线游戏 战术：一对一外跨、推拨突破闯关循环游戏 技术：外跨换脚内拨、前拖推拨、加速快运 热身：外跨换脚内拨、前拖及变向快运游戏	1.左右脚外跨换脚内拨、前拖变向快运游戏 2.左右脚外运外跨换脚内拨、前拖快运游戏 3.一对一外跨换脚内拨快运闯关循环游戏 4.一对一外跨换脚内拨突破过线游戏
十一	主题：一对一左脚外跨推拨突破对手过线游戏 战术：一对一左脚外跨突破对手过线游戏 技术：外跨换脚内拨、外拨、前拖推拨快运 热身：外跨换脚内拨外拨、前拖及快运游戏	1.左右脚外跨换脚内拨外拨、前拖相向游戏 2.左右脚外跨换脚外拨内拨、前拖、快运游戏 3.一对一左脚外跨、前拖连续闯关循环游戏 4.一对一左脚外跨、前拖突破对手过线游戏
十二	主题：二对二变向摆脱加速、突破射门游戏 战术：一对一外跨摆脱加速、突破射门游戏 技术：外跨、换脚内拨外拨、快运射门 热身：外跨、换脚内拨外拨及相向跨拨游戏	1.左右脚外跨、换脚内拨、外拨及相向游戏 2.左右脚外跨换脚内拨及突破射门循环游戏 3.一对一外跨换脚内拨外拨、突破射门游戏 4.二对二变向摆脱加速、突破射门对抗游戏
十三	主题：二对二左脚外跨推拨、突破射门游戏 战术：一对一左脚外跨摆脱、突破射门游戏 技术：外跨、换脚内拨外拨、突破快运射门 热身：外运外跨、换脚内拨及相向跨拨游戏	1.左右脚外运外跨、换脚内拨及相向跨拨游戏 2.外跨、换脚内拨外拨及突破射门循环游戏 3.一对一左脚外跨突破射门的对抗游戏 4.二对二左脚外跨摆脱加速、突破射门游戏
十四	主题：三人制假射推拨摆脱射门比赛游戏 战术：二对二假射推拨摆脱射门对抗游戏 技术：脚背正面射门、假射前拖外拨、推拨 热身：脚背正面射门、假射前拖及对射游戏	1.脚背正面射门、假射摆脱及双向射门游戏 2.假射前拖、正脚背射门及突破射门游戏 3.二对二假射推拨摆脱射门的对抗游戏 4.三人制假射摆脱、推进射门的比赛游戏
十五	主题：三人制左脚假射摆脱射门比赛游戏 战术：二对二左脚假射摆脱射门对抗游戏 技术：脚背正面射门、假射外拨前拖、推拨 热身：脚背正面射门、假射外拨及对射游戏	1.正脚背射门、假射摆脱及双向射门游戏 2.左脚假射前拖、推进射门及突破射门游戏 3.二对二左脚假射前拖外拨、摆脱射门游戏 4.三人制左脚假射推拨、摆脱射门比赛游戏
十六	主题：一对一运控摆脱、四向运绕对抗游戏 战术：一对一运控摆脱、双向运穿对抗游戏 技术：脚背内侧运内跨外挡、金鱼摆尾游戏 热身：脚背内侧运内跨外挡及技术组合游戏	1.左右脚背内侧运、内跨外拨前拖组合游戏 2.左右脚背内侧运内跨外挡、金鱼摆尾游戏 3.一对一运控摆脱、双向运穿的对抗游戏 4.一对一运控摆脱、快运四向绕穿的对抗游戏
十七	主题：一对一左脚内跨摆脱、四向绕穿游戏 战术：一对一左脚内跨摆脱、双向运穿游戏 技术：脚背内侧运内跨外挡、金鱼摆尾游戏 热身：脚背内侧运内跨外挡及技术组合游戏	1.脚背内侧运内跨外拨及与前拖组合游戏 2.脚背内侧运内跨外拨、快运双向运穿游戏 3.一对一左脚内跨外挡、双向运穿游戏 4.一对一左脚内跨外挡外拨、四向绕穿游戏
十八	1比赛：三人制运控摆脱、推进射门比赛游戏 2战术：二对二运控摆脱、推进射门对抗游戏 3技术：脚背内侧运、交替内跨、一对一摆射 4热身：脚背内侧运交替内跨及突破封锁线游戏	1.脚背内侧运、交替内跨及突破封锁线游戏 2.脚背内侧运、交替内跨及摆脱射门游戏 3.二对二内跨、交替内跨摆脱射门的对抗游戏 4.三人制运控摆脱、推进射门的比赛游戏

比赛训练：一对一；二对二；三人制比赛。

技术：外跨换脚内拨、外拨、前拖、假射前拖；内跨外挡外拨、交替内跨。

个人战术：突破对手；突破射门；摆脱射门。

第十四章
足球训练主题与要点

训练主题是一次足球训练课或几次训练课所要解决的主要问题；训练要点是一次训练课要达到预期的目的在训练操作上所需要把控的若干关键点。把训练主题和训练要点专门拿出来做探讨，是因为两者在具体训练实施过程中有着至关重要的作用。足球训练课是整个足球训练过程最基本的构成单位，是完成具体训练任务及实现整体训练目标的实质性推进步骤，足球训练课必须围绕一定的训练主题而展开。训练主题是整体训练计划与具体训练实施的连接点，是训练课教案设计的依据和依托，任何整体训练计划都是通过训练主题的具体实施而落实的。训练要点是训练课某一项训练内容的某些关键性操作环节，训练要点的内容范畴很宽泛，诸如组织方法、训练方法、训练重点、示范讲解、兴趣调动等都可以转化成训练要点。训练要点很大部分是教练员主观认知和灵活运用的成分，主要标准是看能不能对完成训练内容及控制训练效果起到关键性的作用。不同的训练内容会有不同的训练要点，相同的训练内容也会因为训练目的、方法和教练员不同而有不同的要点，而且训练要点是一个训练实践操作中需要把握的问题，所以训练要点虽然有很多共性的规律和驾驭方法，但其特点是具有灵活性和机动性。训练内容与训练要点是主体与辅助的关系，又是相辅相成和相互对接的关系，训练内容决定训练要点，确定一个训练内容就会有与之对应的若干个训练要点，离开训练内容的训练要点是没有效用的；反过来训练要点对训练内容具有反作用，训练要点是训练内容的关键支点，抓住训练要点是完成训练内容和达到训练目标的必要环节。

第一节 足球训练主题

　　无论是国际足坛的各级教练员培训还是各类技术研讨，都大量地使用"训练主题"这一专业词汇，训练主题越来越成为一个重要的概念。各级教练员培训的考核主要是完成规定训练主题的训练课设计与训练操作，这是评估考核是否通过的主要依据。在日常足球训练及各种业务交流中都是把训练主题放在重要位置，都是把围绕对训练主题的理解、执行及表达是否准确作为议题。各种培训和研讨活动如此重视训练主题的问题，是因为具体的训练一定是以训练主题为核心并贯彻始终的。所以加强对训练主题问题的认识不仅是适应国际培训和研讨的需要，更是我们提高业务素养的必要环节。以下探讨分两个主题，即训练主题是训练课的核心要素和训练主题的体系构建。

一、训练主题是训练课的核心要素

　　"训练主题"既是足球训练中的常用词语，又是足球训练课设计的第一位要素，但我们在足球训练实践中并没有足够重视和充分利用训练主题的作用，这是我们需要重新审视的问题。以下探讨包括三个问题，即训练主题概念及其解读、训练主题是训练课的核心要素及国外对训练主题问题的考证。

（一）训练主题概念及其解读

　　训练主题是一次或几次足球训练课要解决的主要问题，是对训练内容所做的整体性概括，是训练课设计的首要和核心要素。"训练主题"是目前各种国际足球培训中使用最多的流行词语之一，对训练主题的理解和演绎是各级教练员培训执教能力考核的主要内容。训练主题作为培训的考核是对教练员训练认知和执行操作能力做出评价，一个主题是考核教练员对整个训练体系中一个训练问题和知识点的把控能力，出色完成一个主题也就具备了对整体训练一个

支点的驾驭能力。例如：日本业余级（D级）教练员培训的实践考核试题库有上百个考题，每一个考题都是队员成长必需的训练主题，受训教练员具备对每一个考题的理解和训练实操能力，也就初步具备了指导业余初级足球训练的能力；相应年龄阶段的队员接受了全部主题的训练也就打下了全面的基本功基础。训练主题是融入了比赛训练形式和所要解决的主要训练问题，技术性问题包括比赛实战中的技术、战术、体能和心理等细分的问题及其综合性问题。所以四项比赛基本要素的每一项都可以细分成为无数的主题，而各项要素的综合问题就更不计其数了。队员处于不同成长阶段的训练主题会有很大差异，例如：启蒙阶段的训练主题以技术和个人战术为主；初级阶段的训练主题以技术、个人战术和小组战术为主；中级阶段的训练主题以小组战术、局部战术和素质内容为主；高级阶段的训练主题以局部战术、整体战术和体能内容为主等。训练主题多数要把比赛训练、技术训练和战术训练综合起来，一般不是单独的技术、战术和体能的某一方面的问题，而是以比赛训练形式综合各项内容而有侧重地解决某一方面的问题。

（二）训练主题是训练课的核心要素

足球训练课主要是由非物化要素和物化要素构成的，非物化要素包括训练主题、训练目标、训练各项内容、训练组织方法、训练要点、训练要求、技术次数、运动量和训练强度等；物化要素包括训练人数、训练场地、训练设施、训练器材等。物化要素主要是训练过程中所需要的物质支撑，是完成训练任务所必需的物质基础和保证。非物化要素与物化要素之间是主体与辅助、决定与被决定的关系，非物化要素是训练课的决定性要素，物化要素完全是由非物化要素决定的，确定了非物化要素的内容及其训练设计构思，才可以确定物化要素的内容、数量规格及具体摆放等。足球训练素材以从比赛中截取典型比赛片段最为优质，以上训练课的非物化要素都是训练素材的衍生品，是教练员把训练素材经过提炼和加工变成训练所需的诸多训练课要素。

训练主题是教练员依据现有训练素材及综合地权衡队员成长和比赛取胜的

需要，凭借经验而确定的训练所要解决的主要问题。训练取材之后训练课设计的第一步就是确定训练主题，所以训练主题是训练素材加工而成的第一个衍生品。训练主题就像写作确定题目，对于接下来的训练设计及训练实施具有决定性作用。训练课的其他非物化要素同样是训练素材加工成的衍生品，包括训练目标、训练各项内容、训练组织方法、训练要点和训练要求等，但这些衍生品是以训练主题为核心，是围绕完成训练主题的需要而进行转化和加工的。训练主题与其他训练课要素虽然都是训练素材共生的衍生品，但训练主题却是训练课的核心和主导，其他训练课要素则是外围和辅助性的。没有训练主题，其他各项要素就无从谈起，其他训练课要素必须围绕训练主题的需要而进行加工和改造，也就是说训练课的目标、内容、组织、方法、要点、要求等要素，都是为训练主题服务的，所有其他要素的设计和编排都要与训练主题相匹配。但完成训练主题也离不开其他要素发挥作用，训练主题的表达和展示必须通过其他要素的配套设计与组织实施。训练课教案的设计就是把训练素材经过加工、选配和编排等，以训练课要素的形式呈现在教案格式上，训练主题是通过其他要素的组织实施来表达的。

（三）国外对训练主题问题的考证

日本业余足球教练员培训基本等同于我国的D级教练员培训，要取得教练员资格就要形成对训练主题的正确理解和达到执教实操的标准。考核是前后两次从试题库100余例考题中抽取不同的训练主题，试题库的考题都是执行训练大纲所必备的技能和知识点，考核合格即具备U10年龄组带队的资格。日本业余教练员培训是围绕这些典型的训练主题培养学员的执教能力，目标就是培养具备组织U10年龄组队员按照相应训练大纲的执教能力。国际足联委派德国籍讲师史蒂芬先生到我国做职业教练员培训，史蒂芬的培训思路也大体相同，是以执教实操能力考核为核心和归着点，执教实操能力考核内容基本是职业队训练需要完成的训练主题。史蒂芬虽然没有建立试题库及对考核主题做严格的分类和系统罗列，但培训三个阶段要进行5次执教实操考核，而且前后主题的内

容有着紧密的逻辑关系和很强的职业队训练的系统性。日本和德国教练员培训的共同点是以训练主题为核心，重点培养执教实操能力，包括理论讲授、课堂讨论与理论考核也都是围绕执教实操能力培养的需要。这种把训练主题归纳成系统化的执教实操能力考题，再围绕训练主题解决学员执教能力的思路和做法，是国际上通行的先进培训模式，值得我们深入研究和全面借鉴。目前，国际上对教练员岗位培训之后的后续跟踪与继续考评十分重视，日本足协建立了常规的业余足球教练员上岗后的业绩考核制度，重视教练员的执教阅历和实践经验累积情况，一般达到继续考评的合格要完成试题库一半以上训练主题的教案设计及具体训练的执行和操作。继续培训是一个重要的工作环节，每一个教练员上岗之后都要被抽查和考核，是从自己设计的教案中随机抽取1~2份教案，再通过执教实操的评价作为上岗后的"继续考评"，以此评价教练员是否具备业余少儿足球队的执教能力及确认后续的培养方向。

二、训练主题的体系构建

国外教练员培训所建立的训练主题试题库，是通过训练主题的形式把教练员执行训练大纲必备的诸多知识点串连起来。其实就是青少年训练大纲分阶段地建立训练主题体系，教练员培养是在建立一定知识体系的基础上，把教练员执行训练大纲的执教实操能力作为培养的重点。以下探讨包括有关训练主题问题的反思、训练主题体系的构建和初级阶段U10组训练主题系统构成。

（一）有关训练主题问题的反思

足球训练最重要的环节是通过训练实践解决实际的问题，这种执教能力往往就体现为训练主题的教案设计及其训练操作的水平。特别是从事启蒙和初级阶段训练的教练员，主要工作是围绕训练主题进行简单的训练实操，而不是掌握系统和高深的理论问题。由于以往我们长期缺乏正确训练理念的指导和没有训练主题的概念，无论是从事足球训练还是教练员培训的课程设计，也包括体育院校的足球专业课程教学，都很大程度上偏离了足球训练的实际需要。足球训练没有训练主题的概念，训练就很难围绕一个中心而有重点、有步骤地层层推进，也容易造成训练目标含糊和内容松散。以往的教练员培训和专业课程教学都过多地把时间和精力用在了所谓系统理论学习上，实际上造成了培训与实际工作的脱节。我们应当从各种国际培训的学习和交流中得到启示，也需要对以往的问题和弊端做反思，就是培训要使教练员理解先进足球理念的实质及其方法体系的核心内涵，比如：无论是担任教练工作还是参加教练员培训，都要重视"实践结合理论"的基本模式，就是要先经过实践及实践经验的积累，再逐渐学习和深入理解、消化理论，没有实践的理论就是空中楼阁，试想：一个没有任何实践基础的足球教练，怎么可能很好地理解和消化训练理论问题呢？当然，我们不是不要系统的理论学习，而是要在执教实践的基础上结合实际地学习，足球教练员培训及其他任何足球课程的教学，都需要树立围绕解决实际问题的思路，要纠正以往培训所存在的目标、理念和方法上的偏差。为了确保我国大面积的基础足球训练既有明确的方向，又有具体的方法指导，我们还需要分阶段地建立我们自己的训练主题构成体系。

（二）训练主题体系的构建

1．训练主题的文字阐述

训练主题是对一次训练课做整体和精要的文字概括，要求直观、简明、形象地表述训练的核心内容和大体形式。足球训练课的核心和重点都是训练最后一段的比赛训练，训练主题一般要阐明比赛训练的形式，比如："二对二""五对五""八对八""五加二对五"等，主题冠以比赛训练形式可以直接体现以比赛实战为核心的基本理念。一次或几次训练课更多是以解决具体和微小的比赛细节问题为目的，也就是要在一定的比赛训练形式下解决具体的技术、战术、体能和心理问题，前文所探讨的足球训练计划基本内容架构是完整的足球训练内容体系的构成。从足球训练是由比赛和训练两大要素构成来看，比赛方面是指参加的正式比赛，不属于训练主题体系范畴的内容，或者是一种特殊的训练主题内容；训练方面，比赛训练形式既是训练主题命名的组成部

分，也代表了对抗训练内容的形式。训练主题的阐述还要体现训练所要解决的技术、战术、体能和心理等具体细分的内容。训练主题不管是以解决整体和综合的比赛实战问题为目的，还是以解决具体的某一个技术、战术和体能的细节问题为目的，都要以综合的比赛对抗为训练的核心和主要形式，要把技术训练、战术训练和体能训练统合在比赛训练形式中，但所采用的比赛训练形式及其之前的对抗训练和非对抗训练形式一定要达到所设定的训练目的。综上所述，训练主题的阐述一般是在一定的比赛训练形式之下，具体地解决技术、战术、体能的细节问题及综合地解决比赛整体或局部的问题，而队员各个成长阶段的积累正是需要完成无数训练主题共同构成的系统训练。

2．各个阶段的比赛训练形式及主题范围

（1）启蒙阶段U6和U8年龄组。

比赛训练主要采用"一对一"至"四对四"的人数形式，训练主题范围是个人攻守技术与个人攻守战术的内容，参加训练人数8~12人为合理。

（2）初级阶段U10和U12年龄组。

比赛训练主要采用"三对三"至"六对六"的人数形式，训练主题范围是个人攻守技术、个人攻守战术和小组攻守战术的内容，其中U10年龄组比赛训练较多采用"一对一"至"四对四"的形式，训练主题侧重在个人攻守技术和个人攻守战术的内容，U12阶段训练主题侧重在个人攻守技术和小组攻守战术的内容，参加训练人数为12~16人较合理。

（3）中级阶段U14和U16年龄组。

比赛训练主要采用"四对四"至"八对八"的人数形式，训练主题范围是个人攻守战术、小组攻守战术、局部攻守战术和素质训练的内容，U14年龄组比赛训练较多采用"四对四"至"六对六"的形式，训练主题侧重在个人攻守战术、小组攻守战术和运动素质训练的内容，U16阶段训练主题侧重在小组攻守战术、局部攻守战术和素质训练的内容，参加训练人数16~22人为合理。

（4）高级阶段U18和U20年龄组。

比赛训练主要采用"四对四"至"十对十"的人数形式，训练主题在小组攻守战术、局部攻守战术、整体攻守战术和体能训练的范围，U20年龄组训练主题侧重在整体攻守战术和体能训练的内容，参加训练人数22~24人为合理。当然，各个成长阶段的训练内容和主题范围并不是截然分开的，而是可以相互调配、相互渗透的关系，而且由于不同的国家、地区，包括不同的教练员及其所带球队不同的队员状况等，各个成长阶段的训练主题的范围都会存在一定差异。

（三）初级阶段U10组训练主题系统构成

以下以初级阶段U10组为例介绍训练主题的系统构成，足球队员多年训练计划每个成长阶段的每个年度都有其训练主题的系统构成。根据初级阶段训练所采用的比赛形式和训练主题范围的设计，U10组比赛训练主要采用"一对一"至"六对六"的形式，训练主题范围是融合个人攻守战术的个人攻守技术内容。按照日本业余教练员培训执教实操能力考核试题库的训练主题系统构成，可以把U10组的训练主题构成分为9类个人技术和101个训练主题。其中9类个人技术分别是运球、控球（假动作）、个人突破、接球、传球、头顶球、射门、守门员技术、防守技术；101个训练主题都是以高水平少儿比赛中截取的典型比赛片段为素材，再经过加工精选出101个训练主题。101个训练主题呈网状构成，基本涵盖了U10组队员所需要掌握的所有个人攻守技术，训练可以把所有个人攻守技术训练主题编排成序，U10组队员两年的系统训练需要全部完成101个主题的训练。具体U10组队员的训练主题系统构成如下：

1. 运球技术训练主题

（1）提高利用空间主动运球的意识与能力（主动运球）；

（2）提高利用空当向前推进运球的意识和能力（空当推进）；

（3）提高面对对手利用运球摆脱的能力（运起摆脱）；

（4）提高运球过程中观察与应变的能力（抬头观察）；

（5）提高运球过程中合理调整身位的能力（调整身位）；

（6）提高根据场上需要变换运球节奏的能力（变换节奏）；

（7）提高双脚交替运球的能力（双脚运球）；

（8）提高利用大空当快速运球的能力（大空当快运）；

（9）提高向预期目标快速推进运球的能力（目标快运）。

2. 控球（假动作）技术训练主题

（10）提高利用控球技术变向的意识和能力（控球变向）；

（11）提高利用组合控球技术变向的意识和能力（诱深变向）；

（12）提高利用跨球假动作完成控球的意识和能力（跨球变向）；

（13）提高利用组合假动作完成控球的意识和能力（诱深内跨）；

（14）提高利用快运中控球急停摆脱的能力（快运急停）；

（15）提高利用连续快运控球变向摆脱的能力（连续快运急停）；

（16）提高利用合理身位侧身护球控球的能力（侧身护球）；

（17）提高运球行进中侧身护球控球的能力（运球护球）；

（18）提高面对对手主动挑逗的控球摆脱能力（主动挑逗）。

3. 突破技术训练主题

（19）提高利用控球变向突破的能力（变向突破）；

（20）提高利用假动作变向突破的能力（假动作突破）；

（21）提高利用组合控球技术变向突破能力（组合变向突破）；

（22）提高利用组合假动作变向突破能力（连续假动作突破）；

（23）提高利用空当强行快运突破的能力（强行突破）；

（24）提高利用空当连续强行突破的能力（连续强突）；

（25）提高利用假动作结合控球技术变向突破能力（假控突破）；

（26）提高利用控球技术结合假动作变向突破能力（控假突破）；

（27）提高运球利用快慢节奏变化突破的能力（变化节奏突破）；

（28）提高快运中利用控球变向突破的能力（快运变向突破）；

（29）提高快运中利用假动作突破的能力（快运假动作突破）；

（30）提高突破、再突破的连续突破能力（连续突破）；

（31）提高快运中突破、再突破的连续突破能力（快运连续突破）。

4．接球技术训练主题

（32）提高无球接应角度和距离变化支持队友能力（接应角度与距离）；

（33）提高无球队员利用空当摆脱接应队友的能力（摆脱接应）；

（34）提高无球队员利用空间拉开、反拉接应能力（拉开接应）；

（35）提高队员之间利用交叉接应的能力（有球无球交叉）；

（36）提高无球队员利用位置轮转接应能力（轮转接应）；

（37）提高利用扯动和插上接应的能力（前插接应）；

（38）提高无球队员主动迎球接球的意识和能力（主动迎球）；

（39）提高迎球中选择身位和面向的意识和能力（迎球身位）；

（40）提高迎球中与队友呼应沟通的意识和能力（迎球呼应）；

（41）提高站位或移动中接地面球技术能力（站位接球）；

（42）提高摆脱或插跑中接地面球的能力（插跑接球）；

（43）提高接球连接转身面向进攻方向的能力（接球连接转身）；

（44）提高接球转身直接面向进攻方向的能力（接球直接转身）；

（45）提高接球连接身体护球技术的能力（接球连接护球）；

（46）提高身体卡位接球及连接护球摆脱的能力（卡位护接）；

（47）提高移动卡位接球及连接护球摆脱的能力（移动护接）；

（48）提高接球第一脚触球摆脱防守的意识和能力（第一脚触球摆脱）；

（49）提高接球第一脚触球攻击性的意识和能力（第一脚触球突破）；

（50）提高移动中用脚接空中球、反弹球能力（摆脱接空中球、反弹球）；

（51）提高卡位用脚接空中球、反弹球能力（卡位接空中球、反弹球）；

（52）提高利用胸部接高空球的能力（胸部接球）。

5．传球技术训练主题

（53）提高短传队友脚下的准确性（传球准确性）；

（54）提高短传队友移动身前球的准确性（传身前球）；

（55）提高短传队友合适力度球的意识和能力（传球力度）；

（56）提高脚内侧大力转传拉开或反拉队友脚下球能力（加力传球）；

（57）提高短传时机的把握能力（传球各种时机）；

（58）提高短传队友摆脱和插上刹那的时机把握能力（传球瞬间时机）；

（59）提高摆脱防守瞬间抢传的时机把握能力（摆脱传球）；

（60）提高利用隐蔽意图的短传意识和能力（隐蔽传球）；

（61）提高小组利用快速短传战胜逼抢的控传能力（快速倒脚）；

（62）提高利用脚背内侧准确长传的能力（准确长传）；

（63）提高创造和把握长传转移机会的能力（长传转移）；

（64）提高长传目标队友快速发动进攻的能力（快攻长传目标人）；

（65）提高长传反击打对手身后空当的能力（防反长传）；

（66）提高长传与短传结合连续转移进攻的能力（连续长传转移）；

（67）提高短传倒脚中传长给前点目标人的能力（长传目标人）。

6．头顶球技术训练主题

（68）提高利用头顶球防守高空球的能力（头顶球防守）；

（69）提高利用头顶球争抢高点、前点的能力（头顶球抢点）；

（70）提高利用头顶球拦截和传球的能力（头顶球拦截与传球）；

（71）提高利用前额正面头顶球攻门的能力（正额顶射）；

（72）提高利用前额侧面头顶球攻门的能力（侧额顶射）；

（73）提高利用头顶球抢点攻门的能力（抢点顶射）。

7．射门技术训练主题

（74）提高远距离起脚射门的能力（大力远射）；

（75）提高快运中完成射门的能力（快运射门）；

（76）提高准确远射能力（准确远射）；

（77）提高脚背内侧小角度准确射门能力（小角度射门）；

（78）提高门前利用脚内侧运球推射能力（门前推射）；

（79）提高一对一突破射门的能力（突破射门）；

（80）提高假射或控球横拨摆脱抢射能力（横拨抢射）；

（81）提高横向运球或回运转身射门能力（运带转身射门）；

（82）提高接横向来球连接射门的能力（接横传射）；

（83）提高侧向或背向接球转身射门能力（接转抢射）；

（84）提高前插接球射门"接与射连接"能力（一接一射）；

（85）提高门前卡位接球摆脱转身射门能力（护摆射门）；

（86）提高不同方向队友回做一脚直接射门能力（回做配合射门）；

（87）提高中远距离传中时一脚直接射门能力（传中射门）；

（88）提高门前包抄抢点及第二次抢点射门能力（门前抢点及二点抢射）；

（89）提高罚球区内"一接一射"的意识和能力（一二射门）；

（90）提高门前抢射和快速射门的能力（门前快射）。

8．守门员技术训练主题

（91）提高接平直球、低平球及上手抛球组织进攻能力（接平低球与抛球）；

（92）提高接、挡地面球及下手抛球组织进攻能力（接地面球与指挥站位）；

（93）提高接平高球和高球及踢球组织进攻能力（接高球与大脚开球）；

（94）指导守门员站位、移动及提高扑接球能力（扑接球及站位和移动）；

（95）提高与后卫队员控传倒脚和指挥进攻能力（配合倒脚与指挥进攻）；

（96）提高站位呼应及参与团队进攻指挥与防守组织能力（指挥整体攻守）。

9．个人防守逼压与抢球技术训练主题

（97）提高个人防守移动、选位及拦截的意识和能力（移动、选位与拦截）；

（98）提高个人防守对有球对手快速逼压的能力（防守逼压）；

（99）提高个人防守对有球对手的抢断能力（防守抢断）；

（100）提高防守抢失后重新选位的意识和能力（重新防守）；

（101）提高防守抢失后再抢的追抢意识和能力（连续追抢）。

初级阶段U10组队员高质量地完成101个训练主题的训练，就可以打下全面的基本功基础。101个训练主题是U10组队员基本功的101个支撑点，每一个训练主题都可以推导和演绎出多个主题，例如：一个训练主题又可以细分成多个小主题，任何一个主题都可以适用多个甚至无数个训练内容；还有一个训练主题的每一个训练要点和训练课要素都可以另外作为一个训练主题。所以训练可以根据需要重新增设更多的训练主题。反过来，训练实践中也会有一个训练主题包括多个训练主题内容的情况，青少年训练到了一个阶段的后期一次训练课会包含多个主题的内容。

完成一个训练主题要考虑各种主客观因素和条件，例如：由于队员的基础、天赋、年龄、身体状态的不同，还由于训练的环境、场地设施等条件的不同，也可能由于教练员业务水平及其目标与标准的不同等，会造成训练次数和时间跨度的巨大差异。再如：每一个训练主题的具体设计都要贯彻以比赛实战为核心的理念，训练不能脱离比赛和实战的需要，要以解决比赛实战的具体需要为归着点。采用周末赛制的训练模式是贯彻以比赛实战为核心的最好途径，只有多打比赛才能使训练与比赛达成统一，而避免陷入只训练不比赛的怪圈，这个怪圈包括那种把凑数的比赛也当比赛。要求U10组队员完成全部101个训练主题的内容，是为了解决队员比赛中所需全面的个人技术问题，所以在所有技术训练的同时，还需要兼顾队员洞察意识和沟通能力的培养，要与个人战术训练同步，如此才能打下全面和牢固的足球基本功基础。

第二节　足球训练要点

训练要点问题的探讨主要目的是掌握对足球训练课驾驭的技巧，任何一个教练员的任何一项训练内容都需要几个关键性环节的把控，这些训练中至关重要的环节就是训练要点。各种教练员培训都会交流训练课的控制问题，每一个有经验的讲师和教练都会有很多自己的训练心得，其中多数就是分享对训练要点的把控，由此足见训练要点把控的重要，所以训练要点是一个应当引起我们关注的问题。训练要点主要是对应如何完成训练内容的问题，把训练要点当作一个专门的课题来探讨，是希望大家能够认识到训练要点问题的重要性，还有就是要重新对这一训练课要素加以理解，能够从本质到外部对训练要点有一个全面的认知。训练要点问题的探讨包括两个大的主题，一个是训练要点是训练课的关键要素，另一个是训练内容的常规训练要点。

一、训练要点是训练课的关键要素

一次训练课的训练要点往往很多、很分散，训练要点是围绕一项训练内容而设定的控制训练效果的几个重要环节。训练要点也是训练课教案设计需要着重思考的问题，是训练课各项内容及其训练方法能不能收到实效的关键，是训练课各项要素相互联通和作用的纽带。以下探讨包括两个问题，即训练要点概念与解读和训练要点是训练课的关键要素。

（一）训练要点概念与解读

训练要点是为了达到对训练课某一项训练内容的控制而根据有效完成该项训练内容所设定的需要把握的训练关键环节。训练要点是直接作用于某一项训练内容并间接为完成训练主题服务，足球训练课作为最基本的训练构成单位，必须围绕训练主题而安排各项训练内容及具体的训练方法，从而达到教练员所预期的训练目标。训练要点是足球训练课诸多要素中与训练实施效果关系密切而又相对活跃的要素，主要体现在训练课每一个训练内容的训练方法操作的环节上，是连接训练内容的组织、教法、训练强度、练习次数、技术要求等训练课要素，及调整各要素之间关系的关键性环节，所以训练课每一项训练内容都是通过几个训练要点的把握而显现成效的，训练要点对完成任务发挥着重要的作用。训练要点整体上是训练课达到预期目的的关键环节，但具体的训练要点又是非常宽泛和分散的，诸如组织方法、训练方法、训练重点、示范讲解、兴趣调动等，更具体的人员分组、器材摆放、训练要求、训练难易度等都可以成为训练要点，所以训练要点很大程度上取决于教练员主观认知及如何灵活运

足球训练基本理念与基本方法概论

用，训练要点对完成训练内容及控制训练效果起到关键的作用。不同的训练内容会有不同的训练要点，就是相同的训练内容也会因为训练对象、训练目的、方法采用和教练员的不同而有不同的要点，而且训练要点是一个训练实践操作中把握的问题，训练要点虽然有很多共性和事先预设的成分，但其特点是具有灵活性和机动性。

（二）训练要点是训练课的关键要素

前文我们已经讨论了训练课的训练主题与其他训练课要素的关系，也明确了训练主题是训练课及训练课诸多要素的核心和主导，这里我们要探讨训练要点与其他训练课要素的关系及其关键的问题。训练要点与训练课的物化要素的关系，这是需要首先明确的问题，训练课的人数分组、场地分割、设施摆放、器材使用等合理的物化要素利用，都可以直接成为训练课的训练要点，也就是说很多的训练要点是直接从物化要素中提取的，训练课训练要点的设计离不开物化要素的利用。此外的非物化训练课要素是由训练素材加工而成的"衍生要素"，包括训练主题、训练目标、训练各项内容、训练组织方法、训练要点、训练要求、技术次数、运动量和训练强度等，训练要点属于非物化要素的内容，也与诸多非物化的"衍生要素"有着更为密切的关系。就训练主题与训练要点的关系而言，两者是间接的主体与依附的关系，训练课都是围绕训练主题确定若干项具体的训练内容，训练主题决定各项训练内容。而具体训练内容与训练要点的关系，是训练内容决定训练要点，确定一个训练内容就会有与之对应的几个训练要点，两者又是相辅相成和相互对接的关系，离开训练内容的训练要点是没有效用的；反过来训练要点对训练内容具有反作用，训练要点也间接对训练主题起到支撑作用。训练要点与其他训练课要素的关系：首先，要了解训练要点不是独立存在的训练课要素，它是依附于其他要素而存在的，其他的任何一个要素及细分要素都可以成为训练要点；其次，训练要点是从其他要素或几个要素中提炼出来的"再衍生要素"，所以训练要点往往是经过再次提炼、综合和加工而生成的训练课要素。也正是因为训练要点是汲取其他各项训练课要素对训练内容

316

的共同作用，它才成为训练课众多要素构成中的关键要素。

二、训练内容的常规训练要点

训练要点的表述首先是在训练课教案中训练要点的具体陈述，也就是说训练要点是训练课教案设计的内容之一。前文已经阐述了训练要点与其他训练课要素的关系及其对于训练的关键性作用，但如何把训练要点准确和恰当地在训练课教案中表述出来及发挥其作用，还需要进一步研究。以下探讨包括两个问题，即训练要点的实践运用和训练内容的常规训练要点。

（一）训练要点的实践运用

足球训练课教案的设计是由诸多训练课要素的陈述组合而成，在训练课要素之中，每一个要素都是很大的数量或空间上的伸缩范围，也就是说训练课要素都有很大的灵活性和可调性，所以任何一个主题的训练课教案都会因为时间、地点和教练员的不同而有很大的差异性。足球训练课的要素构成中，无论是各种非物化要素还是诸多的物化要素，这些训练课要素在训练课教案上的体现一定是每一个教练都有所不同。其中训练要点的实践运用问题尤其具有灵活性和差异性，训练要点的确定由于教练员的阅历、经验和业务水平的不同会有明显的不同。但优秀的教练员总是可以准确无误地抓住训练要点，这是由教练员的知识水准、业务素质及训练经验等综合决定的，在训练课教案的设计中如何确定训练要点，这在训练实践中并无绝对的标准，更多是根据教练员的综合判断和灵感闪现，但实际的训练课教案设计过程中还是有一些共性的规律的。无论是技术训练或战术训练还是体能训练或心理训练，以及具体每一个技术或战术及心理或体能训练的细节，都会有共性的训练要点。当然在有规律的带有共性的训练要点的罗列中还会有特殊或个性化的训练要点。在思考如何设定一个训练内容的要点的时候，还是有规律可循的，比如：训练内容会与训练课的某一个要素关系紧密，那么这一要素的某一个环节也就对训练具有关键性作用，把这一要素提取出来，再经过加工处理即变为训练要点；有时候一个训练

内容同时与几个要素关系紧密，此时需要把几个方面的要素综合再加工成一个训练要点。当然，训练要点的确定，永远都需要教练员的深入思考和综合判断，很多时候也需要临时随机应变地改变计划及重新抉择。

（二）训练内容的常规训练要点

任何训练内容都可以总结出有规律性的训练要点，但全面地阐述所有训练内容的训练要点是不现实的，接下来以技术训练为例，总结和归纳各类技术训练的常规训练要点，并对诸多训练要点做解释和说明。技术及技术训练之外的战术训练、体能训练和心理训练都可以分类归纳出更多及更细致的常规训练要点。

1．运球与控球训练的常规训练要点

比赛中处于队员个人持球并仍然要保持控球的状态下，在场上可以利用的有限场地空间范围内，可以运用运球和控球技术继续保持个人对球的控制。总结和归纳运球与控球技术训练带有共性的训练要点如下：第一，抬头观察；第二，利用空当；第三，变向变速；第四，合理身位。运球和控球训练可以没有明确的进攻方向，也还会有很多其他的训练要点。以下仅就四个常规要点进行说明。

抬头观察：就是进行运球与控球训练时要求队员始终处于抬头和观察的状态，观察要做到三个兼顾，即兼顾进攻目标、场上对手及脚下的球。

利用空当：就是运球和控球训练时要随时注意寻找和利用空当，空当是没有防守队员的区域，利用空当运控球可以获得缓冲和寻求新的机会。

变向变速：就是不断改变方向和节奏，因为足球训练和比赛要在有对手逼抢的对抗条件下进行，不断利用方向和速度的变化使对手难以捉摸。

合理身位：就是要利用合理的控球和假动作技术随时调整身位，使身体始终处于球与对手之间，要根据对手的位置变化随时进行身位的变化。

2．突破训练的常规训练要点

突破是在比赛中持球队员面对防守队员的情况下摆脱并超越对手，即从相

对比对手远离对方球门到更靠近球门，突破是足球比赛争取主动及形成以多打少和射门的重要手段。根据突破技术运用的特点，可以总结和归纳出带有共性的常规训练要点如下：第一，逼近和观察对手；第二，前方有空当；第三，变向摆脱（假动作）；第四，加速超越。突破要求有明确的进攻方向，即必须面向对方球门的方向超越对手，突破需要在运球或控球的基础上，突破要点的把握也需要在运球和控球要点的基础上，同样突破也有很多其他细分的要点。以下仅就四个常规要点进行说明。

逼近和观察对手：逼近对手即利用运球面向并适度靠近对手，一般扣拨等用脚下技术变向摆脱要近身1米左右，利用假动作变向一般要2米左右，当然还要考虑运球速度因素。

前方有空当：对手身后要有较大的空当，就是摆脱对手后可以较大的运球加速的开阔地，这样更利于超越对手及完成突破的任务。

变向摆脱（假动作）：利用控球技术突然变向或利用假动作变向摆脱对手，要根据对手与自己的位置关系及对手的移动情况而做合理的变向选择。

加速超越：利用摆脱后瞬间的机会加速快运和超越对手，突破训练需要建立和强化加速超越对手的意识，以争取主动及对对方形成更大的威胁。

3. 传球训练的常规训练要点

传球是比赛中持球队员在有接应队友及队友处于更有利于进攻的位置时，利用脚及其他合理部位把球传递给队友。传球是足球比赛中保持控球权及形成进攻配合的必要手段，也是获得进攻主动及形成射门机会的重要手段。根据比赛中传球技术运用的特点，总结和归纳出带有共性的常规训练要点如下：第一，准确；第二，力度；第三，时机；第四，隐蔽。传球是比赛中运用最多的技术，传球训练可以有方向性，也可以没有方向限制。传球的训练要点是在以上运球和控球及突破训练要点的基础上提炼出来的，同样有很多其他细化的要点。以下仅就四个常规要点进行说明。

准确：就是传球的精准和到位，包括对脚下、身前和空当的传球，传球给移动状态的队友时还要对接应、摆脱或前插的速度和距离有预判。

力度：就是传球速度的控制问题，发力要讲求大小适度，力度恰当可以避免对手的拦截和抢断，又可以给同伴争取时间和创造时机。

时机：比赛中的传球机会是稍纵即逝的，特别是威胁性传球更是如此，精彩的传球一定是瞬间机会的把握，传球时机有时候需要抢先抓住，有时候又需要创造和控制节奏。

隐蔽：就是传球很多时候需要巧妙隐蔽自己真实的意图，制造传球的假象，而真实的传球在隐蔽中呈现，这是一种必要的策略。

4．接球训练的常规训练要点

接球技术是比赛中进攻方无球队员在队友传球过来时把球接停下来，是无球队员接应队友及前插要球时获得控球机会的必要技术，是形成配合和整体进攻的必要手段。接球在进攻队员之间相互配合时起到重要的连接和中转作用，可以根据接球技术运用的特点总结和归纳带有共性的常规训练要点如下：第一，观察接应；第二，迎球抢前；第三，合理身位与面向；第四，主动攻击。接球训练常规训练要点的总结和归纳，是在运球和控球、突破及传球训练要点归纳的基础上提炼出来的，队员接受接球训练要点需要有一定的短距离传球和接球技术的基础，接球训练同样有很多细化的训练要点。以下仅就四个常规要点进行说明。

观察接应：观察是要在接球前抬头看到目标、对手、队友和球四个要素，要做到四者同时兼顾，接应是在队友没有传球之前向适合传球的角度和距离的移动。

迎球抢前：就是在队员传球出脚的刹那，要主动、积极地争取尽早拿到球，是要采取前迎并尽可能抢在前点和对手之前。

合理身位和面向：就是选择合理的接球部位和技术方法，使身体居于对手和球之间，并尽可能地在接球的同时面向进攻方向。

主动攻击：是指接球时不仅仅要把球接控下来，还要有攻击意识，就是接球也要有攻击性，要争取接球同时形成直接的摆脱或突破。

5．头顶球训练的常规训练要点

头顶球技术是比赛中必不可少和队员必须掌握的技术，当球从高空或有时候的平高球和反弹球过来，为了在高点、前点和第一时间抢到击球点都必须采用头顶球技术。头顶球技术是比赛中进攻传球和射门及防守争高点和前点的必要手段。根据头顶球技术运用的特点，总结和归纳出常规训练要点如下：第一，抢前抢高；第二，击球部位；第三，合理技术；第四，安全保护。头顶球技术的训练要点具体到进攻和防守，还有更多具体的要点。例如：后场防守头顶球要顶向高远处和两侧；射门头顶球要低平和狠准等。以下就四个常规要点进行说明。

抢前抢高：就是头顶球尽可能抢占更前更高的击球点，抢点的观察判断需要在踢球人起脚的刹那，并随即做出积极的抢前抢高移动。

击球部位：击球部位包括头的部位和球的部位，部位的选择要根据来球的方向、速度和出球方向来确定用头的某个部位击球的某个部位。

合理技术：比赛中完成头顶球对队员的身体协调性有很高的要求，顶球的发力顺序、身体姿势、额面角度和顶球方法等都要符合技术要求。

安全保护：头顶球的安全保护包括两个方面，就是完成对抗争顶技术过程中的手臂自我保护动作和落地的缓冲技术动作。

6．射门训练的常规训练要点

射门是比赛中完成进攻的最后一个环节，一般是持球队员个人完成射门或无球队员门前一脚直接射门，射门技术的方法很多很复杂，也是比赛中难度最大的技术。射门是比赛得分的必要手段及组织进攻的最终目的，根据射门技术运用的特点，总结和归纳出带有共性的常规训练要点如下：第一，抬头看球门与观察守门员；第二，利用假射；第三，靠近球门；第四，把握机会。射门是比赛中机会不多和难以把握的技术，射门训练重在对门前瞬间机会的把握能力。射门训练的四个常规要点是以诸多技术训练要点的总结为基础的，此外还

有很多细致的训练要点。以下仅就四个常规训练要点做解读。

抬头看球门与观察守门员：是完成射门必行的第一步，要在抬头看球门和守门员同时，也要兼顾其他对手与队友的活动情况。

利用假射：就是所有防守的核心要务是阻止射门，在门前需要抓住对手这一心理，利用假射摆脱和突破对手或把球推进到更利于射门的位置。

靠近球门：是从大量的数据统计中得出的结论，就是射门机会虽然非常难得和难以把握，但在有可能的情况下还是要尽可能地接近球门完成射门，而不要盲目和急于求成。

把握机会：就是比赛中一旦出现射门良机就必须把握住，出现绝对机会及利用节奏变化和假射躲过封堵往往很难得，所以把握机会需要抢射并需要射手的天赋。

7. 抢球及其防守逼压训练的常规训练要点

抢球是比赛中防守方争取取得控球权的有效手段，是利用对方持球队员出现疏忽或技术破绽的时机，防守队员采取拦截、断抢或强抢的主动出击行动。抢球是获得更多由守转攻机会的积极措施，是防守重获球权和赢得比赛主动的必要手段，根据抢球技术运用的特点，总结和归纳出常规的训练要点如下：第一，干扰和寻找破绽；第二，快速出击；第三，全力以赴；第四，连续追抢。抢球在比赛中虽然需要主动出击，但多数情况更需要被动地根据对手的行动而随机做出抢球动作，所以完成有效的抢球技术需要非常专门的训练过程，特别是在抢球速度、节奏变化和短瞬时间差利用等方面下功夫，抢球技术尤其需要在反应、动作速度和动作幅度方面进行大量的专门训练。抢球训练四个常规训练要点的总结和归纳，是在以上诸多进攻技术训练要点总结的基础上提炼出来的，抢球训练还有很多细致的要点。以下仅就四个常规要点做解读。

干扰和寻找破绽：就是靠近对方持球队员的防守方队员要采取主动干扰对手的行动，同时观察和寻找对手犹豫不决、背向自己及技术失误的机会。

快速出击：就是一旦发现对手出现犹豫或技术破绽，要以快速的逼抢移动及各种抢球技术动作完成断抢或抢球。

全力以赴：就是一旦决定实施抢球，就要不遗余力地使用抢球的技术，要表现出果断、有力、凶狠及敢于对抗。

连续追抢：就是实施抢球的多数情况控球权在对方脚下，一次简单的抢球往往无法抢到或把球破坏掉，抢球要养成连续抢和追抢的习惯和作风。

抢球技术实施之前常常会有防守逼压的技术行动，逼压技术的训练要点是：第一，抓住时机；第二，相距1米；第三，侧身压位；第四，低身看球。采取抢球技术行动的速度快还可以形成断球或拦截，断球和拦截的训练要点是：第一，专注对方控球人出脚；第二，迎球起动前移；第三，减速缓冲变向；第四，抢身位和利用倒地。

第十五章
足球训练指导与要求

　　训练指导是指教练员在足球训练过程中通过语言、肢体语言及其他各种沟通形式对队员施加影响，帮助队员建立正确认知和取得技术进步的指示性和引领性的举措和方法。训练要求是专指教练员根据足球训练课完成各项训练内容的需要而对队员训练表现所提出的诸多规格和规范上的标准和限定，这些标准和限定的核心是技术方面，也包括训练态度和纪律表现方面的内容。训练指导与训练要求是相互联系和统一的关系，训练指导的重要目的是促使队员按照训练要求完成各项训练内容，训练要求必然要通过教练员的训练指导而得以表达和实现。教练员的训练指导要通过多样的语言和肢体语言的沟通使队员接受某些观点和信息，并要对队员训练行为和训练效果发挥效用。训练指导要与先进的训练理念和方法相一致，而且在指导方法上要符合教育学、心理学、运动训练学、法学及行为学等多种学科的规律和原理。所以足球训练指导综合地反映着教练员的专业素养及其知识面和阅历，足球训练只有通过有效指导才能使队员达到训练要求的标准。本章主要针对我们传统的训练指导与要求中存在的问题和不足，并引用一些国际上普遍采用的先进的指导模式与方法，探讨并使大家理解先进的足球训练指导与要求的原理、方法及其重要模式。

第一节　足球训练指导

　　足球训练指导是教练员与队员之间沟通和交流的方式方法，直观上反映的是教练员对队员的指挥和控制能力，实质上反映着教练员的专业知识、业务技能和执教水平。训练指导对队员的成长和进步有着深刻的影响，也综合和全面地体现着教练员的职业素养。以下探讨包括两个主题，其一是足球教练员的素质，其二是足球训练指导方法。

一、足球教练员的素质

足球训练是一个长期和艰难的过程，训练过程中要面对很多复杂和细致的问题，足球教练员是一个需要具备全面和综合素质的职业。教练员的成长是不断学习和积累的过程，进而才能具备良好的素质并有效地指导训练。在此专门探讨足球教练员的素质，是因为足球训练质量很大程度上是由教练员的素质决定的。一个优秀的教练员需要具备哪些基本素质呢？以下探讨包括足球教练员的多重角色和足球教练员的素质两个问题。

（一）足球教练员的多重角色

一个足球教练所具有的素质并不仅仅表现在训练和比赛中，而且还表现在训练和比赛之外的诸多方面。德国足球界有一句俗话：教练员对足球训练和比赛的控制20%在场内，80%在场外。其意思是足球教练员在训练和比赛之外要担当很多的角色，还有很多艰苦的工作要做。经过很多专家的总结和概括，一个成功的足球教练员必须同时承担多重角色。

1．在学习和创新方面的角色

（1）是不断学习进取和广泛交流的学生。"活到老学到老"形容足球教练员非常贴切，教练员一方面要参加国际足球权威和优秀机构的培训，不断学习和汲取先进和前沿的思想成果，能够把握足球技术发展的主流；另一方面必须学会在观察和交流中学习，包括对高水平比赛的观察、对其他优秀教练员训练的观察、与前辈和同行的交流及与社会各界和队员的交流，教练员要为自己建立更大的学习和交流的平台。

（2）是能够运用逻辑和数据分析及对球队做出评价的理论家。一个优秀的教练员需要掌握正确的足球概念和先进理念，并建立和形成符合逻辑的先进训练理论与方法体系，能够运用逻辑和数据的科学方法分析及评价球队的现状与发展的可能，能够用先进的手段和方法把球队不断带上新的高度。也就是说优秀足球教练员需要具备深厚的理论功底，要成为一个把握未来足球发展趋势的理论家。

（3）是一个勤于训练方法探索和创新的开拓者。任何一个优秀的教练员都清楚，每个阶段、每一天及每一次训练课的训练方法都要不断重新设计和创新，教练员不仅要学习和掌握先进的足球训练理念与方法，而且能够根据每一批和每一个队员的不同而不断变化和更新训练方法，训练方法创新是每一个教练员永远的任务和课题。

2．在知识、技能传授和帮助队员成长方面的角色

（1）是不断传授新知识和新技能的教师。每一个教练员在长期的足球训练过程中，都要不断地把很多新知识和新技能及经典故事和做人道理传授和讲授给队员，所以在很多的时候，教练员就是一个教师的角色。队员的成长远远不是训练和比赛场上呈现的一切，要真正让队员成才，教练员必须系统地向队员传播知识和使队员不断增长才智。

（2）是不断改善和提高队员身体素质的体能教练。教练员所担当的无论是哪一个成长阶段队员的训练任务，都要把队员身体素质的提高和体能发展放在一个重要的位置，而且不同成长阶段的青少年队员又有各自身体素质发展的敏感期和特点，所以每一个教练员都要学习和了解科学训练体能的知识与方法。

（3）是随时鼓励和支持每一个队员的良师益友。教练员需要与每一个队员成为朋友和形成相互信任的关系，而且要利用各种渠道和方法与队员建立密切的沟通和交流关系。因为每一个队员的训练和比赛表现及其自信心都是起伏不定的，队员与队员、队员与教练员之间的关系也常常处于微妙的变化之中，教练员作为长者应当随时给队员以鼓励和帮助，取得队员的信任是教练员的财

富，也是球队战斗力的保证。

3．在训练管理和外交事务方面的角色

（1）是善于协调各方面关系及组织和调动资源的管理者。一个教练员必须是一支球队的领导者和管理者，作为球队管理者要善于沟通和协调队内、队外的各种关系，并主要抓好球队内部的管理。要组织和调动各种人力资源和财力资源，挖掘团队及每一个队员的潜力，要有明确和公平的权利与义务、职责分工、利益分配及奖罚制度，利用和发挥正、副队长，球队骨干及新、老队员各自的特点和作用，一个球队的管理就是一个完整的团队管理。

（2）是球队规范制度与奖惩规章的制定者和执法者。足球训练既是队员技术成长进步、接受教育和身体健康发展的过程，同时又是接受法制教育、形成纪律观念及养成团队意识的过程，有时候还需要军事化管理，要运用必要的法治和纪律教育的手段。规范管理的法治和纪律规章建设不是喊口号和做样子，需要让每一个队员形成一种习惯，而作为教练员则一定要是一个严于律己和赏罚分明的执法者。

（3）是保持球队与外界交流及参与社会事务的社会活动家。足球的项目特点决定了球队必须与社会各界、同行及其他球队建立友好和稳定的关系，以保证球队能够参加足够场数的比赛，及维持球队的经济运作、技术交流和信息共享等。足球教练员为了球队的利益和获取更多的社会资源，需要培养和提高自己参加社会活动的意识和能力，现在的足球训练一定是开放和面向社会的，球队闭门造车就会失去很多的声援和资源。

（4）是球队对外事务的公关形象代言人。任何级别的球队一旦取得较好的成绩，往往都会成为社会关注的焦点，球队也会与社会各界产生各种关联。足球教练员很容易成为公众人物，此时教练员的言行不仅代表个人，也代表球队整体的意志，更应当符合大众的意志和社会整体的诉求，所以教练员还要加强个人修养，与上层领导、新闻界及与各种媒体保持友好和健康的关系，特别是言论一定要符合球队整体和社会大局的需要。

（二）足球教练员的素质

足球教练员的素质是教练员个人各种知识、能力、阅历和修养的多元构成和综合表现，这一素质构成包括拥有合理的知识结构和能力结构，有着多种不同的要素形式和内容。训练指导虽然主要是教练员采用各种沟通方法促使队员达到训练要求，但训练指导过程需要教练员拥有多方面素质的支撑，教练员素养和人格魅力的形成，既要具备足球专业技能，又必须具备全面和综合的素质，以下从三个方面说明训练指导对教练员的素质要求。

1. 足球教练员的基本素质

（1）必须要有高度的职业精神和意识。足球教练员是一个专业化程度极高的职业，包括每个成长阶段及其细分组别的教练员，都必须实行专职对岗和全身心投入，否则教练员无法达到理想的高度。欧洲类似"U12职业教练""专职体能教练"等叫法，是指教练员职业更具有专门性和专一性。足球教练员首先必须要讲专业素质，其次才是综合素质，如果我国教练员在职业精神和意识方面不向足球发达国家看齐，就很难摆脱落后和挨打局面。

（2）系统掌握用于提高队员技能和球队竞技实力的足球训练知识与方法。这是足球教练员需要具备的最基本的素质，这种专门和系统的训练知识与方法是教练员完成训练工作的基础和主要支撑，是教练员的核心能力和素质。教练员需要不断学习、探讨和扩充自己足球训练方面的知识、技能和方法，这些是教练员平日阅读、总结及培训学习的主要内容。

（3）了解和掌握对足球训练起辅助支撑作用的大量相关学科的知识和技能。足球教练员单纯依靠足球专业知识和技能是远远不够的，必须要掌握很多足球以外的相关知识、技能和技巧。很多学科诸如社会学、心理学、运动生理学、解剖学等学科的知识，表面上看与足球训练没有关系，实际上这些是教练员提高个人素质不可缺少的知识和技能，足球训练方面的知识和技能必须要与其他学科的知识和技能相融合。

（4）优秀青少年教练员需要掌握更全面的专业知识和技能。现在的青少年教练员虽然呈现分工细化和职业化的趋势，比如：很多足球发达国家的青少年教练员基本是相对固定地被安排在某个组别。但毕竟青少年训练每个年龄组教练员的人员配置有限，远不如真正职业队教练员配置那样齐全和分工细致，所以，青少年教练员需要具备更加全面的专业知识和技能。

2．足球教练员的专业素质

（1）具备基本的足球技能和比赛能力。教练员自身要经过全面和系统的足球训练，具备技术动作示范和比赛示范的能力，也要拥有随队参加训练和比赛的踢球经历及比赛经验。这些是教练员做好训练工作的重要基础，因为足球训练要求教练员做很多技术动作示范和直观演示，而且教练员的入门学习、问题理解及深入感悟等都需要一定的技术基础和踢球经历。

（2）具备比赛观察与指导及调度与控制方面的能力。除了组织训练之外，对各种比赛的观察和考察也是教练员重要的工作内容，教练员主要通过不断的比赛取胜而体现其价值。教练员的重要素质之一是能够审时度势地指挥和驾驭比赛，这种能力的重要基础是对比赛局势的观察和判断，进而根据比赛需要合理地组织和调配队员，从而达到对比赛的有效控制。教练员指挥和调度比赛的能力需要长期的自我培养和修炼过程，对比赛的微妙环节的观察和准确判断能力，及因势利导地改变场上局势的应变能力，都需要有艰难探索的过程。

（3）具备战略布局和宏观规划能力。这是球队发展战略设计和宏观规划方面的问题，其中的公共关系处理必须纳入整体的战略设计之中，所谓宏观规划就是从战略角度思考足球训练问题，要充分分析好足球训练工作的各种影响因素及其利弊关系，"凡事预则立，不预则废"，教练员要利用一切有利因素，趋利避害地做好训练规划及每一个具体环节的工作。

（4）具备对足球训练和比赛的管理能力。足球教练员对球队的训练和比赛管理已经成为球队建设的重要工作，无论是担任何种级别和类型球队的教练员工作，球队的训练和比赛管理都是整个球队训练工作的重要组成部分，往往很多教练员只重视训练和比赛的安排，却缺乏相应的管理，这是需要我们重新

认识和加以重视的工作环节。

（5）具备驾驭训练原则与方法的能力。人们在长期的训练实践中总结出很多具有普遍意义的运动训练原则与方法，这些我们必须遵循的原则与采用的方法都不是信手可得的，符合训练规律的训练原则和行之有效的训练方法，仍需要结合具体的训练实际，要经过反复的实践应用检验，重新与足球训练实际相对接和融合，教练员只有把理论上的原则与方法更多地结合于实践，才能真正掌握这些原则与方法的实质与原理，才能在训练中不断创新。

（6）具备运用逻辑和数据原理分析问题的能力。运用逻辑和数据原理分析问题可以渗透到足球训练过程的方方面面，这里的逻辑与数据分析是指依据足球规律和科学数据，探讨和推导足球训练中的问题，例如：训练方法设计必须包含六个训练要素。再如：训练或比赛中的传球次数、射门次数及其成功率的前后对比及与对手的对比等。这些都属于逻辑分析和数据分析的内容。

3. 足球教练员的执教素质

（1）良好的语言和肢体语言表达能力。足球训练和比赛场上，教练员主要是通过语言和肢体语言与队员沟通及传递信息和指令，教练员的训练指导都是通过语言和肢体语言完成的，除了少数的室内理论课及利用视频播放和战术板演示之外，教练员多种学科和门类的知识和技能都要通过语言和肢体语言传递给队员，所以教练员精简和练达的语言能力与准确和形象的肢体语言能力，是教练员完成训练指导的主要方式方法，也是准确提出训练要求及完成训练任务的重要手段。

（2）组织调度和对队员的控制能力。取得良好训练效果的前提是对训练的有效组织和控制，这也是整个训练过程的关键环节，教练员需要培养自己的组织和控制能力。临场组织和控制能力需要教练员不断摸索，也需要长时间对队员的教育，使其养成良好习惯，此过程中教练员必须耐心和反复地对队员进行细节的强化，也要结合各种管理手段、教育手段、惩罚手段及游戏手段等，逐渐形成良好的球队面貌和训练作风。

（3）具备基本的保健和医务知识。足球由于是一项带有激烈性和对抗性的运动，训练和比赛中随时可能出现伤害或某些疾病，很多时候需要对队员进行医务处置。教练员掌握一些基本的保健和医务知识，可以增强防护意识及更科学地组织热身和拉伸活动，能够有效地避免队员的无谓受伤；而一旦出现意外伤害事故时，教练员也可以在没有医务人员在场的情况下对队员进行及时的救护和处理，可以避免出现危害的增大或不良后果。

（4）具备心理学和社会学知识。心理学和社会学好像与足球训练没有太大的关系，实际上它们之间有着千丝万缕的联系，也对足球训练有着重要的指导作用。教练员要掌握更宽泛和广博的知识，了解队员及队员成长过程中所需要遵循的更多的共性规律和原理，这对教练员了解队员和加强管理及促进队员的全面发展都具有重要的作用。

（5）了解基本的解剖学和生理学知识。足球训练的人体结构和机能的变化及训练效果的控制等，都是可以遵循一定的规律和原理的，与运动人体科学有着高度密切的关联，了解和掌握解剖学、生理学及生物化学等方面的基础知识，不仅可以更好地调整和控制训练过程和效果，而且对于预防伤害事故及提高科学化训练水平具有指导意义。

（6）具备良好的身体素质和心理素质。足球训练是一项充满快乐和挑战的工作，同时作为教练员也担负着较大的责任，要真正成为业务优秀和功夫过硬的好教练，不仅需要努力钻研及大量地投入时间和精力，还要承受教育和培养人才及比赛成绩方面的压力，这一切都需要教练员拥有良好的身体素质和心理素质。

二、足球训练指导方法

足球训练指导主要是方法问题，足球训练指导方法是一个一直受到普遍关注的传统问题，又与现代科技和现代教育思潮发展高度相关，并且训练指导在不断借鉴和融合很多技术手段及各学科的原理。就我国教练员对足球训练指导的认识及训练指导表现而言，我们确实认识落后并存在很多问题。以下探讨包括三个问题，分别是我国训练指导的局限与误区、足球训练指导方法和几种重要训练指导模式简介。

（一）我国训练指导的局限与误区

现实中我国教练员的训练指导与国外教练员相比存在差距和不足，这种差距和不足体现在训练指导的方方面面，简单概括我们的训练指导，就是方法过于简单和直接。如果从人才培养战略和现代教育理论分析，我们的训练指导存在认知与方法上的局限和误区，忽视了队员能够自我认知与感悟的一面，更是违背了现代教育提倡的启发式和互动式教学的原理。我们的训练指导强调的是对训练问题的指出和认识，而忽视了训练指导的多重意义、综合效应及对队员深刻和持久的影响。表面上教练员单刀直入地指出问题，可以让队员马上意识自己的错误和不足，而且有时候指导队员纠正错误和改进不足的效果并无不好。这种简单和直接的指导方法可以简化成如下的结构模式："发现问题—指出和认识—训练纠正。"此模式等同于我国传统教育的"灌输式"方法，可以称之为"传统指导模式"，实际上这种指导模式存在认知的局限和方法上的误区。如果教练员偶尔采用这种模式或者是处在训练中指导状态，这种模式也是可行的。但足球训练是一个长期的过程，训练指导所要追求的不只是眼前的短期效益，指导过程还要培养队员的自主意识和独立思考能力，培养队员的创造性思维能力。如果忽视对队员的启发和自主创新能力的培养，就会使队员养成被动执行教练员意图的习惯，这在队员早期成长阶段可能不会明显影响训练效果，但长此以往会影响队员主动和积极地面对问题，及阻碍队员独立和创造性解决问题能力的发展，结果对队员的智力储备和可持续发展是不利的。

关于足球训练的指导问题，我们必须要打开视野并瞄准长远的人才培养目标。足球训练指导是足球训练的重要环节，要意识到我们的队员拥有巨大的智力发展空间及思维与创新潜力，指导过程不应当只满足于解决眼前的问题，而要发挥他们所拥有的想象力和思维弹性，培养队员的自我意识、独立认知能力及比赛场上的创造力。训练指导实质上也是一个知识和技能的教育过程，现代教育的重要理念是教育不仅要传授知识和培养技能，还要同步完成认知能力、自主意识、协作精神及健全和完整人格的培养，尤其是带有个性特征的独立思考和创新能力的培养。足球训练的指导过程也是一样的，必须综合地采用启发式教学模式、研究式教学模式、团队协助式教学模式、互动式教学模式等，足球训练不仅要学习足球知识和掌握技能，还要追求队员综合素质的提高及满足长远足球人才培养的需要。很多先进教育模式的原理和方法之所以被用于足球训练指导，是因为足球训练指导与现代先进教育模式的原理与方法是相通的。所以从发展的角度分析，我们的足球训练指导需要突破原有认识和方法上的局限与误区，更多地引入启发式、引导式和互动式的指导模式，训练过程要让队员更多地自己发现问题、分析问题和解决问题，要充分调动、挖掘和利用队员原有的认知能力，发挥他们的主动性和能动性，鼓励并培养队员的独立思考和创新能力，这些是训练指导取得理想效果必不可少的环节。

（二）足球训练指导方法

1. 指导方法及其分类

训练指导属于足球训练末端的重要环节，也是使队员产生认识改变和技术提高的关键环节，具体的指导方法是非常多样和复杂的。要形成对足球训练指导方法全面和清晰的认识，最优的选择就是对指导方法进行分类。平日我们是采取多种多样的路径与方式进行训练指导的，那么足球训练的指导究竟包括哪些具体的方法呢？解答了这个疑问也就消除了我们教练员宏观上认识训练指导方法的疑团。指导方法分类可以帮助我们打破传统训练指导在认识与方法上的局限，能够帮助我们提高对指导方法认识的清晰度及解决方法选用的问题。按照足球训练过程结构、训练指导情景及指导的目的等，可以对指导方法进行很多不同的类别划分，以下我们列举几种重要的指导方法分类形式。例如：按照主题部分的结构划分，可分为比赛演练训练的指导、技术准备训练的指导、技能转化训练的指导、比赛场景训练的指导和比赛实战训练的指导；按照是否把

训练停顿下来的队员状态划分，可以分为训练叫停指导和训练中指导；按照训练指导的人数划分，可分为个别指导、小组指导和全队指导；按照指导进攻与防守划分，可分为进攻指导和防守指导；按照教育理论的教学方法原理划分，可分为启发式指导、探讨式指导、问题切入式指导、讲解式指导等。显然每一种分类方法还可以有很多的内容细分。

除了按照逻辑学原理进行指导方法的分类之外，还可以用归纳的方法把一些分散的训练指导方法做归类处理。例如：把训练和比赛之外的指导按照不同时间和形式归类，按照时间可以归为日常生活中指导和训练比赛之前指导；按照形式可以归为语言指导、录像视频播放指导和沙盘演示指导等。再如：按照教练员训练准备和方法操作所具有的指导作用归类，可以归为场地设计、器材摆放、训练组织、队员分组协作、训练方法演示和训练方法变换等类别；按照教练员使用的训练教具所具有的指导作用归类，可以归为多媒体类教具、沙盘类教具、仪器类教具等。以上只是从方法学上笼统地对足球训练指导方法进行分类和归纳处理，由此可以看到足球训练指导方法的丰富和多样。

2．语言与肢体语言指导方法的细分

足球训练指导方法虽然非常多样和复杂，但无论采用何种指导方法分类，显然都必然渗透语言和肢体语言的使用或结合使用，也就是说训练指导最终都是要通过语言和肢体语言的沟通，而达到对训练要点和要求的解释与说明。可见，无论指导方法如何种类繁多，训练主题的表达、训练要点的提示及训练要求的提出等，都需要结合运用语言和肢体语言。其实语言和肢体语言就是指导方法的内容，而且是最基本和最重要的指导方法。那么语言和肢体语言的指导方法在足球训练中是怎样运用的呢？我们同样可以用分类和归纳的方法分别对语言和肢体语言指导方法进行细分，如此把两者所包含的内容呈现出来。

语言和肢体语言指导方法显然是两种不同语言形式的指导方法，是因为训练实践中两者总是结合着运用，所以才把两者合二为一。但作为这种指导方法的分类及类别细分，还是要把语言和肢体语言再一分为二，之后采用实践应用

归纳的方法，分别把语言方法和肢体语言方法做细分归纳：语言方法可分为提问、讲解、命令、呼喊、评价、批评、提示要点及提出要求等；肢体语言方法可分为手势、示范、表情、体态、动作示意及位置移动等。但大家应当清楚，训练指导更多是以上各种语言和肢体语言的结合使用，以及与诸多其他指导方法的结合使用；还需要清楚，教练员的语言和肢体语言虽然往往简短和精练，但高水平的训练指导是讲求科学和技巧的，训练指导反映的是教练员的知识储备、认知能力、业务素养和执教水平。所以判定教练员是否优秀可以通过训练指导表现出来，教练员培训的执教能力考核通常就是通过对训练指导进行评价。以上训练指导的语言和肢体语言细分是通过对教练员训练指导实践的归纳，实际上就是综合反映教练员训练指导的形式与方法的全过程。语言与肢体语言的训练指导更多是通过术语、口令、示范、手势等简明的方式，所以作为教练员培训及教练员训练实践，都应当总结和归纳出更多的概念、术语、口令及简明的要点和要求，还有必要的手势和暗语等，高效的训练需要大量地使用简明扼要的语言和肢体语言，这样可以更加快捷和方便地达到训练指导的目的。

（三）几种重要训练指导模式简介

足球训练指导有很多行之有效的指导模式，这些模式就是一种指导方法或几种指导方法的组合。训练指导模式不是训练模式，或只是训练模式的一部分。很多在国际上得到公认并得到大范围推广的训练指导模式，需要我们作为学习和引进国外先进经验的一部分，所以这里需要有重点地介绍几种具有典型意义的指导模式。其实实践中现成的训练指导模式有很多，这里我们仅就几种重要的指导模式进行阐述和分析。

1．启发式指导模式

教育理论的启发式教学已经被广泛运用到所有的教育领域，因为启发式教学是一种值得提倡的具有普遍指导意义的教学模式。足球训练是一个完整的教育过程，而且足球训练尤其提倡培养队员的想象力和创造力，相应的足球训练采用启发式指导模式是必然的要求。关于如何贯彻启发式指导模式的问题，其实并不高深和玄妙，关键是启动指导要从提问和引导开始，要促使每一个队员进入自己的独立思考和判断的状态。启动指导过程的问题是什么和队员回答的正误都不重要，重要的是把大家引入独立思考的状态；之后再通过对焦点队员及其他队员的答问、互问、补充、讨论、示范、演示等方式，在相互探讨和互动中逐步地找出问题的答案和要点；还要鼓励队员自己提出解决问题的思路和方案，并且在比赛场景下完成技术运用或团队配合的方案实施，这样更利于强化队员的意识和提高技术。当然，这种启发式指导模式的运用及过程效果的把控，还需要教练员不断在训练实践中摸索和总结。作为每一次启发式指导模式的开始，我们可以借用"6W+1H"的比赛观察模式的导向原理，就是指导的开始要利用多样的提问使队员开始对问题的思考，尽可能通过更多队员共同的探讨找到问题的答案及切入问题关键，此外的探讨式指导、互动式指导、研究性学习、互助式模式等，都可以作为一种训练指导模式，也都对队员具有启发作用，采用这种培养队员独立思考的指导模式，经过长期的积累就可以帮助队员形成比赛场上的独立思维习惯和创新思维意识。足球训练探索是一个开放和产生颠覆性变化的多彩世界，各种训练思潮和流派都在不断更新和重筑自己的训练方法体系，教练员启发式指导模式也在更多地与高科技手段和其他学科相结合，目的就是训练指导要避免思想禁锢和墨守成规，要摆脱陷入传统指导模式而不能自拔的状态。

2．足球基本功三个层次递进指导模式

足球队员的基本功是由技术技能、洞察意识和沟通智商三个方面构成的，这一基本功构成是一种先进训练理念的体现，正确认识足球基本功的三部分构成及其三个层次，同样对教练员的训练指导具有重要意义。通过对足球基本功三个组成部分在训练中的递进层次分析，欧美足球专家很快意识到，基本功三个组成部分同时是一个很好的足球训练指导模式。技术技能、洞察意识和沟通智商是由低级到高级、由点到面、由个体到整体的三个层次，同时也是训练过程中教练员对队员由浅入深、由易到难、由简到繁地进行训练指导的一种递进模式。足球训练指导方法有很多成功的模式，训练指导必须要按照认识的规律、按照教育的规律、按照足球运动的规律来完成其指导过程，三项基本功刚好由队员的具体技术操作开始，到个人的场上洞察和判断意识的培养，再到小组及整体的相互沟通和连接，把基本功训练按照三个层次递进的指导模式，符合足球训练所需要遵循的各种基本规律，也完全可以成为教练员有效指导训练实践的重要指导模式。

3. 训练中指导模式

足球强队的训练都十分强调要更多地在队员训练中进行训练指导，而尽可能地减少叫停次数。训练中的指导模式是指在不叫停训练的情况下，对训练出现的问题及主要责任人做出判断，再根据判断与队员进行沟通及做出各种指令的指导方法。这是一种需要每一个教练员都重视和积极采用的指导模式，就是在不打断训练的情况下完成训练指导及使出现的训练问题得到解决。高质量的足球训练有运动量和训练密度的要求，一般一个20~25分钟的训练内容最好不要超过三次的训练叫停，训练叫停一旦频繁就必然影响训练密度和训练效果。训练叫停最好是在出现典型技术问题的时候，教练员叫停之时肯定是出于解决问题和提高训练质量的目的，但叫停时机和次数一旦把握不好往往会适得其反。因为比赛过程是连贯的，训练频繁叫停就会影响和打乱训练应有的节奏和连贯性，而且队员的训练情绪和积极性也会因此受到影响。所以教练员要尽可能减少训练叫停次数，更多地采用在训练中指导的方法。训练中指导模式的运用教练员通常需要注意两点：第一，教练员能够很好地控制训练过程及对出现的问题有预知和预判；第二，教练员要与队员有高度的默契，能够用简明的提示、命令、呼喊、手势及表情等向队员传递信息和表达意图。

4. 训练指导的强化模式

足球训练指导是为了促进和强化队员的认识转变和技术能力的提高，训练指导往往是有针对性地面对某一个问题，而要达到训练指导的良好效果，不仅仅是让队员明白道理和原因，而是要使队员接下来有思想意识上和行动上的改变。能够促进队员发生改变的关键点是指导过程中的强化，这一点正是我们教练员训练指导时所缺乏的。我们的训练指导的主要目的是让队员明白训练出现的问题及其原因，往往刚刚好在此时即终止指导而继续无关指导的训练。此时队员只是明白了教练员指出的问题及其要求，看似达到了指导的目的，但实际上缺少对问题的消化和对队员强化的环节。在训练指导中最具有强化作用的是队员自己现场设计解决问题的方案，再在比赛场景通过实操强化意识和提高技术。训练指导的强化模式是需要提倡的，就是让队员自己设计解决问题的方案并通过实操体验方案的正误与可行性。

5. 典型训练指导的程序模式

典型训练指导是指从训练叫停开始的一次完整的训练指导过程。足球训练指导有各种不同的指导模式，包括前文所述指导方法分类的每一类或每一类中的某一个内容，都可以构成一个训练指导模式。这里所说的典型训练指导的程序模式，是指一次训练叫停之后完整训练指导过程的基本构成。我们把这一典型训练指导的程序模式称为六段模式，即简式为"训练叫停切入—提问启发引导—队员探讨答问—教练讲解示范—队员设计方案—队员实操强化"。之所以把这个完整过程的训练指导模式放在其他几个模式之后，就是要借助对前边各个指导模式的认知基础，更利于理解这一完整的典型程序模式。一个典型训练指导模式是指在一次训练课的一个训练内容范围，但后续训练内容的指导一般会连带前一项的训练内容，而最后比赛训练部分的指导会综合体现训练课全过程的内容。这里需要重点解释一下典型模式中"训练叫停切入"的第一个环节，训练叫停是考察教练员业务素养的重要环节，因为训练叫停涉及教练员对训练内容的把握，以及切入问题与训练中其他问题的关系，可以通过对叫停的问题重要程度、切入时机及问题暴露的火候等，评价教练员判断的准确和自信程度，可以通过对焦点队员及主要相关队员的把握，评价教练员的观察视野和重点等。所以训练叫停是一次典型训练指导能否成功的重要开始，在很大程度上决定着教练员一次训练指导的效果和质量。典型训练指导程序模式的其他环节在前边训练指导模式及相关内容阐述中已经做了解释和说明。

第二节　足球训练要求

训练要求作为足球训练课的一个要素，主要是针对训练课的某一项训练内容而提出的一些标准和限定，是队员完成训练内容的保障。教练员训练布置及训练中所有指导方法运用主要是为了使队员达到训练要求，及完成训练要求对应的训练内容。训练要使队员达到预期目标及其对应的准确，必须通过提出各种训练要求激发队员的潜能，并强化队员按照一定的标准掌握技术技能及完成训练任务。以下探讨主要包括两个主题，其一是训练要求及其对训练的强化作用，其二是训练要求的强化原理与实践应用。

一、训练要求及其对训练的强化作用

训练要求对于足球训练的作用一直备受广大教练员的重视，训练要求陈述得是否贴切及其应用是否恰当和及时，是训练课各项训练内容能否顺利完成的关键和保障。训练要求反映的是教练员的主观意志，其强化作用在于教练员目标和意志要高于队员现实的状态。以下探讨包括三个问题，即训练要求的概念与解读、训练要求与其他训练课要素的关系及训练要求对于训练的强化作用。

（一）训练要求的概念与解读

训练要求是专指教练员根据足球训练课完成各项训练内容的需要而对队员训练表现所提出的诸多规格和规范上的标准和限定，这些标准和限定的核心是技术方面，也包括训练态度和纪律表现方面的内容。训练要求都是专门对应训练课某一项训练内容而提出的，是训练课设计必不可少的构成因素，其标准和规范是按照教练员的主观意志提出的，所以是带有强化性的为了达到训练目标所设定的文字阐述。有关训练要求很多前辈做过经验总结，例如："训练要求是足球训练课诸多要素中与训练质量关系最密切的要素""训练要求及其落实

情况是决定一次足球训练课成功与否的决定性因素""足球训练方法是易于学习和掌握的表层内容，而考察教练员素质的关键点是如何驾驭训练要求"。以上这些观点是人们长期训练实践的经验概括，也说明训练要求一直以来是大家关注的焦点。但是我们以往对训练要求问题的认知存在不足和局限，在很大程度上存在着认识上的狭隘和片面，把训练要求更多地限定在对训练方法的驾驭及实现训练目标的范畴。目前所有的教练员培训仍然重视训练设计中训练要求的内容和提法，训练要求作为一个重要的概念和术语需要我们对其有一个全面和深入的认识。训练要求与整体的足球训练理论有着必然的关联，训练要求是由足球概念推导而衍生的居于理论体系末端的理论问题，而且训练要求是在足球训练一系列基本概念和基本理念的辐射范围；训练要求是作为队员完成训练内容带有指向性的强化因素，与其他诸多的训练课要素有着高度密切的关系，是对训练质量具有某种决定性作用的训练课要素。

（二）训练要求与其他训练课要素的关系

在训练要求与其他训练课要素的关系中，首先要强调训练主题是训练课及训练课诸多要素的核心和主导，这是我们探讨训练要求与其他训练课要素的关系所要明确的。其次训练要求是从其他训练课要素中提炼出来的"再衍生"要素，训练要求需要经过对其他要素的加工和再次提炼而生成新的训练课要素。所以训练要求也不是独立的训练课要素，需要依附于其他要素而存在，任何一个训练课要素及细分要素都可以加工和提炼为训练要求。只是训练要求是立足于对队员的作用和影响，是把其他训练课要素加工成某些训练标准和规格，是训练课诸多要素中对队员有制约作用的强化性要素。训练课的各种非物化要素和物化要素各自对训练课发挥着不同的作用，并共同支撑起对训练课的设计及训练实施。其中的训练要点与训练要求是容易被混淆的两个要素，两者都对训练课某一项训练内容具有制约和强化作用，需要对两者不同的寓意和作用加以区分和说明。训练要点作为训练课的关键要素，主要是针对教练员提出的，是从教练员控制训练效果的需要出发，把教练员需要注意并对训练具有关键作用的因素提炼出来；训练要求是训练课具有指向作用的强化要素，主要是针对队员提出的，是教练员按照个人的主观意志对队员提出的所要达到的标准和规范。

　　本著之所以把"足球训练主题与要点"和"足球训练指导与要求"作为两章内容的标题，是因为其中的四项训练课非物化要素在足球理论体系中具有独立性和重要意义。而且此外的训练课要素已经在其他问题的探讨中做了较多的阐述，例如：训练目标与训练主题是有很大的关联性和依附关系；主题部分的各项训练内容与训练"五段模式"是统一的关系；训练组织与方法可以归在足球训练方法演绎的范畴；训练强度与运动量可以归在训练要求或体能训练的范畴等。训练课不同的训练内容会有不同的训练要求，即便是相同的训练内容也会因为训练对象、训练目的、方法采用和教练员预期的不同而提出不同的要求，而且训练要求需要在训练过程中做出随机应变的处理，提出训练要求是为实现训练目标服务的，训练要求更突出的特点是具有灵活性和机动性。

（三）训练要求对于训练的强化作用

　　训练要求是足球训练课诸多要素中最活跃的要素，与每一个训练课要素都有着密切的关系。仅就与各种非物化要素的关系，训练课的各项训练内容设计是围绕训练主题"降阶式"展开的，完成每一项训练内容都要提出几项训练要求。训练要求是教练员根据完成训练内容而提出的期望达到的标准和规范，其主要作用在于引导和强化。训练要求是间接地与训练主题及训练课整体目标相关联，直接与具体训练内容的组织、方法、要点及训练的强度、密度、技术练习次数等每一项其他要素相互作用，但训练要求的主要作用是对队员的训练表现起到引导、约束和强化的作用。训练课的每一个训练内容都是通过几个训练要求共同作用而显现效果的，训练要求对于完成训练主题及实现每一项训练内容的目标具有其他要素无法替代的作用。具体训练要求有着宽泛和分散的内容，训练课其他的每一项要素的任何一个细节都可以作为训练要求的内容，无论是物化要素的场地设计、人员分组、器材摆放，还是非物化要素的训练组织、方法、要点、指导，及其再细分和具体的训练细节和环节，都可以从中提炼出教练员所需要的训练要求。但关键是落脚点一定要对队员起到约束和强化的作用，而提出怎样的训练要求主要取决于教练员的主观意志，所以教练员的业务能力和认知水平是最后能否取得训练成效的决定性支撑。

二、训练要求的强化原理与实践应用

教练员完成任何一项训练内容都需要向队员提出一些训练要求，训练要求是具有强化作用的促进队员所要达到的预期标准。为了更好地驾驭训练及促使队员按照一定的要求完成训练，教练员需要了解训练要求具有训练强化作用的原理，及如何利用训练要求的强化作用达到的预期目标。以下探讨包括两个问题，其一是训练要求的强化原理，其二是训练要求的实践应用。

（一）训练要求的强化原理

了解训练要求对队员起到训练强化作用的原理，利于帮助教练员更为恰当和合理地提出有针对性的训练要求。训练课设计要围绕训练主题确定几项训练内容及其训练目标，教练员要按照个人预期对每一项训练内容提出诸多训练要求，训练要求是队员需要经过努力并克服困难才能达到的标准，是对队员完成训练内容具有强化作用的训练课要素。训练要求集中展现的是教练员对队员的种种个人意志，所以训练要求是由教练员意志决定的对队员起到强化作用的元素，也说明教练员素养和业务能力对于队员发展的重要性。教练员对队员的训练要求越是恰当，就证明教练员的训练安排越趋于合理，也间接说明了教练员的训练理念先进和业务素养较高。那么训练要求对训练的强化作用是基于什么原理呢？从心理学的角度分析，队员训练欲望的核心作用是提高自身竞技实力的内在动机，队员训练内在心理动机的激发与推动是强化作用的原点，队员其他的心理过程和心理品质都是心理动机的辅助因素。

队员内在心理动机的产生及其可持续动力的强弱是由多方面因素促成的，包括队员个人成长环境与足球天赋、社会足球氛围、个人足球兴趣、足球训练的成功体验、足球队员价值的社会认可等，这些内在和外在因素的综合作用是队员产生动机及动力强弱的条件。从激发和强化队员心理动机的角度，足球教练员需要具备担当多重角色的综合素质，诸多条件因素既是队员产生内在动机的前提，又可以把那些条件因素转化成内在动力。教练员对队员及其训练动机的影响，需要通过各种渠道影响队员而形成正确的足球认知和价值观，要在队员成长过程中不断加强足球观教育，并能够在关键的节点上给予队员以鼓励、支持和帮助。但队员强烈心理动机的形成，还是要把各种内在和外在因素转化成内在动力。队员心理动机的内在因素包括个人现实的成就、发展的潜力、对足球职业的热爱、追求上进的品质、教练员评价、偶像作用因素及现实身价高低等，每个队员这些因素的伸缩性和可变性很大，其中教练员评价往往是重要和具有决定性作用的因素。

　　现在再探讨训练要求对于训练具有强化作用的动因，其关键在于训练要求是队员心理动机与诸多动机因素相连接的纽带，是能够激发队员训练动机的引发因子。训练要求能够对队员起到强化作用，就是因为能够唤醒和激活诸多训练动机因素。队员训练动机的激发和调动，离不开与宏观的社会环境及微观的队员心理需求的共同综合作用，但对队员训练动机激发最直接的因素还是足球训练自身，因为足球本身就是一个充满乐趣和激发队员去挑战的项目，训练过程本身可以有效地激发队员的动机。训练要求的提出重要的是抓住队员的问题和不足，使教练员能够帮助队员认识问题和找到解决问题的方法，其中的关键就是提出切实和合理的训练要求。也可以说提出合理的训练要求就抓住了解决问题的关键，这样也就容易调动队员训练的积极进取和努力追求的状态，这就是训练要求具有强化作用的原理与机制。有的教练员把每一个训练要求当作训练所要达到的一个小目标，每一个小目标都是走向成功需要通过的关口，也可以说训练要求是达到训练整体目标的必要环节。

（二）训练要求的实践应用

足球训练课教案的设计是由诸多训练课要素构成的，其中非物化要素居于主导和统治地位。教案上表述的主要是各项非物化训练课要素的内容，每一个教案的每一个要素在实践应用中都有不同的作用导向和发挥空间，整体上构成了训练实践过程的教案设计。训练课每一项训练内容的进展都是通过训练要求的落实，训练要求从条目排序到实践应用都与其他训练课要素密切关联，各条要求主要是由其他训练课要素提炼和加工而成，无论是非物化要素的训练主题、训练目标、训练各项内容、训练组织方法、训练要点、技术次数、运动量和训练强度等，还是物化要素的训练人数、训练场地、训练设施、训练器材等，都是提出训练要求的依据和素材来源。在此可以概括训练要求在实践应用中的特点如下：第一，训练要求是训练课非物化要素中最活跃的要素。不仅可以融入任何其他要素的内容，而且一条训练要求的阐述可以兼容几项要素的内容。第二，训练要求的涉及面广泛。训练要求所阐述的标准与规范可以包含每一个其他训练课要素，也包括训练课要素之外的素养和知识方面的内容。第三，训练要求的内容具有灵活性、随机性和可调性。所有训练要求都可以根据队员身体状态、训练效果及外界条件变化等而做取舍处理，训练要求不仅可以灵活地取舍，而且可以变更内容。第四，训练要求的约束和强化作用。这也是教案构成设计中赋予训练要求的职能，就是所提出的训练要求用词要与队员的情感和愿望产生联系，从而起到鼓舞和调动队员积极性的作用。考察一个教练员的阅历、经验和业务水平，很大程度上是看训练要求的阐述及其是否准确抓住了队员需要强化解决的关键问题。作为一个教练员只有清楚训练要求及其在实践应用中的特点，才能在实践应用中合理和巧妙地利用好训练要求。

训练课教案所呈现的训练要求的内容设计是其实践应用的预先构思，训练要求的内容并无绝对的标准，主要是教练员根据综合判断和对队员训练强化的切实需要而提出的。但关于训练要求的提法与内容阐述，人们还是总结和归纳出几条基本原则如下：第一，针对性和目的性原则。就是要找准和抓住问题的关键点，按照有效解决实际问题和实现训练目标的需要，确定队员训练中要注意的问题及其具体操作标准。第二，简约性和实用性原则。训练要求要使用精练和简洁的词汇和语句，尽可能使用术语，要以最直接、最简化的形式让队员领悟问题，并能够有效促进队员训练表现的改变。第三，合理性和科学性原则。要能够根据训练对象、训练内容及问题的关键等，提出适当和利于解决问题的要求，文字表述既要与先进训练理念的要求相一致，又要符合科学训练的原理。第四，伸缩性和可变性原则。因为每一项训练内容所要达到的训练目标往往难以准确把握，所以训练要求的标准也应当在适当的范围可高可低，罗列的训练要求条目的采纳可以适度增减及变化内容。

训练要求是一个涉及面广阔和内容宽泛的训练课要素，例如：一条训练要求可以涉及任何一个其他的训练课要素，而且有极大的变化和拓展空间。再如：训练要求可以取舍和改变条款的内容，还可以增补条目数量。又如：有时候训练要求不是明确表述在条目之内，而是在其他训练课要素中体现出来。所以上文的实践应用特点及一般应用原则并不能辐射指导所有的训练要求问题，很多是"隐形"在其他训练课要素中发挥训练要求的作用，以下以举例的方法分别介绍几种典型的"隐形"训练要求的情况。

1. 利用训练方法制定临时规则体现训练要求

例如：四对四分组控传对抗训练规定一脚或两脚出球，可以强化练习队员观察和快速处理球的意识。再如：六对六小型比赛防守训练规定由攻转守后的防守队员必须反抢或回防盯人，可以强化提高队员的攻守转换意识。又如：八对八射门比赛训练规定罚球区内两脚射门的限制，可以强化队员的直接射门意识及第一脚完成摆脱的意识。

2. 利用场地宽窄的形式变化体现训练要求

例如：五对五射门对抗训练缩短场地长度，可以增多队员的射门次数。再如：三对三分组突破训练加长场地的长度，可以增多队员突破的机会和增加突破的欲望。又如：四对四分组对抗训练有氧体能能力，可以适度加长和加宽场地范围，促使队员增加跑动距离。

3．利用增加球门数量和位置变化体现训练要求

例如：六对六射门对抗训练增加一个球门，拓宽队员的观察视野和提高转移进攻的意识。再如：七对七射门对抗训练增加两个小球门，强化队员比赛过程的大局观意识。又如：二对二射门对抗训练增加一个球门，可以创造更多射门的可能及强化队员的灵活变向选择能力。

4．利用训练人数的变化体现训练要求

例如：减少进攻控球方人数的三对五控运摆脱对抗训练，可以强化队员的个人运球、控球摆脱与突破能力。再如：增加进攻人数的八对六控传对抗训练，可以增加传球次数及增加接应和观察意识。又如：相同场地大小条件下的人数变化，人数增加可以强化训练脚下技术和加快动作频率，人数较少可以增加跑动距离，达到训练体能的目的。

此外还有很多其他的"隐形"强化训练的方法，需要教练员在实践应用中不断总结和积累经验，例如：让前锋得分手调换位置打后卫，可以强化提高进攻队员的防守意识和能力。当然"隐形"的强化训练的运用，还是要从大局出发，全面和综合地考虑各种训练课要素的功能和作用，这样才能够达到整体训练效果的最优化。

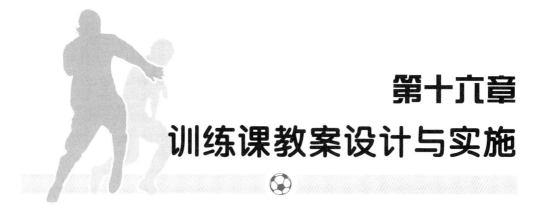

第十六章
训练课教案设计与实施

　　足球训练课教案是重要的指导训练实践的文件，是从整体计划到训练实施的最后一个计划环节，是对一次或几次训练课所做的方案设计，反映的是具体训练过程的内容及细节。训练课教案可以反映教练员的认知水平和业务素养，教案的训练目标确定、训练内容选择、组织分组、训练方法运用、训练要点设定、训练密度、训练强度等，能够综合地反映出教练员训练理念与方法，还可以反映教练员的训练思路和特点。训练课教案设计又是足球训练方法学的内容，教案的训练主题虽然是具体和末端的训练问题，但围绕这些主题的训练设计也有其自身的系统性和完整性，训练课教案的构思与设计也是一个科学思维的过程，其中存在着教案结构的合理性及一系列的基本模式的问题。所以探讨足球训练课教案设计的问题，需要对教案结构及其原理做一个全面和系统的分析，要澄清训练课教案外围的影响要素及其各种关系，更要对训练主题部分的内在结构及其机理做深入的探讨。把训练课教案的各种外在影响因素和内部结构机理做统筹和优化处理，可以帮助大家更加合理地完成对训练课教案的设计及控制和把握好训练实施的过程。

第一节　足球训练课内外结构

　　足球训练课教案有着很多的与外部的联系和内在的相互关系，澄清这些内外联系和关系是做好训练课教案设计的重要前提，是我们需要重视的问题。训

练课教案设计反映的是教练员的训练构思，是高效完成训练任务和保证实现训练目标的必要条件。以下探讨包括两个主题，其一是足球训练课的外部结构，其二是训练主题部分的内在结构。

一、足球训练课的外部结构

足球训练课的外部结构是从整体和外在形式上了解足球训练课的构成及其各种关系，是做好训练课教案设计所需要的重要知识准备。以下介绍足球训练课的外部结构，主要是从训练课各种组成的角度，了解训练课教案设计在训练中的地位及其重要性。以下探讨包括两个问题，即足球训练课的类型与结构和足球训练课的热身部分。

（一）足球训练课的类型与结构

1．足球训练课的类型

足球训练课的类型主要是根据训练课的目的和训练内容而划分的，有时候也要考虑队员训练基础、成长阶段及其他要素而划分。训练课类型有各自不同的划分方法，即便是相同训练目的与内容也有不同的划分，例如：传统的足球训练课是按照训练内容分为技术训练课、战术训练课、体能训练课和综合训练课；还有根据训练内容的新旧分为学习新技术训练课、复习训练课和综合训练课等。足球训练课可以有很多不同的分类方法，但目前国际上流行和更实用的，是综合地依据训练课的目的和意义分为基础训练课、比赛训练课和调整训练课三种。

（1）基础训练课：是以足球技术、战术、体能和心理等各项基本比赛要素为主要内容及达到某种训练目的的训练课。基础训练课是打基础和为比赛做准备的训练课，是整体足球训练及具体训练课的主体和主要部分，足球训练计划及训练进度安排的内容主要是对应和安排在基础训练课里。一般一周除去一次调整训练课和一次比赛训练课之外都是基础训练课。本章"训练课教案设计与实施"及其所涉及足球训练课的结构及训练主题部分的内部结构等问题,主要是探讨基础训练课的问题。

(2)比赛训练课:是以比赛为核心和主要内容的足球课,一般是把一段时间诸多训练成果的累积通过比赛训练课进行阶段性的综合考证。比赛训练课一方面是对前一个阶段的训练做综合的总结,另一方面是检验队员综合能力和团队整体实力提升情况。一般一周最多安排一次比赛训练课,包括队内分队比赛、俱乐部内部同年龄组或跨组别的比赛、对外邀请赛等各种比赛对手。

(3)调整训练课:有时候也称游戏课,是以调节队员身体和心理状态为目的的训练课。调整训练课是要让队员对训练的压力和紧张感得到释放和缓冲,使队员在训练中感到心情愉快和放松,同时培养队员对训练的兴趣和积极性,营造良性团队氛围及促使团队凝聚力的形成,使每一个队员都热爱团队并使球队更具有长久和可持续发展的动力。一般一周或两周可以安排一次调整训练课。

以上三种训练课需要按照一定的比例做统筹安排,每一类训练课都有其各自的特点和作用,各种训练课的比例安排不合理,就会影响队员的成长和进步。

2.足球训练课的结构

足球训练课的结构是指从训练课的开始到结束按照人体机能和足球训练活动规律而设定的训练内容顺序和时间分配。其大体上包括热身部分、主题部分和结束部分。训练课都是按照三段结构进行设计和安排具体内容的,具体的训练课结构一定是围绕训练主题和训练目标的需要,安排训练内容与方法及其顺序和时间分配。以下对训练课结构中三个部分的功能、作用和时间安排做简要的介绍。

(1)热身部分:是一次训练课三个组成部分的开始部分,是围绕训练主题的需要和为了完成训练任务而做的铺垫,目的是能够让队员以饱满的热情和状态进入训练课的主题部分,同时也是为了避免训练过程中出现无谓的伤害事故。一般90分钟训练课最少需要15~20分钟的热身活动,热身时间可以根据季节和气温高低而做延长或缩短的处理。

（2）主题部分：是一次训练课三个组成部分的中间部分，是整个训练课的核心和主要内容。整个训练课是围绕主题部分进行的，训练内容安排要根据完成训练主题的需要，主题部分的目标就是实现整个训练课的目标。后文有训练课主题部分的详细阐述。

（3）结束部分：是一次训练课三个组成部分的最后部分，主要是通过小强度的活动及拉伸肌肉和放松整理，达到消除和缓冲疲劳的目的。拉伸是为了减少乳酸堆积和促进疲劳物质的排泄，另外还要对训练做总结。一般90分钟训练课需要10分钟左右的时间作为结束部分。

（二）足球训练课的热身部分

1．结合球练习可以达到热身目的

热身活动的目的有二：其一是保证以良好的身心状态进入训练课的主题部分；其二是避免训练中发生无谓的伤害事故。现今的足球训练热身更提倡围绕主题需要采用各种结合球的技术练习，即把热身活动当作基本技术练习的一部分。因为采用结合球的技术练习同样可以达到热身的目的，尤其是青少年训练的热身更要提倡结合球的方式方法，那种完全脱离球的热身应当被摒弃。热身采用速度较慢、难度较低和带有趣味性的结合球技术练习或游戏，在起到热身作用的同时，也起到复习技术和调动兴趣的作用。在产生热身效果之后可以适当增加技术练习的速度和强度，即穿插柔韧性、协调性、灵敏性及速度等素质练习，而且素质练习也可以采用结合球的方式，比如：加大幅度的技术练习可以提高柔韧性；"有样学样"模仿及其快速变化练习可以提高协调性；快速和复杂的脚下技术练习可以提高灵敏性；快速追球及运球比赛游戏可以练习速度等。当然，热身活动也可以采用一定比例和数量的不结合球内容。很多足球发达国家少儿训练的热身活动都是采用结合球的形式，因为这样符合孩子的心理需要，利于吸引队员兴趣和注意，能够调动练习的积极性，这是长期足球训练实践所总结出来的宝贵经验。另外，由于社会物质文明的进步，青少年的课余活动的选择多

元化，这使得青少年参加足球训练的次数和时间大大减少，训练过程的每分每秒都显得弥足珍贵，很多不结合球的热身活动无异于浪费时间。

2．热身活动的内容、形式与注意事项

（1）热身活动的内容：

——慢跑、跳跃、各种移动、节拍操等热能和机能动员的内容；

——结合球技术练习的技术准备内容；

——专门安插在各种活动之间动态拉伸、快节奏踢摆等伤害预防内容；

——结合球和技术练习形式的游戏用于提高兴奋性和增加乐趣的内容；

——适应主题实战需要的针对性练习，如有快速、有强度、个性化和某些身体部位的专门练习内容。

（2）热身活动的形式：

——不结合球的形式：慢跑、各种移动、跳跃、节拍操、绕跨、拉伸、踢摆、冲跑、模仿练习等形式；

——结合球形式：所有简单易行的结合球技术练习形式；

——专门的器械练习形式：利用绳梯、标志杆、标志盘、标志桶、栏架、皮筋等形式。

（3）热身活动注意事项：

——从慢速的、移动性的活动开始；

——要更多地结合有球的技术练习和游戏；

——技术动作难度较低、简单而有效；

——简单易行的形式和组织安排；

——要有一定的侧重点和针对性；

——方法要多样多变并带有趣味性；

——营造适宜的环境和场景；

——不宜过多地干预和指导；

——要与训练课主题相适应和衔接。

二、训练主题部分的内在结构

训练主题部分的内在结构主要是指足球基础训练课的训练主题，训练主题部分是训练课的核心和主体，是训练所要完成的主要内容和达到训练目标的依托。所以训练主题部分的内在结构形式及各种形式之间的关系，是做好训练设计的关键性认知问题。特别是现今先进的足球训练不断把新的概念和观点融入训练主题的结构设计之中，这些是需要我们深入认识的问题。以下探讨包括三个问题，即训练主题部分的三种结构模式、比赛导入训练模式的解读和比赛实战训练的解读与把控。

（一）训练主题部分的三种结构模式

训练主题部分是整个训练课的核心、主体和实质性的部分，系统足球训练的整体构成就是一个一个训练主题的累加，训练课是根据训练主题的设定而把相互关联、有序和目标一致的几个训练内容组合在一起。训练主题的目标是整个训练课的主要目标，一次训练课所要达到的预期目标一定是通过完成训练主题而实现的。训练主题部分是指训练课的去掉热身部分和结束部分的中间主干部分，训练主题部分大体上有三种结构模式，即层层递进模式、比赛中指导模式和比赛导入模式，以下分别简要介绍这三种结构模式。

1. 层层递进模式

层层递进模式就是传统足球训练课主题部分最普遍采用的训练结构形式，按照当今先进训练理念诠释是四段结构模式，即第一段技术准备训练→第二段技能转化训练→第三段比赛场景训练→第四段比赛实战训练，其中每一个阶段安排一个或两个训练内容。一般而言技术准备阶段是非对抗训练形式；技能转化阶段是对抗训练形式；比赛场景阶段是对抗训练形式；比赛实战阶段是在比赛对抗条件下的训练。这种由技术准备到比赛实战层层递进的四段结构模式，适合系统训练中完整表达训练主题的训练课，但并不是在任何时期及每一次训练课都要完整表现，例如：少儿初始阶段以掌握和改进技术为主的训练课，可以省略比赛实战的训练。再如：队员进入中级训练阶段之后，很多时候可以把技术准备和技能转化合二为一。又如：高水平的职业队训练，可以从比赛场景训练开始，之后直接进入比赛实战训练。

2．比赛中指导模式

比赛中指导模式就是足球训练课的主题部分完全以正式比赛形式进行训练，是在比赛训练中发现典型问题随机叫停，针对问题现场做纠正和指导，以利形成对比赛的统一认识和强化队员技能的改进和提高。比赛中指导模式一般适用于如下情况：其一，适合在经过一段时期训练末期的综合复习和总结性的训练；其二，适合赛前强化某些比赛环节和统一思想认识的训练。

3．比赛导入模式

比赛导入模式就是把比赛中指导模式和层层递进模式相结合而建立一种混合的结构形式。这种混合形式也称为"五段结构模式"，即第一段比赛演练→第二段技术准备训练→第三段技能转化训练→第四段比赛场景训练→第五段比赛实战训练。其中的比赛演练与比赛实战是完全相同的比赛形式，只是比赛演练的目的是发现典型问题并从比赛中发现问题再导入训练过程。比赛导入模式是1999年荷兰足协讲师团来中国做讲师培训时，推介给我国广大教练员的一种先进的训练思维模式，利于帮助教练员建立从比赛中截取训练素材的思维习惯。比赛导入模式一般适用于如下情况：其一，适用于有一定训练基础的青少年梯队及职业俱乐部球队；其二，适用于专门围绕某一比赛实战主题的训练课。

（二）比赛导入训练模式的解读

在"足球训练基本概念"一章的"训练模式"一节，已经专门介绍了比赛导入模式的训练构思过程，其训练设计是采用"降阶式"的模式，设计构思是与真实训练过程的内容顺序呈相反的顺序。其是从比赛中截取素材之后，首先设计最后的比赛实战训练的内容，再依次由后向前推导设计比赛场景训练、技能转化训练及最后技术准备训练的内容。而实际训练过程的教案设计，则是依照比赛演练→技术准备→技能转化→比赛场景→比赛实战五段结构模式的顺序。比赛导入模式的"降阶式"训练设计是先进的训练模式，高度符合以比赛实战为核心的理念，利于教练员正确训练思维的形成。这种围绕训练主题按照逆向顺序设计训练内容的比赛导入模式，不仅在形式上突出了比赛实战的核心地位，而且在实质上也促使教练员围绕最后的比赛实战设计教案。

比赛演练训练阶段：第一段的比赛演练与最后比赛实战的形式是相同的，但目的和要求不同，比赛演练主要为了了解和熟悉比赛训练的方法和规则，明确技术运用和战术配合的某些要点和要求，让队员了解自己某种能力的不足，以激发练习热情和积极性。

①比赛演练可叫停做讲解、示范及纠错，以形成对训练方法的清晰认识。

②注意整体时间和火候把握，避免时间过长造成队员兴奋度下降。

③抓住出现的典型问题烘托训练主题，达成对训练内容重要性的共识。

技术准备训练阶段：第二段的技术准备是根据比赛中存在的问题和不足及所设定的训练主题，为了达到适应比赛实战训练的要求，针对队员比赛中存在的不足，确定技术或战术练习的内容，通过技术准备阶段的反复练习和强化，争取达到技术和战术能力的改进。

①侧重在技术和战术的要领与方法方面的纯技术性问题的解决。

②逐渐按照比赛实战的需要完成技术动作和战术配合。

③适时、适当加入防守干扰、比赛对抗因素。

④避免时间过长、方法枯燥无味及技术过度重复。

技能转化训练阶段：第三段的技能转化是在纯技术练习的基础上增加防守干扰和对抗，及把最后的比赛实战训练内容减少人数和简化形式，促进队员的技术动作的掌握向实战运用的技能转化，此种转化主要是适合对抗，能够在有防守干扰的情况下完成技术。

①核心目标是完成技术动作的方法操作向实战运用的技能转化。

②设定不同的进攻或防守人数降低完成技术的难度及利用规则强化完成技术。

③技能转化训练是以适应最后的比赛实战训练为目的的过渡。

④技术准备和技能转化不宜时间过长和体能消耗过大而影响比赛实战训练。

比赛场景训练阶段：第四段的比赛场景训练是对比赛实战环境的适应训练，是为了更好地向比赛实战过渡。训练场地环境需要与比赛实战相近似及设计某些特定的情境，可以起到适应比赛实战的效果，比赛场景训练是针对某些或某个比赛的真实需要而设计的。

①比赛场景训练是为了更好地适应比赛条件下的某些或某个特殊的需要。

②要根据比赛实战训练的需要设计场地空间大小及出现必要的比赛场景。

③通过特定的场景训练可以达成某种或某些比赛技能或战术能力的提高。

④比赛场景训练也是技能转化训练，是更接近比赛实战的技能训练。

比赛实战训练阶段：第五段的比赛实战是训练主题部分的最后一个核心训练内容，也是整个训练课的核心内容，是训练课整体训练效果的综合和集中体现，是完成一次训练课画龙点睛的部分，其设定的目标即是一次训练课的主要训练目标。

①要使队员有良好的兴奋状态，激励队员全身心地投入对抗和比赛。

②要有严格的时间限定，可以制定特定的计分和决胜规则并注意细节。

③达到或接近正式比赛的激烈程度是关键，避免进入追求完美效果的误区。

④教练员可以下达必要的口令或提示，但尽可能不叫停。

⑤灵活运用各种激励和调剂手段，但业务手段是第一重要的。

（三）比赛实战训练的解读与把控

训练主题部分的比赛实战训练是一次训练课的核心环节，是训练课全部内容的综合和集中体现，只有做好这一点睛之笔的把控，才有可能达到训练课的最佳效果。比赛实战训练要以训练是否达到正式比赛的激烈程度为标准，要以队员全力以赴地投入进攻和防守及达到真正比赛强度为准绳，要在这样的标准下再考虑实战训练的内容和细节问题。比赛实战训练达到或接近正式比赛的对抗程度，是培养队员比赛能力的必要前提条件，实战训练切忌追求场面的精彩却华而不实。比赛实战训练并不追求技战术达到很高的水准，而是要让队员在比赛强度下找到差距和问题，从而利于正式比赛中得到最充分的发挥。教练员对比赛实战训练的控制，需要做好科学的设计和队员的体力调配，要有效地激励队员、控制好训练时间及有序组织训练，要能够调动和挖掘队员的潜能。其中达到比赛强度和激烈程度的关键是训练时要保证队员体力的充沛，训练过程中一旦队员的体能不足或出现疲劳，训练强度和激烈程度就会降低，而这样的训练就会影响训练效果，也会使队员养成不良习惯。训练时间与间歇时间的控制是保证比赛实战训练强度的关键要素。教练员还要遵循一些一般性的训练规律和原则，比如：一般在启蒙阶段和初级阶段，技术准备的时间比例最大，比赛演练的时间较长，而比赛实战的时间比例较小；随着技术水平和实战能力的提高，比赛实战的比例要逐渐增大；到了高水平职业阶段则必然缩短技术准备的时间和简化技能转化的过程，要有足够的比赛实战的时间。很多的细节问题还需要在反复的训练中不断总结。

（1）比赛实战训练的训练时间与间歇时间的比例，要根据不同年龄、不同训练水平、不同训练目标、不同训练时期、不同训练条件等进行不同的安排。

（2）不论是处于哪个成长阶段或训练水平，比赛实战训练在贯彻一种新战术思想与技术要求时，都要增加技术准备和实战演练的时间，而相对减小比赛实战阶段的时间比例，反之则可以增大比赛实战阶段的比例。

（3）处于赛前训练阶段的时候，队员体能和球队整体的状态处于较高的水平，也是为了适应比赛的需要，必然要增加比赛实战时间，而缩短训练间歇的时间。

第二节 训练课教案设计与实施

日本足协制定的可操作性青少年足球训练大纲是具体到每一次训练课的教案设计，是一套从大纲总纲到每个阶段的进度再到每一次训练课教案的完整体系。关于足球训练课教案的设计，每个国家和地区都有着不同的风格和特点，每一个俱乐部及每一个教练员个体都会有个性化的格式和模板，但不管怎样，所有训练课教案的基本要素是趋同的，教练员每一次训练课的组织与实施也都要依据教案的设计。关于足球训练课教案设计的探讨，以下分足球训练课要素和训练课教案设计与实施两个主题。

一、足球训练课要素

足球训练首先是从比赛实战中截取训练素材，再把训练素材加工成训练课所需的诸多要素。前文已经有很多关于训练课要素的解读和阐述，训练课教案的设计就是要把诸多的训练课要素做合理的搭配和组合，形成训练课教案的架构，具体的训练课教案就是按照架构陈述各项要素的具体内容。以下探讨分两个问题，即足球训练课的要素构成和足球训练课的要素重组。

（一）足球训练课的要素构成

足球训练课要素可以分为非物化要素和物化要素两大类，这两方面要素可以建立起完整的足球训练课的要素构成。组织足球训练和进行训练课教案设计必须要清楚训练课要素有哪些内容，足球训练课的每一个要素对训练都有着不同的作用和影响，要保证训练课的质量就一定要充分重视每一个要素。训练课要素除了训练场地、队员人数、器材设备和训练装备等物化要素之外，就是诸多足球训练及其训练课教案设计必须考虑的非物化要素，这些非物化要素需要从比赛实战中截取素材或从其他渠道获取素材，再把素材改造和加工成所需的训练课要素，非物化要素又称足球训练课内容。足球训练课的要素构成见图16-1。

图16-1 足球训练课要素构成

（二）足球训练课的要素重组

足球训练课的要素重组与训练课教案的格式设计密切相关，要素重组需要按照设定的教案格式组成新的要素构成，并且新的要素构成要符合训练过程先后顺序的编排，教案格式就是把诸多的训练课要素合理和优化地组合起来。任何训练课教案中显现的训练课要素都是一组一组地排列，形成一体、直观和清晰的表格形式。相应按照教案格式设计所呈现的要素组合就构成了训练课内容的框架，见图16-2。

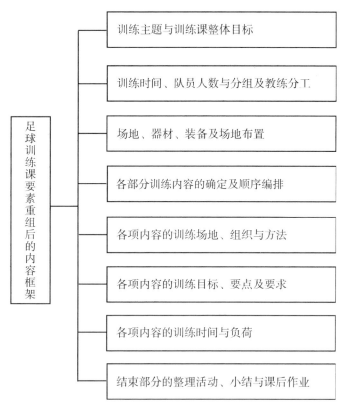

图16-2 足球训练课要素重组后的内容框架

二、训练课教案设计与实施

足球训练课教案是按照一定格式呈现的，是把训练课要素重新组合并按照顺序体现在教案格式上。完成训练课教案的设计，还需要把每一个训练课要素作为一个小主题，陈述和说明每一个要素的具体内容。表16-1是启蒙阶段U6组幼儿园中班上学期第一次训练课采用层层递进四段模式的案例，采用何种训练课模式需要根据队员基础和教练员个人习惯而定。以下结合教案设计的案例探讨三个问题，即训练课教案的整体架构、主题部分两个要素组的解读和训练课教案的设计流程与实施评价。

（一）训练课教案的整体架构

教案一般是指教练员根据训练进度计划与实际的训练条件所做的对一次训练课的整体设计和实施方案，是教练员圆满完成训练任务所需要做的准备工作。教案体现的是教练员对一次训练课的基本构思，根据个人喜好和习惯的不同，教案可以采用不同的模板，不必追求形式的统一。但教案的结构程序和大体的内容框架是趋同的，为了减少不必要的重复劳作，一般是把训练课教案设计成固定的格式。不管采用何种教案格式，一般教案在整体框架上应当由前到后包括如下内容：训练主题与训练课整体目标；训练时间、队员人数与分组及教练分工；场地、器材、装备及场地布置；各项训练内容的确定及顺序编排；各项内容的训练场地、组织与方法；各项内容的训练目标、要点及要求；各项内容的训练时间与负荷；结束部分的整理活动、小结与课后作业。表16-1是启蒙阶段U6组幼儿园中班上学期第一次训练课教案，结合图示对教案的整体架构做简要说明如下：教案表格的第一格注明训练的具体时间及参加训练人数与分组的情况；第二格阐述训练主题和整体训练目标；第三格是训练所需场地、器材和装备的标注；第四格是各项主要内容的阐述和排序；最后一格是训练课结束部分，是做放松整理活动、训练小节及布置课后作业。教案格式中间的主体部分是各项主要训练内容，分成左右两栏，各有一个要素组的组合：左栏是"各项内容的训练场地、组织与方法"要素组，是结合图形阐述各项训练内容的三个要素内容；右栏是"各项内容的训练目标、要点及要求"要素组，也是分别阐述各项训练内容的三个要素内容。

表16-1　启蒙阶段U6组幼儿园中班上学期第一次训练课

教练：刘夫力　　队员：幼儿园中班12人分2组　时间：2016年9月8日15:00—16:00
主题：二人制空当运球、摆脱射门比赛游戏 目标：体验比赛；能够初步掌握空当运球和摆脱射门；每人都享受踢足球的快乐和趣味
场地和器材：五人制场地；标盘14片；锥桶15支；标杆10支；三号球13个；分队队服两色各8件
技术：脚背内侧运球，内挡；战术：空当运球，摆脱射门

热身：左右脚背内侧运球、内挡及听令踩挡游戏（15分钟）	
场地（见下图）：15米×10米范围为队员活动区域 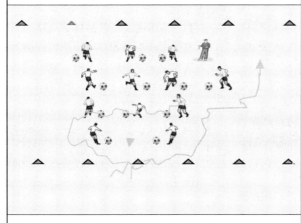	目标： 1.初步掌握脚背内侧运球技术 2.以饱满状态进入主题部分训练 要点： 1.拉手围拢互相介绍、引导兴趣 2.多示范，不讲解，大声说"好、漂亮、看谁更好"等 3.关注、鼓励每一个学员 4.技术要点是抬头观察、利用空当 要求： 1.看教练技术动作，认真模仿 2.积极表现自己，敢于比试高低 3.在听令游戏中争取少犯错误
组织： 1.全体每人一球自由散开，教练示范队员模仿运、挡 2.中间叫停、提问、示范、指导及穿插拉伸、踢摆 方法： 1.模仿教练做脚背内侧运球、左右脚运球内挡、拖踩 2.听令踩挡游戏（或安排运球穿越游戏）	

续表

技术：左右脚脚背内侧运球、快运穿越比快游戏（15分钟）	
场地（见下图）：20米×10米范围，标明线路和目标 	**目标：** 1.完成左右脚快运及穿越目标 2.在有压力下完成脚背内侧运球 **要点：** 1.布置好场地，讲清每人一个空及做抢空游戏 2.多示范、表扬和鼓励，少讲解 3.耐心示范和讲解游戏方法 4.提示抬头观察和运球方向正确 **要求：** 1.看教练示范及注意运球的线路 2.用脚完成运球和挡球，积极尝试 3.互相鼓励加油，胜不骄、败不馁
组织： 1.分成两个6人组，每人一球，模仿练习运球穿越 2.中间叫停、提问、示范、指导及做运球穿越比快 **方法：** 1.两两交替运球、一步一运，运球穿越 2.两人一组运球运穿接力（穿插动态拉伸、踢摆练习）	

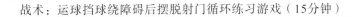

续表

战术：运球挡球绕障碍后摆脱射门循环练习游戏（15分钟）	
场地（见下图）：20米×18米范围，中间设障 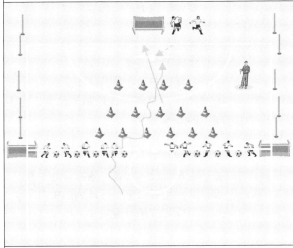	**目标：** 1.建立面对防守摆脱射门的意识 2.提高运球球感及摆脱射门能力 3.尝试摆脱射门及体验成功的快乐 **要点：** 1.做完整示范让队员清楚全过程 2.示范射门失败及与守门员互换 3.让多数队员成功和多鼓励队员 **要求：** 1.看教练的示范，明白成功或失败 2.要有运球速度，不怕失败 3.积极投入练习并争取射门得分 4.给同伴鼓掌加油，争取团队获胜
组织： 全体分成两个6人组，各组为1~6号，教练示范、指导，队员试练；两组交替按序号练习，各组设一守门 **方法：** 1.运绕摆脱、摆脱射门，射门不入换做守门 2.两组运球绕障碍后射门比赛游戏	

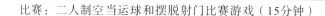

比赛：二人制空当运球和摆脱射门比赛游戏（15分钟）	
场地（见下图）：20米×36米范围，两长端各设球门 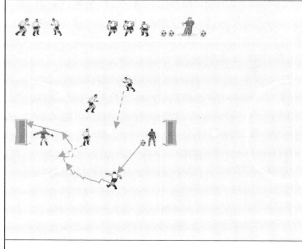	目标： 1.体验空当运球和摆脱射门 2.使队员有成功体验及感到快乐 要点： 1.做好组织分工及各组实力均衡 2.降低难度让队员易于成功 3.注意对整体的控制和比赛场地不间断地使用 要求： 1.积极投入比赛，争取得分获胜 2.主动尝试空当运球和摆脱射门 3.练习交换时退场和上场要迅速
组织： 全体分成两个6人组，各组再分成三个2人组；打6场2分钟二人制比赛，组间对抗及交叉换组，最后排名 方法： 1.教练示范空当运球、摆脱射门及队员试练 2.二人制比赛2分钟一节，定时换组	
结束部分：	

（二）主体部分两个要素组的解读

1．"各项内容的训练场地、组织与方法"

　　教案主体部分左栏是各项训练内容的"训练场地、组织与方法"三个要素，各项训练内容是围绕训练主题的需要而确定的，对应的是进度计划编排的内容。教案主体部分按照层层递进"技术准备→技能转化→比赛实战"的三段结构模式。训练场地是结合绘图阐述场地范围、标志摆放和队员分布等；训练组织阐述训练的队员人数与分组、初始站位、集队地点与次数、讲解示范的内容与时机、指导与纠错的方式方法等；训练方法阐述练习的移动路线与顺序、技术方法与速度、技术的细节变换及练习方法的拓展等。

2. "各项内容的训练目标、要点与要求"

教案主体部分右栏是各项训练内容的"训练目标、要点与要求"三个要素，训练目标主要阐述训练内容所要达到的2~3个目标，包括心理和体能等方面的目标及特殊的个人或部分人要达到的目标；训练要点主要从教练员角度阐述控制这项训练内容的关键点，也包括技术和战术运用方面的要点，还包括调动队员积极性和团队气氛方法的关键点，一般罗列2~4条；训练要求主要阐述对队员技术、战术和体能表现的标准，包括技术动作规格和速度、技术衔接连贯性及实战适用性等方面的表现，也包括训练的态度和纪律方面的表现等。"训练目标、要点与要求"三个要素，大体上是一个从宏观到微观、从整体到具体及从高层次到低层次的顺序，是一个层次化和逐渐细化的目标体系。欧美国家的很多讲师、教练员并没有这种多层次的设计，教案反映的是每个人对训练的设计构思，训练的目标、要点与要求等实际上并没有严格的分界，训练中可能会出现难以左右的情况，但不管怎样，这种细致的层次划分是训练工作细化的要求。

（三）训练课教案的设计流程与实施评价

1. 训练课教案的设计流程

足球训练课的教案设计实际上与前文阐述的训练取材、训练构思、训练比赛导入模式等在思路上是一致的，也与足球训练基本模式、基本理念、基本概念及足球本质等都是一致的，一个优秀的训练课教案设计一定与先进的足球理念是统一的。所以我们训练中内容和方法上的细节都渗透着训练思想与理念的问题，

"细节决定成败"的名言在足球训练上也是适用的，我们长期从事训练工作必须重视对每一个细节的把握，每一个细节问题的处理都存在着认识深浅及方法正误的问题。完善的足球训练课教案的设计过程，一定是一个理性思维与构思的过程，以下向大家介绍一个完整的训练课教案的设计流程，见图16-3。

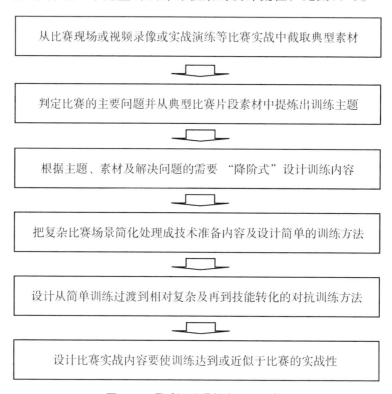

图16-3　足球训练课教案设计流程

2．训练课教案的实施评价

本著从第一章"足球本质"到第十六章"训练课教案设计与实施"，所有理论问题的探讨都要回归于训练实施的过程，理论研究与提高认识最终是为了指导实践，在此我们也把"训练课教案的实施评价"作为全著的结尾。目前国际上所有的教练员等级培训考核，都是把教练员的执教能力考核作为主要内容，教练员执教能力考核的内容是基本一致的，也完全可以作为训练课教案实施的评价内容。教练员执教能力评价要从多个角度和多个方面进行综合判断，一般主要是对以下四个方面的外在表现进行评分并得出评价结果。

（1）外在气质。

①仪表与风范，包括服装、举止、表情、自信、语言口令、选位站位等。

②热情与态度，包括训练投入、专注度、声音、叫停、手势、跑动跑位等。

③激励与感染力，包括对队员的调动、表扬与鼓励、问题处理、交流、气氛控制等。

（2）组织设计。

①场地、器材使用与队员安排，包括场地利用、标志物摆放、每个队员的任务布置等。

②符合比赛需要，包括取材于比赛实战、技术要求与改进效果、训练与比赛真实感等。

③方法变换和重组，包括练习方法合理编排、方法适合主题、训练及重组的效果。

（3）观察指导。

①问题与错误的发现，包括对问题与错误的判断、切入时机及目标队员等。

②问题与错误的处理，包括对问题与错误的要点诊断、关键点纠正及指导方法等。

③练习的变换与进展，包括训练内容变换的时机、前后衔接及依据队员的具体状态而灵活把握情况等。

（4）沟通互动。

①训练主题，包括自己对主题的认识和理解程度及向队员的传递方式与效果等。

②动作示范的使用，包括动作示范的正确性、及时性、针对性及方法的合理性等。

③沟通交流效果，包括交流方式、语言表述及队员的思考、投入与表达情况等。

后　记

一

很早就有了写一部足球训练专著的想法，是想把更多先进的足球思想、理论与方法融入其中。但每次阅读一部足球新著或参加一次培训，总能增长一些知识和刷新一些观点，也总是觉得著书立说的时机还不成熟，所以这部专著很长时间一直只在构思之中。

2009年，我通过了中国足协教练员讲师资格的考核，讲师培训及之后的一系列讲师继续培训，促成了我足球知识体系的更新和升级。恰好当时任中国足协技术主任的郭家明先生给我布置任务，委托我撰写教练员培训讲义，这为我提供了难得的机会。虽然有很强烈的写作愿望，但在写作思路的沟通中与之出现了两点意见分歧，而我没能妥善解决其中的矛盾，结果错失了大好的机会，这部专著的动笔时间也就一推再推。

本著的可取和与众不同之处，就是写作过程自始至终都紧密地联系足球训练实际。本人一直作为教练员承担青少年俱乐部的一线训练任务，也作为讲师到全国各地考察和培训基层教练员，所以理论探索从未脱离具体的训练实践。可以说本著的文字阐述都经过了独立思考及与实践的对接，所阐述的每一个观点和方法都经过了实践的检验与论证。

当时出现的两点意见分歧：一个是要求交稿时间的紧迫，只限十天时间；再一个就是有一些观点的争议，一时难以统一。正当感到难以沟通之时，出现了一位主动请缨承担写作任务的讲师同行，我也就与撰写教练员培训讲义失之交臂。那时候讲义的框架已经构思出来，内容包含了这部专著目录的多数条目。其实当时的争议点并不多：其一，是比赛按照"四个时段"还是"三个时段"划分的问题；其二，是D级教练员培训要不要采用"比赛导入模式"的问题；其三，是训练或比赛中无球队员主动拿球行为是"迎球"还是"接球"的用词问题；其四，是D级培训要不要灌输足球训练"基本概念与基本理念"的问题。沟通时觉得问题很大，而实际上完全可以做出应对和变通，所以至今仍然后悔当初为什么不能灵活一点。灵活的方法，一是可以十天先完成一个初稿或草稿；二是暂时保留自己的观点而妥协地按照统一要求撰写。

如果那时候趁热打铁地完成培训讲义的写作，那么后来沿用了十年的教练员培训讲义肯定会更加全面和系统，也会有很多我个人思考的痕迹，而今天这部专著会因为可以汲取更多的反馈意见而基础更扎实，学术价值也一定会高出现在许多。

二

2014年，我全程跟随德国专家史蒂芬先生学习了职业教练员课程，2016年和2017年又参加了史蒂芬主讲的职业讲师培训和A级教练员继续培训，后来史蒂芬先生曾一度担任中国足协技术部的技术总负责，此间他曾经发表过很多的观点。这些培训和交流又一次刷新了我对足球训练的认知，相应地我的写作构思也一直在做框架上的调整。

史蒂芬重视足球理论体系的构建，他很短时间就拿出了E级、D级、C级、B级、A级、职业级六级教练员培训的课程讲义，而且他会不断地更新各级培训的内容和数据。史蒂芬的培训体系是覆盖面广大和需要大量实践支撑的知识体系，其中很多是全新的、需要我们全面接受的概念和方法，还有很多可以与我们已有认知达成一致的内容，但工程浩大而设计仓促则必然存在问题、漏洞和争议。大的原则性问题有两个：其一，是全面否定原有的中国足球理论与成果；其二，是对中国同行缺乏应有的尊重。具体概括主要的理论问题：其一，是逻辑起点与理论层次递进不够缜密和存在疏漏；其二，是理论构思过于主观和脱离中国足球的实际；其三，是对一些简单和无关紧要的问题做了过于复杂的渲染；其四，是E级、D级教练员培训内容的难度过大和严重不符合我国基层训练的实际。培训技术操作方面的问题：主要是实践课执教能力存在明显的不足，但更严重的问题是对能力不足的掩饰和推卸责任。

不能否认史蒂芬阐述的理论体系与先进足球理念有很大的一致性，我的专著里有很多观点与方法来自史蒂芬，但我们应当对他的认知高度有一个客观的评价，要能够鉴别那些错误和不适合中国实际的部分。如此，我的写作构思在不断积极地汲取，同时也保持着批判和审慎的态度。

<h1 style="text-align:center">三</h1>

欧美足球强国及亚洲的日本和韩国，在足球理论体系建设方面一定是以我为主和兼容并蓄的，学习和借鉴他国的经验是为了完善自己。中国足球的理论建设应当学习这种自主和自信，应当由中国足协领导下的专业技术委员会主宰和引领足球技术的发展。

中国足球过去十几年一直存在一种不健康的怪象，就是很大程度由某个专家个人主导技术的发展，这样当一个人权力过大又自以为是的时候，他的错误和问题就很难得到纠正，更何况足协技术部请到的专家远非世界顶级水平。我们应当清楚，一个荷兰或德国的专家并不能代表整个荷兰或德国的足球智慧；一个没有独立见解和理论体系的专家不是真正的专家。一个真正的足球理论家一定是善于集思广益和能够海纳百川的；一个大家富于广度和高度的认知一定是群体智慧凝聚而成的思想体系。

我们还应当清楚，"道"与"术"是不同的，真正世界顶级的专家会对业务抱以客观和审慎的态度，而往往功底浅薄的所谓专家容易自以为是。我国有"君子和而不同""三人行必有我师"的古训，施教经典《师说》有"师不必贤于弟子"之说。我们的思想不应当受到任何国外专家的束缚，而是要站在更高视点以更广的视角去考察问题，如此，我国的足球理论才能多元地汲取智慧和融入更多的精华，进而形成符合潮流和具有我国特色的理论体系。反之，如果任由某一个所谓专家自以为是地闭门造车，中国足球理论建设则必然会出现偏颇和缺乏高度。

四

同行之间对训练问题的争辩有着无可替代的重要作用，正如一位先哲所说，思想家们在表述自身哲学观点的时候，最有价值的恰是彼此反驳对方的那一部分。本著的写作灵感很多是来自与诸多专家的交流与合作，其中不知有过多少次的争论。本人深感观点争辩是引发深入思考和形成创新思维的重要来源，特别是在形成业界统一认识的问题上，只有经过更多的争论才能使真理浮出水面。有时候争论不可避免地会有不同观点的交锋和争执，所以争论需要规避固执和偏见。

中国足球必须杜绝任何权威的一言堂，足球问题不应当存在个人观点的绝对正确和无可辩驳，我们对外聘专家的过度尊重是对中国足球的严重不负责。真理不可能是个人主观臆断出来的，中国足球要克服过度树立个人权威而弱化其他个体的智慧，确定中国足球的技术发展方向一定要依靠群体智慧的凝聚。

这方面我们应当学习日本的某些做法，例如：建立客观评价外聘专家及本国讲师和教练的指标体系与标准，所有专家及讲师和教练员都要在足协建立档案；档案记录入档人才的个人经历、业绩及其特长和特点；每一个人都要定期撰写个人业绩汇报、专业认知感悟及个人业务观点等。由此所有技术人才的思想脉动、工作表现及发展状况等方方面面尽在掌握。再如，为广大讲师和教练员搭建学习与交流的平台，创造各种进修和发展的机会，同时还要强化各类人才按照国际标准塑造自己。

优良的足球环境及外在形式上的与国际接轨是重要的，但更重要的是激发每一个外聘专家及讲师和教练员的内在动力，建立激励大家积极探索的机制，如此，才能产生创新思维和理论成果，中国足球理论建设需要更多的智慧凝聚和思想升华。

五

中国足协作为中国足球理论建设必然的领导者和推动者，需要加大科研投入和加快追赶步伐。因为任何国家的足球发展都需要先进思想与理念的支撑和引领，足球理论建设应当是国家足球发展布局中的战略重点和关键。我们可以做这样的类比，我国目前拥有强大军事实力的根本，是在历史的重要时刻我们抓住了国家发展的战略重点；华为可以在逆境中壮大，是因为企业领导者预见了什么是关乎企业未来的关键，而且经过多年积累掌握了领先世界的核心技术。

很多国家的足球成功案例已经证明，理论研究需要长期不懈地投入专门的人力和物力，需要把真正懂足球和具备科研能力的人才聚集起来再投放于训练一线。足球理论体系从构成上看并不复杂，世界上不同思潮的足球知识、理念与方法好像也并不难懂，但不同国家的足球理论确实存在先进与落后的区别，存在认识正确与错误及水平高低的差异，我们应当认识到自己的理论高度，也应当找到我们理论认知不足的根源。

我们要真正领悟和把握先进足球思想的精髓及建立具有创新意义的理论体系，必须经过长期艰苦的实践和探索，这是绕不过的一道坎。我国足球发展经历了二十几年的改革和前仆后继，在大批的足球从业者中有很多脚踏实地的理论探索者，他们中间蕴藏着无穷的足球智慧和思想宝藏，这是我国足球理论建设的宝贵智力资源和财富。

我们应当坚信，中国足球不缺乏对足球的认知和智慧，我们能够独立自主地对中国足球发展做出选择。但重要的是中国足协要担负起领导责任，要能够充分调动和整合足球的人才资源。中国足球行业内部拥有大批召之即来的各类人才，中国足球理论体系建设的关键在于人才的选拔、组织与使用。有了人才的集聚及其对理论研究的积极投入，中国足球理论达到世界高度是指日可待的。

六

中国足球理论体系建设时不我待。我们应当建立一种战略思维并设立战略目标和统一的规划。日本足球20世纪90年代能够在亚洲完成"弯道超车",之后一路领先亚洲,其根本在于他们掌握了发展足球的正确理念及其核心技术,其中的一个重要原因是日本有一位被称为"足球教父"的川渊三郎,他对日本足球做出了卓越的贡献。

日本足协1996年出台的关于发展足球的"百年构想",是以川渊三郎为代表的几代足球人不懈努力的成果,是日本民族精神和智慧的结晶。"百年构想"清晰展现了一个伟大的发展蓝图,不仅统一了人们对发展足球的认识,也促进了日本足球界的团结和发展动力的凝聚。日本足球崛起不是普及校园足球、构建青训体系和推行职业联赛等各个板块的简单拼凑,日本足球改革是一个真正的系统工程。他们经过了十年时间的深刻思考和理论探索,"百年构想"及训练理论体系是十年卧薪尝胆的成果。

日本足球的发展得到欧美专家的普遍认可,有的欧洲专家甚至认为日本的足球体制和理论建设可以成为欧洲国家的榜样。日本经验值得我们参考和借鉴,中国的足球理论建设必须广泛向世界各国学习,同时要有自强精神和自信——中国足球理论可以优先发展及达到世界高度。日本经验证明:足球训练的理论探索是一个长期和艰苦的过程。依据日本经验做推论:如果一个外国专家很短时间就帮助中国构建了足球训练理论体系,则说明这是一个在搞"大跃进"的"假大空式"的专家;如果一个被授权担当中国足球理论建设的领导者,十年时间不能建立起先进和完善的教练员培训及青少年训练的理论体系,则说明这是一个智慧和能力不足的"德不配位"的领导者。

七

一个国家的足球战略制定及理论体系构建要依附于足球文化形态,足球文化建设需要多元的思想融合和深刻的精神塑造。中国足球振兴是百年大计，我们必须锻造自己的足球精神图腾，使足球文化成为中华民族主流文化的一部分，使足球发展拥有强大的精神支撑和核心动力。

足球文化建设与足球理论探索是可以统一和同步推进的，对足球本质和规律的探索，对先进足球思想、理念与方法的研究，是一个国家形成深厚足球文化底蕴的根本，是足球文化根深叶茂的源泉。足球运动在我国向来受到民众的喜爱，我国有着丰厚的足球文化土壤，是我们对足球本质与规律及先进理念与方法的认识出现了偏差，才造成对足球文化感悟和认知的肤浅，使得整个社会没有形成良性的足球文化氛围。

足球领导者和足球思想家应当是足球文化建设的设计者，要能够凝聚智慧及感知足球文化的博大精深，以铸造我们中华民族的足球精神图腾。一个国家的足球战略应当是融合足球文化建设的大格局设计，要体现足球文化的精神和内容。足球文化建设不仅是顶层的文化精神的铸造，更要有文化精神的传播和文化知识的普及，要让每一个热爱足球的公民和从业者了解足球文化的精神和意义。

把先进足球文化植根于社会和民间，应当是我国足球战略目标的重要内容。要实现这一目标，不仅要大张旗鼓地宣传和推动先进足球文化的传播，更需要做大量深入、细致和持久性的工作，不断反复地进行有创意的媒体宣传、干部培训、典型塑造及群众教育等，多种渠道地推进工作的进程，这样才可以把足球文化建设不断推向新的高度。

八

足球事业发展归根结底是人的因素决定的，目前我国"人才金字塔"的纵向人才链上有四个薄弱环节值得注意。

其一，国家足球事业领导者（或领导集体）的权威及其卓越智慧。足球事业发展的决定性因素包括整体布局、方针政策、人才使用、权力分割、资金运作、利益分配和激励办法等，我国一直没有出现拥有卓越智慧的足球领导者，也一直没有整合好国家的足球资源及真正发挥以上各个因素的作用。卓越的领导者也需要经过大浪淘沙，也是可遇而不可求的，我们需要等待。

其二，引领国家及地方足球技术发展的高端智囊（或智囊团队）。欧美国家及其地方足协主管技术发展的技术主任及职业俱乐部技术总监的人才队伍，是引领其国家及地方足球技术追赶世界潮流的足球智库。例如，德国足协拥有专门的智库团队可以保证德国技术理念领先于世界，并保证各地区和职业俱乐部的核心技术不断更新和升级。

其三，国家整体从事U12组队员训练的教练员数量和质量。欧洲各国把U12组队员的队伍建设视为国家未来参与国际竞争的基石，把U12组的教练视为"职业教练"，原因在于8~12岁队员处在足球技术的黄金发展阶段，这是决定队员发展的关键时期。国际足联提出"优先发展教练员，其次才是发展队员"，认为有了优秀的教练员才会有优秀的队员，而U12组教练员的数量和质量是未来国家队实力的基本决定力量。

其四，足球苗子的早期发现、跟踪和选拔。队员技术成长的最重要时期是U12阶段，但足球发达国家U12组队员的训练是经过了充分的筛选和启蒙训练的过程，德国人说"足球要从娃娃抓起""不让任何一个足球天才被埋没"，他们在U8组4~8岁的足球启蒙训练阶段就开始了足球苗子的发现、跟踪和选拔。很多国家所说的足球人才必须早期发现，意思是"人才金字塔"的塔基工程需要从大范围的幼儿足球普及中发现天才。我国需要及早制定促进幼儿足球普及的政策和措施，这是国家足球大格局设计的重要细节问题。

九

这里谈一个需要我们警醒的问题，就是现有足球体制的隐性腐败。经过前期足球环境的整治，足球体制中那种显性的腐败已经得到遏制，但隐性腐败仍然根深蒂固地存在着，也直接或间接地侵蚀着足球训练体制的健康。例如：一些足协职能机构的负责人和基层足协的领导，热衷于营私专权、任人唯亲和欺上瞒下，喜欢"占山头"以巩固自己的势力范围。再如：一些受西方教育的外国专家，却在中国学会了玩弄权谋、排除异己和独断专行。又如：有的长期受聘于中国足协的专家虽然业绩平平，却很讲究门派出身、请客收礼和顺昌逆亡。

这些隐性腐败是我国足球事业运行中不健康的成分，可以说是足球机体里的毒瘤，会阻挠训练体制的正常运行，也严重影响着我国足球事业的整体发展。例如：很多有才能、素养高且年富力强的人才，却受到排挤和打压而不能发挥其才干。再如：很多积极和有创意的想法却被搁置和否定，而使足球从业者的热情和潜能受到抑制。又如：很多可以正常和直线运作的业务却变得复杂和扭曲，而导致人浮于事和效率低下。

隐性腐败的存在，根源是人的思想没有受到洗礼和职业操守没有得到规范，此外还有旧体制延续下来的权力与利益纠葛的因素，以及一些足球从业者为了功名利禄而不择手段等。归根结底，目前我国足球行业的管理缺乏法治和规范，足球从业者的职业观念和素养存在质的问题。

前文提及，我国出现卓越的足球领导者需要等待，但我们每个人应当拿出积极的态度。既然大家热爱足球和希望中国足球繁荣，就应当以道德上的高标准约束自己，再披肝沥胆、勇于担当、兢兢业业、勤勤恳恳、脚踏实地、百折不挠地投身于足球，共同迎接我国足球光辉明天的到来。

十

此专著付梓之际，恰逢本人教育部课题"中英两国体育学院足球课程共建的设计方案与实证研究"立项，依托于此，本来计划2020年年初到欧洲进行课题论证和足球文化考察，但新冠疫情改变了既定的日程。

我的欧洲之行的大体计划是：深度融入欧洲国家足球训练的具体过程，包括参与俱乐部青训及以学员身份参加著名机构的等级教练员培训；考察欧洲足球文化繁荣的内在因素及其构成关系，弄清他们足球产业的管理体制与运行机制；探寻欧洲国家强大足球文化脉动的源泉，归纳出他们足球训练核心技术的根本和要点；进一步考证本著所阐述的诸多基本观点，并纠正著述的错误和补充不足。

访欧之行的理想是"丰满"的，更盼望着理想与现实的早日对接。从未来著书的需要出发，欧洲之行还是要尽可能地提高自身的足球认知，使自己"基本理念与基本方法"的阐述更加严谨和科学，使接下来撰写"足球训练丛书"的思路更加清晰。本人的学识和认知能力虽然有限，但内心有着崇高的愿望，就是要追求自己的思想成果达到先进的水平，能够为未来中国足球振兴储备一些智能，可以对国家足球发展起到一定的助力和支撑作用。

非常感谢大家耗时阅读我的专著，也真心希望读者对本著的观点和阐述多多发表见解和提出建议，本人翘首以待，在此致谢。联系邮箱：1009560866@qq.com，电话和微信号码：13570059375。

刘夫力